민족과 지역 – 근대개혁기의 대구·경북

김도형

김도형金度亨

1953년 경상남도 통영에서 태어나 서울대학교 국사학과, 연세대학교 대학원(문학박사)에서 수학하였다. 계명대학교 사학과를 거쳐 현재 연세대학교 사학과 교수이자 같은 대학교 국학연구원장이다. 한일역사공동연구위원회에서 활동했으며, 한국사연구회 회장, 한국대학박물관협회장 등을 지냈다. 1876년 전후부터 일제하에 이르는 시기의 정치사상사와 민족운동사를 주로 연구하고 있다. 지은 책으로 《대한제국기의 정치사상 연구》(1994), 《근대 대구·경북 49인》(공저, 1999), 《일제하 한국사회의 전통과 근대인식》(공저, 2009), 《식민지 시기 재만조선인의 삶과 기억》(공저, 2009), 《근대 한국의 문명전환과 개혁론 – 유교 비판과 변통 – 》(2014), 《일제하 연세학풍과 민족운동》(공저, 2015), 《가마니로 본 일제강점기 농민 수탈사》(2016) 등이 있다. 그 밖에 다수의 공저와 논문이 있다.

민족과 지역 – 근대개혁기의 대구·경북

초판 1쇄 발행 2017. 11. 7.
초판 2쇄 발행 2018. 10. 25.

지은이 김 도 형
펴낸이 김 경 희
펴낸곳 (주)지식산업사
본사 • 10881, 경기도 파주시 광인사길 53(문발동)
전화 (031) 955 – 4226~7 팩스 (031) 955 – 4228
서울사무소 • 03044, 서울시 종로구 자하문로6길 18 – 7
전화 (02) 734 – 1978 팩스 (02) 720 – 7900
영문문패 www.jisik.co.kr
전자우편 jsp@jisik.co.kr
등록번호 1 – 363
등록날짜 1969. 5. 8.

책값은 뒤표지에 있습니다.

ISBN 978 – 89 – 423 – 9035 – 9(93910)

이 책을 읽고 저자에게 문의하고자 하는 이는
지식산업사 전자우편으로 연락 바랍니다.

민족과 지역 – 근대개혁기의 대구·경북

김 도 형

지식산업사

책머리에

이 책은 1860년대 조선 말기부터 일제 아래 1920년대에 이르는 시기의 대구·경북 지역에서 펼쳐진 개혁운동, 민족운동을 다룬 것이다. 이때는 서양과의 접촉으로 구래의 세계관, 문명관, 그리고 생활의 구석구석까지 변화하면서 새로운 근대사회로 변혁되던 대전환기였다. 그 과정에서 한국사회는 서양 제국주의가 주도하는 자본주의 세계체제 속에 들어가게 되었고, 마침내 일제의 강점으로 식민지가 되었다. 조선은 제국주의 일본에 종속되었고, 조선 안에서는 중앙(서울)을 정점으로 각 지역, 지방이 주변부로 구조화되었다. 지방에서는 식민체제의 모순이 표출되었고, 따라서 개혁운동, 민족운동은 각지의 사회경제적 특성을 반영하여 식민체제를 극복하고 새로운 근대국가를 지향하였다.

필자가 대구·경북지방의 근대사에 관심을 갖게 된 계기는 아주 단순하였다. 1981년부터 계명대학교 사학과에 전임이 되어 대구에 거주하게 되면서 자연스럽게 활동 공간에 대한 역사적 관심이 일어났고, 시간을 두고 경북지역 곳곳을 답사하였다. 특히 배기헌 선생(당시 계명대 대학원)의 안내로 포장되지 않은 길 위에서 만난 성주 지역 유교문화의 감흥은 지금도 잊지 못한다. 대부분 같이 움직였던 학과의 김무진·이윤갑 교수와, 강의를 나오던 마종락·김훈식 교수(현재 두 사람 모두 인제대)와 더불어 역사학에서 사회과학에 이르는 다양한 주제를 같이 공부하면서 '지방'의 역사 서술에 대해서도 함께 고민하였다.

이런 관심을 구체적인 연구로 옮긴 데에는 두어 차례의 계기가 있었다. 1980년대 대구 소재의 대학에는 젊고 유능한 신진 학자들이 모여 있었다. 그 가운데 의기투합한 8~9명의 교수들(배영순·유명기·임병훈·이호철·이규성·김형기·심희기·이윤갑 등)과 함께 조그마한 공부모임을 만들었다. 한국사·경제학·법학·인류학·철학 등 전공을 달리하던 교수들과 어울려 다양한 이론과 1980년대 한국의 사회 문제까지 학술적으로 토의하였다. 우리는 이런 경험을 바탕으로 1985년 11월에 '지방사회연구회'라는 학술모임을 만들었다(이 연구회는 나중에 대구사회연구소로 확대 발전되었다). 한국의 경제 발전과 더불어 독재 심화, 사회 불균등 등으로 발생한 사회 모순을 학문적으로 검토하되, 특히 중앙(서울)의 주변으로 머물고 있는 지방사회를 통하여 이를 해명하자는 공감대를 형성하였다. 한국사회의 민주화와 발전에 기여하자는 '학술운동'이었던 셈이다. 그 가운데 역사학 전공자들은 따로 분과를 만들어 세미나를 하고, 일반 시민과 역사 교사들을 대상으로 강좌를 열기도 하였다. 역사분과에는 배영순(영남대), 이개석·임병훈·주보돈(경북대), 이윤갑·김무진·김도형(계명대), 그리고 농업경제사의 이호철(경북대, 작고) 교수 등이 참여하였다. 지방사회연구회의 영향으로 광주·전남·전북·부산 등지에도 유사한 연구 단체가 만들어졌고, 각 지역의 연구자들은 몇 차례 자리를 같이하면서 각자의 지역 속에 안고 있는 문제들을 공동으로 토론하기도 하였다. 1987년에 우리는 '용감'하게 《지역사회와 민족운동》(한길사)이란 무크지도 간행하였다. 비록 창간호 밖에 내지 못했지만, 필자는 편집위원으로 참여하였다. 이 잡지에 〈한말 일제 초기 경북지방의 민족운동〉이란 글을 실었는데, 이 글이 이 책의 첫 출발이었다.

한편 지방사회연구회에는 대구의 여러 대학 대학원생도 참여하였다. 한국근현대사 전공 학생들은 연구회의 활동과 별도로 필자의 주도 아래 따로 공부 모임을 만들었다. 김병우·김일수·송호상(계명대), 김종규·허종·김정미·송병섭(경북대) 등이 그들로, 소속 대학이 서로 달랐지만, 오직 한국근현대사 공부를 새롭게 해보자는 취지로 모였다. 우리는 정기적으로 세미나를 하면서 대구·경북지역의 민족운동에 대해서도 조사하였다. 남북 분단체제 아래에서 묻혀 있던 여러 인물들을 발굴하고, 그들이 활동했던 여러 곳을 답사하였다. 부르주아운동, 사회주의운동은 물론이거니와 심지어 친일파까지 조사하였다. 그리고 이를 대구지역의 일간지 《영남일보》에 연재하였고, 이를 묶어 《근대 대구·경북 49인 – 그들에게 민족은 무엇인가》(혜안, 1999)라는 책을 간행하였다.

같이 참여했던 젊은 청년학자들은 지금 대부분 전문 연구자로 성장하여 대학에 자리 잡고, 역사연구자의 길에 매진하고 있다. 그들이 당시 우리 공부모임에서 가졌던 문제의식을 바탕으로 중견 연구자로 성장한 것을 보면서 자랑스러운 생각도 든다. 물론 그들 가운데는 다른 길을 간 경우도 있지만 자신의 일 속에서 각각 민족과 학문에 대한 열정을 드러내고 있다고 믿는다. 그 가운데 김정미 박사는 필자가 서울로 전근한 뒤 안동의 '이상룡 연구'로 박사학위를 받았는데, 논문을 쓰면서 그만 병을 얻어 타계하고 말았다. 지금 생각해도 너무나 아까운 재원이다.

이런 몇 가지 계기로 필자는 대구·경북의 사회변동, 민족운동에 관한 몇 편의 글을 발표하였다. 그러나 대구를 떠난 다음에는 그 관심도 많이 멀어졌다. 하지만 대구에서 활동하던 연구자들은 이를 더욱더 학문적으로 축적하였다. 같이 활동하던 이윤갑 교수는 최근 10여 년 동안 대구·경북에 관한 많은 업적을 내었고, 당시 대학원생이었던 김병우·김일수·허종 교수도 그러하다. 이들이 그 사이 축적한 연구에 비하면 이 책에 실린 글들은 많이 부족하다. 그럼에도 필자가 이 연구를 조금 먼저 시작했다는 점을 스스로 위안으로 삼으면서 이 책을 꾸미는 용기를 내었다. 필자 또한 강단에 설 날도 얼마 남지 않았기에 체면을 무릅쓰고 그동안 쓴 글들을 정리하였다.

이 글들은 한 권의 단행본을 목표로 처음부터 체계적으로 쓴 것이 아니었기에 많은 손질을 가하였다. 체제를 세우고 민족운동의 주체 세력에 따라 각 부를 나누었으며, 중복되는 부분을 정리하고, 부족한 부분도 채웠다. 이 가운데 일부는 이미 간행한 필자의 저서(《근대한국의 문명전환과 개혁론 – 유교 변통과 비판》, 지식산업사, 2014)에서 채용하기도 하였다(안동, 성주의 유생층 동향, 교육운동 등). 하지만 이 책의 전체 맥락을 위해서 부득이 내용 중복을 무릅쓰고 정리하였다. 또 울진은 당시에는 강원도였으나 지금은 경북에 속해 있고, 또 '이필제 난'이나 의병항쟁이 영덕·울진을 포함하는 경북 동북부 지역에서 일어났기 때문에 이를 수록하였다.

이 책은 앞에서 거론한 모든 이들의 직간접 도움으로 이루어진 것이다. 그 밖에 대구 계명대 사학과 시절의 노중국, 한충희 교수도 그러하다. 울진 출신인 노교수로 인해 울진 관련 작업도 하였다. 무엇보다도 대구·경북지역에서 같이 공부하던 '젊은' 연구자들에게 고마움을 전한다. 더욱이 김일수 교수는 필자의 지도 아래 예천 지역의 사회운동을 석사논문으로 다룬 후부터 최근까지 경북 지역의 근현대 민족운동에 관한 많은 연구를 행하고 있으며, 이 책의 원고에 대해서도 많은 도움을 주었다. 또한 당시 계명대 대학원에 재학했던 손경희 박사도 자료 수집을 도와주었다. 오래된 원고를 새롭게 정리하고 보완하는 작업에는 현재 필자가 재직하고 있는 사학과의 대학원 박사생 고태우·노상균·홍해뜸, 석사생 이정윤·석지훈·최용준 등이 수고하였다. 모든 사람들에게 고마움을 전한다.

필자는 상업성이 없는 학술서적을 몇 권 간행하면서 번번이 지식산업사 김경희 사장님께 빚을 지고 있다. 이 책이 오직 우리 민족의 역사와 문화를 조금이라도 알아가는 데 도움이 될 것이라는 '만용'으로 그 빚을 조금이나마 덜어 볼 따름이다. 이 책을 품위 있고 단정하게 만들어준 김연주 씨에게도 고마움을 전한다.

2017년 10월

海巖書齋에서

김 도 형

목 차

서장

: 지방사·지역사와 근대민족운동

1. 지방사·지역사와 근대개혁

1) 지방사 또는 지역사

서울과 지방 사이의 위계位階와 차별은 중앙집권체제 아래에서 구조화되었다. 이 차별성은 전근대의 사회체제, 중세봉건체제의 특징이기도 하였지만, 상품화폐경제의 진전과 자본주의 발전 속에서 더 심화되었다. 자본의 집적 공간이었던 서울에 권력이 집중되고, 농업을 기반으로 한 지방은 급격한 경제발전에 따른 농업 붕괴와 도시로의 인구 집중으로 서울의 '식민지'로 편성되었다. 이런 현상은 1960년대 이후 진행된 경제 개발 정책과 군사적인 억압 통치 속에서 심화되어 갔다. 이로 말미암은 한국 사회의 모순은 지방의 서울 종속이라는 사회경제적 문제이면서 동시에 지역 차별을 포함한 민주화의 문제로 대두되었다.

1980년대 이후 '지방'에 대한 새로운 인식이 일어났다. 유신체제 말기의 부마항쟁과 뒤이은 광주항쟁 등의 민주화운동은 지방의 사회구조와 현실 문제를 새롭게 보는 계기가 되었다. 서울에서 시작된 민주화운동은 지역 단위의 모순이 더해지면서 운동의 동력이 증폭되었다. 그 속에는 사회경제적 모순으로부터 지역주의라는 정치적·사회적 문제까지 결합되어 있었다. 이에 지방사회를 구조적·과학적으로 해명하기 위한 노력이 경주되었다.

이에 한국사회의 구조에 대한 다양한 논의들이 이루어졌다. 민주화, 민족 운동의 노선과 결합되면서 그 논의는 논쟁 수준으로 제기되었다.[1] 한국사회가 가진 모순, 불균등이 표출되던 각 지방에서는 더욱 더 이런 논의들이 필요하였다. 가령 대구에서 조직된 지방사회연구회에서도 그런 문제의식을 엿볼 수 있다.

> 80년대에 들어온 이후 한국 사회가 대내외적으로 많은 문제에 직면하게 되면서 현 단계의 사회구조를 어떻게 성격 규정하고 이후를 전망할 것인가 하는 문제가 일층 절실한 과제로 제기되고 있다. …… 이론으로부터 현실을 설명할 것이 아니라 구체적 현실로부터 이론을 정립해가야 할 것이라면 우선적으로 요청되는 것이 치밀한 현상분석이고, 따라서 지방사회가 당연히 중요한 분석대상으로 설정되지 않으면 안 된다. 왜냐하면 한국사회 발전의 특수한 양태로서의 구조적 파행성 내지 불균등이 가장 첨예하게 표출되고 있는 곳이 지방사회이고, 지방사회가 안고 있는 문제 또한 한국 사회의 구조적 특질에서 연유하는 것이기 때문……[2]

1990년대 중반 지방자치가 본격적으로 실시되면서 역사학계에서도 자연스럽게 지방사, 지역사에 대한 연구가 확대되었다. 종래 '향토사', '지방지' 차원의 문제의식과 수준을 넘어 전문 연구자들이 지역사회의 구조를 해명하는 작업을 진행하였다. 각 지방(지역)의 특수성이나 정체성을 확립하기 위한 논의부터, 한국사의 전체적인 틀 속에서 해당 지역이 갖는 의미를 짚어내는 연구, 최근에는 세계화의 추세 속에서 이를 지역사와의 관련 속에서 논의하는 연구로 전개되었다.[3]

---

1) 박현채·조희연 편, 《한국사회구성체논쟁(Ⅰ·Ⅱ)》, 죽산, 1989 ; 《80년대 사회운동 논쟁》, 한길사, 1989 ; 이용기, 〈6월 항쟁 시기 NL-CA 논쟁〉, 역사비평편집위원회 엮음, 《논쟁으로 본 한국사회 100년》, 역사비평사, 2000. 이와 연관되어 벌어진 학문, 사회 전반의 논쟁에 대해서는 중앙일보사, 《80년대 韓國사회 大논쟁집》(월간중앙 신년호 별책부록), 중앙일보사, 1990 참조.

2) 〈지방사회연구회 창립취지문〉(1985년 11월 8일, 유인물).

3) 양정필, 〈근현대 지역사연구의 현황과 전망〉, 《역사문제연구》 17, 역사문제연구

처음에는 '지방사'라는 용어를 주로 사용하였다. 대체로 조선왕조 시기 각 지방에 나타났던 특수성을 거론하기도 하였고, 또 한국사 일환으로서 지방에서 나타난 '사례'에 초점을 두기도 하였다. 크게 본다면, 중앙 정치의 지방 파급과 지방제도, '향촌사회'와 '자치' 등을 중심으로 이루어졌으며, 또 다른 측면에서는 유학사 및 이와 연관된 사회사를 검토하면서 주로 영남, 기호지방 유림의 동향을 분석하여 각 지방의 학문적 정체성을 언급하였다. 서울 중심의 사회경제적, 정치적 모순이 야기한 지방의 농민항쟁(민란, 1862년 농민항쟁, 1894년 농민전쟁 등)도 주 연구 대상이었다.[4]

개항 이후 상품화폐경제의 발전과 식민지화에 대한 연구가 심화하면서 각 지방(지역)의 역사를 보는 관점도 조금씩 변하기 시작하였다. 중세체제 말기에 전국적으로 일어난 농민항쟁이나 1894년의 농민전쟁은 '지방사'이면서 동시에 '전체사'였다. 또한 개항 뒤 한층 발전된 상품화폐경제는 서울보다는 오히려 먼저 개방된 개항장이나 철도 연변의 도시 지역에서도 활발하게 일어났다. 이런 구조는 일제 아래의 농업 구조와 농민운동, 해방 뒤의 사회경제 변화 속에서도 마찬가지였다. 강한 정치권력과 자본주의의 발전 과정에서 지방은 중앙(서울)에 부속된 '국내 식민지'이면서, 동시에 그 사회체제의 모순을 해결할 수 있는 근거지로 자리 잡아 갔다.

이런 인식의 변화 속에서 '지방사'를 보는 관점도 변하였다. 물론 중앙-지방의 역사가 총합되어 전체로서의 한 나라의 역사가 되는 것이지만, 각 지역의 역사가 전국적인 차원에서 한 모양으로 전개되는 것

소, 2007.

4) 한국사연구회 편, 《한국지방사 연구의 현황과 과제》, 경인문화사, 2000 ; 김준형 외, 《지역사 연구의 이론과 실제》, 국사편찬위원회, 2001 참고.

도 아니었다. 지역에서 일어난 민중운동이 개혁운동을 이끌어 간다는 연구가 축적되면서, 지역의 역사가 가지는 의미가 새롭게 인식되었다. 서울이나 지방이나 '전체사의 한 부분'이므로, 중앙(서울)의 주도권이 관철된다는 '지방사'보다는 지역에서 전개된 역사의 특수성이나 주체성이 드러난 '지역사'라는 용어가 더 선호되었다.[5]

각 지역의 역사는 전체의 일부분으로 전개되었다. 그러나 중앙이 주도하는 역사도 지역 단위의 사회구조(정치·경제·사회·문화)에 따라 전개되는 양상이 다른 경우가 많았다. 각 지역 단위의 사상적, 문화적 배경에 차이가 있고, 또 상공업의 구조와 농업 경영 지대 등에 따라 계급적 편차가 있었기 때문이었다. 한 나라의 역사는 중앙과 지역의 유기적 결합, 전체사와 지역사의 상호 작용으로 이루어졌다.

2) 근대개혁 아래의 지방·지역

중앙집권체제 아래 중세사회의 정치·문화의 주도권은 군주와 그 주변의 지배계급이 가졌고, 그 중심지는 궁궐과 왕도王都, 경기京畿 지역이었다. 각 지방 군현 단위에서는 토착 지배 집단이 독자적인 이념과 권력을 동원하여 나름의 '자치' 공간을 확보하고 있었지만, 서울과 지방의 지배 세력이 공유하고 있던 정치 이념인 유교(주자학)를 바탕으로 지방은 이념적으로도 서울에 종속되어 있었다. 지방의 지배세력은 과거시험을 통해 끊임없이 서울의 권력 핵심으로 들어가려고 노력하였다.

1876년 문호개방 뒤 한국사회의 사회구조는 근본적으로 변동되었

5) 그럼에도 '지방사' 또는 '지역사'라는 용어를 사용하는 각각의 논자들이 근현대 시기의 '지역'을 보는 시각이나 문제의식에서 크게 차이나는 것은 아니라고 분석되고 있다(양정필, 앞의 글, 2007, 16~17쪽).

다. 제국주의 열강과의 통상무역으로 토착 경제는 차츰 세계자본주의 체제 속에 흡수되었고, 동시에 이념적으로도 유교와 전혀 다른 체계의 서양 문명이 확산되기 시작하였다. 세계체제의 원리가 조선 후기 이래 내적으로 발전되고 있던 새로운 생산관계를 촉진 또는 왜곡시켰으며, 중세의 국정 교학이었던 주자학적 질서의 혼란을 가져왔다. 제국주의에 대한 예속이 심해지면서, 점차 식민지화의 위기로 치닫게 되었다. 이는 곧 정치적·무력적인 힘을 배경으로 상품과 자본의 수출을 통한 제국주의 세력의 경제 침탈 과정이었고, 우월한 서양 문명의 충격에 따른 문명관의 대전환이었다.[6] 이 침탈과 문명의 파급은 서울을 통해 지방으로 퍼졌고, 제국주의-식민지, 서울-지방이라는 이중적 관계가 형성되었다.

세계자본주의체제 아래에서 식민지화의 길을 걷던 한국사회에서는 이를 해결하고, 자주적인 근대민족국가를 세우기 위한 다양한 개혁운동, 민족운동이 일어났다. 근대개혁론과 개혁운동은 기본적으로 외세, 제국주의의 침략을 반대하면서 근대화를 달성하는 데 목표를 두었는데, 이를 이끌어가는 세력의 계급적 성격은 다양하였다. 곧 근대개혁을 이끈 논리였던 민족주의는 저항성·근대성·계급성을 그 속성으로 하였다. 근대화가 부득이 서양의 근대문명을 수용할 수밖에 없었던 점에서 이를 어떤 차원에서 이해하고 수용할 것인가, 그리고 이를 바탕으로 전개된 개혁운동을 어떤 세력, 집단이 이끌 것인가가 문제로 대두되었다. 곧 문명과 민족 문제 사이에서 개혁운동이 전개되었던 것이다.[7]

6) 김도형, 《근대 한국의 문명전환과 개혁론》, 지식산업사, 2014.
7) 김도형, 위의 책, 2014 ; 金容燮, 〈近代化過程에서의 農業改革의 두 方向〉, 《韓國資本主義性格論爭》, 大旺社, 1988(金容燮, 《韓國近現代農業史研究》 증보판, 지식산업사, 2000에 재수록) ; 鄭昌烈, 〈韓末變革運動의 政治·經濟的 性格〉, 《韓國民族主義論(Ⅰ)》, 宋建鎬·姜萬吉 共編, 創作과批評社, 1982.

근대개혁론과 개혁운동은 서울에서 시작되었다. 1880년대에 들어오면서 정부가 앞장서 서양의 여러 국가와 통상조약을 체결하고, 서양기술을 수용하여 부국강병을 추구했으며, 갑신정변, 갑오개혁 등도 그 일환이었다. 근대개혁론이 지방으로 점차 확산된 때는 청일전쟁 뒤였다. 물론 재야의 보수 유림이 외세의 침투와 정부의 근대개혁에 반대하는 상소운동을 일으키기도 하였지만, 서양문명을 적극적으로 받아들여 '문명화', '개화'하자는 여론이 퍼지면서 그 여파가 각 지방으로 확대되었던 것이다. 또한 1894년 농민전쟁이 중세 체제의 와해 속에서 일어났던 것처럼, 민중층·농민층의 항쟁도 각 지방에서 본격적으로 일어났다.

서울에서 제기된 근대개혁운동, 민족운동이 지방으로 확산될 수 있었던 것은 각 지방에서 이를 담당할 다양한 운동의 주체 세력이 형성되고 있었기 때문이었다. 상품화폐경제가 전국적으로 발전하면서 요호층饒戶層·사상인층私商人層이 성장하였고, 또 다른 한편에서 농민층의 몰락도 뒤따랐다. 그리고 서양 문명의 수용과 관련된 유교 지식인의 의식변화도 일어났다. 물론 개혁운동이 주도세력에 따라 계몽운동과 의병항쟁으로 결집되어 갔지만, 각 지역의 유교적 전통과 당색黨色, 그리고 농업 경영 지대, 상품 유통로 등에 따라 다른 모습을 보이기도 하였다.

2. 문호개방 뒤 경북지역의 사회변화와 개혁 세력 등장

1) 유교지식인의 사상 변화

제국주의 열강과의 통교는 자본제 상품은 물론 서양의 문명, 사상과 종교가 들어오는 계기가 되었다. 서양 문명은 토착의 유교 사회를 구조적으로 동요시켰다. 서양의 종교가 향촌사회에 전파되고, 더불어 민중들 사이에 유교 사회를 근간부터 흔드는 동학, 《정감록》 같은 참언讖言들이 성행하자 유생층의 위기감은 한층 높아졌다. 체제 위기에 직면한 조선의 주자학자들은 이를 맹렬하게 반대하였다. 유생들은 서양의 문명을 '금수禽獸의 문명'으로 규정하고, 정학正學인 유교를 지키기 위해 모든 '좌도左道'를 철저하게 배척하였다. 더욱이 개항 뒤 정부조차 서양의 기술을 수용하여 근대개혁을 추진해 가자 유생층의 위기의식은 한층 높아졌다.

이러한 위기감과 서양 배척운동은 서울보다는 지방의 유생층에서 더 강하였다. 경북지방은 '추로지향鄒魯之鄕'이라고 불릴 만큼 유교 전통이 강한 곳이었다. 이들은 병인양요, 일본의 개항 요구 등에 대해 반대 상소 운동을 행하면서 의병을 제기할 정도로 적극적이었다. 그리고 1881년 《조선책략》을 반대하는 전국적인 유생 상소 운동에 동참하였으며, 갑오개혁, 단발령 뒤에는 의병을 조직하여 항쟁하였다.

그러나 청일전쟁 이후, 사회 전반의 변화는 점차 서양 문명을 어느 정도 인정하는 방향으로 흘러갔다. 일반적인 영남 유림은 여전히 척사론을 버리지 않았고, 항상 서울 지역 지식인의 비판을 받았다.[8] 하지만 유림의 일각에서 서울에서 시작된 계몽운동에 참여하였고, 이로써 당시 급박해진 민족 문제, 국권 문제를 해결하고자 하였다. 안동이나 성주 지역의 유생들은 이런 변화를 선도하였다.

안동에서는 이상룡李相龍과 유인식柳寅植이 이런 흐름을 주도하였다.[9] 이들도 처음에는 안동의 척사론적 분위기에서 학문을 시작하여,

---

8) 《皇城新聞》 1908년 6월 27일 〈警告嶠南人士〉 ; 1908년 9월 24일 〈嶠南의 一雷〉 ; 1909년 2월 3일 〈嶠南의 曙兆〉.

1895년 단발령 이후에 의병에 참여하였다. 유인식은 그의 종형 박창식朴昌植과 의논하여 이상룡, 이중업李重業(이만도의 아들) 등과 의병에 참여하였고, 관군에 패한 뒤에 청량산淸凉山에 들어가 재기를 꾀하였다. 이상룡은 향약을 실시하여 유교 사회를 지키고자 하였고, 1905년에는 차성충車晟忠 부대를 지원하여 가야산에 의병 진지를 구축하였다.[10] 이런 계획이 모두 실패한 후 그들은 '시세時勢' 변화를 깨닫고 신학문을 수용하고 계몽운동에 참여하였다.

유인식은 1903년 서울에 가서 유근柳瑾·장지연·신채호 등과 교유하면서 "금일의 급무는 오직 교육에 있으며, 민권을 신장시키고 민지를 개발한 연후에 국세國勢를 만회할 수 있고, 민족을 보존할 수 있다"는 것을 깨달았다. 바로 안동으로 돌아와 신학교육과 계몽운동에 착수하였다.[11] 이상룡도 의병의 실패는 시세에 어두웠기 때문이라고 판단하고 양계초梁啓超의 《음빙실문집》을 통하여 세계정세 변화와 더불어 국가와 백성을 위해 서양의 정치론을 수용해야 할 것을 깨달았다.[12] 물론 이들의 사상 변화에 대한 안동 유림의 반발은 거세었다. 유인식의 부친은 자식과 의절할 정도였다.

---

9) 趙東杰, 〈安東儒林의 渡滿 經緯와 獨立運動上의 性向〉, 《大丘史學》 15·16, 1978 ; ---, 《韓國民族主義의 成立과 獨立運動史硏究》, 지식산업사, 1989 ; 김도형, 《大韓帝國期의 政治思想硏究》, 지식산업사, 1994, 284~286쪽.

10) 《東山文稿》, 〈年譜〉 ; 《石洲遺稿》, 〈行狀〉 참조.

11) 《東山文稿》 권1, 〈上金拓菴先生〉 戊申 ; 권2, 〈略歷〉. 유인식의 사상적 전환에 대해서는 金貞美, 〈東山 柳寅植의 國權回復과 民族敎育運動〉, 《大丘史學》 50, 1995 ; 金喜坤, 〈東山 柳寅植의 생애와 독립운동〉, 《한국근현대사연구》 7, 1997 참조.

12) 이상룡에 대해서는 金貞美, 〈石洲 李相龍의 獨立運動과 思想〉, 경북대 대학원 박사학위논문, 2001. 이상룡은 "구문舊聞을 술술述述하고 신법新法을 참작하여 조략條略 1부를 저술하여 여러 우인들이 같이 힘쓰기 위한 요령을 제공하여 재료로 취용하게 하였는데, 많은 것은 지나인支那人 양계초梁啓超 문집 가운데서 본을 받았다"라고 하였다(《石洲遺稿》, 권5 〈書揭大韓協會會館〉). 협동학교에 대해서는 金喜坤, 〈安東 協東學校의 독립운동〉, 《于松趙東杰先生停年紀念論叢(Ⅱ) : 韓國民族運動史硏究》, 나남출판, 1997 참조.

유인식은 1907년, 김동삼金東三 등과 함께 향교 재산을 기반으로 협동학교協東學校를 설립하고,[13] 이상룡과 더불어 대한협회大韓協會 안동지회의 설립을 청원하였다. 그들은 대한협회를 대한의 자립지권自立之權을 부흥하고자 노력하는 단체로 생각하였고, '대한국민의 정당'이라고 인정하였다. 그리하여 지회 활동으로써 나라의 주인인 백성들의 자유와 독립의 뜻을 세워야 한다고 하였다.[14]

성주 지역의 유생층은 한주 이진상李震相의 학문 아래 있었다. 그 후예들 가운데 일부가 시대의 변화를 깨닫고 서울지역 계몽운동에도 참여하게 되었다. 이를 대표하던 사람은 김창숙金昌淑이었다. 그는 곽종석과 이승희에게 배웠으며, 또 현실 인식에서는 아버지 김호림金護林의 영향을 받았다. 김호림은 김우옹金宇顒의 후손으로 성주의 대표적인 사족이었다. 그는 아들 김창숙을 이진상의 아들인 이승희에게 보내 한주학풍을 배우게 하였다. 그러면서도 그는 일찍부터 시대의 변화와 농민층의 실상을 깨닫고 구체제의 타파를 내세웠다. 김창숙 등의 학동學童에게 농민의 실상을 깨닫도록 가르쳤고, "지금 세상이 크게 변해 가는 즈음인데 너희들은 《주역》을 읽고도 변혁의 이치를 몰라서야 되겠느냐"고 하여 시대의 변화에 따라 계급과 문벌을 타파해야 한다는 생각을 갖게 하였다.[15]

이런 영향 속에서 성장한 김창숙은 당시 "나라가 곧 망하겠다"고 탄식하면서 "조국을 구하고자 할진대 마땅히 구습의 혁파부터 시작해야 하고, 구습을 혁파하고자 할진대 마땅히 계급타파로부터 시작해야

---

13) 《東山文稿》, 〈年譜〉, 40~43쪽.
14) 《石洲遺稿》 권5, 〈大韓協會安東支會趣旨書〉, 207쪽.
15) 《心山遺稿》 권4 〈先君子下岡府君遺事〉 ; 권5 〈躄翁七十三年回想記〉. 농민전쟁이 일어났을 때 농민군도 "여기는 김하강(; 김호림)의 마을이다. 조심하여 범하지 말라."고 하였을 정도였다고 한다.

하며 계급을 타파하고자 할진대 마땅히 우리의 이 모임으로부터 시작해야 할 것이다"라고 하여, 대한협회 성주지회 설립을 주도하였다.16)

이와 같이 이들 개신유생층은 시세의 변화 속에서 척사론을 떠나 변법개혁론變法改革論을 갖게 되었고, 이를 바탕으로 서울에서 전개되던 계몽운동에 동참하여 경북 지역 계몽운동, 교육운동을 주도하였다. 그러나 이들의 민족 문제는 서울의 입장과도 다르게 나타나기도 하였다.

2) 상품화폐경제의 발전과 계급 변화

(1) 상품화의 진전과 농민층 분화

경북의 사회경제구조도 제국주의와 맺은 통상무역으로 급변하였다. 개항 이후의 통상 무역으로 '미면교환체제米綿交換體制'가 만들어졌다. 이 구조는 일제 강점 아래에서도 지속되었다. 일본의 공업지대와 조선의 농촌을 구조적으로 연결하면서17) 토착 사회를 근본적으로 변화시켰다. 조선 후기 이래 상품화폐경제가 발전하고, 개항을 계기로 이런 추세가 확대되면서 계급적 재편이 급격하게 진행되었다.

미곡 수출은 지주층의 성장과 동시에 농민적 상품생산의 발전을 가져오면서 부분적으로 부농층과 상인층도 성장하였다. 상품의 유통구조나 농업 경영지대에 따라서 차이는 있었지만, 적어도 자생적인 자본축적은 일제의 식민지 편성작업이 강제되기 시작한 1905년 이전에는 그 가능성이 존재하였다. 1905년 이후에는 일부의 예속적, 매판적인 기능을 담당하던 지주나 자본가 말고는 자생적 존립의 길이 억압, 차

---

16) 《心山遺稿》 권5 〈躄翁七十三年回想記〉, 302쪽.

17) 村上勝彦, 〈植民地〉, 大石嘉一郎 編, 《日本産業革命の研究(下)》, 東京大學出版會, 1975.

단되었고 농민층은 전반적으로 소빈농화의 방향으로 나아갔다. 농민층은 구래의 봉건적인 생산관계 속에서도, 제국주의와의 통상무역 과정에서도 몰락의 길을 걷고 있었던 것이다.

각 지역의 사회변화는 해당 지역의 농업구조와 상품·자본의 침탈 여하에 따라 약간의 차이가 있었다. 개항장과 내륙, 도시와 농촌, 철도 노선의 여부, 그리고 농업지대(수전水田 또는 한전旱田 농업) 등의 조건이 달랐기 때문이었다. 개항장을 중심으로 상품 집결지에는 상인층이 성장하였고, 미곡 수출로 말미암아 수전 농업 지대에서 미곡의 상품화와 수출에 따른 농민층 분해가 격심하게 일어났던 것이다.[18]

경북지방은 조선 후기 이래 상업적 농업이 발달하였다. 당시 상업적 농업은 쌀을 위시하여 여러 곡물류, 면화·대마 등의 의료류衣料類, 인삼·지황 등의 약재류, 감·밤 등의 과실류, 그리고 연초와 채소 등의 상품 작물 생산에서 삼남三南 가운데서도 선진적이었다. 이로 말미암아 상업과 수공업의 발전, 비농업인구의 증가와 소비시장의 확대 등도 잇따랐다. 경북지방에서는 자연적인 조건(수전과 한전, 토양의 성질), 교통의 조건 등에 따라 상업적 농업이 낙동강·금호강·형산강 유역의 미작중심지대, 낙동강 동쪽의 면작중심지대, 그리고 면미혼합지대로 나뉘어 발달하였다.[19]

---

18) 1894년 농민전쟁과 1905년 이후의 의병전쟁 또는 농촌의 농민항쟁이 호남 지역 중심으로 격심하게 일어났던 점을 이해하는 실마리가 될 수 있다.

19) 이윤갑, 《한국 근대 상업적 농업의 발달과 농업변동》, 지식산업사, 2011, 64~96쪽 ; ---, 〈18·19세기 경북지방의 농업변동〉, 《韓國史研究》 53, 1986, 81쪽. 이 글에서는 경북지방의 상업적 농업지대를 다음과 같이 분류하고 있다. 즉 ① 미작중심지대 : 금호강 유역의 대구평야(대구, 경산, 자인, 하양, 영천), 상주 평야(상주, 비안), 연일·경주 평야(연일, 경주), ② 면작중심지대 : 낙동강 중상류 한전지대(의성, 군위, 안동, 예천, 금산, 문경 등), 금호강유역 한전지대(대구, 경산, 하양, 자인, 신령), ③ 면미혼합지대 : 선산, 인동, 성주, 고

이러한 상업적 농업은 개항 이후 통상무역 속에서 새로운 변화를 맞이했다. 첫째, 쌀의 수출과 관련되어서는 앞서 언급한 농업의 변화와 같은 방향으로 이루어졌다. 미곡 상품화의 주역은 역시 지주였기 때문이었다. 낙동강 유역의 수전 농업지대는 일찍부터 농민층의 분화와 농업 재편이 일어났던 것이다.

둘째, 콩의 재배가 늘어나고, 콩의 상품화가 크게 발달했다. 개항 전 콩의 대항 작물이었던 면화의 높은 상품성 때문에 콩은 상업적 농작물로 그렇게 중요한 위치가 아니었다. 그러나 통상 무역 뒤에 콩의 일본 수출이 비약적으로 늘어나면서 전 수출량의 약 80퍼센트를 경북 지방이 차지할 정도가 되었다. 콩의 상품화는 농민층에 의한 밑으로부터 상품화를 가능하게 만들었다. 쌀의 상품화가 가장 성했던 전북이나 충남에 견주어 경북 지방은 지주 비중이 상대적으로 낮았으며, 농민층의 분화 형태도 차이가 있었다.[20]

셋째, 면화와 면포 생산에도 큰 변화가 일어났다. 면포는 실제 생활상의 필수품이면서 동시에 조세 납부[租稅木納] 때문에도 발달하였다. 면화는 조선 후기 이래 경북 지역 상업적 농업의 중심 작물이었고, 적어도 1894년 이전에 이루어진 경북 지역의 상업적 토포 생산은 자급적인 면화 생산으로 매우 발달하였다. 그러다가 1894년 이후에 들어서 면화재배는 급속하게 감소하였다. 일본제 면제품이 농촌 시장에 침투하기 시작함과 동시에 면화에서 콩으로 그 재배를 전환하였기 때문이었다. 오히려 이 시기 면화재배의 중심지는 전남 지역으로 이동하였다. 경북의 토포 생산은 전라도산 면화를 들어와야 하였고, 이도

령, 현풍, 상주, 개령, 청도 등.

20) 宮嶋博史, 〈朝鮮 甲午改革 이후의 商業的 農業〉, 梶村秀樹 外 著, 《韓國近代經濟史研究》, 사계절, 1983, 220쪽.

오래지 않아 거의 붕괴되었다. 일본의 자본제 제품에 의해 면작에서의 상업적 농업도 구축되었던 것이다.21)

1910년대 일제의 농업정책으로 식민지 농업구조가 강제적으로 결정되었다. 식량·원료 공급지로 예속화시키는 폭력적인 농업 재편이 강행되었다. 수전 농업 지대는 그 이전부터 미 단작화가 형성되었고, 일본인의 기호에 적합한 개량 품종이 강제적으로 보급되었다. 또 육지면 재배를 위한 면작 장려계획은 면화 생산으로 명맥을 유지하던 농민적 상품생산을 붕괴시켰다. 토지조사사업을 거치면서 양산된 소작 농민에 대해서도 소작료가 점차 인상되었다. 한전 농업지대로서 농민적 상품생산이 발달하였던 안동·의성지역은 이 과정에서 급속하게 몰락하였다.22)

(2) 상인층의 성장

개항 뒤에 이루어진 통상 무역의 결과 요호부농층饒戶富農層, 사상인층私商人層이 등장하였다. 부농층이나 상인층은 각 지역의 농업 경영지대나 상업 유통구조에 따라 그 성장의 정도도 달랐다. 그리고 그 이면에는 농민층의 몰락도 수반되었다.

대구 지역에서는 상인층이 급속하게 성장하였다. 대구는 낙동강을

21) 宮嶋博史, 위의 글, 1983, 220~224쪽.

22) 안동, 성주, 고령의 3.1운동은 농민층이 주도하였고, 의성은 경북 안에서 만세 시위 횟수가 가장 많은 지역이었다. 이 지역들은 공통적으로 일제의 토지조사사업 기간에 농민층이 급격하게 몰락한 지역이었다. 이 지역은 면작 또는 면미혼작지대로, 비교적 늦게까지 농민적 상품생산이 발전되었으며, 토지조사사업 기간에 농업재편이 일어나고 농민층의 몰락이 급속하게 진행되었다. 또한 이 지역은 상품 유통로였던 낙동강 연변이었는데, 경부선의 개통으로 점차 쇠퇴하게 되었다. 이 지역의 시위 횟수가 비교적 많고, 그것도 폭력적인 방법으로 추진된 것도 이러한 상황 때문이었다.

끼고 형성된 상권 중심지였으므로, 상인층은 개항 전부터 대구의 큰 시장에서 활동하면서 부를 축적하여 왔다. 대구에는 정부가 약재의 개량 보급을 도모하고자 법령으로 일 년에 두 번 영시令市를 열었는데, 음력 10월에 열리는 시장은 의류 관련 면직물, 장식품 등을 많이 취급하였고, 음력 2월의 시장은 주로 약품을 취급하여 약시藥市라고도 하였다. 또 대구의 정기 시장으로는 서시西市(2일, 7일)와 동시東市(4일, 9일)가 있었다. 개항 뒤에는 쌀·콩·어육 등의 일용품에서부터 금건金巾, 목면木棉, 방적사紡績絲에 이르기까지 많은 상품이 시장에서 거래되었다.[23] 요컨대 대구 상인층은 미곡을 수집하여 개항장인 동래로 운반하고, 또 해산물이나 일본에서 들어온 공산품을 경북 내륙지역에 팔면서 성장하였다.

한편 대구의 상인층은 봉건적 조세수탈구조에 기생하여 더욱더 많은 부를 축적할 수 있었다. 가령 세전稅錢을 취급하는 상인〔세상稅商〕이 되었는데, 낙동강 유역의 1군 또는 2~3개 군의 세금을 먼저 서울의 해당 기관에 납부하고, 이를 다시 해당 군의 군수를 통해 세금으로 거두었다.[24] 또는 관찰부와 결탁하여 공전公錢을 이용한 상업 활동을 전개하여 거대 상인으로 성장하기도 하였다.[25]

대구 상인들은 자신의 부를 이용하여 한편으로 토지에 투자하여 지주가 되었다. 그들은 대지주이면서 동시에 여타 상공업에도 투자하였다.[26] 그러면서 이를 기반으로 관료층의 반열에 들기도 하였다. 경

23) 三輪如鐵, 《大邱一斑》(增補改正), 玉村書店, 1912, 42~45쪽 ; 大邱府 編, 《大邱民團史》, 1915, 167쪽 참조. 특히 약령시에 대해서는 大邱藥令市史編纂委員會 編, 1984, 《大邱藥令市》, 藥令市復活推進委員會, 제2~4부 참조.

24) 三輪如鐵, 위의 책, 1912, 31쪽.

25) 대구에서만 이런 상인이 70~80명이나 되었다. 이영호, 〈대한제국시기 내장원의 외획운영과 상업활동〉, 《역사와 현실》 15, 1995, 234쪽.

26) 이에 대해서는 權寧旭, 〈大邱地方における經濟的動向〉, 《朝鮮學報》 43, 1967,

북의 최대 지주였던 장승원張承遠(경북관찰사)·장길상張吉相 부자를 비롯하여[27] 상업으로 부를 축적한 김병순金炳淳(김윤란金允蘭, 경주군수), 정재학鄭在學(순흥·개령군수) 등이 그러하였다. 지방관이 되고 나면 미곡의 상품화 과정을 이용하여 더 많은 부를 축적할 수 있었다. 당시 군수는 조세 수취의 책임을 지고 있었으므로, 수취한 세곡을 직접 개항장에 내다 팔거나 혹은 세전을 이용하여 미곡을 구매하여 개항장에 팔았으며, 이 돈으로 다시 현지의 미곡을 싼값으로 사서 세곡으로 서울에 상납하였다. 혹시 무곡貿穀을 하다가 부족분이 생기면 이를 다시 농민층에게서 거두어들여 문제를 일으키기도 하였고, 자신이 관할하는 지역의 미곡시장을 확보하고자 방곡령防穀令을 내리기도 하였다.[28]

대구 상인을 대표하는 사람은 서상돈徐相燉이었다. 서상돈은 소금, 쌀, 한지 등의 장사로 부를 축적하였다.[29] 그는 1903년 내장원의 외획운영에 참여하여, 경상남북도의 시찰관(봉세시찰관捧稅視察官, 곧 검세관檢稅官), 경상남도 독쇄관督刷官 등으로 활약하였다.[30] 곧 '세상稅商'

89~90쪽 ; 柳承烈, 〈韓末·日帝初期 商業變動과 客主〉, 서울대학교 국사학과 박사학위논문, 1996, 177~186쪽 참조.

27) 한말 일제시기 대표적인 지주였던 영남의 장승원張承遠, 호남의 박기순朴基順, 김기중金祺中 등이 모두 그러하였다. 특히 장승원은 1904년 경북관찰사가 되었는데, 당시의 소문에 관찰사가 되기 위해 많은 돈을 들였다고 하였으며, 이 금액은 자신의 부를 유지하기 위한 비용으로 친다면 오히려 적은 액수였다. 또 장승원은 많은 재산이 있었으므로 관찰사 시절에도 상대적으로 수탈을 하지 않았다고 하였다(三輪如鐵, 앞의 책, 1912, 21~22쪽). 장승원과 후대의 자본축적에 대해서는 이 책 제1부 제3장 참조.

28) 吉野誠, 〈李朝末期における米穀輸出の展開と防穀令〉, 《朝鮮史研究會論文集》 15, 1978 ; 河元鎬, 〈開港後 防穀令 實施의 原因에 관한 研究(上)〉, 《韓國史研究》 49, 1985 ; ---, 〈開港後 防穀令 實施의 原因에 관한 研究(下)〉, 《韓國史研究》 50·51, 1985.

29) 大邱商工會議所, 〈大邱財界先覺人들-徐相燉 편〉, 《大邱商議뉴스》, 1979년 4월 15일~1980년 12월 31일 ; 김종규, 〈서상돈〉《근대 대구·경북 49인》, 혜안, 1999 참조.

30) 이영호, 앞의 글, 1995 참조. 외획이란 국고의 채권자, 지방관청 또는 국고에

으로, 먼저 각 군에 차인差人을 보내 외획전外劃錢을 수취하고, 그 외획전을 각 포구의 여각 주인에게 배정하여 각지에서 미곡을 매입하도록 하였으며, 그 매입한 쌀을 포구를 거쳐 서울로 운송하였다. 운송된 미곡은 내장원에서 서울시장에 방매放賣하여 현금화하였다. 서상돈은 미곡 무역의 시기, 지역, 가격 등을 이용하여 많은 이익을 남길 수 있었다. 대구 등지의 상인층도 각 군의 차인이 되어 이에 가담하였으며, 미곡 무역을 대행하던 여각주인도 공식적으로 구문口文을 받았다. 더욱이 서상돈은 경상도 합천·초계·의령·삼가 등지에서 생산되는 종이, 상주·안동·의성·비안 등지의 진사眞絲, 또 소나 포목 등도 취급하였다. 심지어 지폐와 동전의 교환비율을 이용하여 화폐 무역도 행하였다. 경상남북도 전체의 외획전 수취, 미곡 매입을 관장하였으므로 어느 상인보다도 더욱 많은 부를 축적할 수 있었다.

김병순(김윤란)은 경주군수를 지냈다. 관찰사의 공전무곡公錢貿穀에 관여하여 부를 축적했던 그는 이를 배경으로 군수가 되었을 것이다. 게다가 경주군수 재임시절 탐학으로 민란이 일어나기도 하였다. 군수 송덕비를 세우려고 매호 4전씩 수납하고, 사환미社還米 대전代錢을 매호 9전씩 배렴排斂하였으며, 재하결災下結을 균등하게 하지 않은 점 등을 원인으로 백성들이 봉기하여 군수의 송덕비를 부수어 버린 것이다. 백성들은 그가 군수 재임 때 인민으로부터 늑탈한 돈이 10만여 냥이나 된다고 하였다. 이 일로 김병순은 1903년 2월에 면직되었는데, 백

선납한 상인 등이 거두어들인 세금을 국고에 수납하지 않고 직접 현지에서 지출하는 재정운영 방식을 말한다. 갑오개혁의 조세 금납화 이후 조세로 거둔 화폐의 상납으로 생길 지방의 금융 경색을 타개할 수도 있었고, 또 엽전, 백동화 등 무거운 금속 화폐를 서울로 운반하고 다시 이를 각 군의 재정으로 지출하게 될 때 생기는 어려움을 해결할 수 있었다. 조세를 징수해야 할 탁지부가 이 돈을 먼저 내장원에서 차입했기 때문에, 그 수세는 내장원이 담당하게 되었고, 내장원에서는 이를 외획으로 처리하였다.

성들은 1904년 3월에 '학민장전虐民贓錢'을 돌려주지 않는다고 내부에 청원하였으며, 1905년 2월에는 다시 이를 평리원에 고소하였다. 마침내 백성들은 그를 일본공사관에 고발하였는데, 일본공사관에서 한국정부의 내부와 평리원에 처리를 의뢰하자 평리원에서 그를 구속하였다. 김윤란은 자신의 탐학이 관찰사 조기하趙夔夏의 지시라고 변명하였으며, 몇 개월 구속되었다가 그해 7월에 석방되었다.[31] 국채보상운동에서 금연상채회 재무로 활동하였다.

정재학鄭在學은 낙동강을 끼고 부산지역에서 소금과 명태를 받아 경북 내륙으로 장사하여 부를 축적하였다. 그리고 이를 바탕으로 순흥군수, 개령군수를 역임하였다.[32] 그도 금연상채회의 부의장이 되었다.

이로써 대구 상인들은 각종 형태의 회사를 설립하여 근대적 자본가로 변신하였다. 서상돈은 1902년 대구전보국大邱電報局 사장 조중은과 함께 양잠회사를 설립했고,[33] 경부선 개통 이후에는 1906년 정규옥鄭圭鈺 등과 함께 대구성 북문 밖에 화물의 운송 및 보관을 주요 업종으로 하는 대구운수회사大邱運輸會社를 설립하였다.[34] 후술하게 될 바

---

31) 《皇城新聞》 1902년 7월 14일 〈挾官勒討〉 ; 9월 6일 〈慶民立石〉 ; 1903년 1월 27일 〈慶卒電○〉 ; 2월 23일 〈因鬧免官〉 ; 2월 26일 〈押懲貪贓〉 ; 1904년 3월 18일 〈慶民電請〉 ; 1905년 2월 10일 〈慶民訴日〉 ; 2월 16일 〈沮戱無效〉 ; 6월 20일 〈供稱指使〉 ; 7월 27일 〈金氏保放〉

32) 朴英奎, 〈大邱財界先覺者들-鄭在學 편〉, 《大邱商議뉴스》 1981년 1~10월호, 1981.

33) 《皇城新聞》 1902년 5월 20일 〈養蠶會社〉. 이 기사에는 전 주사主事 서상돈으로 표현되어 있다.

34) 《各司謄錄 (15)》, 慶尙道編 5, 慶尙北道各郡報告 第八冊[光武 10년(1906) 8월 10일, 보고 제1호] ; 《大韓每日申報》 1906년 10월 26년 廣告. "창고를 크게 잡아 화물 운송 및 보관을 도모하려 하니 친절 편리하게 이용 바람"이라는 광고였다(1906년 10월 26일 이후 5회). 서상돈은 대구창고회사를 운영한 것 같은데, 이 창고회사에서 대구 군수였던 김한정金漢鼎에게 지화 2,500원을 빌려주고 받지 못하자 국채보상운동이 한창이던 1907년 3월에 저당으로 잡은 전주, 남원 등지의 토지와 문권 등을 매매하려면 '주의'해야 한다고 광고하기도 하였다(《皇城新聞》 1907년 3월 8일 대구 남산 서상돈의 광고).

와 같이, 일본의 상권침탈이 이루어지면서 그 경쟁에서 살아남기 위해서도 근대적인 자본으로 전환하는 것이 더 필요하였다.[35] 서상돈을 시작으로 이석진·박기돈 등이 가장 민활하게 근대 상공업자본가로 전환하였다. 그들은 토착자본만을 동원하여 회사를 설립하기도 하였지만, 때로는 일본자본과 합작 형태를 취하기도 하였다.

이와 같이 이들 상인층은 개항 뒤 발달된 상품화폐경제 과정에서 한편으로는 낙동강을 낀 미곡무역으로 또 다른 한편으로는 봉건권력의 조세징수에 관여하면서 많은 부를 축적하였다. 미곡무역과 조세수탈 과정에서는 소빈농층이나 소상인층은 당연히 억압되고 몰락하였다. 특히 흉년의 경우에는 더욱 심하였다. '미곡의 소출이 극히 감소하여 흉년을 면하지 못하였는데, 연강沿江 해변과 산군山郡이라도 미곡집산지는 모두 내외국 부상배富商輩가 무곡貿穀에 매진하여 장시 방리坊里, 진부津阜 각처로 무미자貿米者의 차인이 분주하게 경매競買함으로 미곡의 시가가 날로 등귀하여 농민이 유리환산遊離渙散할 지경에 도달'했다는 것이었다.[36]

(3) 일본 상인의 침투

청일전쟁 뒤 경북 내륙 지역으로 일본 상인의 한국 침탈이 본격화하였다. 경부선이 대구를 지나면서 철도 공사가 시작되자 일본인 노동자들이 증가하여 일본거류민이 2천 명이나 되었다. 일본수비대 1개

35) 상인층의 자본전환에 대해서는 대해서는 權寧旭, 앞의 글, 1967, 89~90쪽 ; 柳承烈, 앞의 글, 1996, 177~186쪽. 상인층은 언제나 일본 자본에 대해서는 이중적인 측면을 보였다.

36) 《皇城新聞》 1902년 12월 5일 〈年形民情〉. 그러면서도 지주나 부호들은 간혹 흉년이 들면 빈민을 구제하는 '선행'을 베풀기도 하였는데, 서상돈도 천주교 신부와 함께 궁민 구제 등을 통하여 명망을 얻기도 하였다(《大韓每日申報》 1906년 5월 6일 〈法人賑飢〉 ; 《皇城新聞》 1906년 5월 7일 〈兩氏慈善〉).

분대가 주둔하고 부산경찰서의 출장소도 설치되었으며, 일본인의 자치 조직인 일본거류민회日本居留民會도 조직되었다. 일본인들은 이주 초기에는 이윤용李允用, 이용익李容翊 관찰사에 제어 당하기도 하였으나, 1906년 9월 대구이사청大邱理事廳의 개청으로 안정적으로 정착하였다. 1906년 11월부터 거류민단법이 실시되면서 대구일본거류민단大邱日本居留民團이 조직되고, 12월에 대구일본인상업회의소大邱日本人商業會議所도 만들어졌다.[37)]

이런 과정에서 일본의 경제 침탈도 치열해졌다. 초창기의 일본 상인은 소규모의 회사를 운영하였다. 주로 면포·면사·석유·성냥·사탕·잡화 등을 들여오고, 우피·잡곡·약재 등을 다른 지역으로 내다 팔았다.[38)] 청일전쟁 이전에도 개항장 동래를 거점으로 내륙의 한상韓商을 지배하면서 미곡무역을 전개하던 일본상인들은 이제 내륙에서 직접 상행위를 행하였다.[39)] 또한 일본인들은 낙동강변의 넓은 평야지대의 농업경영에도 침투하여 지주경영에서의 이윤확보는 물론, 미곡무역으로 부를 축적하였다.[40)] 일본의 상권 침탈 과정에서는 군대가 주둔하면서 항일 의병을 방어하였고, 또 은행 지점을 개설하여 침탈적 상업에 대한 금융 지원도 이뤄졌다.

경부선의 개통과 도로의 정비는 일상日商의 상권 침탈에 매우 중요한 영향을 끼쳤다. 철도 부설과정에서는 불법적인 토지침탈도 일어났고,[41)] 필요 이상으로 정거장 부지를 확보하여 이를 일본상인에게 임

37) 일본인의 정착과정에 대해서는 大邱府 편, 앞의 책, 1915 ; 大邱府,《大邱府史》, 1943 참조.

38) 오미일,《한국근대자본가연구》, 한울, 2002, 151~152쪽.

39) 河元鎬, 앞의 글(상·하), 1985, 참조.

40) 李潤甲, 〈1894~1910년의 상업적 농업의 변동과 지주제〉,《韓國史論》 25, 1991 ; 孫京姬. 〈한말 일본의 농업이민정책과 민족운동-경북지방을 중심으로〉,《啓明史學》 7, 1996 참조.

대하였다.[42] 대구성 훼철毁撤도 이런 차원에서 일어났다. 일본인들은 도로 개설을 통해 교통을 편리하게 하다는 구실을 내세웠지만, 실은 한인들의 상권이 성곽을 경계로 일본상인들로부터 분리, 보호되고 있었던 점에 있었다.[43] 대구지역 일본인의 제1의 숙원사업이 바로 이 성벽을 철거하는 것이었다. 1905년 11월에 일본수비대가 북문 쪽과 동문 쪽 몇 군데의 성벽을 부분적으로 허물었고,[44] 또 1906년 2월에는 서문의 남쪽 변 성벽을 무단으로 철거했다.[45] 모두 '대구시내 도로가 비좁은데 성벽 때문에 군대 및 인민 교통이 극히 불편'하며, 근대도시의 발전을 저해한다는 이유에서였다.

일본인의 이런 소원을 실현시켜 준 사람이 대구군수 겸 경북관찰사서리 박중양朴重陽이었다.[46] 1906년 10월 박중양은 일본인의 요구대로 성벽 철거를 작정하고 비밀리 일본인을 통하여 부산의 일인·한인 인부 60명을 데려와 하룻밤 사이에 성벽 여러 군데를 파괴하였다. 그러면서 내부內部에 "대구부 성첩이 오래되어 토석土石이 곳곳에 붕괴되어 다니는 길에 방해가 되고 위험하니, 이 성첩城堞을 철거하고 5칸

41) 철도부설과 관련된 토지침탈 및 이에 대한 한국민의 항쟁에 대해서는 朴萬奎, 〈韓末 日帝의 鐵道敷設 支配와 韓國人 動向〉, 《韓國史論》 8, 1982 ; 鄭在貞, 〈韓末 京釜·京義鐵道 敷地의 收用과 沿線住民의 抵抗運動〉, 《李元淳華甲紀念論叢》, 1986 참조. 대구지역에서 철도 부설로 말미암아 침탈된 토지 등은 밭이 2,438석 1승락, 답이 1,154두락, 총묘冢墓 58좌, 인가人家 35호, 산록 24등登, 제언 1고庫 등이었다(《皇城新聞》 1904년 7월 25일 〈犯鐵地段〉).

42) 大邱府, 앞의 책, 1943, 207쪽.

43) 이런 문제는 일제의 침략이 강화하면서 여러 도시에서 일어났다. 평양에서는 일본군이 길을 낸다고 성벽과 그 밑의 민호를 헐어내기도 하였고, 함흥에서도 '토비土匪를 방어하기 위한 성벽'은 이제 일본군인과 경찰의 주둔으로 소용이 없어졌다고 하면서 성벽 훼철을 요구하였다(《大韓每日申報》 1905년 11월 16일 〈毁城作路〉 ; 《皇城新聞》 1906년 5월 5일 〈毁城許路〉).

44) 《大韓每日申報》 1905년 11월 26일 〈自毁城堞〉.

45) 《大韓每日申報》 1906년 2월 13일 〈擅毁城壁〉.

46) 김도형, 〈박중양〉, 《친일파 99인①》, 반민족문제연구소 엮음, 돌베개, 1993.

너비의 도로를 만들고, 좌우의 민호는 모두 상점으로 만들겠다"고 보고하였다.[47] 하지만 내부의 인가 불허 통지를 받았을 때는 이미 성벽의 태반을 파괴하여 버린 뒤였다. 박중양은 1907년 3월에 성벽 철거 뒤의 흙덩어리를 치우기 위해 대구 28개 동 시민에게 의무적으로 일정 구역을 배분시켰다.[48]

대구성 철거는 1907년 4월에 완료되었다. 일본인들은 박중양의 조치를 내부의 인허도 받지 않고 행한 '과감한 처치', '영단'이라고 칭찬하였다. 이후 '내외의 교통이 열리고 성내 주거 일본인도 증가하여 일·한인 잡거雜居 상태가 되면서 한인의 배일사상도 순차적으로 철거되어 갔다'고 하였고, 이는 '총독정치 아래의 근대도시 대구의 출발점'이라고 평가하였다. 대한제국 정부에서 박중양을 기강 차원에서 징계하려 하였으나 통감 이토 히로부미伊藤博文의 후원으로 이루어지지 않았다. 대구성의 철거 이후 대구거류민단에서는 대구도로위원회를 조직하고 성벽을 헐어낸 자리에 도로를 건설하였다.[49]

대구 성곽의 훼철과 더불어 대구 인근의 경주·포항·현풍·고령·성주·안동 등지와 연결되는 도로도 보수하였다. 동해안의 해산물을 직접 대구로 운반하였고, 또한 대구 인근의 농산물도 대구나 인근의 역으로 모아 철도로 운송하였다. 경부선의 개통과 도로의 정비로 기존 낙동강을 끼고 발달되던 상품 유통로의 변화를 초래하였고, 토착 상인층의 상권도 축소, 붕괴되었던 것이다. 특히 경부선의 개통 이후 대구에서

47) 《慶尙南北道來去案》 광무 10(1906)년 10월 경상북도관찰사서리 대구군수 박중양 보고.

48) 《慶尙南北道來去案》 광무 11(1907)년 3월 1일 대구군수 박중양 보고. 박중양은 성을 헐고 나온 石材를 1개에 엽전 1냥씩에 일본인에게 팔아먹었다(《大韓每日申報》 1906년 11월 20일 〈石材放賣〉). 당시 박중양의 탐학은 유명하였는데, 이에 대해서는 《大韓每日申報》 1906년 11월 24일 〈言之醜也〉 참조.

49) 대구부, 앞의 책, 1915 ; 河井朝雄, 《大邱物語》, 1931 참조.

열리던 영시令市의 규모도 1/10 정도로 축소되었다.[50]

이리하여 1906년 삼남지방의 미곡무역과 관련된 상권은 일본상인이 상당 부문 잠식하였다. 가령, 삼남지방의 각 요해처要害處에서 일본인 등이 무미貿米하면서 쌀값이 전에 견주어 크게 등귀하였다.[51] 그나마 촌민이 짊어지고 시장에 나오면 한인 무미상貿米商은 보이지 않고, 다만 일본 상민이 은행권 한 조각에 백미 몇 석씩을 사 가지고 갈 정도가 되었던 것이다.[52]

무엇보다도 토착 한국상인의 몰락을 가져왔던 것은 화폐정리사업貨幣整理事業이었다. 1905년 1월부터 본격적으로 추진된 이 사업은 금본위 화폐제도의 확립과 일본화폐의 통용, 백동화 폐지, 엽전의 축소 등을 그 내용으로 하였다. 경상도 지역에서는 엽전이 주로 통용되었는데, 당시 엽전이 가지는 실질가치(구리 함유) 때문에 엽전의 수출이 격증하고 있었으므로, 일제는 엽전 수납을 강제적으로 시행하였다. 엽전 10냥에 신화 1환 50전의 비율로 교환하게 하여, 24~25할까지 상승한 시세에도 미치지 못하고, 또한 실질가치보다도 낮은 가격으로 교환을 강요하였다. 일본상인들은 이 엽전의 시세를 이용하여 '돈 장사'를 하는 경우가 많았다.[53] 화폐정리사업으로 한국상인의 자본 상황이 적나라하게 드러나게 되었고, 그 기간에는 화폐가 시중에서 사라지는 전황錢荒,

50) 三輪如鐵, 앞의 책, 1912, 42~44쪽.

51) 《皇城新聞》 1906년 11월 17일 〈日人貿米〉; 《大韓每日申報》 1906년 12월 7일 〈日貿○穀〉.

52) 《皇城新聞》 1906년 11월 17일 〈民情矜惻〉.

53) 三輪如鐵, 앞의 책, 1912, 32~35쪽. 당시 대구에 온 일본인들이 토지를 저당잡고 행한 고리대, 결세의 연납, 한인에 대한 폭행, 토목청부업자의 부당 징수 등의 폐해도 일어났으며, 더불어 결세 수납할 때 상납하는 엽전을 신화新貨와 교환하여 높은 값으로 방매하는 행위 등도 일어났다(《皇城新聞》 1906년 5월 14일 〈日人不正行爲禁止〉). 또 당시에 조사된 대구지역의 경제상황에서도 부산에서 엽전이 수입되어 값이 약 1할 정도 떨어져, 시가市價가 최고 19할 8분, 최저 17할 1분이라고 하였다(《皇城新聞》 1906년 11월 9일 〈大邱經濟近況〉).

곧 금융공황이 일어났으며, 이에 항의하는 상인들의 철시투쟁도 빈번하게 일어났다. 결국 백동화·엽전의 회수와 신화의 보급으로 한국의 화폐제도와 금융제도는 일제에 예속되었고, 토착상인의 자본축적은 근원적으로 억압되었다.[54)]

특히 서상돈 등의 대구지역 상인들이 피해를 본 요인은 외획外劃의 금지였다.[55)] 외획으로 부를 축적하던 상인층의 몰락은 당연하였다. 일제는 외획을 금지하면서 징세기구를 정비하였는데, 이는 군수의 세금 징수권을 박탈하는 것이었다. 또 시장세·여각세·포구세 등의 지방세 징수도 상인층에게 심각한 피해를 주었다.[56)]

뿐만 아니라 농민층도 화폐정리사업, 세출기관 정비 등으로 부담이 가중되고 몰락하게 되었다. 더욱이 경상도지역에서는 조세수취를 통해서도 엽전을 회수하였는데, 엽전 1개를 신화 1리 5모로 평가하여 수납하면서, 엽전 회수를 강화하고자 신화로 납부할 경우에는 세액을 50퍼센트(8환에서 12환)나 인상하였다. 결국 결세가 백동화 통용지역과 엽전 통용지역 사이에 따라 불균등하게 되었다. 1906~1907년 영호남

54) 李炳天, 〈開港期 外國商人의 侵入과 韓國商人의 對應〉, 서울대학교 경제학과 박사학위논문, 1985, 189~200쪽 ; 金才淳, 〈露日戰爭 직후 일제의 화폐금융정책과 조선상인층의 대응〉, 《韓國史硏究》 69, 1990 참조.

55) 이영호, 앞의 글, 1995, 235~240쪽.

56) 지방세조사위원회에서 토목공사 비용(도로 교량, 청사 건축 수리비 등), 교육과 권업에 관한 경비, 경찰, 위생, 구휼 및 자선사업 경비, 지방관청의 경비, 공공시설에 관한 것 등을 위해 지방세를 징수하기로 하였다. 장시세(방매가의 2/100), 포구세(통관화물 가격의 5/1000), 여각세(취급 제물 가격의 5/1000), 점세店稅(도기 주기 제조 예정가격의 1/100), 지통세紙筒稅(제지製紙 예정가격의 1/100), 교세轎稅(1대에 2원), 인력거세(1량에 2원), 자전거세(1량에 3원), 하차세荷車稅(1량에 2원), 수견차獸牽車 1량에 1원, 화세花稅(기妓 36원, 창娼 24원) 등이었다(《皇城新聞》 1906년 12월 14일 〈地方稅決定〉). 시장세의 징수로 1910년에 들어서 평안도 용천, 순천, 진남포 등지에서 상인층이 주도하는 항쟁이 일어나기도 하였다. 용천龍川 장시의 예에서 보듯이 이들 또한 국채보상운동에 참여했던 사람들이었다.

지역의 농민항쟁은 바로 이 문제 때문에 일어난 것으로, 경북지역에서는 선산, 인동 등지에서 항쟁이 일어났다. 그들은 "지화紙貨 12환이면 80냥으로 납부하는 것이 억울하므로 20냥을 내려 달라"면서, "엽전으로만 수납하여 백성들에게 폐해가 많으니 지화로도 수납해 줄 것"도 요구하였다.[57]

일본상인이 일제의 정치적·군사적 침략과 더불어 상권을 확장해 오자 일본상인과 상권쟁탈을 벌이던 한국 상인층은 이제 중요한 기로에 서게 되었다. 요호부농층이나 상인층은 반봉건 구조와 제국주의의 경제 침략의 진전에 따라 계급과 민족 문제를 둘러싸고 끊임없이 동요하였다. 그들은 개항 이후 상품화폐경제의 발전 속에서 부를 축적할 수 있었고, 그들의 성장에 장애가 되는 구래의 토지제도와 지주경영이나 봉건적 특권상업체제, 그리고 제국주의의 경제적 침탈에 대해서 반대하였다. 이럴 경우 그들은 빈농층이나 소상인층을 그들의 항쟁에 동원하기도 하였으며, 때로는 민중층의 항쟁에 동참하기도 하였다. 그러나 또 다른 한편으로 개항 통상 이후 미곡 수출의 확대 속에서 지주제가 강화되고, 또 외래 자본이 상품 유통을 장악하게 되자 이에 편승하여 지주로 전화하거나 또는 외래 자본에 예속되어 갔다. 그들은 그들의 경제적 이득이 보장되는 범위에서 위로부터 전개된 지배층, 지주층의 변혁운동에도 동참하였던 것이다.[58]

---

57) 金惠貞, 〈舊韓末 日帝의 葉錢整理와 韓國民의 均稅運動〉, 《東亞研究》 17, 1989 ; 《司法稟報》 1906년 4월 12일 경북재판소 판사 신태휴 보고. 선산의 경우 일진회원 조용국이 주도하였다.

58) 金度亨, 앞의 책, 지식산업사, 1994 ; 李炳天, 앞의 글, 1985 ; 柳承烈, 앞의 글, 1996 ; 주진오, 〈한국근대 부르조아지의 형성과정과 위로부터 개혁의 역사적 성격〉, 東村朱宗桓博士華甲紀念論文集刊行委員會 엮음, 《韓國資本主義論》, 한울, 1989 참조.

3) 민족운동에 관한 연구 성과와 이 책의 범위

개항 後 사회변동 속에서 경북지방에서도 다양한 개혁론과 개혁운동이 전개되었다. 제국주의와 맺은 통교와 통상에 대해 가장 민감하게 거부하였던 유생층을 비롯하여, 사회변화에 순응하면서 경제적 지위를 유지해 간 지주와 상인층, 그리고 몰락의 길을 걷던 농민층 등은 자신들의 계급적 이념을 운동으로 실현하였다. 그 운동 속에는 내부의 계급 이념이 표출되면서 동시에 일본 세력에 대한 대립 또는 예속이라는 측면도 포함되어 있었다.

지역에서 진행된 개혁운동은 대체로 서울에서 시작된 정부 정책이나 개혁운동과 연관 속에서 전개되었다. 특히 경북지방 구래의 지배층이었던 유생층이 주자학적 이념 아래 정부의 개혁운동에 반대하였는데, 이들 가운데 일부는 정부의 정책에 보조를 같이하면서 시세의 변화에 따라서 조금씩 변하기도 하였다. 아래로부터 전개된 몰락농민층의 항쟁은 경북의 농업지대와 연관되면서 전개되었다. 계급적 입장이 강화된 일제 지배 아래 1920년대에 이르면 유생층의 척사운동이 탈락하는 가운데 부르주아 운동과 농민운동, 사회주의 운동으로 재편되었다. 이 책에서는 1860년대에서 1920년대 이르는 시기 경북지역의 근대개혁운동, 민족운동을 유생층, 자산가층, 그리고 민중층과 농민층을 중심으로 검토하였다.

이 책에서 다루는 주제에 대해서는 그동안 많은 연구들이 진행되었다. 그 가운데 이 책과 연관된 대표적인 연구 성과는 다음과 같이 정리할 수 있다.

첫째, 경북지방 유생층의 서양 제국주의 침략과·서양 문명 유입에 대한 대응에 관한 것이다.[59] 경북지방은 영남 사림의 본거지였고, 특히 퇴계 이후 안동을 중심으로 한 이른바 영남학파가 형성되어 이들이 정국의 핵심 세력이 되었으며, 지역의 향촌 지배권을 유지하였다. 서양 문명이 전래되었을 때 영남 유림은 자연스럽게 주자학적 척사론의 입장에서 강하게 반발하였다. 그러나 '보수적'이라는 영남 유림 내부에서도 시세 변화에 따라 서양을 다르게 인식하고, 새로운 길을 모색하는 변화가 생기게 되었다. 이런 변화는 대개 청일전쟁 이후 전국적으로 전개되었지만, 각 지역의 사상적 성향에 따라 약간의 차이가 있었다.[60] 서울의 중앙 정계와 인근의 유자층이 정부의 정책에 따라 앞서 변하고, 서울과 연관이 많은 지역이 그 영향을 받게 되었다. 당시 계몽운동을 이끌던 식자층은 경북, 영남의 유림을 변화를 거부하는 보수 세력으로 지목하였고, 끊임없이 영남 유림의 변화를 촉구할 정도였다. 영남 유림에서도 이런 시세의 변화를 거부할 수 없었고, 오히려 이런 변화를 선두에 서서 실천하며 이를 독립운동으로 이끌어가기도 하였다.[61]

둘째, 민족운동, 개혁운동의 배경이 되는 개항 뒤의 사회경제 변화와 계급 재편 문제를 분석하여 운동의 주체세력을 밝혀내는 작업이 이루어졌다. 특히 상품화폐경제의 발달로 말미암아 농업부분의 변화를 심도 있게 분석한 이윤갑의 연구를 위시하여,[62] 여러 연구를 통해 상공업, 유통업 등의 분야의 변화와 새로운 사회 세력의 등장 과정이 규명되었다.[63] 이때의 사회경제 변화가 일본의 경제 침투와 맞물려

59) 대표적으로 영남대학교 민족문화연구소 편, 《한말 영남 유학계의 동향》, 영남대출판부, 1998. 그 외 이윤갑, 〈한말 일제초기 이승희의 민족운동〉, 《인문학연구》 47, 계명대학교 인문과학연구소, 2013.

60) 김도형, 앞의 책, 2014.

61) 趙東杰, 〈安東儒林의 渡滿 經緯와 獨立運動上의 性向〉, 《大丘史學》 15·16, 1978.

62) 이윤갑, 앞의 책, 2011.

있다는 점에서 일본의 농업 침탈과 지주 경영,[64] 상업 분야의 침투로 말미암은 문제도 중요한 연구 주제가 되었다.[65] 사회경제 변화의 결과로 농업이나 상업에 부르주아 세력이 성장하는 한편, 다른 한편으로는 일본의 농업 침투로 농민층의 몰락이 심화되어 농민운동이 일어나게 되었던 점도 연구되었다.

사상적·사회경제적 변화로 대구, 경북지역에서도 다양한 민족운동이 일어났고, 이에 대한 많은 연구들이 이루어졌다. 먼저, 일제 침략에 저항한 '독립운동'을 규명한 연구가 주류를 이루고 있다. 경북의 독립운동 연구는 한말의 의병항쟁에서 비롯되어 3·1운동과 파리장서사건, 그리고 각 지역 단위의 독립운동, 의열투쟁, 국외 망명인사 등을 그 대상으로 하였다. 처음에는 주로 3·1운동을 주로 연구하였는데, 최근에는 시군 단위의 지원 아래 지역 단위의 운동에 대해서 활발하게 이루어지고 있다. 독립운동 유공자를 시군 단위에서 가장 많이 배출한 안동에 안동독립기념관이 세워지고, 이것이 확대된 경북독립기념관이 설립되면서 독립운동 연구도 지속적으로 추진되고 있다. 최근에는 경상북도의 지원으로 김희곤 교수가 중심이 되어 《경북독립운동사》를 시리즈로 간행하고 있다.[66] 이 연구팀은 안동, 청송, 영덕, 영양, 봉화, 울진 등지의 독립운동, 그리고 신돌석 등의 개인별 활동도 속속 정리

63) 김일수, 〈'한일병합' 이전 대구의 일본인거류민단과 식민도시화〉, 《한국학논집》 59, 계명대 한국학연구원, 2015.

64) 손경희, 〈1920년대 경북지역 동양척식주식회사 및 일본인 농장경영〉, 《계명사학》 13, 2002 ; 李潤甲, 〈1894~1910년의 상업적 농업의 변동과 지주제-경북지역의 농업변동 사례연구〉, 《韓國史論》 25, 서울대학교 국사학과, 1991.

65) 손경희, 〈일제 강점기 포항의 일본인 이주와 상품유통〉, 《계명사학》 19, 2008.

66) 안동대학교 안동문화연구소 엮음, 《경북독립운동사》 1~7, 경상북도, 2012~2014. 각 권의 주제는 제1권 의병항쟁, 제2권 애국계몽운동 1910년대 국내항일, 제3권 3·1운동, 제4권 국외지역 항일투쟁, 제5권 1920~40년대 국내 항일투쟁, 제6권 독립운동가 인물사전, 제7권 독립운동사적지 등이다.

하고 있다. 이로써 경북은 물론, 각 시군에서 발굴되지 않은 여러 독립운동 사실들이 밝혀졌다.

다음으로 개항 뒤의 사회변화에 따라 재편성된 사회계층의 다양한 민족운동, 사회운동에 대한 연구도 다수 이루어졌다. 농업 변동이 가장 심각하게 일어났던 점에서 농민운동에 대한 연구가 많고,[67] 노농을 지도하면서 새로운 운동으로 등장한 사회주의 세력과 그 운동에 대한 연구도 이루어졌다. 또한 이에 대비되는 부르주아 운동에 대해서도 부분적으로 제기되었다.[68] 이런 운동에 대한 연구는 특히 해방 뒤 신국가건설운동의 동향과 연관되면서 이루어졌다.

한말, 일제하의 사회경제 변화와 민족운동, 독립운동은 전국적인 동향과 크게 다르지 않았다. 물론 농업 경영의 지대가 조금씩 달랐던 만큼 농민분화의 정도와 양상도 달랐으므로 농민항쟁, 농민전쟁, 그리고 3·1운동의 지역적 특징이 있기는 하였다. 또 대구지역이 여타 지역의 시군에 견주어 상업이 더 발달했던 점에서 국채보상운동이나 1910년대의 은행업 등을 통한 부르주아 운동에 나름의 특징이 있기도 하였다. 그리고 강한 유교적 전통에서 나온 것으로 볼 수 있는 독립운동도 안동을 중심으로 전개되었다. 하지만 전반적으로는 한국 근대의 사회변화와 민족운동, 독립운동의 전개와 그 진행을 같이 하면서, '사례 연구'의 차원에서 접근한 점이 많다. 한국사회 전체의 성격이 각 지역사의 총합이라고 한다면, 이 부문에 관해 좀 더 많은 연구가 축

67) 강정숙, 〈일제하 안동지방의 농민운동에 관한 연구〉, 《한국근대농촌사회와 농민운동》, 열음사, 1988 ; 李潤甲, 〈1920년대 경북지역 농촌사회의 변동과 농민운동〉, 《韓國史研究》 113, 2001.

68) 김일수, 〈日帝下 大邱地域 資本家層의 存在形態에 관한 研究〉, 《國史館論叢》 94, 2000 ; ---, 〈대한제국 말기 대구지역 계몽운동과 대한협회 대구지회〉, 《民族文化論叢》 25, 영남대학교 민족문화연구소, 2002 ; ---, 〈1910년대 달성친목회의 민족운동〉, 《한국학논집》 45, 계명대학교 한국학연구원, 2011.

적되어야 할 것이다.

이 책에서는 당시 민족문제를 해결하기 위한 일련의 움직임을 살펴보되, 이를 서양 문명의 전래와 상품화폐경제 발전에 따른 사회 계급의 변화에 유의하였다. 유교 전통이 강했던 점에서 유생층의 동향에 주목하였고, 또한 그들의 사상적 변화와 자산가로의 전환, 그리고 몰락 농민층, 민중층의 항쟁을 중심으로 정리하였다. 다만 계급적인 동향을 살피면서 민족운동의 과정에서 일어난 '계급연합'적인 운동을 본격적으로 다루지는 못했다.

제 1 부

유생층의 척사운동과 그 변화

19세기에 조선 왕조는 체제 위기에 직면하였다. 이는 홍경래 난에서 1894년 농민전쟁에 이르기까지 계속된 반봉건 농민항쟁, 그리고 서교西敎의 전래와 서양, 일본의 침략에서 비롯되었다. 이런 위기 속에서 가장 민감한 반응을 보인 것은 지방의 유림儒林들이었다. 그들은 유교 이념과 그 사회를 유지하기 위해 농민층의 항쟁을 해결해야 하였고, 동시에 서양 문명에 대해서도 척사위정斥邪衛正에 따라 반대하였다. 정부와 집권 세력이 점차 문호개방과 서양기술 수용으로 기울어 갔지만 재야 유생층은 이에 동의하지 않았다.

경북 지역의 주된 유생층은 퇴계 이황李滉(1501~1570)의 학문을 계승한 남인南人이었다. 낙동강 서쪽지역으로 남명南冥의 후학들이 있었지만, 이때는 거의 약화되어 남인에 흡수되었다. 퇴계학통 위에서 김성일金誠一, 류성룡柳成龍, 장현광張顯光, 정구鄭逑 등의 후예들이 각 지역 단위에서 학맥, 학풍을 형성하였다. 유치명柳致明(1777~1861)을 정점으로 한 안동의 정재定齋학맥, 성주 이진상李震相(1818~1885) 문하의 한주寒洲학맥, 근기남인近畿南人의 학문을 계승한 허전許傳(1797~1886) 문하의 성재性齋학맥, 류성룡 후예인 류후조柳厚祚(호 낙파洛坡, 1798~1876)·류주목柳疇睦(호 계당溪堂, 1813~1872) 등의 서애西厓학맥(안동 하회, 상주 우천愚川), 그리고 칠곡·구미 지역에서 활동했던 장현광의 후계인 장복추張福

樞(1815~1900), 장석룡張錫龍(1823~1908) 등이 있었고, 성주 지역에는 정구의 후손들도 활동하였다.

문호 개방을 거치면서 전국의 재야 유생층은 정부의 통상·개화 정책을 반대하며 공동 전선을 구축하였다. 그러나 영남 남인은자 신들의 학문 연원이나 당색 속에서 기호 노론과는 여러 면에서 다른 입장을 취하였다. 심지어 같은 영남 안에서도 학맥의 대립, 정권과의 연관성 등으로 현실 문제에 대해서 서로 다르게 대응하기도 하였다. 사족의 결속력이 당색, 학통보다는 문인(학맥), 통혼과 문중 등으로 좁아지면서 향촌 지배권을 둘러싸고 서로 대립하기도 하였다. 그런 한편으로 성리 철학의 측면이나 처신處身에서 영남과 기호, 또는 노론과 남인이라는 당색의 구분이 조금씩 엷어져 가는 경향도 있었다.

제1부에서는 영남 유림의 대표적 지역이었던 안동, 성주, 그리고 칠곡·구미 지역의 유생층이 19세기 전후반의 격변기에 보인 다양한 대응과 그 변화를 살펴보고자 한다. 유생들은 척사론을 견지하고 의병운동을 전개하기도 하였고, 유교 사회를 유지하기 위해 향촌사회를 장악하고자 하였다. 그런 가운데 일부의 유생들은 시대 변화를 지적하면서 서울에서 전개된 계몽운동과 연결되는 '혁신'적인 노선으로 전환하기도 하였으며, 혹자는 민족 문제를 외면하고 친일의 길을 걷기도 하였다.

제1장 안동 유생층의 동향과 河回 '屛儒'

19세기 후반, 안동 지역에는 퇴계 학문을 이은 두 개의 큰 학맥이 형성되어 있었다. 학봉鶴峯 김성일金誠一(1538~1593)의 학문을 이은 유치명, 김흥락金興洛, 김도화金道和를 중심으로 한 학맥(학봉, 정재학맥)과, 다른 하나는 류운룡柳雲龍(1539~1601), 류성룡(1542~1607)의 후예들로 안동·상주 지역에서 가학家學을 바탕으로 형성한 학맥(서애학맥)이었다.[1] 이들은 퇴계의 학통 계승 문제와 관련해서 서로 경쟁적으로 대립하였다. 이른바 '병호시비屛虎是非'였다. 호계서원을 중심으로 결집한 '호유虎儒', '호파虎派'와 병산서원을 중심으로 뭉친 '병유屛儒', '병파屛派'였다. 이들은 모두 퇴계의 학문을 계승하고 있었지만, 현실인식이나 대응에서 서로 다른 점이 많았다.[2] 특히 후자의 병유들은 영의정을 지낸 류성룡의 후예, 곧 세신世臣의 자손으로 지속적으로 중앙 정부의 관료로 진출하였으며, 고종 초기에는 류후조柳厚祚가 좌의정에 오르게 되었다. 이런 점에서 병유는 당시 현실에 대해 전반적으로는 재야 유생들의 입장과 동일하였지만, 정부 정책에 대해서는 다

1) 18~19세기 이들의 학문적 특징 및 대응 활동은 권오영, 《조선 후기 유림의 사상과 활동》, 돌베개, 2003 참고. 19세기 후반 영남 유림의 동향은 정진영, 〈19세기 후반 영남유림의 정치적 동향 : 만인소를 중심으로〉, 영남대 민족문화연구소 편, 《한말 영남 유학계의 동향》, 영남대학교출판부, 1998 등 참조.

2) 향촌 사회에서 사족지배체제가 조금씩 변하면서 사족의 결속력도 당색, 학통보다는 소규모의 문인(학맥), 통혼과 집안(문중), 동족 부락 등으로 좁아지고 있었던 것과 무관하지 않았다. 이런 점에 대해서는 金成潤, 〈안동 남인의 정치적 일상과 지역정치의 동향 - 철종대 金洙根서원 건립과 고종대 屛虎保合을 중심으로〉, 《영남학》 15, 2009, 76~80쪽 참조.

른 재야유생층, 특히 안동의 '호유'들과 다른 대응을 보였다.

1. 서애 가학의 계승과 世臣의 후손

안동지역 유학의 종장宗匠은 퇴계였다. 퇴계의 학맥은 4명의 제자, 즉 월천月川 조목趙穆(1524~1606), 학봉鶴峯 김성일金誠一(1538~1593), 서애 류성룡(1542~1607), 한강寒岡 정구鄭逑(1543~1620)에 의해 계승되었다. 도산서원 상덕사尙德祠에 배향된 조목은 예안을 중심으로 봉화·영주 지역으로, 정구는 성주·인동을 거쳐 허목을 통하여 근기지방으로, 그리고 김성일과 류성룡의 학맥은 안동 지역으로 확산되었다.

조선 중기 이래 안동에는 풍산 류씨, 안동 권씨 등의 토성土姓을 중심으로, 14~17세기에 이거移居해 온 의성 김씨, 진성 이씨, 전주 류씨 등의 사족지배체제가 형성되었다. 풍산 류씨는 고려 말기에 토호[호장戶長]에서 사족층으로 성장하였다. 입암立巖 류중영柳仲郢(1515~1573)과 그 아들 류운룡, 류성룡 대에 이르러 안동 안에서 가장 영향력 있는 문중으로 자리 잡았다. 19세기 말에 이르기까지 2명의 재상(류성룡, 류후조)을 비롯하여 과거나 음직으로 중앙 정계에 꾸준히 진출하였다.[3)]

조선 후기에 들어서 향촌사회의 변화에 따라 풍산 류씨 문중 내부에서도 분파가 일어났다. 19세기 말에 이르면 거주하던 지역을 중심으로 몇몇의 '분파'가 형성되었으며, 큰댁인 '겸암파'에 속했던 '서애

3) 이를 자세하게 다룬 것은 金命子, 〈조선후기 安東 河回의 豊山柳氏 門中 연구〉, 경북대학교 사학과 박사학위논문, 2009 참조.

파'가 나뉘어져 취급되었다.[4] 하회 문중은 서애 찰방공파가 주도하였다. 19세기 초반에는 류이좌柳台佐(호 학서鶴棲, 호조참판)가 그 역할을 담당하였으며, 후반에는 류후조의 상주 우천파도 부각되었다. 그러나 문중의 분화에도 불구하고 서애 학맥은 '가학'으로 계승되면서 한 계통으로 파악되었다. 이런 점은 1911년, 류응목柳膺睦이 지은 〈가학연원세계도家學淵源世系圖〉에서 정리되었다.

> 우리 입암立巖[류중영柳仲郢] 부군府君께서 학문을 천명하여 자식을 가르치고 스승에게 나아가게 했고, 구촌龜村[류경심柳景深], 권옹倦翁[류윤柳贇], 파산巴山[류중엄柳仲淹] 여러 종제從弟와 함께 가학家學을 닦았다. 입암 부군이 겸암謙庵[류운룡柳雲龍], 서애西厓[류성룡柳成龍] 두 부군에게 전하였고, 겸암 부군이 먼저 퇴계退溪의 문하에 나아가 편지로 장려를 받아 다른 사람이 얻기 어려운 바를 많이 얻었다. 서애 부군이 일찍이 퇴계 문하에 나아가니 "이 사람은 하늘이 태어나게 했다"는 칭찬이 있었는데, 박약博約하고 장경莊敬하여 마침내 그 도를 전하였다. 서애 부군이 한 번 전함에 수암修巖[류진柳袗] 부군이 있고, 두 번 전함에 졸재拙齋[류원지柳元之] 부군이 있으니 성리性理의 학에 조예가 깊다. 졸재 부군이 우눌愚訥[류의하柳宜河]에게 전하고, 회당悔堂[류세철柳世哲], 우헌寓軒[류세명柳世鳴] 두 공公이 졸재의 재종질再從姪로서 그 문하에서 직접 배웠다. 우눌 부군은 주일재主一齋[류후장柳後章]에게 전하여 서호西湖[류성화柳聖和], 화계花溪[류성증柳聖曾], 나옹懶翁[류운柳澐], 임여재臨汝齋[류규柳奎], 외재畏齋[류종춘柳宗春], 강고江皐[류심춘柳尋春], 학서鶴棲[류이좌柳台佐] 등 제공諸公에 이르기까지

4) 하회문중 안에서 겸암파와 서애파 사이에 약간의 대립이 있기도 하였다. 가령 류운룡, 류원지, 김윤안金允安(호 동리東籬)을 모신 화천花川(원문에는 화산花山, 1786년 건립)서원의 누호樓號의 글자 크기 때문에 논란이 일어났고(1866), '애파厓派'에서 나이 어리고 어리석은 김윤오의 자손을 사주하여 현판에 재를 바르는 일이 발생하여 서로 싸웠다(《羅巖隨錄》 8, 〈河柳之是非〉, 23쪽).

상하 10세世 안에 가학의 진수가 차례대로 한 세대도 간격이 없었다.[5]

풍산 류씨의 가학은 입암 류중영의 학문 활동부터 시작되어, 서애와 겸암을 거쳐 18세기 말까지 한 세대도 거르지 않고 이어졌다는 것이며, 문중의 분화를 뛰어 넘어 학문적으로 가학의 계승이 이루어졌던 것이다.

서애의 가학은 안동 하회와 상주 우천 지역을 중심으로 계승되었다. 하회에서는 류원지－류의하－류후장－류규－류이좌－류도휘 등으로 이어졌고, 상주 지역에서는 정경세를 거쳐서[6] 류성룡의 셋째 아들 류진柳袗에게 계승되었으며, 류진의 학문은 그의 사위이자 정경세의 손자인 정도응에게 이어졌고, 후에 정경세의 6세손인 정종로 문하에서 나온 류심춘을 거쳐 류후조－류주목－류도수 등으로 이어졌다.[7]

한편 겸암, 서애의 학맥이 가학으로 계승되면서, 동시에 영남의 어

---

5) 柳膺睦, 〈家學淵源錄〉, 발문(한국학중앙연구원 소장) ; 《鶴山文集》 권7, 〈家學淵源世系圖錄跋〉(二, 6~7쪽). 이 글을 쓴 류응목도 상주 류주목의 제자로 가학을 이어갔다. 서애 집안 말고 서애의 학문 전승에 대해서는 〈家學淵源錄〉에 수록된 〈崖門諸子錄〉에 정리되어 있다. 이를 분석한 연구는 김형수, 〈17세기 초 안동지역 사회의 재편과 서애학단의 활동〉, 연세대 서애학술연구단 편, 《서애 학맥의 역사와 공간》 선인, 2017 참조.

6) 정경세는 상주 목사를 지낼 당시 류성룡의 제자로, "도산陶山 재전再傳의 적통嫡統"으로 지칭될 정도의 학자였다.

7) 《溪堂集》 권16, 〈王考江皐府君家狀〉(三, 412~413쪽). 우인수, 〈溪堂 柳疇睦과 閩山 柳道洙의 학통과 그 역사적 위상〉, 《退溪學과 韓國文化》 44, 2009, 14쪽. 우인수는 학봉이나 한강 학파와 구분되는 서애학파 학통의 특징을 ① 가학으로 이어진 경향, ② 풍산 류씨와 진양 정씨의 교차, ③ 사승관계가 간접적으로 연결되는 경우 있음, ④ 안동의 서남쪽 지역 분포, ⑤ 정승가로서의 현실대응 자세의 약간의 차이 등으로 정리하였다(14~16쪽). 류주목 문하에 류도수(의성 사촌)를 비롯하여 많은 제자들이 배출되었는데, 이후 상소, 의병 등으로 활약했던 김휘약金輝鑰(영천), 이만윤李晚胤(예안), 권술봉權述鳳(안동), 허훈許薰(대촌垈村), 이만응李晚鷹(예안) 등이 있으며, 풍산 문중 사람으로는 류도헌柳道獻, 류도구柳道龜(하회), 류인목柳寅睦, 류도석柳道奭(우천) 등이 있었다(《溪堂集》 부록 〈及門錄〉 참조).

느 문중보다 활발하게 중앙 정계에 진출하였다. 특히 류성룡이 영의정을 지낸 뒤 거의 260년 만에 류후조가 좌의정에 올랐다. 여타의 영남 남인에게는 없었던 일이었다. 그동안에도 당상관이 된 사람은 류이좌柳台佐(참판), 류상조柳相祚(판서), 류진한柳進翰(동부승지), 류광목柳光睦(공조참의), 류도휘柳道彙(승지) 등이었다. 이 문중의 겸암파와 서애파의 분파와 출사出仕 경위를 정리하면 다음과 같다.[8)]

〈표 1〉 겸암파, 서애파의 분화와 과거급제자 및 음사자

분파		지역	문과	사마시	음사
謙巖	察訪公派	하회		6	5
	狼川公派	하회	2	5	2
	教官公派	하회, 佳丘, 義城 沙村	1		1
西厓	察訪公派	하회	10	26	16
	生物派	상주 生物		1	
	愚川派	상주 愚川	2	6	5
	柳川派	예천 柳川, 문경 存道		1	1
	謙謹齋派	예천, 군위			

풍산 류씨들의 정치 활동은 줄곧 서울에 있는 남인들과 연결되어 유지되었다. 인조반정 이후 북인이 몰락하면서 잔여 세력은 대개 이황 계통의 남인으로 흡수되었는데, 안동을 정점으로 한 영남의 남인['영남嶺南']을 이루었으며, 서울을 근거로 한 남인['경남京南']으로 포진하였다. 숙종 때의 갑술환국(1694)으로 정계에서 퇴출된 남인들은 주로 향촌지배세력으로 만족하였다. 재지지주로서 경제적 활동뿐만 아니라 향약이나 서원 등으로 그 지위를 유지하였고, 이런 정치적 처지 속에서 퇴계학맥은 내부 결속이 강하였다.

영남 남인의 중앙 정계 진출은 대개 노론 세력을 견제 또는 억제하

8) 金命子, 앞의 글, 2009, 54~61쪽.

는 국면에서 활용되었다. 류성룡의 후예들도 그러하였다. 정조대에 '탕평'의 이념 아래 남인들의 대거 기용 속에서 영의정 채제공蔡濟恭이 류이좌 등을 천거하였다. 순조 대에 채제공이 삭탈관직되었을 때 병산서원에서 채제공의 신원을 처음 거론하였고(1818), 채제공이 1823년에 신원되자 그의 문집 간행도 류이좌 등 병유가 앞장서서 추진하였다.[9)]

고종 초기 우천파의 류후조가 좌의정으로 등용된 것은 중앙 정계의 변동 때문이었다. 대원군은 왕실 재건, 왕권 강화를 위해 세도정치를 주도한 노론 핵심 세력을 억압하고자 하였다. 경복궁 중건, 서원 철폐, 토호 징치, 속대전 편찬, 삼정三政 문란의 해결(양전, 호포제, 사창제 등) 등의 시책은 모두 그런 목표를 달성하기 위한 것이었다. 대원군은 '사색四色'을 고루 등용한다는 명분 아래 영남 남인을 등용하였다. 류후조는 이조참판, 공조판서, 우의정 등을 거쳐 좌의정이 되면서 대원군 초기의 핵심적인 정책 추진에 동참하였다. 이런 점에서 대원군은 영남 남인의 든든한 정치적 후원자였다. 후술할 대원군 지지의 유소儒疏를 병유들이 주도한 것(1871)도 이런 연관 때문이었다.

한편 영조조 이래 '영남'의 오랜 과제는 이인좌의 난(무신란戊申亂, 1728, 영조 4년)에서 비롯된 '멍에'를 벗는 일이었다. 소론 세력이 주도한 이인좌의 난에 경상우도 지역의 남인들이 가담하여 영남이 '반역향'으로 인식되자, 안동의 남인들은 그 혐의를 벗어나려고 노력하였다. 이인좌 난이 일어나자 안동에서는 관군 편에서 '의병'을 조직하여 동참하였다.[10)] 안동지역의 퇴계학파는 이인좌의 난과 연관이 없다는 점

9) 병유와 '경남京南'의 관련 및 채제공의 신원伸冤, 문집 간행 등에 대해서는 金命子, 2009, 위의 글, 194~208쪽 ; 김명자, 〈순조 재위기(1800~1834) 河回 豊山柳氏의 현실 대응과 관계망의 변화〉, 연세대 서애학술연구단 편, 《서애 학맥의 역사와 공간》, 선인, 2017 등 참조. 당시 안동 지역에서 병호시비가 진행되고 있었으므로 이런 일들은 병유가 주도하였고 호유 측에서는 비협조적이었다.

10) 李樹健, 〈17, 18世紀 安東地方 儒林의 政治社會的 動向〉, 《大丘史學》 30, 1986,

을 보여주기 위함이었다. 이런 점은 중앙 정계에 진출하고 있던 풍산 류씨에게는 더 큰 문제였다. 난이 끝난 지 150년이 지난 뒤에도 중요한 사안이 되었다. 1874년 류후조는 무신란 때 의병을 일으킨 대장 류승현柳升鉉, 부대장 권만權萬의 창의 사실을 정리한 《무신창의록戊申倡義錄》을 간행하였다. 류후조는 "우리 영남은 본래부터 추노鄒魯의 고장으로 일컬어 윗사람을 존경하고 어른을 위하여 죽는 의리를 더욱 중하게 여겨 왔다. …… 무신난에 영남의 부로父老들이 모두 발분강개하고 격문을 돌려 나라를 위해 의병을 일으키니 불과 열흘 만에 십수 개 군이 같이 일어났다."는 점을 강조하였다.[11]

한편 노론 정권에서는 줄곧 영남 남인을 제어하고자 노력하였다. 이인좌 난을 진압한 뒤, 1744년(영조 20)에는 경상감사 황선을 찬양하는 '평영남비平嶺南碑'를 경상감영 남문 앞에 세웠다. 1784년(정조 8)에는 성주목사 이보혁의 공적을 찬양하는 '성산기공비星山紀功碑'를 성주 읍내에 세웠으며, 1788년(정조 12)에는 합천 지역에 '무신평난사적비戊申平難事蹟碑'를 세웠다. 경상도를 좌우로 나누어 대응하면서 안동지역에 대해서는 호의적으로 대했지만, 영남 유림의 중심지였던 안동이나 성주 지역에 노론 세력을 부식하고자 애를 썼다.[12]

208~211쪽.

11) 《洛坡先生文集》, 〈戊申倡義錄序〉(柳時澯 편, 1995, 418쪽). 정조는 의병장 두 사람에게 관작을 내리고 관찰사에게 각 고을의 창의 실적을 보고하도록 하였으나, 관찰사가 이를 시행하지 않았다. 이에 이진동李鎭東이 분개하여 각 고을 창의록을 수집하여 한 권의 책자를 만들어 여기에 안무사, 호소사가 올린 계사啓辭를 붙여 임금에게 올렸다. 정조는 대신의 논의를 거쳐 그 책을 경상도에서 간행하라고 하였으나, 이 또한 이때 간행하지 못하였다. 그리하여 80년이나 지난 뒤에 류후조가 《무신창의록》으로 간행하게 되었다. 핵심이 되는 〈경상도무신창의사적慶尙道戊申倡義事蹟〉에는 안동, 상주, 예천 등 13개 지역의 창의 사실이 수록되어 있으며, 각 지방 의병의 조직 상황, 활동 절목, 의병의 조직과정과 난의 경과를 기록한 일기, 의병조직에 참여를 호소하는 통문, 격문 등이 정리되어 있다.

12) 이수건, 앞의 글, 1986, 208쪽. 노론은 이미 1712년(숙종 38)에 송시열을 모

노론은 안동지역에 노론계 서원을 건립하고자 노력하였다. 이인좌난 직후인 1738년(영조 14)에 안동 법상동法尙洞에 김상헌金尙憲 서원을 건립하고자 하였다.[13] 그리고 1855년에는 안동 김씨의 핵심 인물로 안동부사를 지낸 바 있던 김수근金洙根을 배향하는 서호서원西湖書院을 건립하고자 하였다. 서원 건립을 추진한 사람은 중앙 정계와 깊은 관련이 있던 병파 계열인 류기목柳祈穆(류이좌의 아들)과 오미동의 김중휴金重休 등이었다. 서원 건립이 지역 유림의 반발로 무산되자 류기목은 김수근의 동생인 영은군永恩君 김문근金汶根의 영정을 언양에 봉안하는 일이나(1858), 이듬해 예안현감으로 김수근의 위판位版을 예안 운계서원雲溪書院에 배향하는 데 적극적으로 나서기도 하였다.[14]

이와 같이 병유들은 중앙의 정계에서 활동하면서 노론 세력과 직간접으로 연관되었다. 병유들은 남인이라는 당색을 벗어날 수는 없었지만, 다른 영남의 학파나 문중에 견주어서는 당색의 굴레가 좀 덜한 편이었다. 가령 류후조의 아들 류주목은 〈조야약전朝埜約全〉이라는 당쟁서를 편찬하였는데, 그는 남인의 입장보다는 여러 계통의 당쟁론을 객관적으로 정리하려고 노력하였다. 당쟁론이 주로 노론, 서인의 입장에서 작성된 것이 많았으므로 이를 수록하면서도 동시에 공정성을 위하여 남하정의 〈동소만록桐巢漫錄〉과 황덕길의 〈조야신필朝野信筆〉 등 남인 기록도 포함시켰다. 또한 류주목은 이황과 기대승 사이에 일어난

신 노강서원을 성주 주변(고령군 다산면 송곡리)에 세워, 남인을 누르고 노론 세력을 부식하고자 하였다.

13) 鄭萬祚, 〈英祖 14년의 安東 金尙憲書院 建立 是非〉, 《韓國學硏究》 1, 동덕여자대학 한국학연구소, 1982 ; 이수건, 앞의 글, 1986. 이는 노론의 공세에 대해 소론 및 남인이 강하게 저항한 것이었고, 안동 지역에서는 향전의 형태로 전개되었다. 노론의 시도는 영조 때에는 성사되지 못하고 후에 정조 10년(1786)에 남인이 정계에 등용되면서 서간사西磵祠로 사액되었다.

14) 《羅巖隨錄》, 〈河柳氏與美金氏相持〉, 24쪽 ; 金成潤, 앞의 글, 2009. 이는 후술할 병호시비와 연관되면서 더욱 논란이 심해졌다.

사단칠정 논쟁과 그 이후 이에 관해 진행된 자료를 정리하면서, 퇴계학파와 율곡학파, 그리고 영남 안에서는 병파와 호파를 가리지 않고 인용하여 실었다.15)

병유들이 학문이나 정치활동에서 더 고민했던 문제는 가학의 계승이었다.16) 그들은 영의정을 지낸 서애의 후손으로 줄곧 관직에 나아갔다는 '세신世臣', '세록지신世祿之臣'의 후손임을 강조하였다. 일찍 류진이 류원지에게 "우리 집안은 세신世臣이므로 산야山野 선비의 언건偃蹇[거드름을 피우고 거만함]을 본받아서는 안 된다"고 한 바 있다.17) 이런 점에서 병유들은 당시 다른 '영남' 유생층의 '처신'과는 달랐던 것이다.

병유들은 학문적으로 퇴계학통을 계승하였지만 이를 심화 연구하기보다는 도덕적 실천과 현실적 실현에 더 힘을 기울였다. 성리학의 철학 체계는 이미 퇴계에 의해 완결되었으므로 다시 더 매달릴 필요가 없다는 생각이었다. 도덕적 실천을 위해서 《소학小學》과 《심경부주心經附註》 공부를 중시하고, 사회적·현실적 실현을 위해 예학禮學에 깊은

15) 홍원식, 〈서애학파와 계당 유주목의 성리설〉, 《退溪學과 韓國文化》 44, 2009, 39~40쪽. 물론 율곡학파와 호파의 인물과 자료가 조금 소홀하게 수집되었지만, 이것 때문에 "편파적 관점에 따른 것으로 볼 필요는 없을 것 같다"고 하였다. 이런 점에서 서애학파의 성리학은 기본적으로 퇴계학을 잇고 있지만, 퇴계학과 율곡학의 극단적인 대립을 보였던 호파 이현일의 성리설보다는 절충적이라고 보았다.

16) 가학의 형성 및 계승에 대해서는 김학수, 〈17세기 서애 류성룡가의 학풍과 그 계승양상〉, 《퇴계학과 한국문화》 55, 2014 ; 김도형 외, 《서애 류성룡의 학문과 계승》, 혜안, 2015. 전반적으로 조선 후기에 가면서 당시 주자학의 학풍과 관련해서 주자학이 강화되고 서애에서 강조된 경세론은 약화되어 갔으며, 심학心學, 방심放心, 역도易圖 그리고 독서법讀書法과 토론 문화 등을 특징으로 지적하였다.

17) 《修巖集》 권2, 부록 〈遺事〉 ; 《溪堂集》 부록 권1, 〈行狀〉(柳道洙 狀. 七, 24쪽). 우인수, 〈溪堂 柳疇睦과 閩山 柳道洙의 학통과 그 역사적 위상〉 《退溪學과 韓國文化》 44, 2009, 18쪽.

관심을 보였다. 이런 점은 특히 우천파의 류심춘－류후조－류주목－류도수의 학통에서 명확하게 보였다.[18]

류심춘은 가학의 전통 위에서 이기심성理氣心性보다는 일상 현실 속에서 '경敬' 공부를 통한 '마음의 다스림'을 강조하였다. 1830년 세자 교육에 필요한 〈동궁보익편東宮輔翼篇〉을 지으면서, 세자를 보익하는 도道는 《소학》이라고 하였다.[19] 류후조의 아들이었던 류주목은 조부 류심춘 아래에서 공부하였는데, 그도 학문의 목표는 "일용日用의 실천"이라고 하면서[20] 특히 《소학》의 중요성을 강조했다.

> 《소학》은 비록 어린 아이들이 읽는 책이지만 《대학大學》의 근본이다. 주자는 이 책을 사람의 모양을 만드는 책이라고 말하였고, 한훤당寒暄堂 김굉필金宏弼 선생은 항상 《소학》을 표장表章으로 하여 소학동자小學童子라 하였다. …… 선비가 오륜五倫을 밝히고 백행百行을 돈독하게 하는 것으로 《소학》만한 것이 없다. 《소학》을 익히지 않으면 사람을 만들 수 없고, 《소학》을 읽지 않으면 《대학》을 읽을 수 없다. 집에 거할 때 부모를 사랑하고 어른을 공경하는 일, 밖에 나가서 스승을 높이고 벗과 친밀하게 지내는 일, 조정에서 임금을 바르게 하고 백성에게 혜택을 끼치는 일에 이르

---

18) 이형성, 〈江皐 柳尋春의 生涯와 思想〉, 《退溪學과 儒敎文化》 50, 2012 ; 姜文植, 〈溪堂 柳疇睦의 교육활동〉, 《退溪學과 儒敎文化》 50, 2012 ; 홍원식, 〈서애학파와 계당 유주목의 성리설〉, 《退溪學과 韓國文化》 44, 2009. 그동안 한국유학사를 정리한 논저 사이에서 우천파의 학문을 '절충파'로 분류하는 것도 이런 연유로 분석하였다. 이런 점은 철저한 주리를 견지한 호파虎派와 대비된다고 하였다(홍원식, 위의 글, 2009, 34쪽).

19) 류심춘의 학문에 대해서는 이형성, 위의 글, 2012.

20) 《溪堂集》 부록 권1, 〈行狀〉(柳道洙 狀. 七, 33~34쪽). "배우는 사람은 반드시 일용日用의 일상적인 행동에 진력해야 하고, 강론과 저술에 유의해야 한다" 또는 "선비는 마땅히 인민仁民과 애물愛物하는 마음으로 해야 하며, 이런 마음이 없다면 백성을 감쌀 위치에 있고, 물건에 미칠 만한 힘이 있더라도 할 수 있는 것이 없다. 베풀고 구하려는 뜻이 있다면 반드시 일용日用 행사行事 사이에서 생각해야 한다." 등으로 정리하였다.

> 기까지 모든 것이 여기에서 나온다.[21]

임금이나 동궁에게 필요한 《대학》도 바로 이 《소학》에서 비롯되어야 한다는 것이었다.

또한 '세신지손世臣之孫' 병유들은 무엇보다도 임금의 성학聖學, 성화聖化를 보필하는 일을 중시하고, 이를 학문적으로 정리하였다. 1866년 류후조가 우의정이 되자 그의 족손이자 류주목의 제자였던 류도수柳道洙는 역대 중국 정승의 공과를 분석한 《상감박의相鑑博議》라는 글을 지어 류후조에게 바쳤다. 그는 그 서문에서 "임금은 재상의 재능을 논정論定하는 것을 직무로 삼고 재상은 임금을 바로 잡아주는 것을 직무로 삼아야 한다"는 주자의 말을 인용하고, 나라가 잘 다스려지는 것은 임금이 바른 데 있고, 임금을 바로 잡는 직에 있는 사람(재상)이 대인大人이어야 한다는 점을 강조하였다.[22] 또한 류도수는 《소학》을 바탕으로 임금의 정치를 위해서는 《대학》이 중요하다고 하였다.[23] 류후조도 임금에게 '학문에 힘쓰는 것이 임금의 근본'임을 여러 차례 건의하였다.[24]

류주목이 예론에 관해 많은 연구를 행한 것도 이 차원이었다.[25] 그

---

21) 《溪堂集》 권11, 〈溪亭講會節目〉(二, 416~417쪽). 류주목의 교육론에 대해서는 姜文植, 앞의 글, 2012 참조.

22) 《閬山集》 권6, 〈相鑑博議序〉(一, 416쪽, 418쪽) 류도수는 〈상감박의相鑑博議〉를 지어 류주목에게 주자 류주목이 무릎을 치면서 칭찬하고 상공相公(류후조)에게 드려 보필의 자료로 삼게 하였다고 하였다(《閬山集》 권8, 〈行狀〉, 524쪽).

23) 《閬山遺稿》, 《北薦芹曝錄》, 〈擬上大學圖請進講大學疏〉. 류도수는 후술할 '대원군봉환소'로 길주로 귀양을 가는 길에서 대학도大學圖를 임금에게 올리고 〈대학〉을 공부해야 한다고 강조하였는데, 이는 임금을 보필하겠다는 '가학'의 정신을 그대로 보이는 것이었다.

24) 《洛坡先生文集》, 〈陳勉聖學啓辭〉 정묘(1867) 정월 15일 등.

25) 홍원식, 앞의 글, 2009. 이런 점 때문에 정경세 이래의 우천파의 학문을 '예학파'로 분류하게 된다고 소개하였다.

는 이 글들을 모아 《전례유집全禮類輯》을 저술하였는데, 이 책은 예가禮家의 원천이 된 것이라고 평가되었다.[26]

2. 병호시비와 유소운동

1) 병호시비屛虎是非

병호시비는 안동지역에서 퇴계의 학통과 향촌사회 주도권을 둘러싼 김성일 계열과 류성룡 계열의 다툼이었다. 이 시비는 퇴계의 학맥을 계승한 류성룡, 김성일 가운데 누가 더 적전嫡傳인가라는 문제로 시작되었지만, 19세기 후반 대원군 집권과 관련하여 중앙 정계의 동향과도 깊은 연관이 있었다.

도산서원에 퇴계와 더불어 조목만이 배향되자 안동의 퇴계학인들은 류성룡과 김성일을 배향하기 위해 퇴계가 공부하던 백련사 절터에 여강서원廬江書院을 건립하였다(1620). 이 서원은 1676년에 호계서원虎溪書院으로 사액되었다. 그런데 주향 퇴계 다음으로 종향할 사람을 학봉으로 할 것인지, 아니면 서애로 할 것인지 하는 '순서 문제'가 일어났다. 나이는 학봉이 많으나 벼슬은 서애가 높았기 때문이었다. 처음 논란이 일어났을 때는 "도산 재전의 적통"이라는 정경세(우복愚伏, 1563~1633)가 "서애가 나이에서 4살 적어 견수肩隨에 미치지 못하지만 벼슬의 차이

26) 후학들은 류주목의 《전례유집》의 조속한 간행을 위해 안동 지역 유생들의 도움을 호소하였다. 즉 1899년 7월 20일에 상주향교 명의로 공사원公事員 이시형李時馨 등 44명이 도산서원에 통문을 보내, 계당溪堂의 저술을 판각하는 작업을 마무리하기 위한 도회道會(군위軍威 남계南溪 단하壇下)에 도산서원도 참석해 줄 것을 부탁하면서, 판각작업이 연기되는 것은 "현인賢人을 높이고 예의를 중시하는 도리에 어긋나는 것"이라고 하였다.

는 절석絕席에 해당하니 아마도 이론의 여지가 없을 것 같다"고 정리하였다. 이런 해석 뒤에 서애-학봉 순으로 하는 것에 별다른 이의가 일어나지 않았다. 하지만 이 문제는 안으로 잠복해 있었다.

18세기에 들어오면서 학봉 계열의 학문적 위상과 역할이 증대하였다. 이현일이 학풍을 진작하면서 그러하였다. 학봉의 제자였던 장흥효의 외손인 이현일의 아래로 외손 이상정, 또 이상정의 외증손 류치명으로 학문이 이어지면서 '정재학파'라는 큰 학맥을 이루었다. 류치명은 이상정의 학문을 "호학湖學"이라고 규정하면서[27] 퇴계 학문 이후를 '퇴호학退湖學'으로 정립하였다. 그러고 김성일을 퇴계의 적전嫡傳으로 주장하면서, 퇴계가 심법心法의 요언要言 지결旨訣(〈병명屛銘〉)을 김성일에게 주었다는 점을 강조하였다.[28]

학문적으로 세력이 커진 학봉계는 다시 학통學統 문제를 들고 나왔다. 1805년(순조 5)에 안동, 영남 유림은 서애, 학봉, 한강(정구), 여헌(장현광) 등 영남 4현을 문묘에 승무陞廡해 주기를 청원하였다. 그런데 상소 속에 이름을 나열하는 순서가 또 문제가 되었다. 서애계는 호계서원의 순서가 '애학厓鶴'[서애가 동쪽, 학봉이 서쪽]이므로, 상소에도 이 순서에 따라야 한다고 주장하였고, 학봉계는 나이순에 따라야 한다고 주장하였다. 이듬해 다른 지역의 유생들도 문묘 승무를 추진하였을 때 안동 유생들은 호계서원에서 향회를 열고 통문을 작성하였는데, 또 통문 내용이 문제가 되었다. 이런 내부의 분란 속에서 문묘 종사 움직임도 좌절되었다.

이 시비는 1812년, 여강서원에 대산大山 이상정李象靖을 추향하는 문제 때문에 또 불거졌다. 이상정의 위패를 모시려면 원래 있던 위판

27) 이상정이 살았던 곳이 안동 소호리蘇湖里였기 때문에 이렇게 칭하였다.
28) 권오영, 앞의 책, 2003, 304~305쪽.

을 옮겨야 하므로 병파는 이를 불가하다고 주장하였다. 그러면서 이때 서애의 위패가 옮겨졌다는 '묘위천동廟位遷動' 문제가 제기되었다. 이에 병·호파 사이에 골은 더욱 깊어졌다. 마침내 병산서원 쪽에서는 호계서원과 절연하였다. 이런 시비 속에서 두 파는 자신들의 입장을 강화하여, 병파에서는 《여강지廬江志》, 호파에서는 〈여강전말廬江顚末〉을 각각 작성하였다. 또 《대산실기》에서 이상정을 "퇴계 이후 제1인"이라고 하면서, '애학厓學', 곧 류성룡은 선생으로 할 수 없다고 기술하여 그 대립은 더욱 격화되었다(1845). 그 뒤에도 류치명이 〈갈암선생신도비〉에서 퇴계-학봉-갈암으로 학통을 정리하였다. 호파 쪽에서는 퇴계-학봉의 도통을 세워 나가고 학맥의 결속을 다지면서 밖으로는 병파와의 적통 문제를 더욱 격화시켜 갔다.[29] 이는 안동 지역 향촌 사회의 주도권을 둘러싼 대립이면서, 동시에 당시 사회문제에 대한 대응 태도를 결정하는 핵심적인 가치가 되었다.

그리하여 퇴계 적통 문제를 둘러싸고 안동 유림은 이른바 '병파'와 '호파'로 양분되었다. 병파는 풍산 류씨, 진주 정씨, 진주 강씨, 풍산 김씨, 순천 김씨, 안동 김씨, 순흥 안씨 등으로, 병산서원과 상주의 도남서원을 중심으로 상주, 영주, 예천 등 안동의 서부지역 유생들로 이루어졌다.[30] 호파는 의성 김씨, 전주 류씨, 한산 이씨 등으로, 호계서원이 중심지였다. 심지어 같은 성관 안에서도 병·호로 나뉘어지기도 하였다. 퇴계의 후손인 진성 이씨는 중립을 취했지만, 분파에 따라서는 병파와 호파로 나누어졌다.[31]

---

29) 이상호, 〈정재학파 성리학의 지역적 전개양상과 사상적 특성〉, 《국학연구》 15, 2009.

30) 하회 문중의 통혼권, 학문적 교류도 이와 같아졌다(金命子, 앞의 글, 2009, 228~230쪽).

31) 韓相祐, 〈조선후기 鄕戰을 통해본 양반층의 親族, 婚姻-안동의 屛虎是非를 중심으로〉, 《大東文化硏究》 81, 2013. 병호시비에도 불구하고 개인적인 차원의 혼인

이 대립으로 영남 남인의 힘은 분산되었다. 이는 남인 세력을 등용하여 노론을 억제하려던 대원군에게도 불리한 현상이었다. 대원군은 이 시비를 보합保合하고자 노력하였다. 때로는 대원군이 직접 나서기도 하였고, 때로는 재상으로 기용된 병파의 류후조나 고위직의 호파 관료를 동원하기도 하였다.

대원군은 1866년, 안동부사 심동신沈東臣에게 병파와 호파의 보합保合을 이루게 하라고 지시하였다. 그러나 이때는 별 효과를 거두지 못했다. 그런 뒤 1870년에 대원군은 안동부사에게 다시 지시하였다. 이에 병호 두 파의 유생들이 호계서원에 모여 보합 방안을 논의하였다. 그러나 이때에도 쉽게 보합되지 못했고, 화가 난 대원군은 이를 충역忠逆의 기준으로 논단하겠다고 하였다. 대원군은 병파의 강고한 입장 고수 때문에 보합이 되지 않는다고 파악하고,[32] 류후조가 보합에 나설 것을 촉구하였다.

이런 사정 속에서 류후조는 대원군에게 다음과 같이 편지를 보냈다.

> 근일에 안동부사가 병산서원에 내린 첩지를 보니 병호 두 서원에 소속된 문중 유생이 금월 27일에 호계서원에 모이게 되는 바, 관청에서도 그때 참석한다고 일렀습니다. …… 지난 병인년 봄 제가 병산, 호계 양쪽이 보합한 사실을 전달한 바 있어 합하閤下께서도 역시 유념하신 것이 있으시어, …… 소생이 비록 병산서원 쪽 사람이오나 보합하는 일에 있어서는 참으로 많은 고심을 하였으니 어디까지나 사심私心 아닌 공도를 위한 것이었습니다. …… 제가 어찌 감히 사사로운 욕심으로 호계 쪽을 욕되게 하겠으며,

관계는 유지되기도 하였다는 점이 흥미롭다.

32) 대원군은 보합이 되지 않는 이유를 병론이 밖으로는 뜻에 따르지만, 속으로는 이기려는 마음이 있기 때문이라고 판단하고 있었다(《羅巖隨錄》, 50. 〈雲峴宮抵崔判書書〉, 51. 〈雲宮下花伯書〉, 79~80쪽).

> 또 어찌 감히 사사로운 욕심으로 합하에게 바라겠습니까? 합하께서는 똑같이 보시어 한 쪽을 두둔하여 승리를 안겨주고, 한 쪽을 억제하여 굴복토록 하시지 않으실 것입니다. 어느 한 쪽을 이기게 하고, 어느 한 쪽을 굴복토록 하지 않아야만 앞날의 화평을 점칠 수 있습니다.[33]

대원군의 엄명으로 병호시비는 겉으로 어느 정도 보합되었다. 1870년 12월에는 병파, 호파 각각의 입장을 강조한《대산실기》와《여강지》를 대구 감영 관청 뜰에서 파판破板하였고, 이후에는 외견상 별 문제가 제기되지 않았다.[34] 그러나 이 보합은 곧이어 추진된 대원군의 서원 철폐, 대원군 봉환 문제 등으로 다시 깨어지게 되었다.

1883년에 다시 호파를 중심으로 영남 4현 문묘 승무陞廡가 추진되면서 서원 복설이 제기되었다. 김도화는 '병명屛銘'을 거론하고 김성일이 퇴계의 '적통'이라는 점과 임진왜란 당시의 의병 활동과 '문충文忠'의 시호를 거론하며 문묘에 승무해 주기를 청하였다.[35] 그러자 병파 쪽에서는 진사 이재철 등이 "서애가 도산의 적전을 이어 백세의 종사宗師가 되었다"고 하면서 단독으로 류성룡의 문묘 종사를 청하는 상소를 올렸다.

> 영남은 본래 추노鄒魯로 일컬어져서 군자가 온 나라에서 많았으며, 문묘에 배향된 자가 계속 이어졌고, 선정先正한 문순공文純公 이황은 해동부자海東夫子라고 일컬어지기까지 했습니다. 유화儒

33) 《洛坡先生文集》, 〈上大院君別紙〉 庚午, 34~35쪽

34) 《羅巖隨錄》, 13쪽. 이듬해 류후조가 대원군에게 "병산 호계 양서원의 보합에 관한 일은 보합한 뒤로 별다른 일이 없으며 이미 명령을 받들어 보합하였으니 누가 감히 장차 떠들겠습니까. 연소한 무리들이 제각기 하는 말은 불과 그때의 일이었을 뿐입니다."라고 하였다(《洛坡先生文集》, 〈上雲峴宮書 別紙〉, 36쪽).

35) 《拓菴集》 권3, 〈請鶴峯先生陞廡疏〉.

化가 크게 드러나고 덕교德敎가 더욱 밝아져서 당시에 선정先正 신臣 문충공文忠公 류성룡 같은 분이 있어 직접 가르침을 받아 도통道統의 정적正嫡을 계승하였습니다. 그의 학문이 순량諄諒하고 문장이 심오하며 사업이 빛나는 것은 죽백竹帛에 기록되고 정이鼎彝에 새겨져서 사람들이 모두 잘 알고 있으니, 실로 성대聖代의 왕좌王佐요 백세百世의 유종儒宗입니다. 성묘聖廟에 종향從享하자는 의논이 여러 차례 선비들에게서 나와서 수백여 년이 되었으니 후학이 울분을 품은 것이 어찌 끝이 있겠으며, 소대昭代의 결점이 되는 일이 또한 어떠하겠습니까.36)

이런 상소는 그 뒤에도 이어졌다.37) 류성룡이 퇴계의 적통으로, 나라에 공도 많고 제자도 많고, 또 학문도 뛰어나다는 점을 들어 문묘종사를 청하였다.

병파와 호파의 대립은 19세기 말엽까지 해결되지 않고 격화되었다. 이 대립은 앞서 본 노론계 서원 건립과 영정 봉안 문제, 그리고 후술할 서원 훼철 문제와 결합되어 더욱 복잡한 양상을 띠었다. 그런 가운데 전자의 문제와 연관되어 일어난 사건이 임천사변臨川事變(임천고변臨川鼓變)이었다. 노론계 서원 건립을 병호 보합의 기회로 활용하고자 하는 논의도 있었으나, 서원 건립에 대한 향중의 여론은 그렇지 않았다. 서원 건립에 대해서는 병파는 물론 하회 내부에서도 반발이 일어났다. 급기야 퇴계의 종손인 이휘녕李彙寧이 옷이 벗겨지는 변을 당하였다. 이휘녕은 영정을 봉안할 봉안문을 작성한 바 있었는데, 그가 임천서원에 참석했다가 봉변을 당하고 그 분을 풀기 위해 북을 울

36) 《承政院日記》 고종 20년(1883) 10월 12일.
37) 《承政院日記》 고종 25년(1888) 4월 17일. 송태인 등의 상소에서도 "모두 도산의 심학은 문충공이 전해 받았다고 여기고 있으니, 백세토록 전해져서 오래되어도 폐단이 없다는 말이 참으로 적실한 말인 것입니다"라고 하였다.

리고 이름을 거론하게 되었던 것이다. 가해한 사람은 예천의 권씨들이었지만, 그 배후로 금계金溪의 학봉 후손이 지목되었다. 곧 병파에 속한 이휘녕의 병호시비 보합에 대한 호파의 반발이었던 것이다.[38]

2) 유소儒疏 운동

(1) 서원훼철 반대 운동

대원군 정치의 핵심은 추락된 왕실의 권위를 세우고 왕조체제를 안정화하는 것이었다. 대원군은 노론 세도 정권을 억압하면서, 각 지방의 토호 징치와 그 소굴이 된 서원을 훼철하였다. 서원 훼철을 위해 대원군은 집권 첫 해부터 누설疊設 되거나 사설私設된 서원과 사당을 일괄적으로 조사하였고, 이듬해(1865) 3월에 당시 가장 영향력이 큰 만동묘萬東廟를 철폐하였다. 대원군은 그 시책이 성과를 거두었다고 판단하고, 다음 수순으로 1868년(고종 5)에 미사액 서원, 향현사를 철폐하도록 하였다. 그리고 마지막 수순으로 1871년에 사액서원이라도 문묘종향인, 충절대의지인忠節大義之人 등을 배향한 47개 원사를 제외하고 그 밖의 모든 서원과 사우祠宇를 훼철하도록 하였다.[39]

안동 지역의 원사는 1868년 단계에서 대개 훼철되었다. 이때 살아남은 것은 호계서원, 삼계서원, 주계서원, 병산서원, 서간사西澗祠 등이었다. 1868년 서원 철폐 문제가 제기되자 각 문중이나 학파에서 이를

38) '임천고변' 문제는 퇴계의 위상과 관련되면서 안동, 예안 향중에서 매우 큰 논란과 공방이 일어났다. 또한 서원 건립을 추진하던 하회의 류씨와 미동의 김씨 사이에도 책임 공방 속에서 절친했던 사이를 깨고 절교하게 되었다. 이에 대해서는 《羅巖隨錄》, 24쪽, 54~60쪽 ; 金成潤, 앞의 글, 2009, 58~64쪽.

39) 김병우, 《대원군의 통치정책》, 혜안, 2006, 244~307쪽 ; 이수환, 〈대원군의 서원훼철 반대와 영남 유소〉, 《嶠南史學》 6, 영남대학교 국사학회, 1994.

항의하였다. 2월에 호파 유생들이 안동에서 전사典祀 문제로 도회道會를 열었고,[40] 이듬해 훼철된 이후에도 안동 지역 청년 유생들이 노림서원魯林書院에 대동도회大同道會를 열기 위한 통문을 내었다.[41] 병산서원 쪽에서는 류후조가 앞장섰다. 류후조는 대원군에게 다음과 같이 편지를 보냈다.

> 근자에 사당과 서원을 훼철하고 (위패를) 땅에 묻으라는 명령을 잇달아 내리시니, 이 거사가 국가를 위하여 서원의 폐단을 깊이 통찰하신 일이라 재야에 있는 몸으로 황송한 마음을 이길 수 없습니다. 그런데 병산서원의 사액도 역시 훼철하는 가운데 들어 있으니 이 서원은 지난날 철종 계해년에 사림들이 사액을 통하는 소를 올려 특별히 윤허의 명령을 받은 것은 온 조정이 다 같이 듣고 본 사실이옵니다. 사액의 이름을 비록 선하宣下하심을 얻지 못하였으나, 또한 시행하지 말라는 하교도 없었으니 선왕이 내리신 명령은 그대로 있습니다. …… 국법을 밝히는 데 지나친 한탄이 있을까 두렵습니다. …… 문충공을 봉향한 서원으로 사액을 받지 못한 남계서원南溪書院 같은 곳은 일시에 다 같이 훼철하였으나 동일한 선조의 서원이었는데도 감히 아무 말씀도 아뢰지 않았습니다. 다만 병산서원은 지난 날 사액의 명령이 내려졌으며, 지금 사액된 서원은 제외하라는 명령을 받든 까닭입니다. …… 특별

40) 《羅巖隨錄》, 4쪽. 이때 대원군은 남인인 한계원韓啓源, 강난형姜蘭馨에게 편지를 하여, "영남의 이른바 호론虎論 명색이 전사典祀 문제로 모인다고 하는데, 이는 오인午人(남인)이 반드시 망하는 때이다. 이런 일은 우리 앞 왕조에서 하지 못하던 일이다. 우리 아들, 손자들이 행할 수 없는 일을 나의 생전에 영남 유림이 천 번, 만 번해도 반드시 이루지 못할 것이라."고 하였다.

41) 이때 통문 속에 "천일복명天日復明 복분균조覆盆均照"라는 말이 있어, 대원군이 진노하였다. 대원군은 영남 출신의 승지 이만운李晩運에게 편지를 보내, "이 8자가 무슨 의미인가? '일日'은 임금이니, '복명復明'한다고 하면 누가 임금이 된단 말인가? 그 이름은 무엇인가? …… 복명하는 날은 과연 언제인가?" 등의 노여움을 드러내었다. 그리고는 이런 통문을 지은 유생들을 결박하여 잡아 올리라고 명하였다.

한 처분을 내려 주시길 ……42)

1868년 훼철시에는 사액서원이었던 병산서원, 호계서원은 살아남았지만, 호계서원은 1871년에 훼철되었다. 예안의 도산서원과 하회의 병산서원만이 살아남았다. 그렇게 되자 서원 철폐에 대해 병파 쪽에서는 소극적이었으나, 호파는 강하게 반대하였다.

먼저 성균관의 영남 유생이 권당捲堂을 행하였다. 장의 조인식趙寅植이 통문을 내자, 성균관에서 수학하던 안동 출신 진사 김철수金喆銖가 분개하여 '괘건식당掛巾食堂'하였다. 성균관 반장泮長 대사성大司成 정태호가 이를 대원군에게 알리자 대원군이 크게 화를 내고 성균관의 첨좌僉座에게 편지를 보내 "서원의 훼철, 불철 문제는 소인[추생鯫生 : 송사리]이나 하는 일"이라고 하고, "병인양요 시절에도 수선首善의 땅에서는 말 한마디 없었다"고 불만을 토로하였다. 대원군은 권당에 참여한 유생들을 축출하고 다른 유생들을 들이라고 지시하였다. 권당으로 28명이 나갔으나 당일에 들어온 사람은 8명뿐이었다. 대원군이 더 노하여 사색의 영수들에게 편지를 보내 이를 '충역忠逆'의 문제라고 표현하였다. 또한 같은 남인이지만 상주의 류인목柳寅睦(류후조의 조카), 예안 이만기李晩起(참판 이만운의 동생), 경주 손상준孫相駿, 상주 김규학金奎學 등은 권당을 비판, 배척하는 통문을 내고, 진사 오익상吳翊相도 역시 발통發通하여 권당을 발의한 이인화李寅和, 이상익李相翼,

42) 《洛坡先生文集》, 〈上大院君 別紙〉, 戊辰(1868), 32~33쪽. 이때 대원군은 류후조에게 답하기를 "서원은 망국의 근본"이라고 하고, "소생은 나의 손으로 먼저 인평선조의 서원을 훼철하여 불초한 점이 극에 달하였다. 합하는 그러하지 않아 그 효심이 간곡한 것이니, 지극한 효심이라 할 수 있다. 나와 같은 불초한 자손의 마음이 실로 합하의 지극하고 큰 효심에 부끄럽다. 대개 지금은 먼저 사액 받지 못한 것을 철거하지만, 필경에는 풍기 안문성공 사원에 앞서 일일이 훼철한 연후에 나라가 가히 나라다워질 것이다."라고 하였다(《羅巖隨錄》, 5쪽).

이승제李承濟 등과 괘건掛巾한 김철수를 논죄하자는 통문을 돌렸다.[43] 영남 유림 내부의 입장 차이는 말할 것도 없이 병호시비에서 연유된 것이었다.

4월에 '호계서원을 훼철한다'는 소식이 들려왔다. 호파에서는 권당을 비판한 류인목, 이만기 등이 병유였던 점에서 그 혐의를 병산서원에 두었다. 그리고는 서원 존속을 위한 상소운동을 전개하였다. 상소운동의 핵심 세력은 훼철된 안동의 호계서원과 상주의 도남서원이었다. 이들은 영남 유생을 결집하여 1만 27명의 이름으로 반대 상소를 행하였다. 4월 15일 영남좌도 유생은 안동 서악사西岳寺에, 우도 유생은 25일 상주 도남서원에서 모였다. 그들은 "국가의 존망이 오도吾道의 존망에 달려있고, 오도의 존망이 사원이 훼철되느냐 훼철되지 않느냐에 달려있다"고 하였다. 그리고는 4월 28일, 의성에서 좌우도 유생 200여 명이 모여 정민병을 소수疏首로 추대하였다. 정민병은 도남서원에 모셔진 정경세의 후손, 곧 병파였다. 이때는 마침 신미양요가 일어난 즈음이었다. 유생들은 내수외양內修外攘이 나라의 본무라고 하고, 외세의 근심이 있는 상황에서 서원을 훼철하면 유풍儒風을 없애 원기가 흩어져 사학邪學이 그 틈을 타고 들어오게 될 것이라고 주장하였다.[44]

영남의 유생들은 6월 2일 소행疏行을 시작하였다. 이 소행에는 같은 병파였던 병산서원 쪽에서는 참여하지 않았다. 소수 정민병은 상주 우천의 동문인 류주목에게 편지를 보내 "족하足下는 당세의 대현大賢으로 자처하는데, 오히려 당세의 대현이 죄를 얻었다"고 하면서 동참을 권하였으나 류주목은 오히려 상소를 막기 위한 방소防疏 통문을 돌렸다.[45]

43) 《羅巖隨錄》, 15~16쪽. 김철수는 충청도 문의로 정배되었다가, 대원군의 명으로 악지惡地인 명천으로 이배되었다.
44) 권오영, 앞의 책, 2003, 369~370쪽.
45) 《羅巖隨錄》, 16쪽.

유생들의 상소에 대해 대원군도 강경하였다. 대원군은 양요와 같은 외침이 있는 때에 안동의 유생들이 서양 세력 배척보다는 서원 훼철 문제에 힘을 쏟고 있는 사실에 화가 나 있었다. 대원군은 류후조에게 편지를 보내 "이는 무부무군無父無君의 부류이다. 내가 벽력霹靂을 숨기고 입성하는 것을 기다리겠으니, 이런 뜻을 전하라."고 하고,[46] 소수 정민병을 잡아 경기감영을 거쳐 경상감영으로 넘겼다. 그리고는 7월 9일에 도남서원, 8월 2일에 호계서원을 훼철해 버렸다.[47]

대원군이 정권에서 물러난 뒤에 만동묘는 복설되었지만, 훼철되었던 서원은 복설되지 않았다. 따라서 이후 유생들에게 이 문제가 가장 큰 과제가 되었다. 유생들은 시무책을 건의할 때는 언제나 정학正學인 유교를 지키자고 하였고, 이는 언제나 서원 복설 문제와 결합되어 있었다. 호유들은 서원 복설이 해결되지 않자 1877년에 들어 대규모 상소운동을 추진하였다. 8월에 의성[문소聞韶]에서 대회를 열고, 봉화 유곡酉谷의 권연하權璉夏를 소수로 추대한 것을 각 문중과 지역에 통보하였다. 그러나 병유들은 이에 소극적이었다. 이번 상소는 정지하고, 다음 해 봄에 소를 올리자고 주장하였다. 병파에 속한 상주의 정씨, 인동의 장씨 등은 나오지 않았다. 그러나 호파들은 이를 추진하면서 10월에 소수서원에서 다시 모여 금곡의 박주종朴周鍾을 새로운 소수로 천망하고 서울로 올라갔다. 병유인 박주종이 이 상소에 참여하자 병유들은 몰래 투패投牌하여 그와 절교하기도 하였다. 호파는 이듬해 정월 초에 상소를 올렸다.[48] 여전히 서원 복설 문제와 병호시비가 맞물려 있었던 것이다.

46) 《羅巖隨錄》, 16쪽.
47) 이수환, 앞의 글, 1994.
48) 《羅巖隨錄》, 200~205쪽. 132 〈朴周雲 상소〉, 133 〈朴周鍾〉 등 ; 《高宗實錄》 15년(1878) 1월 24일 ; 1월 25일 ; 권오영, 앞의 책, 2003, 376~377쪽.

《조선책략》을 반대하는 척사상소운동으로 병호시비가 약간 잠잠해졌다. 하지만 그 이듬해인 1883년에 호파는 1805년 추진했던 4현의 문묘승무를 다시 추진함과 더불어 서원 복설 문제도 들고 나왔다.[49] 봉화의 권세연權世淵은 선비의 사기士氣가 나라를 지탱하는 원기라고 하면서, 다음과 같이 주장했다.

> 사기를 세우고 기강을 진작시키는 방법은 도학道學을 존중하여 받드는 데에 있고, 도학을 존중하여 받드는 일은 선현에게 보답하여 제사하는 일에 달려 있습니다. …… 이제 사원을 훼철하고 나자 선현들의 풍교와 덕화가 날마다 막히고 많은 선비들을 이끌어 인도하는 방향이 갈피를 잡지 못하여, 올바른 것이 어지럽혀지고 의리가 무너져 내리며 염치가 없어지고 윤리가 사라지게 되는 것들이 모두 이것에서부터 빌미가 되고 있습니다. 예를 지켜 사양하는 풍속이 위에서 점차 침체하게 되고, 보고 들어 본받는 효과가 아래에서 점차로 쇠미해져서, 사기가 이로 말미암아 없어지고 시대의 풍속을 숭상하는 일이 이로 말미암아 점차로 무너지게 되니, 우리 성조에서 시폐를 구제하기 위해 마땅히 힘써야 할 것으로는 사원을 다시 설립하도록 허락하는 것보다 급한 일이 없습니다.[50]

유생들이 견지했던 척사위정론의 핵심이 바로 서원 복설에 있었던 것이다.

(2) 대원군 봉환 상소 운동

고종은 1873년 10월, 동부승지 최익현 상소를 빌미로 대원군을 축출하고 친정을 시작하였다. 그러자 원로대신들의 사직 청원과 안기영

49) 권오영, 위의 책, 2003, 380~381쪽. 이에 견주어 앞서 서술한 바와 같이, 병파에서는 서원 복설과는 관계가 없으므로 류성룡 단독 문묘 승무를 추진하였다.
50) 《承政院日記》 고종 20년 12월 11일.

이하 남인들의 최익현 규탄 상소가 계속 이어졌다.[51]

대원군은 왕실의 권위를 높이기 위해 사색을 고루 등용한다는 명분 아래 노론 세도세력을 억압하면서 그동안 정권에서 배제되었던 남인, 북인도 등용하였다.[52] 집권하기 전에 대원군은 이미 영남지역을 두루 돌아다니면서 인적 관계를 형성하였다. 그가 등용한 남인 세력은 주로 '경남京南'이었지만, 몇몇은 영남 남인 가운데 중용하였다. 그 대표적인 사람이 류후조였다. 그는 공조판서를 거쳐, 우의정, 좌의정에 올랐다. 그 밖에 한주 이진상의 숙부였던 이원조가 공조판서에 기용되었다.[53] 서원 훼철 등의 문제를 둘러싸고는 서로 입장이 다르기도 하였지만, '영남'은 대체로 대원군의 정책에 심정적으로 동조하고 있었다. 따라서 대원군을 든든한 후원자로 여기던 남인, 특히 병유들에게 대원군의 실각은 정치적 위기였던 것이다.

친정을 시작한 고종은 민씨 세력을 등용하면서 대원군이 추진한 몇몇 정책을 수정하였다.[54] 무위소를 신설하여 훈련도감·금위영·어영청의 군사를 소속시키고, 병인양요 후에 설치된 강화 진무영을 폐지하였다. 또한 서원 철폐의 상징이었던 만동묘도 다시 세웠다. 이런 조치에 대해 물러나 있던 대원군이 반발하였다. 특히 그는 강화 진무영의 폐지 조치는 불가하다고 주장하였다. 그리고는 그 불만을 드러내는 정치 시위를 단행하였다. 덕산의 남연군묘를 참배하고 바로 양주 직곡으로

51) 대신들의 사직 청원 말고도 안기영, 허원식, 성균관 유생 등이 최익현을 비난하는 상소를 하였다(《高宗實錄》 10년 10월 28일 기사 참조). 1881년 이재선 사건의 주모자였던 안기영이 최익현 규탄에 앞장선 점이 흥미롭다. 이런 점에 대해서는 정진영, 〈19세기 후반 영남유림의 정치적 동향〉, 영남대학교 민족문화연구소 편, 앞의 책, 1998, 131~133쪽.

52) 김병우, 앞의 책, 2006, 참조.

53) 정진영, 1998, 앞의 글, 109~115쪽. 물론 남인은 상대적으로 중요하지 않는 자리에 등용되었고, 노론 유력 가문 사이에서 남인의 역할은 한정적이었다(164쪽).

54) 정진영, 위의 글, 1998, 133~135쪽.

거처를 옮겨 버렸던 것이다. 이 문제로 전국 유림들 사이에 대원군을 돌아오게 하여야 한다는 여론이 일어났다. 특히 영남의 남인은 대원군 봉환을 위한 상소운동을 전개하였다. 이를 주도한 세력은 대원군과 관련이 깊던 병유들이었다.

1874년(고종 11) 10월, 예안의 이휘림李彙林이 상소하여 "아버지가 된 정분으로 오랫동안 떨어져서 계시는 것이 마땅하지 않다"고 하였다.[55] 그리하여 25일 안동의 숭보당崇報堂에서 2백 5십여 명의 유생이 모여 도회를 열었다. 상주의 정민채鄭民采를 소수疏首로 추대하고, 11월 20일 문경 유곡에서 소행을 시작하기로 하였다. 그러나 떠나기 전에 정민채와 안동의 이중린李中麟 등이 안동부에 구금되었다. 이에 유생들은 다시 이중진李中振을 소수로 뽑아 상소 운동을 계속하였다. 12월 8일 서울에 도착한 소유疏儒들은 다시 사퇴한 이중진을 대신하여 류도수柳道洙를 소수로 뽑았다. 이들 유생은 상경하여 이듬해 3월 초에 복합伏閤 상소를 시작하였다.

류도수는 의성 사촌 출신으로 류후조의 아들인 류주목의 제자였다.[56] 당시 병파의 중심인물 가운데 한 사람이었다. 그는 안동의 소회疏會에 참석하여, "지금은 한 나라의 흥폐가 달려 있는 때이다. 비록 출위出位의 말이라도 어찌 침묵하고 있을 수 있겠는가."라고 하였다. 그리고는 류후조와 이를 상의하였는데, 류후조도 "이 일은 마땅히 성의로써 하늘[천청天聽]을 감회感回시켜야 한다. 혹시 풍문을 듣고 놀라서 분산하면 우리들의 수치이다."라고 하면서 빨리 달려가라고 권하였다. 그는 소수 정민채가 체포되었다는 소식으로 위축된 유생들을 독려

55) 《承政院日記》, 고종 11년 10월 20일. 조정에서는 이휘림에게 벌을 내려 멀리(강진 고금도) 정배해야 한다는 질책이 계속 이어졌다.

56) 류도수의 상소 운동과 그 의미에 대해서는 설석규, 〈조선시대 嶺南儒生의 公論形成과 柳道洙의 萬人疏〉, 《退溪學과 韓國文化》 44, 2009 참조.

하였으며, 대원군의 만류 의사도 거부하였다.[57] 그리고 1875년 2월 3일 소수로 천망되자 2월 20일에 출좌出座하고, 3월 3일 복합하여 5일에 상소문을 올렸다. 그는 이 상소가 한두 사람이 거론하는 것이 아니라 영남의 공론이며, 또한 전국 모든 백성들이 한결같이 바라는 바라고 하였다.[58]

유생들이 대원군 봉환을 주장하는 명분은 '효'의 문제였다.

> 우리 성상께서 승순무위承順無違(: 순종하여 어김이 없는 것)의 탁월하옵신 효성이옵기에 더욱 흠송欽誦하옴을 다할 수 없습니다. …… 전하께서 하루 속히 어가를 움직이셔서 환차를 청하시와 위로는 융성하신 봉양의 효성을 독실히 하시고 아래로는 백성들의 기도하는 여망에 보답하여 주옵소서.[59]

이 '효' 문제는 이미 대원군의 실각 당시부터 제기되던 문제였다.

또한 류도수는 〈의소擬疏〉에서 신하와 자식의 충효를 거론하면서 동시에 대원군이 행한 일련의 정책을 높게 평가하였다.

> 대원위께서는 전하의 친아버지이시며 동방의 대로大老이십니다. 조정의 정사를 대리하시와 조정을 바로 잡으셨으며 기율을 진기숙정振起肅正하시와 기강을 세우셨으며, 전하를 보양保養하시와 임금으로서의 덕을 닦게 하셨으며 안팎을 진정 안무하시와 인심이 열복悅服토록 하셨으며, 군비軍備를 보수하시와 병화兵禍를 대비하셨으며, 양학洋學을 물리치시와 간사한 기류를 끊으셨으니, 이러한 업적은 실로 양주楊朱[: 춘추시대 극단적인 이기주의자]를 물리쳤던 맹자孟子의 공과 같음이 있으셨으니, 이른바 공이 우임금

57) 《陶山集》 권8, 〈行狀〉, 525~526쪽.
58) 복합상소 과정과 류도수의 활동은 《陶山遺稿》, 〈疏廳日錄〉 참조.
59) 《陶山遺稿》, 《北薦芹曝錄》, 〈請奉還大院位疏〉(《陶山別集》, 37쪽).

의 아래에 있지 않으셨습니다.60)

대원군을 동방의 대로이면서 내외의 업적은 맹자와 같으며, 우임금의 아래에 있지 않다고 한 것이다. 그런데 간사하고 사특한 무리들이 교묘한 말을 퍼뜨려 부자 사이를 이간시켰다고 하였다.

그리고 부자 사이의 '효'를 들고 나온 것도 임금에 대한 영남 유생의 도리라고 하였다. 영남의 남인이 크게 은총을 입었으므로 이에 대한 보은으로 상소를 행한다는 것이었다. 곧 "역대 임금께서 영남을 돌보시고 생각하셨음이 그처럼 오래되었으며, 영남을 예의로 대우해 주신 것이 그처럼 은근하였사오니, 영남의 선비로서 전하를 위하여 몸을 버리고 한번 보답할 성의를 갖고 있지 않을 수 없사옵니다"라고 하였다.

그러나 대원군 문제에 대한 고종의 의사는 확고하였다. 오히려 고종은 이를 왕권에 대한 도전으로 받아들였다. 그리하여 유소의 주도자 류도수는 길주吉州에, 이학수는 초산楚山에, 이상철은 갑산甲山에, 서승렬은 벽동碧潼에 귀양 보내고, 그 밖에 여러 유생들을 모두 쫓아 보내 버렸다.61)

만인소의 주모자들이 유배에 처해진 이후에도 상소운동은 계속되었다. 영남 유생뿐만 아니라 호남, 관서, 황해 유생 등도 가담하여, 5도 유생 천여 명이 복합 상소를 행하였다. 이에 대한 고종의 태도는 여전히 강경하였다. 봉소奉疏하기 전에 모두 유배 처분을 내리고, 주모자

---

60) 《闓山遺稿》, 《北薦芹曝錄》, 〈擬疏〉(《闓山別集》, 37~38쪽).

61) 《高宗實錄》 12년(1875) 3월 6일. 류도수는 외세의 침투에 대해서는 군사력 강화보다는 도덕과 명분에 입각한 나라의 결속이 중요하다고 하였으며, 이를 위해서는 군주가 경연을 통해 이를 실천해야 한다고 하면서 〈대학도〉를 올렸다(〈북천근폭록〉). 류도수는 1880년에 길주에서 평해로 옮겼다가, 1882년 8월에 석방이 되어 잠시 돌아온 지 몇 달 뒤 다시 유배되었다. 1884년 10월에야 완전하게 해배되었다.

최화식 등을 처형하겠다고 하였다. 대원군을 지지하는 세력이 곤경에 빠지자 대원군은 운현궁으로 스스로 돌아왔다. 이에 고종도 주모 유생들을 처형하지 않고 모두 원악도遠惡島에 유배시켰다.62)

대원군 봉환 상소운동은 넓은 의미에서 대원군 및 그 지지 세력과 민씨 세력 사이의 정치적 대결 과정이었다. 대원군이 민씨 세력의 개혁 사업에 불만을 표하면서 서울을 떠나버리고, 이를 기화로 보수적 유생들의 상소가 이어졌으며, 또 그런 과정에서 민씨 세력의 수령 민승호가 11월에 집으로 배달된 폭약으로 사망하였다. 이에 고종과 민씨 세력은 더 강경하게 상소에 참여한 유생들을 탄압하였던 것이다.

정치 세력 사이의 대립은 1881년에 '이재선 사건'으로 불리는 '역모 사건'으로 비화하였다.63) 이때는 후술할 《조선책략》에 반대하는 영남 유생의 만인소 운동이 전개되던 때였으므로, 대원군 세력은 이런 반외세, 척왜의 여론을 배경으로 다시 정권을 잡으려고 급기야 고종을 폐위하는 역모를 꾸몄던 것이다. 이 사건에 대해 《매천야록梅泉野錄》은 다음과 같이 기록하고 있다.

> 신사辛巳(1881) 겨울에 이재선李載先의 옥사가 일어났다. 이재선은 운현[대원군]의 서자로, 갑자甲子(1864) 이후 별군別軍직에 있었지만, 머리가 아둔하고 콩과 보리를 가리지 못했고, 사람들도 그를 알지 못하고 다만 "운현에게 서자가 있다"는 것만 알았다. 대원군이 실세한 지 오래되어 그 가까운 사람들도 정권에서 소외되어 폐적廢籍된 것과 다르지 않았고, 모두 답답하여 분통하게 생각하였다. 전 승지 안기영安驥泳, 권정호權鼎鎬가 유생 임철호任哲鎬, 정건섭丁健燮 등과 이재선을 추대하려고 하였다. '9일 중양절

62) 《承政院日記》 고종 12년 6월 24일.

63) 조성윤, 〈개항 직후 대원군파의 쿠데타 시도〉, 양상현 편, 《한국근대정치사연구》, 사계절, 1985 ; 宋炳基, 〈辛巳斥邪運動 硏究〉, 《史學硏究》 37, 1983.

에 높은 산에 오른다'는 말에 가탁하여 그 친구 채동술蔡東述을 끌고, 남한산성에 놀러가서 자초지종을 말했는데, 채동술이 응하지 않았으며, 다만 누설하지 말 것을 약속하였다. 전 현감 류도석柳道錫[柳道奭]은 고故 재상 류후조의 손자로, 모의에 참여하여 10년 동안 경상감사 자리를 약속 받았다. 동맹한 사람은 모두 남인과 북인이며, 노론으로 참여한 사람은 북촌의 서얼 몇 사람으로, 거사를 같이 하기로 약속하였다. 광주廣州의 장교 이풍래李豊來도 모의에 참여한 사람이었는데 이를 위에 고변하였다. 기영, 정호, 철호, 건섭 이하 모든 역적은 사형되었고, 처자는 노비가 되었다. 동술은 이런 사정을 알면서 고하지 않았다는 것으로 처형되었고, 류도석은 그 조부가 임금이 처음 등극하였을 때 공을 세운 사람이라 감형되어 섬으로 유배되었다. 이재선은 서문 밖의 민가에서 사약을 받고 죽었는데, 재선은 죽음에 임해서도 무슨 죄에 연루되었는지 알지 못했다. 혹자는 말하기를 이 옥사는 왕후가 꾸민 것이라고도 하고, 안팎에서 자자하게 운현雲峴이 화근이라고 하였으나, 운현은 눈 하나 깜짝이지 않고 말 한마디 하지 않았다.[64]

이 사건의 핵심인물인 이재선에 대한 평가가 엇갈리지만,[65] 주로 대원군을 지지하는 남인 관료, 유생들이 고종을 비롯한 민씨 집권세력을 축출하려고 모의했던 것은 사실이었다. 그들은 이 모의에 당시 정부의 개화정책에 불만을 가진 민중층을 동원하려고 하였다. 하지만 성사 가능성을 낮게 본 대원군의 소극적 대응과 내부의 고변으로 발각되어 실패하였다. 세간에 이 사건을 왕후가 꾸몄다고 본 것처럼, 정권을 둘러싼 민씨 세력과 대원군 세력 사이의 대립에서 후자가 패배한

---

64) 《梅泉野錄》, 국사편찬위원회, 1955, 61~62쪽.

65) 조성윤은 이재선이 적극적으로 참여하여 이를 주도했다고 분석하였으나, 송병기는 주로 《매천야록》 기술에 근거하여 이재선을 '천치天痴' 수준으로 파악하여, 이 사건을 '안기영 사건'이라고 해야 한다고 주장하였다(宋炳基, 앞의 글, 1983).

것이었다.

이 사건을 주도한 것은 남인 세력이었다. 핵심 주모자였던 안기영(전 승지), 권정호(전 승지) 등이 그러하였다. 채동술(전 승지)은 정조 때 남인의 영수 채제공의 후손이었다. 여기에 류후조의 손자이자 류주목의 아들인 류도석(전 현감)이 연루되었다. 그는 모의 과정에서는 잘 드러나지 않았지만, 심문 과정에서 그의 이름이 튀어나와 결국 유배되었다.[66] 또한 이들은 대개 대원군봉환 상소의 소수였던 류도수와도 밀접한 관련이 있었다.[67] 이 사건으로 대원군 세력이 대거 제거되었고, 또한 활발하게 전개되던 만인소운동도 타격을 받아 끝나게 되었다.

3. 병유의 유교사회유지론과 척사운동

1) 개항 전후 병유의 척사운동

(1) 병인양요 시기의 척사운동

1860년대 국내외의 체제 위기 속에서 재야 유생층은 주자학적 척사위정론斥邪衛正論에 따라 서양 침략을 인식하고, 내수외양 차원에서 이에 대응하였다.[68] 본래 유교에서는 이단異端을 배격하고 정학正學을

66) 류도석은 고종姑從 정건섭의 생일에 갔다가 연루된 것으로 보이며, 류후조의 후손이라는 점 때문에 참형을 면하고 전라도 녹도에 유배되었다(柳時潔 編, 《愚川四百年》, 豊山柳氏愚川門中, 2010, 109~110쪽). 그러나 노론 집권세력은 집요하게 주로 남인 세력을 견제하고자, 정조 이래 남인으로 죄를 받은 홍국영 이하 류도석을 포함한 죄인에게 노적법孥籍法을 시행하라고 요구하였다. 《승정원일기》에만 1894년 7월 10일 석방될 때까지 무려 170여 차례나 계속되었다.

67) 이런 점에 대해서는 정진영, 앞의 글, 1998, 150~151쪽.

68) 개항 이후 재야 유생층의 사상과 그 변화에 대해서는 김도형, 〈한국근대 재

숭배[벽이숭정闢異崇正]하며, 또 중화를 존중하고 이적을 배척[존화양이尊華攘夷]하는 원리를 기본으로 하였다. 척사론은 당색, 학파의 연원에 관계없이 거의 동일하였다. 유생층은 서양세력의 침략과 천주교의 보급, 그리고 '서양화'한 일본의 침투, 그리고 이를 수용한 정부의 개혁사업조차도 유교사회를 근본적으로 위협하는 것으로 인식하였던 것이다. 그들은 병인양요와 개항을 반대하는 상소운동, 《조선책략》 반대 만인소 운동 등을 전개하였다.

집권한 대원군과 그 정치세력도 이런 점은 마찬가지였다. 대원군의 학문적 뿌리는 북학론이었다. 북학론에서는 서양의 기술은 '이용후생' 차원에서 가능할 수 있으나, 서양의 종교는 유교사회 체제를 부정한다는 점에서 철저하게 반대하였다. 대원군도 왕조 체제를 위협하는 서교西教를 철저하게 탄압하고, 또한 무력 침략을 감행하는 서양에 힘을 다해 대항하였다. 대원군이 등용한 류후조와 그 후손들, 그리고 영남에 있던 재야 유생들도 이런 점에서는 공통적이었다.[69]

1866년 우의정 시절 류후조는 왕비주청사王妃奏請使로 청국에 다녀왔다(4.9~6.6). 그는 청의 문화에 감탄하였다.[70] 자제 군관으로 그를 수행했던 조카 류인목柳寅睦도 마찬가지였다. 류인목은 사행의 전 과정을 한글 가사로 〈북행가〉를 지었다. 청국에 대한 감탄과 동시에 청국이 오랑캐의 후예(의복, 머리 모양, 언어 등)라는 점을 거론하면서

야지배세력의 민족문제 인식과 대응〉, 《역사와 현실》 1, 1989 ; ---, 〈개항 이후 보수유림의 정치·사상적 동향〉, 한국역사연구회 편, 《1894년 농민전쟁연구(3)》, 역사비평사, 1993 ; ---, 《근대한국의 문명전환과 개혁론》, 지식산업사, 2014.

69) 류치명 학파의 척사론에 대해서는 권오영, 〈유치명 학파의 형성과 위정척사운동〉, 앞의 책, 2003 참조.

70) 류후조, 〈燕行日記〉, 林基中 편, 《燕行錄全集》 75, 東國大學校出版部, 2001, 369~370쪽.

조선의 자존 의식도 보였으며, 또한 북경에 와 있던 서양에 대해서도 매우 비판적이었다.[71]

류후조는 이 사행 길에 제너럴 셔먼호 사건이 일어난 소식을 들었다.[72] 그는 서양의 위협이 위험하며, 따라서 이를 배척해야 할 것으로 생각하였다. 그리고 귀국 뒤에 바로 병인양요가 일어났다. 그는 서양의 침략에 대비할 여러 방안을 제시하였다. 그에 대한 대비책으로는 "오직 방어와 수비의 엄밀과 군실軍實(병기, 군량, 장비 등) 검열, 기계 수리와 군량 축적 등에 있을 따름"이라고 하였다. 그리고 민심을 수습하기 위해서는 지방 수령을 선택하여 백성들을 회유 보호, 안정시키도록 하였다. 또한 사교를 다스린다고 그 근본을 다스리지 않으면 외국들이 전과 같을 것이라고 하고 엄중한 방어와 수포搜捕를 건의하였다.[73] 곧 안으로 군기, 군사 정비로 엄밀한 방어, 국가의 재정 축적, 그리고 백성의 안정과 보호 등이었다.

이런 대비책은 병인양요 직후에도 여러 차례 개진되었다. "내탕內帑을 덜어서 백성들의 곤궁을 구제하고, 조세를 감면하여 백성들의 어려움을 풀어주시어" 백성들이 항산恒産을 갖고 안정할 수 있도록 해야 한다고 하였다. 또 '절검節儉' 두 글자를 정치의 근본으로 삼아야 한다고 건의하면서, "오직 전하께서는 검소함을 숭상한 옛 임금의 덕을 본받으시고 외부의 사치를 숭상하는 폐단을 살피시어 독실·소박에 더욱 힘쓰셔서 모든 신하에게 솔선수범"하도록 진언하였다. 그리고 이 모든 대책의 근본으로 임금이 성학聖學에 힘써야 한다고 하였다.[74]

71) 홍재휴, 《北行歌 硏究》, 효성여대출판부, 1991, 53~54쪽 ; 鄭柄國, 〈此山 柳寅睦의 北行歌 硏究〉, 한국교원대학교 석사학위논문, 1999, 74~81쪽.

72) 류후조, 〈燕行日記〉, 林基中 편, 앞의 책, 2001, 369~370쪽.

73) 《洛坡先生文集》, 〈陳時務仍乞辭免啓〉 병인 10월 20일, 150쪽.

74) 《洛坡先生文集》, 〈陳勉聖學啓辭〉 정묘(1867) 정월 15일, 151~152쪽 ; 〈陳抑奢節財之道啓〉 정묘 4월.

류후조는 재상으로 이런 방안을 임금에게 촉구하는 한편, 상주에 있던 아들 류주목에게 상소를 올리게 하고, 또 서양을 막기 위한 의병을 일으키라고 지시하였다.75) 그는 외적을 방지하는 데 소요되는 군수를 위한 자금 모금도 주도하였다. 특히 대원군과의 관계 속에서 영남지역 유생들이 나서야 한다고 생각하였다. 류후조, 허원식 등 영남 남인은 병인양요 뒤 국용國用과 군수 조달을 위해 통문을 보내고,76) 류후조는 신석호를 연보전도유사捐補錢都有司로 천거하여 영남 유생들에게 원납 참여를 호소하였다.77)

류주목은 아버지를 대신하여78) 〈의상육조소擬上六條疏〉라는 상소를 작성하였다. 이는 당시 유생들의 유교 이념과 척사론의 성격을 가장 잘 드러낸 것이었다.79) 그 내용을 요약하면 다음과 같다.

① 권성학勸聖學 : 임금은 나라의 사표이니, 경연을 열심히 하면서 동시에 〈통감〉, 〈강목〉 등을 숙독하며, 교화의 근본인 학교를 일으켜

75) 《溪堂集》 부록 권1, 〈行狀〉(七, 23~24쪽). 이때에도 류후조는 "우리 집안은 나라에 후한 은덕을 입었는데, 털끝만큼의 보은이 있어야 하니, 어찌 사양할 수 있으랴"고 하였다. 이에 류주목은 의병장으로 추대되어 낙동진에 진을 치고 진군할 준비를 행하였다. 류후조는 당시의 편지에서도 "외국 열강의 세력들이 강화도를 침공했지만 막을 도리가 없다고 염려하며, 신하들은 나라의 안위를 위해 봉기해야 한다"고 했다(〈1866년 류후조가 외국세력의 강화도 침공에 대해 전하는 간찰〉, 開城高氏 鹿門宗宅, 한국국학진흥원 소장). 허원식도 병인양요 뒤에 창의할 것을 주장한 격문을 지었다(《三元堂集》 권3, 〈倡義檄文〉).

76) 申錫祜, 《可軒文集》 권2, 〈丙寅斥洋丙子斥倭後事實〉.

77) 이에 대해서는 정진영, 앞의 글, 1998, 119~123쪽 참조.

78) 〈상소〉 속에는 류후조의 행적이 표기되어 있다. 즉 "신이 요동 땅으로 가는 길에 서양 오랑캐가 침략하여 소동을 일으킨다는 말을 처음 들었다" 또는 "연경의 숙소에 이르러 늦게야 돌아오라는 보고를 들음", "오직 마음만 급히 달리니 애간장이 타서 날마다 동쪽을 바라보며 눈물만 흘렸었는데, 책문에 돌아와서야 비로소 포연砲煙이 걷혔다는 소식과 대동강에서 적선을 불태웠다는 보고를 접했습니다" 등이 그러하다.

79) 이에 대해서는 白道根, 〈擬上六條疏를 통해 본 溪堂 柳疇睦 선생의 사상〉, 《尙州文化硏究》 5, 1995 참조.

삼대三代의 융숭한 법을 숭상할 것.

② 엄사금嚴邪禁 : 이단은 무혹誣惑의 사술邪術이자 화란禍亂의 근본이므로, 서양의 종교를 배척하고, 양이의 물품을 불태우면 그 효과가 커서 백성들이 따르게 될 것임.

③ 득현재得賢才 : 나라를 위하는 길에 어진 인재를 얻는 것보다 더 급한 것이 없으므로 지연이나 혈연에 구애되지 말고 실제 능력 위주로 추천하여 쓸 것.

④ 수무비修武備 : 군병과 군비를 위한 평상시의 훈련, 점검과 이를 위한 재정 확보가 필요하고, 이를 위해 주자의 사창법을 실시할 것. 방어를 위한 산성 축조(문경 조령 등), 배를 만들어 바다를 방비할 것(교동, 통영, 거북선 등).

⑤ 청사로淸仕路 : 벼슬길이 문란해지면 요행을 바라고 나라의 체면이 손상되며, 사대부로 하여금 염치를 손상하게 하고 예의를 버리게 하는 것이므로 소인배들을 경계하여야 함.

⑥ 정민지定民志 : 백성이 나라의 근본이므로, 농사를 장려하고 가난한 백성을 널리 구휼할 것. 생업을 두터이 하고 백성의 마음을 안정시켜야 하고, 공公을 빙자하여 조세를 독촉하는 것은 금할 것.

류주목이 강조한 것은 임금의 성학聖學 확립, 사교의 금지, 그리고 정치권의 원칙적 운영과 백성 안정이었다. 그 가운데 특히 무비武備를 위해서 강조한 산성山城의 축조는 그들 학문의 연원이었던 류성룡의 축성을 본보기로 들어 제안하였다.

(산성)은 싸우고 지키는 데에 이로우니 실로 보민수국保民守國의 가장 좋은 계책입니다. 이 일은 먼저 문충공文忠公 정몽주鄭夢周의 〈김해산성기金海山城記〉 및 신臣의 선조 문충공 성룡成龍의 〈산성설山城說〉에서 이미 말한 것입니다. 진실로 원컨대, 이 일을 각 도에 지시하여 군읍에 산성이 있으면 본진 외에 오래되어 폐

지된 성이나 성을 쌓을 만한 곳에 계획하여 수축하게 하고, 그 가운데 사창을 설치하여 민호를 모집하여 살게 하면서 지키게 하고, 그 부근의 촌민[邨民]들은 평소에는 조적糶糴으로, 변고가 있으면 들어가 근거하게 하여, 별과 같이 포진하고 여러 곳에서 그렇게 한다면 이름만 있고 실효가 없는 평지의 성호城壕보다는 크게 나을 것입니다.[80)]

이처럼 산성을 쌓아 서양의 침략에 대비해야 하고, 류성룡의 주장에 그 논리의 근거를 두고 있었던 것은 영남의 여러 유생들도 제기하던 바였다.[81)]

다음으로 류주목의 상소에서 주목되는 것은 백성들을 안정시키는 일이었다. 이는 유교 이념 아래 백성들의 부담을 덜어주는 일이면서, 동시에 유교 질서 아래 농민층을 묶어 두는 방안이었다. 이런 방안은 그의 부친 류후조가 이전에 시행했던 농민 통치책을 계승하였을 것이다.

류후조는 강릉부사 시절 〈강릉향약〉을 실시하였다(1857). 향약은 "교화를 잡아 세워 창선징악彰善懲惡하는 뜻"이라고 하고, 그 내용은 남전향약藍田鄕約을 증손增損한 주자朱子와 여러 논의를 절충한 퇴계향약을 '전용'하여 마련하였다. 그런 가운데 특히 농민층에 대해서 "향론에 따르지 않는 자", "조세 부역에 근실하지 않는 자", "명분을 문란하

80) 《溪堂集》 권2 〈擬上六條疏 代家大人作〉(一, 146쪽).
81) 《承政院日記》 고종 3년 9월 3일. 전 헌납 박주운朴周雲 상소. 그는 "임진왜란 때 선정 문충공 류성룡이 일찍이 산성에 관한 말을 하였는데, 그 결론에 '만약 이 방법을 놓아두고 따로 나라를 보존할 수 있고 백성을 편안히 할 수 있는 기발한 방책이 있다고 한다면 하늘로 올라가거나 땅으로 들어가는 것 외에는 불가할 것이다'고 말하였습니다. …… 류 문충공은 임금을 도와 세상을 구제할 만한 재주를 가진 인물로 중흥의 온갖 책임을 담당하여 그 몸을 다 바치며 대비하여 막고 싸워 지킬 알맞은 계책에 정성을 기울여 수천만 마디의 진언을 올렸는데, 형세에 관한 통설의 큰 요점에서 첫째도 산성을 말하였고 둘째도 산성을 말하였습니다."라고 강조하였다.

게 하고 사족을 능멸하는 자" 등에 대한 규제를 정하였다.[82]

류후조는 1862년 전국적으로 일어난 농민항쟁의 수습에도 관여하였다. 정승으로 있던 류후조의 삼정 이정 방안은 정부의 입장과 다르지 않았다.[83] 농민항쟁 당시, 자신의 고향이었던 상주의 목사(조영화)가 농민항쟁을 수습한 것을 칭송하는 송덕비 명문을 쓰면서, 목사·관찰사(이돈영)·영의정(정원용)의 개혁 자세를 언급하였다. 그 방안은 삼정의 원칙적인 운영과 환곡의 폐단을 개혁하는 정부의 입장이었지만, 류후조는 이를 "왕안석王安石 개혁"같다고 하였다.[84] 이런 사실은 류후조의 송덕비에 그대로 기술되었다.

> 삼정의 폐단을 바로 잡은 뒤에 사우를 짓고 비를 세운 것은 영의정 정원용, 경상도 관찰사 이돈영 및 상주목 조영화 세 분의 교정矯正한 일을 칭송한 것이다. …… 류상공이 방편을 강구하지 아니하였다면 이속의 폐단과 백성의 가여움을 어찌 상세히 다 알 수 있었겠는가. 그런즉 상주군의 군전조 삼정의 교정할 방책은 참으로 모두 류공의 상량商量 확정한 것을 조목사가 시책을 펴고, 이관찰이 중앙에 계청啓請하며, 정상공이 임금에 주달奏達함으로써 삼정의 교구가 충분히 완고히 된 것 …… 1866년에도 흉년이 들었을 때, 류상공이 정승으로 있을 때 특별히 군민을 위해 도에 상의하여 돈으로 대납하게 하여 군민의 식량 사정이 조금 넉넉하게 되었다.[85]

82) 《洛坡先生文集》, 〈江陵鄕約 哲宗丁巳施行各面〉, 352~362쪽. 또한 류도수는 류후조가 재상이 되자 재상의 역할을 강조한 〈相鑑博議〉를 저술하여 올리면서 동시에 "朱文公이 增損한 여씨향약을 시행하도록 주청할 것을 청"하였다[《閩山遺稿》, 〈擬上大學圖請進講大學疏〉(《閩山別集》, 41쪽)].

83) 金容燮, 〈哲宗朝의 應旨三政疏와 三政釐整策〉, 《韓國近代農業史硏究[Ⅰ]》(新訂增補版), 지식산업사, 2004.

84) 《洛坡先生文集》, 〈壬戌三政矯捄頌德碑銘 并序〉, 516~517쪽.

85) 《洛坡先生文集》, 〈文憲公洛坡柳相國頌德碑文〉, 1017쪽.

상주 목사의 성공적인 삼정 문란 수습 활동은 류후조의 방안을 그대로 시행한 것이었다.

(2) 개항 후 척사 활동

병인양요 때에 병유들은 재상으로 있던 류후조와 연계되어 서양 침략을 막기 위한 여러 방안을 적극적으로 개진하였다. 이는 호유의 태도와 달랐다. 그러나 개항 이후 일본의 침략과 국권 상실 속에서는 거꾸로 호파의 유생이 병파의 유생보다 더 적극적으로 활동하였다.

유생층의 척사론은 언제나 유학의 중심인 임금이 성학을 확립하고 이에 근거하여 정치를 시행하며, 유생들은 이를 지키는 것에서 출발하였다. 유교를 지키기 위한 호유들의 관심은 자연스럽게 서원 복설 문제로 모아졌다. 하지만 대원군은 양요 같은 왕조국가의 위기에 관심을 보이지 않던 안동 유생들이 서원 문제에만 매달려 있다고 질책하였다.

일본과 개항 조약[조일수호조규]을 체결했을 때(1876)도 안동 지역의 유생, 특히 호파는 이에 대한 반대 의사 표명보다는 서원 문제를 거론하였다. 유치명학파의 이돈우는 입지立志, 거경居敬, 납간納諫, 애민愛民, 숭검崇儉, 회공恢公, 입강立綱, 척사斥邪, 흥학興學 등을 건의하면서, 정학을 높이기 위해서는 서원을 복설해야 한다고 주장하였다.[86]

1881년에는 김홍집이 가져온 《조선책략》을 반대하는 만인소 운동이 일어났다.[87] 이 책에서 주장하는 외교정책-친중국, 결일본, 연미국-도 그러하였지만, 무엇보다도 기독교를 '권선勸善'하는 종교로 보고 이를 받아들여도 무방하다고 한 것과, 주자를 폄하하고 육상산陸象山과

86) 《高宗實錄》, 14년 3월 4일.
87) 영남만인소의 전개 및 성격에 대해서는 송병기, 앞의 글, 1983 ; 권오영, 〈1881년의 영남만인소〉, 앞의 책, 2003 참조.

비교한 것도 유생들이 받아들일 수 없는 점이었다. 사안의 중대성 때문에 만인소는 안동의 도산서원을 중심으로 추진되었다. 곧 병호시비로 갈라진 영남 유림을 퇴계 후손들이 중간에서 통합하면서 추진한 것이었다. 이에 이만손(예안)이 소수로 추대되었다.

이만손이 나서면서 영남의 각 파가 모두 참여하였다. 소론의 강진규가 상소문을 작성하였고, 또 성주의 이진상도 참여하였다. 이만손이 이끌던 영남만인소는 이후 유치명의 제자들이 중심이 되어 전개되었다. 제2차 소수는 김조영金祖永(안동 해저), 3차 소수는 김석규金碩奎(영주 우금友琴), 4차 소수는 김진순金鎭淳(안동 천전川前)이었다. 그런데 이 상소 운동에 병유의 류씨들은 매우 소극적이었다. 류도성柳道性(하회)이 장의掌議를 받은 것을 비롯하여, 류선영柳善榮(하회)이 사소寫疏, 류도기柳道夔(하회)가 배소陪疏, 류도묵柳道默(우천)이 직일直日 등으로 참여하였을 뿐이었다.[88]

영남만인소를 시작으로 확산된 척사상소운동은 기호의 화서계열을 비롯하여 전국 유생들이 동참하는 대규모 운동으로 번졌다. 하지만 개화사업과 상소운동에 대한 정부의 입장 또한 확고하였다. 정부는 유생들의 의견을 참작하고, 또한 만인소로 표출된 감정을 무마하는 차원에서 〈척사윤음斥邪綸音〉을 내기도 하였지만(5. 15), 서양과 통교함으로써 기술을 수용한다는 근대개혁의 방향은 변함이 없었다. 오히려 과격한 표현을 문제 삼아 유생들을 처형하거나 유배 보냈다. 만인소 운동이 진행되는 가운데 앞서 본 이재선 역모 사건이 터지고, 만인소에 연관이 있던 남인들이 연루되면서 점차 '영남'의 활동도 소멸되었다.[89]

---

88) 《衛正斥邪疏草》〈爬錄〉, 《慶尙史學》 10, 1994, 228~240쪽(김준형, 〈《衛正斥邪疏草》 해제〉 참조).
89) 정진영, 앞의 글, 1998.

1881년의 영남만인소 이후, 영남 유생들은 상소운동과 같은 적극적인 대응책을 제기하지는 않았다. 주로 지방에서 사족 중심의 향촌사회의 지배권을 유지하기 위한 족계族契나 향약을 실시하였다.[90] 그런 가운데 간혹 유교 문명의 위기라고 생각할 때는 개인적, 또는 지역적으로 의사를 표현하였다.

1884년 윤5월, 정부에서 복제服制를 고치자 영남 유생들은 이에 반대하는 상소를 행하였다. 고종은 조례朝禮, 제례祭禮, 상례喪禮 때 입는 옷은 선성先聖의 유제遺制이므로 바꿀 수 없지만, 사복私服은 때에 따라 변통할 수 있는 것인 만큼, 두루마기[주의周衣] 등의 넓은 소매[광수廣袖]는 생활에 불편하므로 좁은 소매[착수窄袖]로 하도록 하였고, 또한 조적朝籍에 이름을 올린 사람은 모두 흑단령黑團領(검은색 둥근 깃)을 사용하도록 하였다.[91] 이에 대해서 안동의 김도화金道和는 복색을 바꾸고 고친 것은 "부녀자의 사치스러운 옷과 승려의 검은 옷을 입히는 것"이라고 반대하였고,[92] 봉화의 권상익權相翊은 〈심의제도고변深衣制度攷辨〉을 지어 심의의 원형을 고증하였으며,[93] 이진상도 그러하였다.[94] 대원군 봉환상소로 귀양 갔다가 돌아온 류도수는 고을 원이 관노를 시켜 옷감을 사다 주면서 입고 있던 옛날 옷을 왕명이니 고치라고 권하자, "좁은 소매는 선왕의 법복이 아니다"라고 하면서 듣지 않았다.[95] 류응목도 복제의 중요성을 지적하면서 유자들이 입어야 할 심의深衣, 치포관緇布冠, 복건幅巾, 대대大帶 제도에 관하여 정리하고 의견을 개진하였다.[96]

90) 김도형, 앞의 글, 1993, 233~239쪽.
91) 《日省錄》 고종 21년 윤5월 24일, 25일.
92) 《拓菴續集》 권2 〈請衣制勿變疏〉.
93) 《省齋集》 권7 〈深衣制度攷辨〉 并圖 ; 속집 권5 〈新定五服圖〉.
94) 《寒洲集》 권31 〈衣制論〉 甲申.
95) 《閩山集》 권8, 附錄 〈墓碣銘〉(柳道獻 撰).

한편 유생들은 당시 향촌 사회에 번지고 있는 이단사상인 동학을 배격하는 일에도 힘을 기울였다. 정학인 유학에서 보면 동학은 서양의 종교와 마찬가지로 '사학邪學'이었고, 유생들은 이를 '척사斥邪' 차원에서 파악하였다. 일찍 1863년 상주의 우산서원愚山書院과 도남서원道南書院에서는 도내의 유림들에게 통문을 내어, 동학을 "서학이 모습과 이름을 바꾼 것[개두환명改頭幻名]"한 것으로 지적하기도 하고, "동학은 무당이 귀신 주문을 외우는 것과 같은 부류이며, 무지하고 천한 무리들이 많이 물들고 다른 이단처럼 지식인이 현혹될 만한 이치는 전혀 없는 것"으로 보았다. 그리고 동학이 널리 퍼지면 장차 지방관의 권한을 빼앗아 행사하게 될 것이라고 우려하기도 하였으며, "동학은 사람을 도깨비로 떨어뜨릴 것"이라고 보았다. 류후조도 1863년 12월 도남서원에서 발송한 동학 배척 통문에 참여하였다.[97]

안동의 이만도李晩燾는 동학과 같은 사학을 금지하기 위해서는 마땅히 정학인 유교를 높이고 유현을 존중해야 하며, 마땅히 철폐한 서원을 복구해야 한다고 하였다.[98] 그리고 이승희도 보은에서 동학의 집회가 있었다는 소식을 듣고 〈통유동학도문通諭東學徒文〉을 지어 동학이 정도에 어긋난다는 점, 동학이 서학을 배척하면서도 실제로 서로 비슷해지고 있는 점 등을 지적하였다.[99]

1894년 농민전쟁이 일어나자 영남의 재지 사족층은 농민항쟁을 제압하기 위한 '의병', 곧 민보군民堡軍을 결성하였다. 관군으로 모든 지역의 농민항쟁을 해결할 수 없었던 정부는 삼남의 주요 군현에 소모

96)《鶴山文集》권5,〈深衣制度〉,〈緇布冠制度〉,〈幅巾制度〉,〈大帶制度〉(一, 419~427쪽).

97) 崔承熙,〈書院(儒林)勢力의 東學 排斥運動 小考〉,《韓沽劤博士停年紀念史學論叢》, 知識産業社, 1981.

98)《響山集》권2〈擬請斥東學復書院疏〉, 癸巳.

99) 琴章泰,〈韓溪 李承熙의 生涯와 思想(I)〉,《大東文化研究》19, 1985, 11쪽.

사召募使를 임명하여 민보군을 조직하게 하였다. 소모사는 호남·호서·영남에 각 2명씩 임명되었는데, 영남에는 창원부사 이종서李鍾緖와 상주의 전 승지 정의묵鄭宜默이 선임되었다(9월). 정의묵은 서애의 제자 정경세의 후손으로, 다른 소모사가 모두 현직 지방관임에 반해 상주에서만 '거족대가巨族大家' 출신을 활용하였다. 이렇게 해야 영남 북부 지역의 유림이나 문중을 동원할 수 있었기 때문이었다. 소모사 정의묵의 소모 활동에는 많은 유림이 합세하여 '의병'을 조직할 수 있었다. 그리고 '의병' 대장에 전 현감 류도석이 추천되었다(10월). 이재선 사건으로 유배되었던 류도석이 막 해배(7월)된 직후였으나 이때는 아직 향제鄉第로 돌아오지 않았던 것으로 보이고, 의병장으로 출좌出座한 것은 약 한 달 뒤였다.100)

2) 1894년 이후의 국권회복운동 : 의병과 자정自靖 순국

(1) 의병 활동

갑신정변 뒤 약 10년 동안 유교를 지키면서 향촌사회 질서를 유지

---

100) 의병장으로 추대된 류도석은 "성 밖에 나가서 아직 돌아오지 않았다"라고 하였다(〈召募日記〉, 10월 28일, 《동학농민혁명 국역총서(3)》, 동학농민혁명참여자명예회복심의위원회, 2008, 430쪽). 류도석이 의병장으로 '출좌'한 것은 11월 29일이었다(같은 책, 442쪽). 상주의 의병장보다는 소모영의 활동이 더 활발하였는데, 소모영의 유격장이었던 김석중金奭中이 편찬한 《토비대략討匪大略》의 12월 기사에 류도석이 의병장으로 소극적으로 활동하고 있었음을 보여주는 내용도 있다(같은 책, 391~392쪽). 김석중은 아마도 이 공로로 이듬해 새로운 지방제도 아래(23부)의 안동부 부사로 임명되었던 것으로 보인다. 소모사 정의묵도 공로를 인정받아 〈갑오군공록甲午軍功錄〉에 기재되었다(國史編纂委員會 編, 《東學亂記錄(下)》, 探求堂, 1971, 716쪽). 경상도 서북부 지역의 농민전쟁과 각 지역의 보수 세력의 대응에 대해서는 申榮祐, 〈甲午農民戰爭과 嶺南 保守勢力의 對應〉, 연세대학교 사학과 박사학위논문, 1991 ; 정진영, 〈1894년 농민전쟁기 향촌지배층의 동향〉, 한국역사연구회 편, 《1894년 농민전쟁 연구 (5)》, 역사비평사, 1997 참조.

하기 위해 노력하던 유생층이 대대적인 무력항쟁인 의병 운동을 일으킨 것은 갑오개혁, 단발령, 그리고 을미사변 때문이었다. 안동지역에서 의병운동을 주도한 것은 호파였다. 병파는 부분적 또는 소극적으로 참여하였을 뿐이었다. 이는 자신들의 학문적 입장과 처신의 차이 때문이었다.

의병운동은 안동에서 먼저 일어났다. 1894년 7월, 일본군이 경복궁을 점령하자, 공주 유생 서상철이 이를 비판하면서 안동에서 의병을 일으켰던 것이다.[101] 그 뒤 본격적인 의병은 단발령 다음에 일어났다. 단발령 소식이 안동부에 전해지자 곧바로 1895년 11월, 이만응, 금봉렬, 이만윤 등이 연명한 〈예안통문〉이 돌았다. 그들은 단발로 말미암은 유교문명의 금수화를 우려하면서 이를 막고자 의병을 일으켰다고 의병 기의의 목적을 명확하게 천명하였다.

생각건대, 사람이 짐승이 되란 말인가. 천지의 강상이 이미 무너지고 중화 문명이 오랑캐로 되란 말인가. 부모의 유체遺體도 보전하기 어렵게 되었다. 근래 의복을 찢고 고친 날에 우리들은 비록 피를 토하고 눈물을 삼키는 고통을 이기지 못하였으나, 권병權柄의 중요한 자리는 흉적의 농간이 되고 대궐의 측근은 이류異類가 핍박하여, 종사宗社가 조석으로 위태롭게 되고, 군부君父는 망측한 지경에 처해 있으니, 눌러 참고 말하지 않았다. 오호라! 임진왜란 때 두 능묘[성종, 중종]를 침범한 원수를 아직 갚지 못했는데 8월의 대변란[을미사변]이 또 일어나 우리 국모를 다시 폐위한 것은 저놈들이 조종한 것이고, 의복제도를 고쳐 우리 신민에게 입히는 것도 저놈들 마음대로 하니, 우리나라를 무시할 뿐 아니라 흉악한 짓이 날로 심해져 또한 감히 우리 임금의 머리 모양에 칼을

101) 金祥起, 〈朝鮮末 甲午義兵戰爭의 展開와 性格〉, 《한국민족운동사연구》 3, 한국민족운동사연구회, 1989.

> 대어 깎게 하고 나라 안에도 단발령을 내렸다. 오호, 원통하도다! 고금 천하에 오늘날 같은 일이 어찌 있으랴. …… 이 머리털을 한 번 깎으면 선왕의 백성이 모두 오랑캐의 몸이 되고, 추노鄒魯의 옛 나라가 모두 다 짐승의 지경으로 들어갈 것이다.102)

의병은 의복 제도의 변경, 국모 시해, 단발령 등으로 이어진 일련의 사태, 곧 유교 문명과 소중화의 금수화에 대한 위기감 속에서 이를 막기 위한 항쟁이었다. 특히 안동은 추노지향鄒魯之鄕으로 불리고 있었던 점에서 더 그러하였다.

〈예안통문〉을 계기로 안동지역에서도 청성서원靑城書院(안동 풍산 소재)과 경광서원鏡光書院(안동 금계리 소재)의 〈청경통문靑鏡通文〉, 호계서원의 〈호계통문虎溪通文〉 등이 발송되어 거의를 촉구하였다. 유생들은 봉정사에서 사전 모임을 가진 뒤에 12월 6일 안동부에서 향회를 개최하였다. 김도화, 김흥락, 류지호 등의 호파와 류도성柳道性, 류지영柳芝榮 등의 병파가 모두 참여하였다. 이들은 〈안동통문〉(곽종석·김도화·김흥락·권진연·강육 명의)을 각지에 발송하고, 봉화 유곡(닭실)의 권세연權世淵을 의병대장으로 추대하였다.103)

권세연 부대에는 안동 지역을 대표하는 문중, 학자들이 망라되었다. 부장으로 추천된 곽종석(이진상의 제자)은 처음부터 불참하기는 하였지만, 이 부대는 사실상 영남 북부지역의 유림을 대표하는 의병진이었다. 지도급 인사로 임명된 사람의 대부분은 호파의 유생들이었다.104)

---

102) 〈禮安通文〉 을미 11월 29일(柳光烈 編, 1975, 《抗日宣言·倡義文集》, 서문당). 이를 주도한 이만응李晩膺(1829~1905)은 영남만인소의 소두였던 이만손의 친동생이었다.

103) 김희곤, 《안동의 독립운동사》, 안동시, 1999, 55~87쪽 ; ---, 《안동 사람들의 항일투쟁》, 지식산업사, 2007, 84~98쪽. 의병장으로 추대된 김흥락은 학봉 김성일의 위패[大廟]를 모시고 있다는 점에서, 또 류도성은 병석에 있는 백세 노모 때문에 그 자리를 사양하였다고 한다.

참여자 46명 가운데 하회 출신으로는 류응목柳膺睦(외방장) 정도였다. 그 뒤 권세연 의병부대로 체제를 정비할 때(1896. 1. 24.)에도 하회의 류난영柳蘭榮이 도총으로 참여한 정도였다. 김도화 의병장 아래에는 류도성(하회 북촌)이 김흥락과 함께 지휘장으로, 류난영은 여전히 도총으로 참여하였다.[105]

류응목은 척사론에 입각하여 정학과 이단을 철저하게 구분하고, 조선을 화이華夷와 사정邪正의 구분이 명확한 소중화로 자부하였다.[106] 그리하여 정학을 높이고 정도正道를 행하여 이단을 물리쳐 사설邪說을 그치게 하여야 한다고 하였다.[107] 그는 안동의진의 외방장으로 격문을 발표하였다. 궁궐의 문을 열어 난적亂賊을 받아들이고, 강제적으로 부모의 유발遺髮을 훼손시켜 우리를 귀신과 견양犬羊으로 만들었다고 비난하며, "슬프다! 우리 청구靑丘의 의문儀文과 관상冠裳이 모두 이적금수로 변했으며, 발호한 십적十賊이 국권을 농단하고, 도망했던 사흉四凶이 임금을 위협하니 어찌 이를 참을 수 있으랴"고 하였다.[108]

안동의 의병부대에는 대체로 각 문중이 망라되었다. 따라서 의병부대를 유지하기 위한 군자금도 안동 일대 문중, 향교에 배부하여 거두었다. 이때 모두 2만 냥을 모으기로 하고, 그 가운데 가장 많은 1천 냥을 하회 류씨와 수곡의 전주 유씨, 유곡 안동 권씨에게 각각 부과하였다. 동시에 향교에 6백 냥, 호계서원에 8백 냥, 병산서원에 4백 냥 등을 배부하였다.[109]

104) 병호시비로 말미암은 내부적인 한계를 극복하지 못하였다. 안동대학교 안동문화연구소, 《경북독립운동사(Ⅰ)-의병항쟁》, 경상북도, 2012, 78~79쪽.
105) 김희곤, 앞의 책, 2007, 97, 110, 114쪽.
106) 《鶴山文集》 권5, 〈正學異端辨〉(一, 350~352쪽).
107) 《鶴山文集》 권5, 〈布諭斥邪文〉(一, 372~373쪽).
108) 《鶴山文集》 권5, 〈檄列邑文〉(一, 375쪽).
109) 김상기, 〈1895~1896년 安東義兵의 思想的 淵源과 抗日鬪爭〉, 《史學志》 31,

김도화 의병부대는 서상렬 의병과 연합하여 활동하였다. 영남 북부 지역 8읍의 의병이 2월 9일 예천에 집결하여, ① 역적과 당을 짓지 말 것, ② 중화의 제도를 바꾸지 말 것, ③ 죽고 사는 것에 마음을 바꾸지 말 것, ④ 딴생각을 갖고 사적으로 행동하지 말 것, ⑤ 적을 구경하기만 하고 진격하지 않는 행동을 하지 말 것 등을 약속하였으며, "춘추대의를 밝히고 인수人獸의 큰 구별을 판단하여 온누리를 깨끗이 쓸어 내고 왕실을 굳건하게 만들어야 한다"고 주장하였다. 김도화 부대는 태봉 전투, 봉정사 전투에서 패배하였다. 김도화는 의병진의 재정비하면서 지방의 사림들에게 지원을 요청하였다. 특히 하회 류씨 문중에는 〈여하회류씨문중與河回柳氏門中〉이라는 글을 지어 보냈다. 곧 안동이 두 문충공(류성룡, 김성일)의 충의의 정신이 계승되는 곳임을 강조하고, 봉정사 패산 이후 문을 닫고 의병과 관계를 끊고 있는 것은 수치라고 하면서, 군자의 충후忠厚의 도리와 대의大義 정신을 들어 지원할 것을 호소하였다.110) 4월 들어 정부의 선유사(칠곡 출신 장석룡張錫龍111) 등)가 고종의 효유문을 가지고 와서 의병 해산을 종용하자 6월 초에 안동 의진도 해산하였다.

한편 상주 우천의 류인목(류후조의 조카)은 지례知禮와 예안 현감, 양산군수를 역임하였는데, 을미사변 뒤에 사임하고 바로 김천 지례 삼도봉三道峰(경북, 충북, 전북 경계 지역의 산) 밑에 들어가 의병에 참여하였다. 특히 이 지역의 김산金山의진(대장 이기찬)에는 허전, 장복추의 문인과 더불어 류주목의 문인들이 많았다. 류인목은 김산의진의 도집례로 활동하였다.112)

1998, 335~337쪽 ; 김명자, 앞의 글, 2009, 154, 263쪽.

110) 《拓菴別集》 권1.

111) 이 책에 수록한 제1부 제3장 〈구미 지역 유생층의 동향〉 참조.

112) 안동대학교 안동문화연구소, 앞의 책, 2012, 246~267쪽 참조.

(2) 자정 순국

유교 문명의 금수화라는 위기에 처한 유생층은 유교의 도를 지키기 위한 대응책을 강구하였다. 유인석은 이를 '거의소청擧義掃淸', '거지수구去之守舊', 그리고 '치명수지致命遂志'(또는 자정수지自靖遂志) 세 형태로 제기하면서, 사도斯道를 위하는 방법은 다르지만 모두 정당하다고 하였다.[113] 의병항쟁은 '거의소청'의 방안으로, 유인석도 때에 따라 '거의소청' 또는 '거지수구'를 선택하였다.

안동의 유생 가운데 몇 명은 나라가 일제에 의해 망하자 이를 분하게 여겨 자정순국, 곧 자결하였다.[114] 이만도李晩燾, 이중언李中彦, 이명우李命宇, 권용하權龍河, 김순흠金舜欽, 김택진, 이현섭, 그리고 하회의 류도발柳道發(호 회은晦隱, 1832~1910) 등이었다. 류도발은 이만도와 이면주李冕宙(봉화)의 순국 소식을 듣고, 자신도 그 뒤를 따르기로 결심하였다. 그는 세자시강원부솔世子侍講院副率 류진휘柳進徽의 아들로, 아버지와 서울에서 생활하다가 지방관으로 부임한 아버지를 따라 지방 3곳에서 생활하였다. 그는 당시 조정에서부터 민간에 이르기까지 대다수가 자신의 편의와 당론에 따라서만 행동하고 있다고 비판하였다. 특히 당시 외침 앞에서 위기에 처한 나라를 위해서는 밖으로 교린의 도를 강구하고, 안으로 자강의 대책을 세워야 하며, 변방을 수비하고 민력을 길러 국가 재정을 확충해야 한다고 주장하였다. 이렇게 하지 않고 외국과 수교하면 "무기를 놓고 문호를 열어 저들을 맞이하는 것"이 될 것이고, 결국 일본의 노예나 포로가 될 것이라고

113) 《毅菴集》 권27, 〈雜錄〉(上, 633~634쪽).
114) 김희곤, 앞의 책, 2007, 223~235쪽.

하였다.[115]

류도발은 여러 번 이사한 뒤 군위군 비안의 덕암리에 살면서 스스로 '회은悔隱'이라 자칭하였다. 그는 1910년 8월, 일제가 한국을 병탄하였다는 소식을 듣고 안동의 옛집으로 돌아왔다. 이때 류도필이 와서 객사에 있던 전패殿牌가 없어졌다고 알렸다. 그러자 그는 "종묘사직이 망했고, 전폐가 훼철되었다. 여러 왕들의 어짐과 두터운 은택이 이같이 징험이 없으니, 천리를 진실로 알 수 없다."고 하고, "그렇다면 병산서원의 사당문을 보통 때처럼 열고 닫는 것도 미안하지 않는가"라고 하면서 "내 나이 팔십에 나라가 무너지고 임금이 망하여 장차 남의 나라 포로가 되게 되었으니 그 욕됨이 심하다. 더구나 세신의 후손임에 있어서랴!"고 하였다.

이때 그는 이만도와 이면주의 순국 소식을 듣고, 마침내 단식으로 자결하기로 하였다. 9월 28일, 하회에 가서 조상 묘에 두루 절하고 하직 인사를 하였다. 그는 단식을 시작한 다음 날 〈자탄自歎〉이라는 시에서 자신의 의지를 표현하였다.

> 태어나 재지才智 없음 나만한 이 없는데
> 차마 우리나라 옛날 모습과 다른 것을 보겠는가.
> 풍정楓井, 하계霞溪[116] 두 영공令公이 앞서 가셨으니,
> 그때 따라가지 못한 것이 한스럽구나.

---

115) 《悔隱遺稿》 권1, 〈時務便私論〉.

116) 풍정, 하계는 모두 이면주李冕宙를 가리킨다. 이면주는 봉화 법전 사람으로, 본관은 전주, 호는 하계霞溪, 계은桂隱이다. 그는 을사조약을 반대하는 상소도 한 바 있었고, 이만도가 자결했다는 소식을 듣고 따라서 자결하였다(안동대학교 안동문화연구소, 《경북독립운동사(Ⅱ)》, 2012, 322~324쪽). 이면주가 순절하면서 고묘문告廟文에는 종실의 후손이라는 점을 강조하였다(《羅巖隨錄》, 281 〈楓井李宗卿錫宙殉節時告廟文〉, 507~510쪽. 석주錫宙는 처음 이름임).

그는 10월 10일(음) 자결하기 위해 단식을 시작하면서, "남의 나라 백성이 될 터이니, 앞으로 닥칠 해가 얼마나 되는지 헤아리기도 힘들고 구차하게 사는 것은 욕되고 욕되다"고 하였다. 아들 류신영이 "선비가 의에 처하는 것이 대부大夫와 같지 않은데, 왜 하필 이와 같이 하십니까"라고 만류하자, 류도발은 다음과 같이 말했다.

> 우리 할아버지[류성룡]의 후손으로 선군[류진휘]을 모시고 세고을의 녹을 먹었으니, 어찌 관직이 몸에 없다고 말을 하겠나. 우리 집은 10세를 이어온 것이 충효 대절에서 벗어나지 않았는데, 아침에 죽을지 저녁에 죽을지 모르는 날을 당하여 구차하게 살기를 구하는 것이 또한 비루하지 않는가? 의리상 곡식을 먹지 못하겠다. 내 뜻이 이미 정해졌으니, 더 이상 긴말을 하지 말라.

이는 서애의 학문을 가학으로 계승하면서, 또 재야 유생과 다른 '세신의 후예'라는 자세를 그대로 보인 태도였다. 곧 유교의 '도' 문제이면서, 그보다는 왕조에 대한 '충'의 문제를 더 강조하였던 것이다. 그는 단식한 지 17일 만인 1910년 10월 26일 순국하였다.117)

* * *

18~19세기 안동지역은 퇴계의 직계 제자였던 서애 류성룡과 학봉 김성일의 후손 및 후학들이 사회적·사상적으로 분점하고 있었다. 중앙 정계와의 연관 속에서 정치적으로 서애의 후손들이 입신하는 가운데, 학봉계열의 힘도 안동 지역 유림 가운데서 점차 확대되었다. 그 과정에서 병산서원과 호계서원의 대립, 곧 '병호시비'가 일어났다. 이 대립은 영남 북부 지역 유림계를 양분하였고, 이들 유생들의 처신, 현실

117) 그의 아들 류신영도 1919년, 고종의 붕어 뒤 자정 순국하였다.

대응에도 결정적으로 작용하였다. 이 입장 차이는 19세기 후반 안동 지역에서 전개되던 유림의 현실 대응 운동에 그대로 나타났다. 병유들은 대원군 봉환 상소에는 소수가 되어 이를 적극적으로 이끌었으나, 서원철폐 반대 상소운동에는 반대로 소극적이었다. 모두 영남 남인, 특히 병유들의 후원자였던 대원군과의 연관 때문이었다.

한편 개항 이후 조선사회는 외세의 침략으로 식민지화의 위기에 직면해 있었다. 서양이나 일본의 침략을 막기 위해서는 이율배반적이지만 부분적이라도 서양의 문명을 받아들이지 않을 수 없었다. 1880년대 이후 조선정부는 서양과 통교를 확대하고 서양의 기술을 수용하여 부국강병을 추구하였다. 그러나 재야의 유생들은 이를 반대하고 서양을 배척하는 척사론을 강화하였다. 외세의 침략에서 유교의 도를 지키고, 동시에 나라를 지키자는 것이었다. 1876년 개항 반대, 1881년 《조선책략》을 반대한 상소운동, 그리고 단발령 이후의 의병운동도 모두 이런 척사론을 행동으로 실천한 것이었다. 경우에 따라서는 국권과 유교를 위해 자정 순국하기도 하였다.

그러나 청일전쟁, 러일전쟁을 거치면서 일본의 한국지배는 점차 확고해졌다. 이런 시세의 변화 속에서 보수 유생층도 조금씩 변하기 시작하였다. 국제정세의 변화 속에서 서양을 외교의 상대로 인정하기도 하였고, 또는 서양 기술문명의 우수성을 인정하고 이를 수용할 수도 있다고 생각하였다. 급기야 종래의 척사론적인 사고를 벗어나 실력을 양성해야 한다는 계몽운동, 교육운동으로 노선을 전환하는 부류도 나타났다. 이런 경우 대개 유교의 폐단을 거론하기도 하였다. 안동 지역에서도 이상룡, 유인식 등 호파의 젊은 세대들은 그들의 학문적 전통을 스스로 부정하고 대한협회, 협동학교 등에서 계몽운동을 전개하였다.[118)]

이상룡, 유인식, 김동삼 등은 일제 강점 이후에도 교육을 통한 실력양성과 무력항쟁이라는 두 방안을 통일적으로 실현하면서 신민회 계열의 독립운동기지 건설 움직임과 연결되었다. 강점 뒤 만주로 건너가 경학사耕學社를 설립하여, 산업·교육·권리에 의해 일단 만주지역에 이주민을 정착시키려고 하였고, 1912년에는 부민단扶民團을 조직하여 자치행정을 실시하였다. 이를 바탕으로 무장항쟁을 위한 군인 양성 기관이었던 신흥무관학교新興武官學校를 설치, 운영하였고, 한족회韓族會·서로군정서西路軍政署 등에도 관여하였다.[119]

이에 견주어 하회의 병유들은 이러한 국제 질서의 변동과 사회 변화, 국망의 위기에 대하여 호유처럼 적극적으로 대응하지 않았다. 개인적으로 의병운동에 참여하고, 자정 순국하기도 하였지만, 《조선책략》 반대의 상소운동에서도, 또 의병운동에서도 그러하였다. 게다가 계몽운동으로 노선을 전환하는 경우도 없었다. 개인의 도덕적 실천을 중시하던 가학과 '세신의 후손'이라는 처신의 자세는 정부를 대상으로 하는 의견 표명이나 집단적인 행동에서 소극적일 수밖에 없었다. 이들이 나라가 망한 식민지배 현실을 민족 문제의 틀로 인식하고, 대응하

118) 趙東杰, 〈安東儒林의 渡滿 經緯와 獨立運動上의 性向〉, 《大丘史學》 15·16, 1978 ; 趙東杰, 《韓國民族主義의 成立과 獨立運動史研究》, 지식산업사, 1989 ; 김도형, 《大韓帝國期의 政治思想研究》, 지식산업사, 1994, 284~286쪽. ; 金貞美, 〈東山 柳寅植의 國權回復과 民族敎育運動〉, 《大丘史學》 50, 1995 ; 金喜坤, 〈東山 柳寅植의 생애와 독립운동〉, 《한국근현대사연구》 7, 1997 ; 金貞美, 〈石洲 李相龍의 獨立運動과 思想〉, 경북대 대학원 박사학위논문, 2001 참조.

119) 그의 이주 경과는 《石洲遺稿》, 〈西徙錄〉에 자세하다. 이에 대해서는 姜在彦, 〈한국독립운동의 근거지 문제〉, 姜在彦 지음/편집부 옮김, 《근대한국사상사연구》, 한울, 1983 ; 朴永錫, 《韓民族 獨立運動史研究》, 一潮閣, 1982 ; 趙東杰, 앞의 글, 1978 ; 愼鏞廈, 〈新民會의 獨立軍基地 創建運動〉, 《韓國文化》 4, 1983 참조. 유인식도 '합방' 뒤에는 김동삼과 간도로 망명하려 하였으나 이루지 못하고 국내에 남아 있었다. 그 뒤 1920년에는 조선노동공제회에, 1923년에는 민립대학기성회의 선전부장, 1927년에는 신간회 창립에 관여하여 안동지회의 회장이 되었으며, 형평운동을 후원하는 등 매우 특이한 활동을 하기도 하였다(《東山文稿》, 〈年譜〉, 40~43쪽).

기까지는 1920년대 새로운 세대의 등장을 기다려야 하였다.

하지만 당시의 사회 변화를 좇아가지 못한 유자층은 점차 배척 대상이 되었다. 한말의 계몽운동에서 공격한 보수 유림의 전형은 항상 영남 유림이었다. 급기야 1920년대에는 유교의 중심지였던 도산서원조차 '봉건과 죄악의 소굴'로 비판받았다.[120] 유림들도 시대 변화를 외면할 수 없었고, 민족문제에 대한 자신들의 견해를 표출하지 않을 수도 없었다. 1920년대에 시도된 두 차례의 '유림단 장서 사건'은 유림들의 마지막 의견 표출이었다.

120) 《東亞》 1925년 11월 27일 〈陶山院 철폐운동〉. 이에 대해서는 이 책 제3부 제3장 〈1920년대 농민운동의 발전〉 참조.

제2장 성주 寒洲學派의 현실 인식과 그 변화

성주를 중심으로 형성된 한주학파寒洲學派는 퇴계학파에 속하지만, 성리철학이나 현실대응책에서 나름의 특징을 보였다.[1] 체제를 위협하던 농민항쟁에 대해 혁신적인 방안을 내기도 하였고, 서양이나 동학으로 흐트러진 향촌사회를 유지·강화할 수 있는 방안으로 향약을 적극적으로 시행하였다. 또한 서양에 대해서도 좀 더 진취적으로 접근하여 의병항쟁보다는 계몽운동과 외교운동을 모색하였다. 그리하여 한주학파는 성주와 고령 등지의 계몽운동과 교육운동, 그리고 1919년 유생층의 독립청원운동 등과 같은 민족운동을 전개할 수 있었던 사상적 기초를 마련하였다.

1. 寒洲學派의 형성

성주지역의 사족은 대부분 남인으로 퇴계 이황의 학문 전통을 계승

1) 이에 대해서는 이윤갑, 〈조선후기의 사회변동과 지배층의 동향〉, 《韓國學論集》 18, 계명대학교 한국학연구원, 1991 ; 洪元植, 〈이진상의 철학사상과 그의 후예들〉, 《東洋學》 29, 1999 ; 계명대 한국학연구원 기획발표, "근대 영남 유학의 유산, 1999 : 寒洲學派"의 홍원식, 〈한주학파의 공자교운동〉, 《韓國學論集》 26, 1999 ; 김종석, 〈성와 이인재의 서구수용론과 新學에의 관심〉, 같은 책, 1999 ; 박홍식, 〈심산 김창숙의 유교정신과 구국운동〉, 같은 책, 1999 등 참조.

하고 있었다. 또한 지역적인 특성으로 경상 우도의 남명南溟 조식曹植의 영향도 있었다. 성주의 자연적 지세에 따라 북쪽 지역은 퇴계의 학풍이 강하였고, 남쪽 지역은 남명의 학풍도 수용되고 있었다. 영남 남인 세력이 1694년(숙종 20)의 갑술환국甲戌換局으로 중앙권력에서 배제된 이후, 영남 사족은 자신들의 경제적, 족적族的 기반을 결속하고 동족 부락에 각각의 선조를 배향한 원사院祀를 건립하였으며, 경우에 따라서는 족계族契를 만들어 운영하였다. 또한 서원을 세워 사족층의 결속과 향촌사회에서의 기득권을 유지하고자 하였다. 성주 지역에서는 조선 중엽 학자였던 양강兩岡, 곧 한강寒岡 정구鄭逑를 모신 회연서원檜淵書院과 동강東岡 김우옹金宇顒을 모신 청천서원晴川書院이 향촌지배권의 중심 세력이었다. 그러다가 1728년, 노론 정권에 반기를 든 이인좌의 난을 거치면서 성주의 유림 내부에서 분열과 대립이 일어났다. 즉 북쪽 지역은 난의 토벌군에 가담하였지만, 남쪽 지역은 이를 방관하는 입장을 취하였던 것이다. 이를 계기로 성주 안의 '남북 대립'이 심해졌고 사족층의 향촌지배권도 조금씩 약화되어 갔다.[2)]

18세기 이래 나타난 성주 사족층의 대립과 분열을 뛰어넘고 성주를 안동에 버금가는 학문 중심지로 자리 잡게 한 사람은 한개 마을의 이원조李源祚(호 응와凝窩, 1792~1871), 이진상李震相이었다. 이진상의 학문적 계통에 대해서는 여러 의견이 있다. 영남의 퇴계학통에 속하지만, 혹자는 이상정李象靖(호 대산大山)-정종로鄭宗魯(호 입재立齋)-이원조 계통으로 지적하기도 하고,[3)] 혹은 이상정-남한조南漢朝(호 손재損齋)-유치명柳致明(호 정재定齋) 계통으로 파악하기도 하며,[4)] 아니면 퇴계학

2) 이윤갑, 위의 글, 1991, 38~41쪽 참조.
3) 朴庭魯, 〈《凝窩全集》 解題〉, 《凝窩全集》 一, 驪江出版社, 1986(이하 《凝窩全集》).
4) 河謙鎭, 《東儒學案》, 一鵬精舍, 1970 ; 尹榮善, 《朝鮮儒賢淵源圖》, 東文堂, 1941.

파 안의 독립적인 학맥으로 분류하기도 한다.[5] 퇴계학통의 여러 학맥을 두루 거치고 있었던 것이다.

이진상은 17세 되던 때 "선비는 의리義理를 공부해야 한다"는 숙부 이원조의 가르침을 받고 《성리대전性理大全》을 읽으면서 본격적으로 성리학을 공부하였다. 이진상의 조부였던 이형진李亨鎭과 숙부 이원조는 모두 상주 우산愚山의 정종로鄭宗魯에게서 배웠다.[6] 이원조는 이미 1846년에 선현들의 성론性論을 모아 〈성경性經〉을 편찬하였고, 1851년에는 〈복성도설復性圖說〉을 저술하였으며, 〈비진질소저제설批震姪所著諸說〉로써 이진상의 심경학心經學을 지도하였다.[7] 이를 바탕으로 이진상의 〈심즉리설心卽理說〉이 나올 수 있었다.[8]

이원조의 가르침 속에서 학문을 시작한 이진상은 18세에 〈성명도설性命圖說〉을 지어 주리主理의 입장을 명백히 하였다. 자신의 학문이 주자와 퇴계를 계승한다는 뜻에서 서재를 "조운도헌재祖雲憲陶齋"라고 하였다. 36세(1853)되던 여름에 이진상은 이원조를 배종陪從하여 회연서원에서 《심경心經》을 강의하였으며, 이어 안동지역 퇴계학통의 유치명과 예안의 이만의李晩懿(호 신암愼菴)를 방문하여 '명덕달도明德達道', '이기동정理氣動靜' 등의 문제에 대해 가르침을 받았다. 그리고는 40세되던 때에는 역시 유치명과 안동 금계의 김흥락金興洛(호 서산西山)을 방문하였다.[9] 이진상을 유치명의 제자로 분류하는 것은 이런 연유였

5) 琴章泰, 〈한말·일제하 한국성리학파의 사상계보와 문헌에 관한 연구〉, 韓國精神文化研究院, 《철학사상의 제문제(Ⅲ)》, 韓國精神文化研究院, 1985(a), 230쪽.
6) 정종로는 서애의 적전嫡傳 제자 정경세의 6세손으로, 병파의 학맥에 있으면서도 호파의 이상정에게도 배웠다.
7) 朴庭魯, 앞의 글, 1986.
8) 劉明鍾, 《朝鮮後期 性理學》, 以文出版社, 1985, 537쪽에서는 이를 "한주설의 기원"이라고 하였다.
9) 《寒洲先生文集》 부록 권2 〈年譜〉(《寒洲全書》 二, 370~372쪽. 이하 《寒洲全書》로 생략).

다.[10] 이때 이진상은 기호계열의 주기설(특히 남당南塘 한원진韓元震, 녹문鹿門 임성주任聖周)을 비판하는 많은 글을 지었다. 그리하여 44세 때에 〈심즉리설〉을 체계화하였고, 뒤에 주리설을 체계적으로 정리한 〈이학종요理學綜要〉를 저술하였다.

이와 같이 이진상은 숙부였던 이원조 아래에서 학문을 시작하고, 유치명의 지도를 받아 독자적인 성리학 체계를 형성할 수 있었다. 이런 점에서 한주학파의 학맥은 다음과 같이 정리할 수 있을 것이다.

〈표 2〉 한주학파의 학맥도

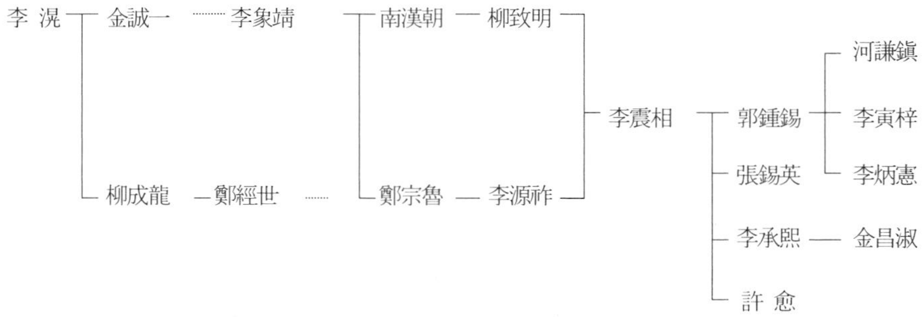

이진상의 학문은 성주지역뿐 아니라 제자 곽종석郭鍾錫(호 면우俛宇), 이승희李承熙(호 대계大溪, 한계韓溪, 이진상의 아들) 등을 통하여 인근 고령으로부터 멀리 합천, 거창까지 확산되었고, 한주학파라고 불리는 거대한 학단을 형성하였다. 한주의 문하에는 곽종석, 이승희를

10) 이진상을 유치명의 계보로 파악했던 하겸진(《東儒學案》)은 한주학파에 속했던 사람으로, 유치명이 살던 대평大坪과 이진상이 살던 대포大浦를 합하여 이들의 학맥을 "평포학안坪浦學案"으로 분류하면서, 기호학파 내부에서 호파湖派와 낙파洛派가 나온 것 같이, 김흥락·이종기李種杞(호 만구晩求) 등을 평학坪學으로, 허유, 윤주하, 곽종석, 장석영 등을 포학浦學으로 구분하여 그 차이를 지적하였다. 송찬식은 "(이진상이) 유정재柳定齋에게 영향을 받았지만 직접 배운 일은 없기 때문에 약간 방계에 속한다고 할 수 있다"고 표현하였다(宋贊植, 〈寒洲全書 解題〉, 《寒洲全書》 一, 28쪽).

비롯하여 허유許愈(호 후산后山), 이정모李正模(호 자동紫東), 윤주하尹胄夏(호 교우膠宇), 김진호金鎭祜(호 물천勿川), 장석영張錫英(호 회당晦堂), 이두훈李斗勳(호 홍와弘窩) 등의 이른바 주문팔현洲門八賢이 있었으며, 다시 그 아래로 김창숙金昌淑(호 심산心山), 이인재李寅梓(호 성와省窩), 이병헌李炳憲(호 진암眞菴), 김황金榥(호 중재重齋) 등이 있었다. 일제시기 사회주의 운동가이면서 다산 정약용 등 실학파를 연구한 최익한崔益翰(울진 출신)도 곽종석에게서 배웠다.[11] 그 가운데 대표적인 사람은 다음과 같다.

① 곽종석(1846~1919) : 단성 사월리 출생으로, 1896년(51세) 이후 거창 다전茶田에서 살았다. 25세 때 이진상의 문하에 들어갔다. 이진상의 심즉리설을 비판하는 사람들과 많은 논쟁을 통하여 이를 옹호하였다. 1919년 유림단의 〈파리장서〉를 주도하였다.[12]

② 이승희(1847~1916) : 이진상의 아들로 이진상의 학문을 가학으로 계승하였다. 성주지역의 국채보상운동을 주도하고, 만주로 망명하여 독립군기지건설운동을 전개하였으며, 공자교孔子教 운동에도 힘을 기울였다. 아들 이기원李基元이 2차 유림단 사건에 관련되었다.[13]

③ 장석영(1851~1928) : 칠곡 각산角山에 살았고, 같은 마을의 족숙 장복추張福樞(호 사미헌四未軒)에게서도 배웠지만, 주로는 이진상 문하에서 공부하였다. 1910년대 만주지역에서 이승희와 같

11) 劉明鍾, 앞의 책, 1985, 제9장 ; 琴章泰·高光植, 《儒學近百年》, 박영사, 1984 ; 琴章泰·高光植, 《續 儒學近百年》, 1989 참조.

12) 池敎憲 외, 《韓國思想家의 새로운 發見(3)-郭鍾錫 硏究》, 한국정신문화연구원, 1995 ; 柳初夏, 〈郭鍾錫의 사상〉, 尹絲淳, 高翊晋 編, 《한국의 사상》, 열음사, 1984 등 참조.

13) 유준기, 《한국근대유교개혁운동사》(증보판), 아세아문화사, 1999 ; 尹炳奭, 《李相卨傳》, 一潮閣, 1984 ; 琴章泰, 〈韓溪 李承熙의 生涯와 思想(I)〉, 《大東文化硏究》 19, 1985(b).

이 활동하였으며, 유림단의 〈파리장서〉에 서명하였다.

④ 허유(1833~1904) : 합천 삼가三嘉에 살면서 조식의 산천재山天齋에서 강학하고, 34세 때에 허전許傳을 방문하기도 하였으며, 38세 때에 이진상을 방문하여 제자가 되었다.

⑤ 이두훈(1856~1918) : 고령 본관동에 살았고, 곽종석을 따라 외국공사관에 일본 침략을 항의하는 활동에도 참여하였다.

⑥ 윤주하(1846~1906) : 거창 남하 사람으로, 장복추와 이진상에게 배웠다.

⑦ 김진호(1845~1908) : 이진상과 류주목柳疇睦(호 계당溪堂)에게 배웠다.

⑧ 하겸진河謙鎭(1870~1946) : 진양 수곡水谷에 살면서 27세에 곽종석의 문하에서 수학하였으며, 전우田愚의 심성설을 비판하였다. 우리의 국성國性인 예의를 기반으로 서양 문물을 수용하자고 주장하였다. 〈파리장서〉에 서명하였으며, 유학사를 정리한 《동유학안東儒學案》이 있다.

⑨ 김창숙(1879~1962) : 김우옹의 후손으로 성주 대가면 사도실에서 태어났다. 1908년 대한협회 성주지회의 총무로 활약하였고, 1919년 〈파리장서〉의 실무를 담당하였다. 이후 중국에서 독립운동에 종사하였다. 해방 뒤 유림을 동원하여 성균관대학을 건립하였다.

⑩ 이인재(1870~1929) : 고령 본관동에 살면서 어려서는 이두훈에게서 배웠고, 20세 때 거창 곽종석의 문하에 들어가 수학하였다. 서양문명의 근본이 서양 철학에 있다고 하여 고대희랍철학을 분석할 정도로 서양문물에 적극적으로 대처하였다. 고령의 민회활동을 지도하였다.

⑪ 이병헌(1870~1940) : 함양 병곡에서 살았고, 27세 때에 곽종석의 문하에 들어가 수학하였다. 45세 때에 중국으로 가서 강유위를 방문하고 이후 공자교운동을 전개하였다.[14)]

---

14) 劉準基, 〈眞菴 李炳憲의 儒教改革論〉, 《韓國史研究》 47, 1984.

성리철학에서 한주학파는 '심즉리心卽理'를 주장하였다. 이는 안동 지역 유자층과 다른 면이 있었다. 유치명은 심을 이기의 합[理氣之合]으로 보고 명덕明德도 완전히 '리'는 아니라고 보는 것과 달리, 이진상은 명덕을 '리'라 하면서 심즉리로 보았던 것이었다. 이진상의 사후, 이승희·곽종석 등이 1897년 3월 《한주문집寒洲文集》을 간행하여 도산서원에 보냈는데, 도산서원에서는 "한주가 주자와 퇴계의 이발기발설理發氣發說이 근본을 두 갈래로 보는 것이라고 비판하였으니 퇴계와 상반된다"고 판단하였다. 곧 패자牌子를 내어 공격하고, 문집을 되돌려 보냈다. 상주의 도남서원에서도 이진상을 배척하는 통문이 나왔고, 1902년에는 박해령朴海齡 등이 상주에서 《한주문집》을 불태우기도 하였다.[15] 이진상의 제자들은 한주의 학설이 퇴계와 다르지 않다는 점을 해명하고 논증하는 데 힘을 기울였다. 그리하여 뒤에 도산서원 쪽에서 이진상의 학설이 퇴계의 주리설을 발전시킨 것이라고 인정하면서 패자를 거두어 들였다.

그런데 한주의 '심즉리'설은 오히려 화서학파나 노사학파와 통하는 바가 있었다. 당색도 다르고 학문적 연원도 달랐지만, 그 학파는 이기론과 심설心說의 문제에서는 모두 '리'를 중시하는 입장을 보였다. 영남학파에 속했던 이진상이 주리설을 주장한 것은 그럴 수 있었지만, 기호계열이었던 이항로도 이존설理尊說을, 기정진도 유리설唯理說을 주장하였던 것이다.[16] 그들은 1880년대에 들어서 두 학통 사이에서 서로 공통점이 있다고 인식하게 되었다. 김평묵金平默은 이진상의 문인인 윤주하에게 영남의 주리설에 찬동하는 편지를 하면서 "자신이 이

15) 이에 대해서는 山內弘一, 〈李震相의 心卽理說과 嶺南學派〉, 《民族史의 展開와 그 文化(上) : 碧史李佑成敎授 停年退職紀念論叢》, 창작과비평사, 1990.
16) 이런 경향에 대해서는 劉明鍾, 앞의 책, 1985 참조.

진상의 문하에 나아가 주리설을 듣지 못했음을 애석하게 생각한다"고 하였다.[17] 또한 곽종석은 화서학파의 유기일柳基一에게 편지를 보내 이진상의 학문이 기학지음氣學之淫을 배척한 것이고, 이항로의 학문과 일치한다고 하였으며,[18] 이항론의 심설을 수정한 바 있던 유중교柳重敎의 학설에 유감을 표시하기도 하였다.[19] 이런 공통적인 인식이 그들의 현실 대응에도 영향을 미쳤을 것으로 보인다.[20]

이와 같이 19세기 후반, 성주 지역의 유생은 전반적으로는 이진상의 영향 아래 있었지만, 부분적으로 다른 계통의 학자도 있었다. 가령 초전면 고산동의 송준필은 칠곡의 장복추, 안동의 김흥락에게 학문을 배웠는데, 이웃에 있던 이진상 쪽보다는 칠곡, 선산, 안동권 유자와 학문 교류가 빈번하였다. 송준필은 이진상의 심즉리설도 비판하여, "마음의 기질과 결합된 사실을 외면한 것"이라고 하고 '심합이기설心合理氣說'을 주장하였다.[21] 또 향리 출신의 도한기都漢基도 있었다. 그는 "나는 퇴율退栗 두 선생을 모두 나의 스승으로 삼을 따름이다"고 하면서, "두 선생의 설이 다른 것 같으나 실은 다르지 않고, 다만 이것은 둘이면서 하나요, 하나면서 둘이다"라고 하여 철저한 '이기절충론理氣折衷論'을 주장하였다.[22] 철학적 차이와 더불어 도한기는 농민항쟁에 대해서나 신분제도 개혁 등에서 양반 사족층과 달랐다.[23]

---

17) 《重菴集》 권16 〈答柳箭村〉.
18) 《俛宇先生文集》 권30 〈答柳性存〉 정유(《俛宇集》 壹, 아세아문화사, 512쪽. 이하 《俛宇集》).
19) 《俛宇先生年譜》 권2 신묘조(《俛宇集》 四, 620~622쪽) ; 《俛宇先生文集》 권130 〈柳省齋心說辨〉(《俛宇集》 參, 599~610쪽).
20) 여기에 견주어 간재학파는 매우 다른 철학적 입장을 취하였고, 또한 현실적 대응논리, 출처관에서도 많은 차이가 있었다(김도형, 〈개항이후 보수유림의 정치·사상적 동향〉, 《1894년 농민전쟁연구(3)》, 역사비평사, 1993, 213~215쪽).
21) 琴章泰·高光植, 앞의 책, 1984, 516~518쪽.
22) 劉明鍾, 앞의 책, 1984, 457~463쪽.
23) 이윤갑, 〈<邑誌雜記>(19세기 후반)의 사회경제론 연구〉, 《대구사학》 36, 1989.

2. 반봉건 농민항쟁 인식과 대응

1) 三政改善論과 減租論·限田論의 제기

(1) 삼정개선론

성주는 조선 후기 이래 상업적 농업이 발달하고, 이에 따라 농민층 분화도 급속하게 진행되던 지역이었다. 부를 축적한 요호饒戶·부농층富農層이 있는가 하면, 그 과정에서 몰락한 소빈농층도 광범하게 형성되어 있었다. 19세기 초반, 이원조는 성주 주민을 부가요호富家饒戶, 중호中戶, 잔민殘民으로 구분한 바였다.[24] 그리고 이런 경제적인 변화를 배경으로 부를 축적한 피지배층의 신분 상승도 일어났다. 주로 납속納粟, 족보 위조, 뇌물 등의 방법으로 진행되었는데, 이진상이 "뇌물을 바치고 이름을 바꾸어 유학幼學을 모칭冒稱"한다고 하고, 이 수가 "군안軍案에 올라있던 사람 가운데 7~8할이나 된다"고 할 정도였다.[25]

이런 사회 변화 속에서 1862년, 성주에서도 농민항쟁이 일어났다.[26] 조선 정부는 당시 전국적으로 일어난 농민항쟁을 심각한 체제

24) 《凝窩先生文集》 권5, 〈辭正言疏〉 戊戌(《凝窩全集》 一, 79쪽).

25) 《寒洲先生文集》 권4, 〈對應旨三政疏〉.

26) 이에 대해서는 이윤갑, 〈경상도 성주의 1862년 농민항쟁과 사회변동〉, 《대구사학》 115, 2014에 자세하다. 특히 당시 농촌의 변화 가운데 부를 축적한 요호, 부농층이 존재하였는데, 이들은 항쟁 과정에서 때로는 하층인 소빈농층의 항쟁에 편승하여 봉건적인 억압을 극복하면서 그들의 이익을 추구하기도 하였고, 때로는 봉건지배층의 입장에서 농민층의 항쟁을 억압하기도 하였다.

위기로 파악하고, 구언교지求言敎旨를 내려 전국의 지식인들로부터 삼정이정의 방안을 수합하였다.[27] 이때 이원조도 응지상소를 제출하였다. 고관高官을 지냈던 연유로 성주 농민항쟁의 수습에도 관여하였다.[28] 이진상도 상소를 작성하였으나 조정에 제출하지는 않았다.

이원조는 농민항쟁의 원인을 삼정문란에서 찾았다.[29] 그는 삼정제도의 결함이라기보다는 이를 관리, 운영하는 수령·서리들이 공정하지 못하고 오직 사리私利를 추구했기 때문에 문란해졌다고 파악하였다. 그리하여 그는 "택인擇人"을 가장 중요하고 기본적인 해결 방안으로 주장하였다. 지방관을 잘 뽑아야 하며, 지방관을 임명한 뒤에는 자주 바꾸지 말고, 또한 중앙 정부에 뇌물이나 청탁을 하지 못하게 하여 오직 전심으로 휼민恤民해야 한다고 하였다. 곧 "한정閑丁을 사괄查括하여 민이 감히 원망하지 않으면 군정이 닦아지는 것이고, 몸소 전주田疇를 다니면 서리들이 감히 속이지 못하게 되고 전정이 가히 거행되는 것이며, 허부虛簿를 없애고 실제의 곡식을 쌓아두고 혹 창고를 덜어 없어진 것을 보충하고, 혹 와환취모臥還取耗하면 환정이 쇄신"된다고 하였다. 이와 아울러 그는 "나라를 위하는 길은 절용節用하고 애민하는 것"이라고 강조하였고, 궁중에서 부문浮文을 없애고 검약을 숭

27) 金容燮, 〈哲宗 壬戌抗爭에서의 應旨三政疏와 그 農業論〉, 《韓國史研究》 10, 1974 ; ──, 〈哲宗朝의 應旨三政疏와 三政釐整策〉, 《韓國近代農業史研究[Ⅰ]》(新訂增補版), 지식산업사, 2004. 농민항쟁을 수습하기 위해서 제기된 방안은 크게 ① 삼정운영개선론, ② 삼정제도개혁론(부분 혹은 전부), ③ 토지개혁론 등으로 나누어졌다.

28) 《寒洲先生文集》 부록 권2, 〈行錄〉(二, 388쪽). 물론 농민들은 백건白巾을 두르고 소리를 지르며 이원조를 찾아다녔으며, 담판 과정에서 이원조의 의견을 전혀 존중하지 않았는데, 전직 고관을 항쟁 과정에 끌어들여 자신들의 봉기를 은폐 또는 정당화하고 요구를 용이하게 관철시키려는 의도였다고 한다(이윤갑, 〈19세기 후반 慶尙道 星州地方의 농민운동〉, 《孫寶基博士停年紀念韓國史學論叢》, 知識産業社, 1988, 658쪽).

29) 《凝窩先生文集》 권5 〈三政詢瘼後陳所懷疏〉.

상하는 것도 중요하다고 하였다.

이진상도 농민항쟁의 원인이 삼정문란에 있다고 파악하였다.[30] 그는 그 문란이 빈부와 권력에 따라 부세가 불균등하게 부과되는 '부세불균'으로 나타난 것을 문제로 보았다. 그 가운데 전정의 문란은 오랫동안 양전量田을 실시하지 않아서 생기는 문제였다. 이로 인해 은결隱結이 늘어나고 탐악한 관리들이 이를 착복하였기 때문이었다. 또 군정문란은 군역을 져야 할 사람들이 관리에게 뇌물을 주고, 유학幼學을 모칭하며, 향청이나 교원校院에 이름을 의탁하여 도피하거나, 또 힘있는 권세가〔호우지가豪右之家〕에 숨어 버리기 때문에 야기된 것이라 하였다. 군역을 피해 도망하는 일이 빈번하게 일어나면서 족징族徵, 동징洞徵, 방징坊徵 등이 자행되고, 백 년 전에 죽은 사람이나 10살도 안된 어린아이에게도 역이 부과되며, 가난하고 어리석은 백성〔궁잔우준窮殘愚蠢〕의 무리는 한사람이 4~5번, 심지어 7~8번까지 역을 지게 되었다는 것이었다. 또한 환곡의 문란도 부자나 힘 있는 사람〔부세지가富勢之家〕은 뇌물로 이를 면하고 몰락하고 힘없는 가호〔잔독지호殘獨之戶〕에게만 이자를 부담시켜 일어났으며, 1석의 이자를 3~4전 또는 5~6전을 더 거두어 그 이자만 10배나 되어 버렸다고 하였다. 특히 도결都結, 가결加結의 폐단으로 원래의 결당 8~9냥에서 보통 최저 30냥이나 부담하고 있던 점도 지적하였다. 곧 군정이나 환곡에서 부세불균의 현상이 더 심하다는 것이었다.

이에 이진상은 삼정문란을 해결하기 위한 방안을 강구하였다. 전정문란을 해결하려면 양전을 실시해야 하고, 또 규례規例를 명확히 하여 원칙대로 운영해야 한다고 하였으며, 환곡의 폐단은 상평창常平倉을

---

30) 《寒洲先生文集》 권4 〈應旨對三政疏〉.

실시하여 해결하자고 하였다. 이 제도가 잘 시행된다면 군역은 2냥 정도로도 충분하다고 하면서, 또한 승려나 무격巫覡에게도 역을 부과해야 한다고 하였다. 하지만 무엇보다도 이진상이 강조한 것은 이원조와 마찬가지로 좋은 사람을 가려 쓰는 '택인'의 중요성이었다. 삼정이라는 제도가 나쁘지 않은데 이를 운영하는 관장官長이나 서리들의 폐단 때문에 삼정 문란이 일어났다는 인식 때문이었다. 또한 이진상은 유교적 경제론의 기본이 되는 '절용節用'을 강조하였다. 곧 "재용財用을 아끼는 것이 사치를 금하는 근본이며, 사치를 금하는 것은 뇌물[회뢰賄賂]를 근절하는 근본이고, 뇌물을 근절하는 것이 탐묵貪墨을 징계하는 근본"이라고 하고, "위로는 조정으로부터 아래로는 주군에 이르기까지 모두 나라를 위해 재물을 아끼고 사치를 제거하면 따라서 검소해지고 탐학이 축출되어 엄하고 검소"해진다고 하였다.

(2) 감조론

이진상은 농민항쟁의 원인을 삼정문란으로 말미암은 부세불균에서 찾았지만, 그 해결 방안은 다소 보수적이었다. 그러나 4년 뒤에 지은 《묘충록畝忠錄》에서 제안한 개혁안은 혁신적이었다.[31] 그는 당시 나라의 폐단을 ① 관방지폐官防之弊, ② 과거지폐科擧之弊, ③ 부세지폐賦稅之弊, ④ 군정지폐軍政之弊, ⑤ 서리지폐胥吏之弊 등으로 분석하고 이를 대경장大更張, 대진쇄大振刷 차원에서 개혁해야 한다고 하였다. 이 가운데서 부세의 폐단에 대한 개혁안은 구체적이고 또 적극적이었다. 그는 먼저 "국가의 안위가 생민生民의 휴척休戚에 있고, 생민의 휴척은 부세의 경중"에 있다고 전제하고, "법이 오래되어 폐단이 생기면서[法

31) 《寒洲先生文集》 권4 〈擬陳時弊仍進畝忠錄疏〉.

久弊生]" 일반 담세자의 부담은 늘어난 반면, 나라의 경용經用은 서리의 횡령[포부逋負]으로 오히려 줄어들었다고 파악하였다.

전정의 문란을 바로 잡기 위한 이진상의 방안은 다양하였다. 먼저 양전 실시를 주장하였다. 양전은 따로 관리를 파견하여 공정하게 조사하고, 소용되는 비용을 마련하여 마을 단위로 정밀하게 조사하자고 하였다. 둘째, 경무법頃畝法을 실시하자고 하였다. 결부법이 정미精微하지만 척수尺數가 고르지 못한 결함이 있다는 것이었다. 1경頃을 40두락으로 계산하고, 각 토지는 비옥도에 따라 관등처럼 18등급으로 나누어 척수를 균일하게 하면 부세도 스스로 균등해지고 부서簿書가 번잡하지 않을 것이라 하였다.

아울러 이진상은 지주제의 문제도 인식하여 토지에서의 사납私納〔지대〕이 공납公納〔부세〕보다 많다는 점도 지적하면서, 그 대응책으로 감조법減租法을 주장하였다. 경무법으로 생산량이 정확하게 산출될 수 있으므로, 정부에 1/10세로 납부하고, 나머지는 전부佃夫는 6/10, 전주田主는 3/10으로 나누자고 하였다.

> 생각건대 선왕의 정전법[井地之法]은 지극하니, 나라를 위한 것은 마땅히 이 법뿐이다. 성왕聖王이 법제를 만들지 않아 겸병이 일어나고 전주田主와 전부佃夫의 구분이 생겼으며, 그 폐단이 극에 달하여 임금은 위에서 경중을 제어할 수 없고, 아래에서 민인은 균일한 교화를 받지 못하게 되었다. …… 지금같이 전주가 반을 가져가면 전객佃客은 고인세雇人稅, 우궐비牛厥費 등이 적지 않으니, 반으로 나눈 뒤에 또 공세公稅를 납부하니, 일 년 동안 힘들여 농사를 지어도 얻는 것은 한 푼도 없으며, 더구나 세부稅賦가 날로 무거워 가대假貸가 날로 쌓여 이 또한 감당하기 어려워 원망을 호소하기에 이르렀으니, 길 위에서 속이고 빼앗아 가는 일

> 이 없는 곳이 없다. 그러므로 조금이라도 사리를 아는 전주라면 1/3을 취하는 규칙이 그 마음에 알맞고 또한 인정이 아닌가. 이제 먼저 십일지제十一之制를 공세로 정하고, 전부가 6/10, 전주가 3/10을 취하면 전주는 가히 전부의 원망을 면할 수 있고, …… 조세 수입이 전보다 10배나 늘어나 부강지업富强之業을 일거에 이룰 수 있다.[32]

그는 토지의 겸병과 지주경영의 폐단을 알고 있었다. 그러나 토지개혁은 지주들이 싫어하므로, 그 차선책으로 지대를 낮추는 감조법을 제시하였던 것이다. 감조법을 실시하면 지주들의 입장에서도 그전보다 수익이 크게 줄지 않아 불만은 없을 것이고, 전호 농민들의 원망도 듣지 않을 것이라 강조하였다. 그리고 이로 말미암아 부강을 위한 국가 재정 또한 충실해질 수 있다는 점도 고려되었다.

이와 아울러 세금의 식式을 정하여 상공上供, 영수營需, 관수官需, 이료吏料, 군수軍需 등으로 나누어 사용하자고 하였으며, 환곡의 문란을 고치려면 대읍 1만석을 기본으로 여타의 군현은 차등적으로 환총還摠을 줄여야 하며, 이를 향리에게 맡겨 '취모보용取耗補用'하는 상평법常平法으로 고치자고 하였다. 그 밖에 공야工冶·상고商賈·어염호魚鹽戶 등의 출세出稅와 승니僧尼·무격巫覡에게도 세금을 부과하자고 하였다. 군정의 폐단을 해결하기 위해서는 방군수포放軍收布 제도를 없애고 번상제番上制를 부활하자고 하였으며, 10호씩 기준으로 군정을 조사하여 군부軍簿를 다시 만들 것을 제안하였다.

---

32) 《畝忠錄》(《寒洲全書》 二, 502쪽). 그리고 〈후설後說〉에서 결부법을 경무법으로 전환하는 데 의문이 있을 수 있으나 유형원柳馨遠이 국초 전결을 경무법으로 계산하여 288만 경으로 하였고, 또 주군의 수를 반으로 정하였는데 경무를 정하는 것에 큰 차이가 심하지 않을 것이라 하여, 그 타당성을 《반계수록磻溪隨錄》에서 구하였다. 또한 군제軍制 태중泰重이라면서 율곡 이이의 10만 양병설을 거론하였다.

농민층의 항쟁을 수습하고 농민경제를 안정시키기 위한 토지개혁론은 당시 많은 유교지식인이 제기하였다.[33] 물론 국가 체제를 개혁하는 차원에서 구상한 것은 적었고, 대개는 유교적 소농경영의 안정을 추구하였다. 이진상은 지주제의 폐단은 인식하면서도 토지 개혁이 아니라 감조법을 주장하여, 지주제를 개혁하지 않는 가운데 지주계급의 이익을 줄여 농민경제를 안정시키고자 하였다. 이 방안은 지주제 해체로 이어지지는 않았지만, 지주제의 폐단에 아무런 의문을 제기하지 않았던 노론 집권층에 견주어 매우 진전된 주장이었다.

이진상이 제안한 감조론은 이후 한주학파 사회경제개혁론의 기본 방침이 되었으며, 개항 이후에도 계속 견지되었다. 개항 이후 전개된 제국주의의 침략과 통상무역으로 농민층의 몰락이 계속되고 있었다. 가령 성주지방에서는 미곡의 수출로 말미암아 종곡種穀마저 부족할 정도였고, 양포洋布의 침투로 1870년대 말 성주 거리에는 양포나 왜포倭布로 옷을 지어 입은 사람들이 횡행하였으며, 심지어 버선까지 양포로 만들어 신는 자도 있을 정도였다. 이런 현실 속에서 1883년에 농민항쟁이 일어났고, 1894년 농민전쟁 때에도 농민군이 활발하게 활동하였다.[34] 따라서 일본의 침략으로 식민지화의 위기에 직면해서는 더욱더 농민층의 안정이 필요하였다. 곧 내수외양론의 입장이었다.

곽종석은 1904년 무렵에 민심 수습을 통한 "복민심服民心"을 강조하고, 그 방안으로 ① 숭정학崇正學, ② 결민심結民心, ③ 군제軍制, ④ 절재용節財用의 4조목을 제시하였다. 민심을 모으는 방법으로 사창제社倉制의 실시, 둔전의 광설廣設, 무명잡세의 폐지, 양전의 실시, 전분

33) 金容燮, 〈韓末 高宗朝의 土地改革論〉, 《東方學志》 41, 1984(《韓國近代農業史研究〔Ⅱ〕》 新訂增補版, 지식산업사, 2004).
34) 李潤甲, 앞의 글, 1988, 663~685쪽.

田分 · 연분법年分法의 수립, 1/10세의 실시 등을 거론하였다. 그러면서 "민식民食을 여유 있게 하기 위해서는 부호豪富와 전작佃作에도 역시 상식常式을 정하여 대략 3/10으로 하고, 증손增損하지 못하게 해야 한다"고 하여 감조론減租論을 주장하였다.35)

또한 이승희도 1905년에 '내수외양'의 입장에서 "사리私利를 제거하여 민업을 편안하게 하는" 방안으로 감조론을 제기하였다. 당시의 약육강탄弱肉强呑하는 현실에서 각국이 모두 통상으로 나라의 공리를 추구하고 있는데, 우리나라는 개인의 이익만 추구하고 있다는 인식에서 그러하였다. 이를 위해서 그는 우선 기강 확립, 무명잡세 폐지, 1/10 전세, 상평창 설치 등을 주장하였으며, 다음으로 토지 겸병 문제 해결 방안으로 양전을 실시하고, 전주는 지대를 3/10 이상 되지 않도록 해야 한다고 하였다. 그러면서도 자신의 주장이었던 한민명전제限民名田制도 정전제井田制를 이룰 수 있는 조짐兆朕이 될 수 있으므로 이도 가능한 시행해야 한다고 하였다.36)

(3) 이승희의 한전법

감조법은 한주학파 사이에서는 농민층 안정책으로 견지되었다. 더욱이 이진상의 아들 이승희는 이보다 더 나아가 한전법限田法을 주장하였다. 이승희는 이를 당시의 개혁 과제였던 국가의 조세 수입 확보와 더불어 제국주의 침략 방어의 내정 개혁으로서도 제기하였다.

병인양요(1866) 이듬해, 이승희는 대원군에게 성학聖學, 호적戶籍, 전제田制, 선거選擧, 제병制兵 등 다섯 조목의 개혁안을 건의하였다. 더

35) 《俛宇先生文集》 卷首 〈應命進言箚子〉(壹, 19~21쪽) ; 〈甲辰二月疏〉(13쪽) ; 〈辭召命疏〉 甲辰 10월 17일(15쪽) ; 〈獨對日記〉(26쪽).
36) 《大溪先生文集》 권5 〈陳時事疏〉 乙巳.

욱이 농민층의 몰락과 연관된 중요한 점들을 지적하였는데,[37] 이 가운데 전제와 토지 겸병의 폐단을 지적하였다.

> 호민활리豪民猾吏가 백단百端으로 환롱幻弄하여 양전미답良田美沓을 백방으로 빼앗았으며, 황원荒原과 폐야廢野에도 가결加結하여 적은 것을 많게도 하고, 있는 것을 없애기도 한다. 땅을 칼로 베듯이 잘라 붙이고, 동쪽의 것을 옮기어 서쪽에 더하니, 각종의 방법으로 겸병하여 강제로 징수하고 늑봉勒捧하여 생민生民의 고혈을 모두 탐관오리의 뱃속에 들어가게 하였다.

이러한 겸병으로 위로는 국결國結이 줄어들어 나라를 지탱할 수 없고, 아래로는 민원이 뼈에 사무치고 조석거리도 없어지게 되었다고 하였다.

이승희는 이런 폐단을 해결하고자 먼저 철저한 양전量田을 실시하고, 더 나아가 한전법으로 개혁할 것을 주장하였다.

> 이제 종사宗社를 부지하고, 위기에서 안정을 추구하려면 먼저 전부田簿를 수립修立하고 세의 액수를 상세하게 정해야 하며 대원칙을 명시해야 한다. …… 10년 이내에 가히 3~4년의 식량이 비축될 것이고, 병혁兵革도 정비되고 기근도 가히 헤아려지게 될 것이다. 균전제산均田制産의 법도 차제에 행함을 의논할 수 있게 된다. …… 3년을 기한으로 한민명전限民名田의 법을 세워 봉군封君은 10

37) 《大溪先生文集》 권5, 〈上興宣大院君〉 丁卯. 아울러 호적제도의 미비점에 대해서 "본조本朝의 적법籍法은 매우 조리가 있고, 본래 소홀함이 없었는데 금일에 이르러 문구文具가 겨우 전하고 누락되는 자 있으니 백호百戶가 있는 마을에 유식자가 50이고, 적에 누락된 자가 2, 30이며, 다른 곳으로 도망하여도 관에서는 모르고, 빈궁하고 외로이 굶주려 죽고 얼어 죽어도 위에는 알지 못한다"라고 지적하고, 신분에 따르는 호적제도의 정비로 민업民業의 안정을 꾀해야 한다고 하였다.

> 경頃, 정1품 9경, 종1품 8경, 2품 7경, 3품 6경, 4·5품 5경, 6·7품 4경, 8·9품 3경, 이민吏民 2경으로 하여, 그 전田이 그 품品을 넘는 자는 그 토지를 스스로 나누어 구족九族, 인우姻友들에게 나누어 주도록 한다. 위반자는 관직을 몰수하며, 또 각자 명전名田의 반은 영업전으로 하여 관에서 문서를 발급하고 영원히 매도를 허가하지 않도록 한다. 매입하는 사람도 동일하게 죄를 묻는 제도를 세워 단연히 행하면 간활한 방법들이 두절되고 겸병의 위세도 꺾이게 되어, 민생이 소생하고 국용國用 또한 점차 회복될 것이며, 성왕의 정지井地의 미제美制가 점차 회복되어 교화의 근본이 될 것이다.

한전법으로 겸병의 폐단을 없애 농민층을 안정시킬 수 있고, 또 국가의 재정도 충실히 하면서 궁극적으로는 이상적인 정전제까지 바랄 수 있다고 하였던 것이다.

이승희가 구상했던 한전법은 관료의 품계나 신분제에 따라 토지 소유에 차등을 두는 것이었다. 이 논의는 토지제도의 구조적 모순을 일거에 해결하고 농민적 토지소유를 실현할 수 있는 것은 아니었지만, 최소한 토지 겸병의 폐단을 막을 수 있고, 아울러 국가의 재정도 회복할 수 있는 방안은 될 것이라 판단하였던 것이다. 이승희는 아버지 이진상의 학통을 계승하면서도 사회경제적 인식에서는 한 걸음 더 나아간 셈이었다.

이승희가 제기했던 한전제는 유형원이 《반계수록》에서 제기했던 균전均田의 방안과 비슷하였다. 한주학파에서는 근기 지역의 남인 실학파, 곧 유형원과 정약용의 저술들에 주목하고 있었다.[38] 이진상은 《묘

38) 기호 남인과 영남 남인의 연계는 지속되었을 것이고, 특히 기호 남인들은 이황－정구－허목許穆－이익李瀷－안정복安鼎福－황덕길黃德吉－허전許傳 등으로 이어지는 학문적 전통을 강조하였는데, 정구가 바로 성주 출신이었다. 또한 한말에는 허전이 김해부사로 부임하면서 영남지역에도 이들의 영향이 확산되었다.

충록》에서 경무법을 주장하면서 유형원의 주장을 그 근거로 제시하였고, 또 곽종석의 제자였던 고령의 이인재가 국가를 위한 시무로 "자서민子庶民"을 거론하면서 《묘충록》을 비롯하여 《반계수록》, 《목민심서牧民心書》, 《경세유표經世遺表》 등을 참작해야 한다고 지적하고 있었던 점에서[39] 볼 수 있다. 하지만 신분제도와 화이관을 부정하고 마침내 국가 체제, 중세 체제를 부정하고 있었던 정약용의 토지개혁론에 견주면 한주학파의 개혁론은 질적으로 차이가 있는 것이었다.

2) 향촌지배권 유지와 향약의 실시

재야 유생층은 농민층의 반봉건 항쟁을 수습하면서 다른 한편으로는 향촌사회에 대한 사족의 지배권을 강화하는 데에도 힘을 기울였다. 향촌 지배권 강화 방안으로 흔히 향약이나 계 등을 실시하였는데, 성주 지역에서는 이진상과 이승희 등이 중심이 되어 이를 추진하였다.

먼저 그들은 족계族契를 실시하여 동족 사이의 결속을 강화하고 가부장적 윤리를 확립하고자 하였다. 이승희, 이덕희李德熙 등의 성산星山 이씨는 동족 안에 빈부가 균등하지 않아 부세 부담에도 문제가 발생했다고 보고, 동족 상호끼리의 원망과 미워함을 해소하기 위해 대포의사계大浦義社契라는 것을 조직하였다.[40] 형편에 따라 자금을 내고, 이를 빌려 주어 거둔 이자나 또는 이 자금으로 행한 곡물 매매, 토지 구입 등으로 이윤이 생긴 것을 가난한 일족의 구휼이나 경조사에 쓰도록 한다는 것이었다. 이로써 "봉공휼사奉公恤私, 권선징악, 이용후생,

---

이런 점에서 유형원과 정약용의 저술들이 많이 읽혀질 수 있었을 것이다.

39) 《省窩文集》 권5 잡저 〈九經衍義〉(《省窩集》, 亞細亞文化社, 1980, 404쪽).

40) 《大溪先生文集》 권31 〈大浦義社契案序〉 ; 속권5 〈大浦義社條約〉.

흥례돈속興禮惇俗"을 이룰 수 있다고 하였다. 곧 일족 내부의 경제 문제를 해결함과 동시에 유교적인 차원의 권선, 예의를 강조하여 유교 윤리를 강화하려 하였다.

향약은 흔히 향촌 사회 안의 봉건 질서나 신분 질서를 지켜 사족들의 지배권을 유지하는 가장 효과적인 방안으로 유지되어 왔다. 1883년 농민항쟁 이후 성주 목사로 부임한 이주하李周夏가 이진상에게 신분질서를 확립할 수 있는 방도를 자문하자, 이진상은 여씨향약에 백록동규白鹿洞規를 합한 향약을 만들어 이를 실시하라고 제의하였다.[41]

1889년에는 유동柳洞에서 이승희가 만든 유동방약柳洞坊約이 실시되었다.[42] 그 강령으로 ① 인륜을 밝힐 것[明人倫], ② 백성의 생업을 권할 것[勸民業], ③ 나라의 법률을 엄하게 할 것[嚴邦典], ④ 향촌의 풍속을 바르게 할 것[正鄉俗], ⑤ 방약을 수립할 것[立約規] 등을 정하였다. 오륜을 돈독히 하고, 사농공상의 본분을 지키면서, 또 조세 납부와 같은 법규 준수, 도적 방지, 경조사와 진휼 등을 실시하자는 내용이었다. 철저한 유교 사회를 유지하기 위한 것이었다.

이승희는 1891년에도 성산향약星山鄉約을 제정하였다.[43] 앞서 이진상이 제기한 향약 실시를 구체적으로 실현한 것으로 보인다. 향약은 "여씨 향약을 모방하여 강綱을 세웠으나 절목節目은 약간 다르다"고 하였는데, 이는 당시의 사회 사정을 고려한 것이었다. 곧 덕업상권德業相勸에는 ① 부모에 대한 효, ② 임금에 대한 충, ③ 스승에 대한 존경, ④ 형제 사이의 우애, ⑤ 언행의 방법, ⑥ 자녀 교육, ⑦ 친족 사이의 화목, ⑧ 경학·기술학·기예 등의 통달, ⑨ 근면 등을 제시하였

41) 《寒洲先生文集》 부록 권2 〈年譜〉(二, 381쪽). 이 향약의 내용과 실시 여부는 알 수 없다.
42) 《大溪先生文集》 권31 〈坊約序〉; 《韓溪遺稿》 六, 〈柳洞坊約〉(285~294쪽).
43) 《大溪先生文集》 권30 〈星山鄉約〉.

다. 과실상규過失相規는 앞의 덕업상권에서 제시한 절목을 어긴 경우에 받는 규제였는데, 특히 ① 좌도左道(동학이나 천주교)를 믿거나 유언비어를 유포하는 "지신불근持身不謹", ② 서얼이 적자를 능멸하여 종족을 억압하거나 족장을 업신여기며 재산을 두고 다투는 "불목우족不睦于族", ③ 부세 납부가 불성실하고 고의로 국가의 법령을 위반하는 "불외법령不畏法令" 등을 규정하였다. 환난상휼患難相恤에도 ① 사족이 이유 없이 관에 잡혀가면 연명으로 호소해 보호하고, ② 서리나 서민들이 이유 없이 사족을 능욕할 경우, 작은 사건은 사족이 합좌合坐해 그들을 처벌하며, 큰 사건은 관에 고발해 법으로 다스린다는 "굴욕유부屈辱有扶", ③ 사족 가운데 가난한 자, 미약한 자 등을 돕자는 "미약유찰微弱有察", "빈궁유주貧窮有賙" 등의 조항도 있었다. 곧 사족층을 중심으로 향촌의 신분 질서, 조세 수취 문제 등을 해결하면서 동시에 민중층이 빠져 있던 이단의 종교를 경계하여 봉건적 사회질서를 유지하기 위한 것이었다.

한편 1894년 농민전쟁 당시에는 민보民堡가 논의되었다. 농민층의 항쟁을 억압하고자 보수적 유생층이 흔히 시행하던 대응책이었다. 농민군들이 성주 읍내에 접接을 세우고 세력을 확충하면서 "요민饒民들을 붙잡아 전곡을 빼앗고, 응하지 않으면 곤장으로 위협하였으며, 도피하면 처자들을 잡아다 욕보인" 처사에 대한 반대였다.[44] 이승희는 동학이 정도正道에 어긋나고, 서학을 배척하면서도 실제로 유사해지는 점을 지적하면서 각 마을에 민보를 설치하자고 제의하였다.[45]

---

44) 《星山誌》 권2 〈叢談〉.
45) 《韓溪遺稿》 六 〈民堡定議後祭告靈畜山神文〉 甲午, 453쪽.

3. 서양에 대한 인식과 그 변화

1) 척사론과 《조선책략朝鮮策略》 반대

재야 유생층은 주자학적 세계관에 의거하여 서양 문물의 수용을 반대하였다. 병인양요와 개항을 거치면서 이는 더욱 더 강경해졌고, 마침내 1881년에는 《조선책략》을 반대하는 상소운동을 전국적으로 행하게 되었다.[46]

한주학파의 유자들도 그러하였다. 이원조는 1866년 병인양요 때에 이미 '의려義旅'를 거론하고, 또 민보의 구축을 주장하였으며,[47] '춘추대의春秋大義'를 천명하였다. 1867년 이진상은 회연서원에서 행해진 《대학》 강회에 참여하여 천주교를 "무군무부無君無父"한 것으로 규정하여 《대학》 속에 담긴 척사의 근본을 명확히 하였으며,[48] 1875년에는 〈춘추대의〉 등을 지어 "세도世道가 일패日敗하고 이적夷狄과 교통이 망연茫然"해진 현실을 비판하였다. 1876년 개항을 요구한 일본 군대가 강화도에 쳐들어왔다는 소식을 듣고는 지방의 사대부와 적을 토벌하기 위한 의병을 모의하기도 하였다.[49]

척사론의 학문 전통에서 한주학파는 1881년 《조선책략》을 반대하는

46) 權五榮, 〈金平默의 斥邪論과 聯名上疏〉, 《韓國學報》 55, 1989 ; 鄭震英, 〈19세기 후반 嶺南儒林의 정치적 동향-萬人疏를 중심으로〉, 《韓末 嶺南 儒學界의 동향》, 영남대학교출판부, 1998.

47) 《凝窩先生文集》 권10 〈洋亂倡義事通諭一鄉文〉 ; 권6 〈民堡議〉 ; 〈民堡後議〉.

48) 《寒洲先生文集》 부록 권2 〈年譜〉(二, 374쪽) ; 권30 〈大學講錄跋〉(二, 305~306쪽).

49) 《寒洲先生文集》 부록 권2 〈年譜〉(二, 377쪽).

영남 만인소에 적극적으로 참여하였다. 만인소는 도산서원에서 먼저 발의하고, 영남 좌도의 이만손·김석규金碩奎 등과 영남 우도의 황난선黃蘭善(상주)·이진상(성주) 등을 중심으로 전개되었다. 영남 지역의 노론은 거의 참여하지 않았지만, 소론인 강진규姜晉奎(봉화)가 상소문을 작성하였던 점에서 당색을 어느 정도 초월하였다.[50] 이진상은 부소수가 되어 그의 아우 이운상李雲相과 제자들로 하여금 적극적으로 참여하도록 독려하였다.[51] 이승희도 이를 반대하는 〈청척양사소請斥洋邪疏〉를 지었다.[52]

이승희는 개화 과정에서 유입된 《이언易言》 등을 분석하고, 이를 "화국和局과 공법公法을 논하여 마침내 화이華夷의 구별을 없애려 하고, 상무商務와 교당敎堂을 논하여 사람을 짐승과 같게 하려고 하니, 곧 예수의 앞잡이요 맹자에 대한 죄인"이라고 규정하였다.[53] 그리고 《조선책략》을 반대하는 상소에서는 척사론을 명확하게 제시하였다.

만인소 운동에서 유생층이 《조선책략》에 대해 격노한 것은 천주교와 기독교의 관계를 주자와 육상산陸象山의 관계로 비유한 점, 그리고 "서양의 야소학이 극히 신묘하여 이를 행하는 자는 강해지고 행하지 않는 자는 망하니 우리나라에도 교회를 지어 이를 가르쳐야 한다"고 언급한 점이었다. 이승희는 이를 다음과 같이 반대하였다.

> 그 책에 "야소의 학에서도 역시 권선勸善을 주로 한다"고 한다.

---

50) 경기, 충청지역의 상소운동을 주도하던 김평묵의 경우에도 그러하였다. 그는 1876년 개항 반대운동 당시에는 남인과 소론에 대해 부정적으로 생각하였으나, 이때는 이를 벗어나 연합적으로 활동하였다. 權五榮, 앞의 글, 1989 참조. 이 책 제1부 제1장 84~85쪽 참조.

51) 《寒洲先生文集》 부록 권2 〈年譜〉(二, 380쪽).

52) 《大溪先生文集》 권4 〈請斥洋邪疏〉 辛巳.

53) 《大溪先生文集》 권32 〈書淸國鐵城杞憂生易言後〉.

> 슬프다, 천하의 선은 하나뿐인데 지금 야소와 천주에서 선을 주로 한다면 삼강오상三綱五常은 불선이란 말인가. 그것이 지극히 흉하다는 첫째이다.
>
> 그 책에 "야소와 천주의 관계가 주자와 육상산과 비슷하다"고 한다. 야소를 위해 천주를 내어 몰고, 감히 주자가 사람을 속이고 있다는 것을 증명하며, 성현을 모독하는 것으로 그치지 않는다. 이것이 지극히 흉하다는 둘째이다……
>
> 그 책에 "조선의 복장과 습속이 주공周孔을 본받았으니 더 이상 그 아래가 없다. 위에서 아래의 유幽한 곳에 들어가 교를 전하니 역시 다시 무슨 해害가 있으리오."라고 한다. 슬프다, 고금 천하에서 나쁜 것으로 백성을 이끌면서 나쁜 곳으로 들어가지 않겠다고 바라는 것이 어찌 있을 수 있는가. 이것이 지극히 흉한 셋째이다.

곧 《조선책략》에서는 유교의 삼강오륜을 폄하하여 선하지 않은 것으로 평가하고, 주자를 모독하였으며, 또 백성들을 지극히 나쁜 곳으로 이끌면서 야소학을 퍼뜨리고 있다고 보았던 것이다.

그는 또한 서양의 기술문명이 가지는 폐단도 지적하였다. 농업에서의 농법, 공업에서의 양포洋布·양기洋器 등은 오직 민용民用을 소진시키고, 사람의 마음을 미혹시켜 못 쓰게 만드니, 이는 성세盛世의 물건이 아니며, 주거기선舟車機線 등도 교묘하여 사용하는 데는 민첩하나 이 또한 치평治平의 급무는 아니며, 화를 일으키는 앞잡이라고 보았다.

이승희는 서양 제국과의 통상무역이 가져올 위험도 지적하였다. 서쪽의 작은 나라들이 영국, 프랑스 등의 위협 때문에 부득이 통상을 한 뒤로는 나라와 백성이 모두 피폐해졌음을 들었다. 곧 강대국에 대한 채무와 이자가 늘어나 땅을 쪼개 갚아야 하고, 기계나 기술 학습 때문에 경비가 늘어나면서 백성들의 부담이 또한 늘어나자 수탈당한 백성들의 원한이 뼈에 사무치고, 도적이 횡행하고 있다고 하였다. 통상무역과 근대화 사업에서 소요되는 국가적 부담의 증가 및 농민층의 수탈을 지적하였던 것이다.

마지막으로 이승희는 《조선책략》에서 제안했던 외교론도 비판하였다. 러시아가 접양지接壤地로 남하하게 되면 문제가 될 수도 있지만, "러시아가 오기 전에 먼저 미국에게 함락당할 것이고, 일적一賊을 거부하다가 이적二賊을 먼저 받아들이게 될 것"이라 비판하였다.

그리하여 그는 서양을 막기 위한 '내수외양'의 원칙을 강조하고, 이를 달성하기 위해서는 무엇보다도 임금의 굳은 의지가 필요함을 거론하였다. "전하가 먼저 내외에 도로써 거느리고 법으로 다스려 이를 몸소 행해야 하고, 또 권귀權貴들의 사치를 엄금하며, 완호玩好한 물건은 물리쳐 국용을 풍족하게 해야 하고, 더불어 경연을 열심히 하여 성학聖學을 더해야 한다"고 하였다. 그런 뒤에 더하여 언관言官의 장려와 당색의 탈피, 결세結稅·군포軍布의 이정釐正을 통한 농민 안정, 잡세 정리와 공상工商의 발달, 서원과 사숙私塾의 부활, 과거제의 엄격한 시행, 군대 양성과 국방 강화 등을 건의하였다.

2) 萬國公法 인식과 외교 활동

청일전쟁 이전, 한주학파의 서양 인식은 다른 재야 유생들과 마찬가지로 철저한 척사론을 견지하였다. 그들은 서양문물과 서양세력의 침투 문제를 해결하고자 상소운동을 전개하였던 것이다. 그러나 이들은 시세의 변화를 민감하게 받아들이고 서양이 주도하던 국제 질서를 이해하려고 노력하였다. 당시 유행하던 만국공법에 유의하고, 외교적인 방안을 통하여 이를 해결하려고 하였다.

척사론이 그들의 사유 지침이 되는 가운데서도 이진상은 서양을 객관적으로 보려고 노력하였다. 1880년, 부산에 있던 일본 영사관을 찾아간 이진상은 이웃나라와의 상호 교린은 신의를 앞세워야 한다고 충고하였으며, 화륜선火輪船을 타보고 탄식하는 시를 짓기도 하였다.[54] 이승희도 서양 기술문명의 폐단을 지적하면서 동시에 그 장점도 인정하였다. 물론 앞서 《조선책략》을 반대하는 그의 상소문에는 여전히 강한 척사론이 견지되고 있었지만, 서양기술 가운데 "설사 부득이하여 취용할 것이 있다면 서서히 편부便否를 살펴서 거취를 헤아려야 하고, 요적妖賊을 급히 좇아서는 안 된다"고 하여, 그 수용이 '부득이'하다고 보았던 것이다.[55]

한주학파는 '내수외양'의 입장에서 내수의 방안을 제기하였는데, 물론 가장 핵심적인 것은 역시 '군주의 일심一心'에 있었다. 곽종석은 "인주人主의 마음은 천하만사의 근본으로, 公과 사私, 의義와 이利를 분간하는 이 마음이 바로 천하를 다스리는 근본"이라고 지적하였다.[56] 이승희도 1905년 "대륜大倫을 밝히어 종교를 세울 것", "조정의 기강을 정비하고 어진 인재를 쓸 것" 등의 급한 일도 "일국一國 강상綱常의 주인인 폐하"로부터 시작된다고 하였다.[57]

하지만 한주학파의 두 기둥이었던 곽종석과 이승희는 점차 서양 인식을 바꾸고, 그 대응방안도 달리하게 되었다. 이런 경향은 1905년의 국권상실 이후에 더 강해졌다. 먼저 곽종석은 서양이 부강하다는 사실을 인정하였다. 곧 "서양의 종교는 불명不明하지만 오히려 애민愛民으로 정치를 하고, 교민敎民으로 일을 삼으며, 부강으로 업業을 삼기 때

54) 《寒洲先生文集》 부록 권1 〈年譜〉(二, 379쪽).
55) 《大溪先生文集》 권4 〈請斥洋邪疏〉.
56) 《俛宇先生文集》 卷首 〈應命進言箚子〉(壹, 21쪽).
57) 《大溪先生文集》 권5 〈陳時事疏〉 乙巳; 〈請疏〉 乙巳.

문에 무정無政, 무교無教, 무민無民, 무무無武의 우리나라와 중국이 서양에게 유린되지 않을 수 없다"고 하였다.[58] 그리고 그는 서양에서 과학기술이 발달할 수 있었던 근저에 서양의 철학, 종교가 있다고 생각하였다.[59] 제자 이인재가 쓴 희랍철학을 검토하고는 "서구 근세의 과학은 모두 희랍철학에서 나온 것"이라고 하면서, 후세에 발달한 물질 문명도 "그 학문이 천리天理, 인륜의 정에 근본하지 않고 오직 물질의 변화를 연구하고 공리의 사욕만을 추구하여 통달했을 뿐"이어서 "기술이 매우 정미精微롭고 깊어져 사람이 귀매鬼魅가 되고 금수가 되었다"고 지적하였다.[60]

그러면서 곽종석은 유교 보존을 위해서 서양의 학문, 특히 외교와 관련되거나, 기술문명과 관련된 부문 등은 가르쳐야 한다고 하였다.

> 오늘날 같은 현실의 시작은 우리들이 허담虛談만을 숭상하고 실물實物을 추구하지 않아 원기元氣가 허핍虛乏하여지면서 밖의 사악한 것이 기회를 노린 것이다. 공자나 맹자로 하여금 오늘날에 있게 하더라도 반드시 수우변통隨遇變通하고 인물제의因物制宜하여 내수외양內修外攘의 도를 행하였을 것이다. 이에 우리들이 도모하고자 하는 것도 역시 헌정憲政, 교제交際, 물리物理, 병제兵制 기타 농공기예農工技藝와 같은 종류는 마땅함과 재료에 따라 교육함으로써 다른 날에 스스로 떨칠 것을 기다려야 한다. 미주의 홍인이나 아프리카의 흑노처럼 스스로 위축되고 구렁에 빠질 것을 볼

58) 《俛宇先生文集》 권99 〈答權浩仲〉 乙巳(參, 122~23쪽).

59) 곽종석의 제자였던 고령의 이인재는 이런 문제 의식에서 유생으로서 특이하게 희랍의 철학을 연구하였다. 그는 "태서泰西가 흥함을 생각하면 반드시 그 치致가 있고, 그 근본을 구명하면 그 정치를 하는 것이 가장 낫다. 고로 헌법, 행정 등의 책을 보니 그 원류는 모두 철학에서 나온 것이다. 따라서 정치를 고각姑閣하려면 먼저 철학을 밝혀야 한다."(《省窩集》 권2 〈上俛宇先生〉, 162쪽)는 점에서 〈古代希臘哲學考辨〉을 저술하였다.

60) 《俛宇先生文集》 권142 〈書李汝材哲學考辨後〉(四, 95쪽).

필요는 없다. …… 이런 연후에 공맹의 宗敎가 가히 보존될 것이고, 그렇지 않으면 인류는 없을 것이다.[61]

그는 유교가 때에 따라 변통하지 못하고 허담만 숭상하다 폐단이 생겼다고 판단하고, 한편으로는 서양의 기술문명도 모두 본래 유교 속에 있었던 것으로 보았다. 따라서 서양만 추구해서도 안 되고 "신서新書는 불가불 섭렵한 뒤에 우리 사서육경四書六經의 기본 명맥을 죽기로서 잃지 않아야 한다"고 하여 서양의 과학 기술, 정치론 등으로써 유교를 발전시킬 수 있다고 생각하였다.[62]

이런 인식과 더불어 곽종석 등은 제국주의 침략에 대해 만국공법을 강조하고 서양의 여러 나라에 대한 외교 활동을 전개하였다. 물론 그는 유교적인 입장에서 공법, 곧 블룬칠리[步倫冠魁]의 《공법회통公法會通》을 이해하였다. 그는 천하의 나라들을 도륙屠戮하는 것은 하늘의 공법이 아니라고 규정하고, 《공법회통》에서 지적하고 있는 것처럼 인의仁義에 근본을 두어야 한다고 하였다.[63] 곽종석은 1896년 이승희, 이두훈李斗勳 등의 동문들과 각국 공사관에 〈포고천하문布告天下文〉을 보내어 만국공법에 의거하여 일본 침략을 규탄하였다.[64] 가까운 문인들까지도 이런 태도를 "이적을 가까이하는 온당치 않은 처사"라고 지적할 정도였다.[65] 그러나 그는 "존양尊攘의 실實은 바로 의리를 밝히는 것이므로 그들이 의리에 감복하면 오히려 우리에게 눌리는 것"이라고 하고, 당시의 우리의 형편으로 과연 무력〔兵車〕을 움직여 서양에 저항할 수 있는

61) 《俛宇先生文集》 권74 〈答河叔亨〉 乙巳(貳, 481쪽).
62) 《俛宇先生文集》 권99 〈答權浩仲〉 乙巳(參, 122~123쪽).
63) 《俛宇先生文集》 권141 〈書公法會通後〉 乙亥(四, 79쪽).
64) 〈布告天下文〉, 독립운동사편찬위원회 편, 《獨立運動史資料集(1)-의병항쟁사 자료집》, 독립유공자사업기금운용위원회, 1970, 102쪽.
65) 《俛宇先生年譜》 권1 建陽元年 丙申條(四, 628쪽).

지 의심스럽다고 하였다.[66)]

1905년을 전후하여 곽종석은 외교론적 대응책을 더 강조하였다. 일본에 대해 원수를 갚는 방법은 교린을 통하는 것이 가장 효과적이라고 생각하였다. 의리에 밝고 사변辭辨을 잘하는 사람을 골라 일본 정부에 조회하여, 대의를 깨우치고 대세를 확실하게 증명하면 병력을 사용하지 않고도 원수를 토복討復하는 뜻을 펼 수 있다는 것이었다. 그 뒤에 우리나라를 방해하는 조약은 파기하고 새로이 입약立約하여 서로 공보共保할 수 있도록 하여야 하며, 또한 청淸·아俄·영英·미美·법法·덕德과도 신의로 권하고 이해利害로 깨닫게 하여, 새로운 공법에 따라 우리의 독립권을 차제에 이루어야 한다고 하였다.[67)]

특히 일본과 러시아의 한반도 분할 지배나 일본의 독점적 지배 등이 《황성신문皇城新聞》에 보도되자 곽종석은 우리나라의 국외중립局外中立을 주장하였다. 이를 위해서 먼저 정부에서 열국공사를 초청하여 담판하도록 하고, 또한 이를 천하에 성명해야 하며, 일본과 러시아 양국의 정부에 조회하여 불가하다고 경고해야 한다고 하였다. 그런 뒤에 외세에 의존하지 말고 국외중립해야 한다고 하였다.[68)] 그는 정부가 이를 실천하지 못하자 여러 유생들과 더불어 각국 공관에 담판을 시도하기도 하였다.[69)]

따라서 곽종석은 의병 항쟁과 같은 무력 대응에는 찬성하지 않았다. 일찍이 1895년 안동지방에서 기의한 권세연權世淵부대의 아장亞將으로 추대되었으나 '불가경기不可輕起'의 입장에서 사양하였고, 이 부대의 패배 뒤에 다시 김도화가 기병하였을 때에도 아장으로 임명되었

66) 《俛宇先生文集》 권28 〈答金致受〉 丙申(壹, 488쪽).
67) 《俛宇先生文集》 卷首 〈沃川途中疏〉(壹, 16~17쪽) ; 〈密進箚子〉(壹, 22쪽).
68) 《俛宇先生文集》 卷首 〈再進箚子〉(壹, 22쪽).
69) 《俛宇先生年譜》 권1(四, 719쪽).

으나 역시 응하지 않았다. 또한 그는 이웃 제천·영월에서 기의한 유인석의 의병진을 보고, 명령이 엄숙하고 민간에 폐를 끼치지 않는 규율을 지적하면서도, 의병의 군졸들이 모두 농사짓는 오합지졸로 훈련하나 받지 않아서 대사를 이룰 수 없다고 단정하기도 하였다. 1896년에도 이승희를 비롯한 여러 문인들이 의병을 일으키려 하자 '무가위지세無可爲之勢'라는 이유로 반대하였다.[70] 그 뒤 1906년 최익현이 거병을 제의하였을 때에도 "우리나라의 모든 힘을 들여서 국외의 적과 싸우는 것은 계란으로 바위를 치는 것과 같다"고 하여 거절하였다.[71]

거의를 준비했던 이승희는 곽종석의 반대로 이를 그만 두고 외교적인 방법을 추구하였다. 을미사변 뒤 곽종석과 상의하여 일본공사 미우라 고로三浦梧樓가 민비를 살해한 죄를 공법에 비추어 토죄하자는 〈이토일본국사통고천하각국공관문以討日本國事通告天下各國公館文〉을 짓고, 강구상姜龜相·윤주하·장완상張完相·이두훈 등과 연명하여 이를 각국 공사관에 보내었다. 1905년 '을사조약'이 체결되자 장석영·이두훈과 함께 오적五賊을 주륙하고 늑약勒約을 폐기해야 한다는 상소를 하면서 "천하의 사람들에게 대한大韓 사람의 감정이 을사조약을 반대하고 있음과 일본이 강제로 조약을 맺은 죄를 알리고자" 하였다. 헤이그에서 평화회의가 열린다는 소식을 듣고는 〈여화란국해아만국평화회중서與和蘭國海牙萬國平和會中書〉, 〈이해아변무사통고만국정부문以海牙辨誣事通告萬國政府文〉, 〈여영국유학생서與英國留學生書〉 등으로써 일본의 침략을 국제사회에 알리려 하였다.[72]

---

70) 《俛宇先生年譜》 권1(四, 625~627쪽). 그러나 안동 의병진의 조직에는 곽종석의 이름이 들어 있다. 金祥起, 〈1895~1896년 安東義兵의 思想的 淵源과 抗日鬪爭〉, 《史學志》 31, 1998 ; 金喜坤, 〈안동의병장 拓菴 金道和(1825~1912)의 항일투쟁〉, 《歷史教育論集》 23·24, 1999 등 참조.
71) 《俛宇先生文集》 권19 〈答崔贊政〉(壹, 359~360쪽).
72) 琴章泰, 앞의 글, 1985(b), 13~15쪽.

이승희는 1910년 일제의 강점 이후에는 모든 나라가 평화를 위해 참여하는 '만국대동의원萬國大同議院'이라는 조직을 구상하였다.[73] 약육강탄弱肉强呑하는 당시의 제국주의 열강이 중심이 되는 평화회의를 반대하고, 신의로 공존할 수 있는 방안을 구상하였던 것이다. 곧 만국의 도덕적인 정치가〔理學政治家〕와 명사를 그 나라 백성의 수에 비례하여 선출하며, 각 나라 의회의 규례를 조화하여 만국공법과 규칙을 정하고 천하만국이 이를 행하자는 것이었다. 그는 이로써 만국이 인의지역仁義之域에 들 수 있고 태평만세를 이룰 것으로 예견하였다. 이 또한 외교적인 방안의 일환이었던 것이다.

3) 사족 중심의 계몽운동과 민회民會운동

곽종석·이승희 등 한주학파의 유자들은 당시의 현실과 국제 정세를 이해하는 방식에서 다른 재야 유생들과 다른 면이 있었다. 그들은 서양의 신학문을 유교의 바탕 위에서 절충하려 하였고, 또 만국공법과 외교를 강조하면서 종래까지 적대시하였던 개화세력의 계몽운동에도 참여하게 되었다. 곧 그들은 유교의 변통론에 의거하여 변법개혁론을 형성한 일련의 개신유학자와 보조를 같이하면서 지방의 계몽운동과 민회운동을 주도하게 되었던 것이다.[74]

앞서 대한협회 성주지회를 주도했던 김창숙金昌淑의 사상적 변화에 대해서는 보았거니와[75] 이런 변화는 김창숙 말고도 한주학파 유생들에게 공유된 바였다. 김창숙은 당시 나라가 망하고 있던 점을 지적하

---

73) 《大溪先生文集》 續권5 〈萬國大同議院私議〉.

74) 개신유학자의 사상적 동향과 활동에 대해서는 김도형, 《근대 한국의 문명전환과 개혁론》, 지식산업사, 2014, 제4장 참조.

75) 이 책 서장 참조.

고, "우리가 이 회〔대한협회 지회〕를 설치하는 것은 장차 조국祖國을 구하려는 것이다. 조국을 구하고자 할진대 마땅히 구습의 혁파부터 시작해야 하며, 구습을 혁파하고자 할진대 마땅히 계급타파로부터 시작해야 하며, 계급을 타파하고자 할진대 마땅히 우리의 이 모임으로부터 시작해야 할 것이다."라고 하였던 것이다.76)

성주 인근의 고령에서도 곽종석의 제자 이인재가 주도하던 계몽운동, 민회운동이 전개되었다. 고령의 민의소는 민지 개발, 자강 추진 등으로 '보국'할 것을 목표로 하였다. 그는 재지 사족층의 입장에서 지방 자치 문제에 관심을 갖고 있었다. 그리하여 그는 구래의 향약을 바탕으로 서양의 정치론을 참작하여 이를 구상하였다. 이인재는 서양의 부강은 입헌정치에 의한 대의사代議士(국회의원)와 지방자치에 있다고 파악하고, 바로 이 입헌의 요령이 우리나라의 고제古制에 부합된다고 보았던 것이다. "예부터 정치에서는 상하의 교통을 중시하였는데, 행정·덕택德澤이 위로부터 아래로의 교통이라면, 자치·민의는 아래로부터 위로의 교통"이라고 하고, "아래에서 능히 자치하면 위의 정치가 백성에게 잘 베풀어지고, 아래에서 민의가 있으면 위에서의 덕택을 백성에게 들이기가 빨라진다"고 하였다. 그는 상하의 '교통' 정치를 추구한 것이 바로 남전향약藍田鄕約으로 보았다. 그러나 그는 당시의 정세, 곧 '우승열패優勝劣敗'하고 '물경천택物競天澤'하는 세계에 따라 변통해야 한다고 하였다. 이 변통은 오직 "옛 도를 도탑게 하고[優舊道], 새로운 법을 채택[採新法]"하는 것이었다. 자치를 위한 민회운동도 그 방안의 하나였던 것이다.77)

---

76) 《心山遺稿》 권5 〈躄翁七十三年回想記〉, 302쪽.

77) 李寅梓, 〈自治民議會趣旨書〉, 《省窩集》 권5 ; 《高靈郡自治民議所程式》(국립중앙도서관 소장).

한편 이들은 자연스럽게 계몽운동의 일환으로 일어난 국채보상운동에도 참여하였다.[78] 곽종석은 자기의 전원田園을 팔아서 그 돈을 서울로 보냈고,[79] 이승희는 회갑잔치를 위해 자제들이 모은 돈을 모두 희사하였다. 성주 국채보상 취지서에서는 사람과 짐승의 구분이 삼강三綱에 있고 "자식이 아비를 위해 죽는 일[子死父事], 신하가 임금을 위해 죽는 일[臣死君事], 지어미가 지아비를 위해 죽는 일[妻死夫事]은 천지天地의 상경常經"이라고 하면서, 상경을 위해서는 죽을 수도 있는데 하물며 재화財貨 정도로 이를 위한다는 것은 너무나 당연하다고 하고, 이 운동으로 보국保國하자고 하였다.[80] 국채보상운동이 계몽운동의 일환으로 일어났던 점에서, 이때 모은 돈을 교육운동에 사용하기도 하였다. 김창숙은 이 돈을 기초로 청천서원晴川書院에 성명학교星明學校를 설립하였다.

계몽운동에 참여했던 사족층이 서양 문명을 일정하게 수용하고, 또한 봉건적 신분제까지 부정하는 방향으로 활동하자 당연히 재지 사족들과는 마찰을 빚게 되었다. '수구하는 유생들'은 "김창숙이 나와서 청천서원이 망한다"고 공격하기도 하였다.[81] 또한 서양을 어느 정도 인정하고 외교적인 방략까지 동원했던 한주학파는 3·1운동 후 자연스럽게 '파리장서사건'을 주도하게 되었다.

---

78) 《大溪先生文集(續)》 권5 〈以國債義務事通本鄉文〉 ; 《大韓每日申報》 1907년 4월 12일 잡보 〈慶北星州郡義務所國債報償趣旨書〉. 이 글들에는 국채보상운동의 시작에 대해 재미있는 지적이 있다. 앞의 통문에서는 "見今禁烟報債之議 創自萊港 起於達府 而關西義務之會 適與同時 京城紳士 旣設所 而組織之"라고 하였고, 또 뒤의 취지서에서는 "禁烟償債之議 口之於萊港 文之於達府 達于京城 聲于列省 凡有耳者 皆應聞之矣"라고 하였다. 곧 이 운동이 동래에서 먼저 시작되었다는 것이다. 이 점에 대해서는 제2부 제1장 〈계몽운동과 국채보상운동〉에서 다시 언급할 것이다.

79) 《俛宇先生年譜》 권2(《俛宇集》 4, 786쪽).

80) 《大溪先生文集(續)》 권5 〈以國債義務事通本鄉文〉 ; 《大韓每日申報》 1907년 4월 12일 잡보 〈慶北星洲郡義務所國債報償趣旨書〉.

81) 《心山遺稿》 권5 〈躄翁七十三年回想記〉, 302, 306쪽.

4. 성주의 3·1운동과 유생층의 독립청원운동

1910년 일제의 강점을 전후하여 민족운동은 다양하게 분화하였다. 그런 가운데 국외에서는 독립전쟁을 추진하기 위한 기지건설운동이 발전되어 갔다. 한주학파의 후예 이승희는 장석영 등과 국외로 망명하여 밀산부密山府에 한흥동韓興洞을 건설하고 한민학교韓民學校를 세워 독립군 기지건설에 종사하였다.[82] 이 과정에서 종래 적대적이었던 계몽운동과 의병항쟁이 서로 결합하기도 하였다. 1910년대 국내의 민족운동은 명맥만 유지할 정도였고, 간혹 비밀결사 활동 또는 토지조사사업과 관련된 농민항쟁 정도가 일어났다.[83]

이런 민족운동을 새로운 차원의 근대민족운동으로 한 단계 발전시킨 것이 3·1운동이었다. 3·1운동은 부르주아 세력(민족대표)이 시작했지만, 점차 전국으로 확산되면서 도시의 노동자, 농촌의 농민층이 주도하였다. 그 사이에 지역에 따라서는 학생층, 기독교인이 주축이 되기도 하였고, 또는 유생층이 중요한 역할을 담당하기도 하였다.

성주의 3.1운동은 크게 세 집단에서 제기되었다. 운동은 먼저 3월 27일 가천면 동원동에서 이상민, 김명준 등 농민층에 의해서 일어났고, 그 뒤 초전면 동포동 오의모, 대홍동 김재곤 등 북장로회 소속의 기독교 인사와 초전면, 벽진면의 유생들(송우선宋祐善, 송청근宋廳根,

82) 이점에 대해서는 尹炳奭, 《李相卨傳》, 1984, 119~120쪽. 그 후 이승희는 공자교운동에 종사하였다.

83) 조동걸, 〈1910년대 독립운동의 변천과 특성〉, 《한민족독립운동사(3)-3·1운동》, 국사편찬위원회, 1988.

도무환都武煥, 여홍연呂弘淵 등)이 중심이 되어 4월 2일 읍내와 벽진면에서 일어났다.[84]

성주에서는 다른 지방에 견주어 유생층의 활동이 두드러졌다. 서울에서 협의된 '민족대표' 33인에는 유림이 포함되지 않았다. 연락이 되지 않았기도 하였지만, 유생들의 입장에서 33인 등과 협의한다는 것은 맞지 않는 행동이었다. 곽종석 문하의 사람들도 독립선언서를 보고 "우리가 평일 배운 바와 그 주지가 차이난다"고 할 정도였다.[85]

그러나 망국과 민족 문제에 직면하여 유생층도 그들의 입장에서 운동에 참여하지 않을 수 없었다. 그들은 파리에서 열리는 강화회의에 유생층의 독립청원서를 보내기로 결정하고 이를 추진하였다. 이 활동의 중심적인 사람이 김창숙이었다. 이른바 '파리 장서 사건'이었다.

고종의 인산에 참여하였던 유생들은 선언서 대표로 유림이 누락되었고, "지금까지 이단으로 보았던 기독교나 천도교 교인만 나라의 존망에 있어 구국충정에 타오르고 있는 인상을 줌에 크게 자괴"하게 되었다. 김창숙은 성태영成泰英, 김정호金丁鎬 등과 협의하고 유림 대표를 파견할 것을 논의하였으며, 남인 계통의 영수인 곽종석과 노론계의 총수격인 전우田愚를 대표로 추대하기로 하였다. 그러나 전우의 거부로[86] 주로 영남지방 유생 중심으로 전개되었다.[87] 이 서명에 곽종석,

84) 독립운동사편찬위원회 편, 《獨立運動史資料集(5)－3·1運動載判記錄》, 독립유공자사업기금운용위원회, 성주 관련기사, 1972 ; 慶尚北道 警察部, 《高等警察要史》, 慶尙北道警察部, 1934, 36~37쪽. 성주의 3·1운동과 이를 주도한 유림층의 파리장서사건에 대해서는 권영배, 〈성주지역의 3·1운동과 파리장서운동〉, 《啓明史學》 23, 2012 참조.

85) 許善道, 〈三一運動과 儒敎界〉, 《三一運動50周年紀念論集》, 동아일보사, 1969, 285~286쪽.

86) 전우는 "독립운동을 전개한 33인은 모두 이단에 속한 교도이므로 우리의 민족대표로 인정할 수 없고, 유림단이 이교의 교인들을 따라 종사함은 도리어 큰 수치"라고 하였다(許善道, 위의 글).

87) 영남지방의 유생들이 서명한 뒤 서울에서 별도로 추진되던 호서지방의 유생 서명자와 연합하였다. 이 과정에 대해서는 《心山遺稿》 권5 〈躄翁七十三年回想

이승희의 제자들이 주로 참여하였고, 성주 초전면의 송준필도 가담하였다.[88]

그리하여 그들은 〈장서〉에서 우리나라가 문명국이었음을 드러내었다.

> 불행하게도 근래에 강한 이웃이 밖에서 억제하여 맹약을 억지로 이루게 한 뒤로 국토를 도적질하고, 천위를 폐하여 우리 한국을 세계에서 폐하게 하였으니, 일본이 한 행위의 대개를 들어보리라. 병자년에 우리의 대신과 강화에서 맹약하고, 을미년에 청국의 대신과 마관에서 조약을 맺었는데, 모두 아한我韓의 자주독립을 영구히 준수할 것을 안건으로 하였다. 계묘년에 러시아와 전쟁을 할 때에는 세계에 통첩하기를 단연히 대한의 독립을 공고히 하기 위함이라고 성명하였음은 만국이 다 알고 있는 것이다. 그런데 그 뒤로 곧 백가지의 속임수로 안으로 위협하고 밖으로 속여서 독립이 변해 보호가 되고, 보호가 변하여 병탐이 되었으며, 그때에도 한민족의 정원情願이라고 가장하여 만국의 회의를 변하려고 꾀하였으며, …… 이는 일본의 안중에 한국도 없고, 만국도 없는 것.

이들은 병탄을 하면서도 우리 민족이 원한 것처럼 가장하여 여러 만국의 회의까지 면하려 한 일본의 기만적 침략상을 역사적으로 지적하였던 것이다. 따라서 "사람이 스스로 사람이 되고 나라가 스스로 나라가 된 것은 본래 각자가 자국을 통치할 능력이 있기 때문"이라는 일종의 자결의 원칙을 천명하면서 "이웃의 대치代治를 바라지 않는"

記〉, 309~314쪽.

88) 서명에는 장석영張錫英, 이현창李鉉昌, 이만성李萬成, 이계원李啓源, 이계릉李季淩(월항면 안포동), 이기형李基馨, 이정기李定基(월항면 대산동), 김창숙金昌淑(대가면 칠봉동), 이수인李洙仁(용흥동), 이봉희李鳳熙(벽진면 가암동), 송마래宋碼來(초전면 문덕동), 송준필宋浚弼(초전면 고산동), 이정기李定基, 이덕후李德厚(초전면 월항동), 성대식成大湜(초전면 월곡동), 정재섭鄭在燮(청파면 복성동) 등이었다(慶尙北道 警察部, 앞의 책, 1934, 247~252쪽).

독립을 청원하였다.[89]

이에 송준필도 〈통고국내문通告國內文〉을 지어 서명에 참여하였다. "서울을 비롯하여 명도名都 신항臣港은 물론 궁산窮山 벽항僻巷에서 우리 혈기를 가진 생명들이 기뻐서 부르짖고 고무되어 같은 마음으로 외치고" 있는 당시 사정을 설명하고, "천재일우의 기회를 만나서 만방의 공의가 있으니 국권의 회복(국가의 부흥)을 바랄 수 있게 되었으므로, 마을마다 독립의 깃발을 세워서 우리가 왜놈들을 몰아내는 의리를 밝히고 만국평화회의에 다시 정원情願하여 우리 사정을 널리 알린다면 다행"이라고 하였다.[90]

이와 같이 성주지방의 3.1운동에는 유생층을 비롯한 농민층, 그리고 기독교 계열 등 다양한 계층이 참여하였지만, 여전히 종래의 지배층이 중심적인 역할을 하였음을 알 수 있다. 특히 이들 참여자 가운데는 한말 계몽운동 지회에서 활동하였던 김창숙을 비롯한 이덕후李德厚, 이수李洙, 여홍연呂弘淵 등이 있었다. 그리고 그들이 3·1운동을 통하여 지향하고 있었던 운동론은 민중층이 행하던 직접적인 항쟁이 아니라, 한말 이래 꾸준히 추구하고 있었던 '외교적'인 방안 바로 그것이었다.

* * *

한주학파는 넓은 의미로는 영남 남인계열의 학풍에 속하면서도 성리학적인 측면에서는 퇴계학파와 다소 차이가 있었다. 물론 한주학파에 속했던 인사들은 이진상의 학설이 퇴계의 학설과 차이가 없다는

89) 《俛宇先生年譜》 권3 己未年條(四, 758~763쪽).
90) 《恭山先生文集》 권12 〈通告國內文〉 己未.

점을 변명하는 데 힘을 기울였지만, 이진상의 심즉리설은 도산서원으로부터 환영받지 못했다. 이진상의 학설은 유치명의 영향도 받았지만, 더 근본적으로는 숙부였던 이원조 아래에서 형성되었던 점에서 그럴 가능성이 있었다. 또한 성주라는 지역이 가지는 학문적 전통도 이런 차이와 무관하지 않았을 것이다. 일찍부터 이 지역에는 남명학풍의 영향이 강했고, 또한 정구鄭逑를 거쳐서 서울 지역의 남인들과도 연결될 수 있었을 것이다.

한주학파도 당시의 반봉건, 반제국주의라는 사회적 과제를 외면할 수 없었다. 그들은 삼정문란 등으로 표출된 봉건체제의 해체와 농민항쟁에 대해서도, 또 제국주의와의 통상무역과 그들의 침략에 대해서도 대응책을 마련했던 것이다. 향촌의 지배 사족으로서 기존의 사회체제, 향촌지배를 유지하려 했던 점에서 그들의 방안은 물론 보수적이었다. 그러면서도 그들의 대응책은 당시의 집권층이나 여타 재야지배층에 비해 다른 점들이 있었다.

첫째, 농민층의 몰락 및 항쟁에 대한 대응책은 기본적으로 보수적인 입장을 견지하면서도 집권 노론층에 견주면 상대적으로 진보적이었다. 이원조는 1862년 농민항쟁의 원인과 해결책을 삼정문란으로만 파악하여, 삼정의 원칙적인 운영을 통한 삼정개선론을 주장하였고, '택인擇人'의 중요성을 강조하였다. 그러나 이진상은 점차 농민층의 몰락이 빈부와 권력의 차이에서 야기된 부세불균이 원인이라고 파악하게 되었고, 나라 전반에 걸치는 개혁안을 구상하면서 농촌문제, 농업문제를 다루었다. 그리하여 결부제結負制를 경무법頃畝法으로 바꾸고, 지주제의 폐단을 완화하기 위한 감조법減租法을 주장하였다. 이런 주장은 한주학파 사회경제론의 기본이 되었다. 이승희는 이에서 더 나아가 토지소유의 모순을 해결하고자 한전제限田制를 구상하였다. 한전론은 여전히 신분제를 유지하고 관등에 따라 차등적인 토지소유를 구상했던 점에서 한계는 있었지만, 지주제에 대해 아무런 문제점을 지적하지 않던 노론 집권층에 견주어서는 혁신적이었다고 할 수 있다.

둘째, 제국주의 침략으로 말미암은 사회 혼란을 해결하는 기본적인 입장은 내수외양론內修外攘論이었다. 위에서 거론한 농업문제의 해결, 농민층의 안정도 그 방안의 하나였다. 물론 내수외양론의 출발과 기반은 유교를 높이고 보존하는 것이었다. 그들이 더 중시했던 것은 유교 이념에 충실한 군주의 결단이었다. 군주의 일심一心이 수많은 내정개혁안보다 더 중요하고 기본이 되는 것으로 보았다.

셋째, 서양의 문물에 대한 인식과 수용에 대해서도 매우 융통성을 발휘하였다. 그들은 서양의 부강이 발달된 정치제도와 기술문명에 있다고 보고, 유교의 근본을 유지하면서 이를 보완하는 차원에서 서양 기술문명이나 정치론을 수용할 것을 인정하며, 서양 사상까지 분석하였다. 그들은 화이론적인 세계관에서 조금씩 벗어나고 있었고, 당시 세계를 만국공법으로 이해하며 이를 전국시대와 같은 것으로 생각하였다. 곽종석의 제자였던 이인재가 서양의 고대철학을 연구한 것이나, 곽종석이 의병항쟁을 반대하고 외교운동에 힘을 기울인 것도 이런 인식 때문이었다. 이런 차원에서 그들은 계몽운동의 지회도 조직하였으며, 3·1운동 이후 독립을 청원하는 〈파리장서〉도 추진할 수 있었다.

이승희나 이병헌이 추진한 유교의 종교화운동, 곧 공자교운동孔子教運動은 한주학파의 마지막 사회운동이었다.[91] 서양을 인정하고, 또한 서양의 근대문명을 수용하지 않을 수 없었던 현실 조건 속에서 그들

91) 이에 대해서는 다루지 못하지만, 공교운동을 추진했던 국외의 이승희(동삼성한인공교회東三省韓人孔敎會)와 국내의 이병헌(산청), 이상규李祥奎(진주)는 모두 한주학맥의 인물이었다. 이에 대해서는 李鍾洙, 〈1910~1920年代 韓人 孔教運動 研究〉, 연세대학교 사학과 박사학위논문, 2010 참조.

은 결국 유교를 보존하고, 이를 종교화하는 방향으로 나아가게 되었던 것이다. 이런 태도는 이인재가 보국保國, 보종保種, 보교保教 등을 거론하면서 실학파(유형원, 정약용)의 학문과 이진상의 《묘충록畝忠錄》을 "짐작손익斟酌損益"할 것을 강조하였던 것이나, 또 그가 당시의 개화와 척사를 동시에 비판하면서 이를 "변법적"인 입장에서 극복하려고 했던 태도와도 맥을 같이 하는 것이었다.

제3장 구미지역 유생층의 동향

구미시龜尾市 임오동林吳洞은 임은동林隱洞과 오태동吳太洞이 합쳐진 행정 동명이다(1977). 하지만 본래 임은은 선산군善山郡 하고면下古面(1914년 선산군 구미면)에 속했고, 오태동은 인동군仁同郡 북삼면北三面(1914년 칠곡군 북삼면)이었다. 이 두 곳은 낙동강을 끼고 형성된 낮은 야산을 사이에 두고 인접해 있었고, 조선 말기에 비록 행정구역은 달랐지만 지리적으로 인접하여 이곳에서 세거하던 허씨가와 장씨가 사이에 인적·학문적 교류가 활발하였다.

임은에는 허돈許暾(호 불고헌不孤軒, 1753~1815)이 김해에서 이주한 이후로 김해 허씨들이 세거하였고, 조선조 말기에는 허훈許薰(호 방산舫山), 허위許蔿(호 왕산旺山)와 같은 학자가 배출되었다. 오태는 인동 장씨 남산파의 일부인 나월당파蘿月堂派의 세거지였는데,[1] 이 집안에서는 영남 출신으로는 드물게 고관을 연속으로 배출하고, 또한 이를

1) 나월당蘿月堂은 장석룡의 5대조인 장동재張東載의 호이다. 장동재는 칠탄七灘이라는 호도 사용하였다. 장석룡은 〈오산유거팔경吳山幽居八景〉(《遊軒集》 권2)이라는 시에서 마진상선馬津商船, 나부청람螺浮晴嵐, 유학조운遊鶴朝雲, 금오석휘金烏夕暉, 지주청풍砥柱淸風, 나당명월蘿堂明月, 칠탄조옹七灘釣翁, 쌍암향낭雙巖香娘 등의 소재로 낙동강을 오르내리는 소금배와 상인들의 활기찬 모습에서 금오산의 저녁 노을, 낙동강의 유유한 모습과 고요한 자연 환경, 그리고 나월당에 비치는 밝은 달 등을 표현하였다. 장승원도 〈오산유거吳山幽居〉라는 제목으로 6수의 시를 지었다(《雲庭集》 권2). 또한 1587년(선조 20) 인동 현감 류운룡柳雲龍이 길재吉再를 기리기 위해 세운 자주중류비砥柱中流碑는 이곳의 학문을 상징하기도 하였다. 이 비석 뒷면의 글은 류성룡柳成龍이 지었다. 이 지역의 학문적 교류도 알 수 있다.

배경으로 대규모의 부를 축적하였다. 장석룡張錫龍(호 운전雲田, 유헌遊軒, 1823~1908), 장승원張承遠(호 운정雲庭, 1853~1917)을 거쳐 일제 시기를 대표하던 부호였던 장길상張吉相, 장직상張稷相 등이 배출되었다. 두 집안은 학문적인 교류는 물론이거니와 오랫동안 통혼으로 연계되었다.[2)]

그런데 한말, 일제시기의 민족적 격변기에 두 곳의 유생들은 매우 다른 처신으로 대비를 이루었다. 허씨가의 허훈·허위는 일제의 침략에 무력으로 항쟁한 의병장이 되었고, 장씨가를 대표하는 장길상·장직상 형제는 대구경북지역의 대표적인 자본가로 성장하여 결국 친일파가 되었다. 또한 이 두 지역의 유생에게 모두 학문을 배운 장지연張志淵은 변법론적인 차원에서 계몽운동에 참여하였다가 1910년대에는 친일의 모습도 보였다. 이렇게 전혀 다른 길을 걸었던 유생층의 활동을 통하여 그들이 가졌던 현실인식, 민족문제에 대한 인식 등을 검토할 필요가 있다.

2) 장석룡의 부인은 임은의 진사 허참許傪(호 남애南厓)의 딸이었고, 장석구張錫龜도 허겹許祫의 딸과 결혼하였다. 또한 장석룡은 허위의 아버지인 허조와 같이 임은의 오양정사五養精舍에서 공부한 바도 있었고, 허씨 문중과 교류하면서 많은 편지 왕래도 있었다. 또 처족인 허준許畯(호 국은菊隱), 허정許晸, 허규許佳, 허상許襐(호 눌와訥窩), 허참, 허현許袨 등의 묘갈명이나 행장을 지어주기도 하였고, 또 허훈과 교류하면서 〈지천방허순가훈芝川訪許舜歌薰〉이라는 시를 짓기도 하였다(《遊軒集》 참조). 또한 장승원도 허위 등과 노인정에 올라 2수의 시를 지었으며, 1907년 허훈이 죽자 이를 애석해하는 시를 2수 지었다(《雲庭集》 권1). 한편 허훈도 둘째 아들을 장씨 남산파의 장우원張祐遠의 딸에게 장가들였으며, 장석구와 함께 시를 짓고, 장씨들과 여러 차례의 시회를 가졌다. 또 장석룡의 아버지인 장학추가 죽자 이를 슬퍼하는 〈만호군장공학추사수輓護軍張公學樞四首 병서幷序〉를 짓고 장학추의 후덕함을 칭송하였다(《國譯舫山全集》 권1).

1. 임은 허씨가의 학문과 허위의 의병운동

1) 허씨가의 학문적 전통과 허훈

임은리 허씨가의 학문은 영남지역의 퇴계학풍과 더불어 근기近畿 남인의 학문, 곧 실학을 익혔다. 임은에 입향한 허돈은 허목의 문하에 출입하였고, 허훈의 증조부인 허임許恁(호 태초당太初堂)은 채제공蔡濟恭의 문인들과 교류하였다.

허씨가의 학문을 대표하던 사람은 허훈이었다. 허훈은 29세 때, 허전許傳(호 성재性齋)이 김해부사로 부임하자 편지를 보내 지알贄謁의 예를 갖추고 제자가 되었다.[3] 허전은 이익-안정복-황덕길로 이어지는 근기학파의 대가로, 김해부사로 있을 때 영남 지역에도 많은 제자들을 길렀다. 동시에 허훈은 퇴계 이래의 영남학파의 학문도 배웠다. 류성룡의 가학을 계승한 상주의 류주목柳疇睦(호 계당溪堂)을 배알하고 가르침을 청하였다. 따라서 허훈은 같은 퇴계학통이지만 학문적 경향이 다소 다른 두 학문을 배웠는데, 그 가운데서도 허훈은 근기학파의 전통, 곧 이황-정구-허목-이익의 학문 계승을 더 강조하였다.[4]

하지만 허훈은 근기실학자들이 주장하던 토지개혁론, 더욱이 허전의 개혁론까지는[5] 나아가지는 못했다. 허훈은 근기 남인계열의 학자 채제공의 묘를 참배하기도 하였고,[6] 또 허전이 임술농민항쟁의 수습

3) 《國譯舫山全集》 권6 〈上性齋先生〉, 262쪽.
4) 李佑成, 〈解題〉, 《國譯舫山全集》, 成均館大學校 大東文化硏究院, 1983, 3~4쪽.
5) 金容燮, 〈18·9世紀의 農業實情과 새로운 農業經營論〉, 1972 ; 〈哲宗 壬戌改革에서의 應旨三政疏와 그 農業論〉, 1974〔《韓國近代農業史硏究〔Ⅰ〕》(新訂增補版), 지식산업사, 2004〕.

책으로 제기한 10조의 치도治道와 삼정대책三政對策을 “진실로 학문에서 흘러나온 치평유령治平律令이니 이를 거행한다면 삼대三代의 다스림을 다시 볼 수 있는 것”으로 평가하였으며, 허전이 주나라 제도에 의거하여 토지개혁론을 정리한 〈수전록受廛錄〉을 중요하게 거론하였다.[7] 실학을 계승하여 체계적인 사회개혁론을 제시하지 못했던 대신, 그는 실학의 학문적 분위기, 곧 현실에서 필요한 실제적이고 실용적인 분야에 대해서 관심을 가졌다. 국가경제에서 염업鹽業의 중요성을 지적하고, 소금을 맡아보는 관직이 없어 그 이익이 돈이 많은 장사치에게 돌아가 버리므로 염장鹽場에 염세관監稅官을 설치하여 염세를 거두자고 한 〈염설鹽說〉, 서양 화포의 장점을 거론하고, 방비를 위해서는 우리가 쓰고 있는 화승총과 겸용하여야 한다는 〈포설礮說〉, 그리고 이 대포를 운반하는 데 필요한 수레를 사용해야 한다고 한 〈거설車說〉 등이 그런 것이었다.[8] 국가재정 문제, 국방 문제에 관심을 기울이고 있었던 것이다.

허훈 저술의 많은 부분은 이기론理氣論이나 유교 경전 해석에 집중되었다. 이 점에서 철저하게 퇴계의 이론을 지지하였다. 특히 4단 7정의 문제에서는 율곡의 학설을 비판하였을 뿐 아니라 학문 연원의 스승인 이익의 논리에 대해서도 의심하였다.[9] 심설心說에 관해서도 이진상의 ‘심즉리설’을 퇴계의 ‘심합이기설心合理氣說’에 의거하여 비판하였다.[10] 이진상의 딸이 허훈의 자부子婦였고, 또 평소 교분이 두터웠지만 학문에서는 매우 엄격했던 것으로 보인다.

---

6) 《國譯舫山全集》 권1 〈拜樊巖蔡相國墓〉.
7) 《國譯舫山全集》 권21 〈性齋先生言行總錄〉. 1869년 허전에게 보낸 편지에서 허훈은 〈수전록〉을 읽은 뒤 다시 이를 되돌려주고 있다(권6 〈上性齋先生〉 己巳).
8) 《國譯舫山全集》 권12 ; 권13.
9) 《國譯舫山全集》 권12 〈四七管見〉 ; 권13 〈星湖先生四七新編重跋辨〉.
10) 《國譯舫山全集》 권11 雜著 〈心說〉, 452~453쪽.

실학적 분위기와 영남학파 성리학의 분위기가 결합된 허훈의 학문은 더 이상 독창적인 개혁론으로 발전해 가는 데는 한계가 있었다. 다만 허훈의 학문을 계승한 사람들은 학문을 실제적이고 실용적인 차원에서 접근하고, 또한 문제의 해결에서 원칙을 고수하여 현실과 타협하지 않는 모습을 보였다. 허훈의 두 아우인 허겸許蒹과 허위는 내정 개혁론을 제기하고 마침내 의병항쟁으로 나아갔다. 또한 허훈이 1894년의 농민전쟁을 피하여 영양의 흥구(청송군 진보면 흥구동興邱洞)로 피난하였을 때 이곳 인근의 유생들에게도 영향을 끼쳤는데, 박상범朴尙範(호 가은稼隱, 1855~1913)은 기독교의 파급에는 반대하였지만, 당시의 현실 문제를 해결하기 위해서는 군대를 정비하여 국방을 강화하고, 조세의 불균을 해결해야 하며, 또한 자강을 이루어야 한다는 것을 주장하였다.[11]

2) 許蔿의 현실인식과 의병운동

허훈의 밑으로 허신許藎, 허겸許蒹(호 성산性山, 일명 허로許魯, 허환許煥, 허혁許赫), 허위許蔿, 세 명의 동생이 있었다. 허위는 19세 위의 맏형 허훈으로부터 학문을 배웠다. 허위는 철저한 유교 명분론에 의거

11) 박상범은 영양英陽 입암면立巖面 삼산리三山里 사람으로, 1881년 《조선책략》을 반대하는 상소에서 기독교의 파급을 우려하고 그 책을 불태워야 한다고 하였으며(《稼隱先生文集》 권2 〈擬斥修信及私擬册子疏〉), 또 갑오개혁 이후 나라의 폐단으로 ① 학교學敎의 불명不明, ② 군정軍政의 불수不修, ③ 재용財用의 부절不節, ④ 민목民牧의 불택不擇, ⑤ 부세賦稅의 불균 등을 거론하여 이를 해결할 것을 주장하였다(〈請捄時弊疏〉). 그는 유교를 바르게 세우고, '계호양병計戶養兵'하는 군정책, 토목공사와 기도행사를 줄여 재정 절약, 양전을 통한 부세의 공정한 부과, 현명한 인재의 등용 등을 내세웠다. 또한 변방 및 도적 방지를 위한 군대 정비(〈入待時所陳時宜五條〉)를 건의하였고, 일본인의 황무지 개척권 요구를 반대하고 자강해야 한다고 하였다(〈上政府書〉).

하여 일본의 침략을 반대하는 의병운동에 참여하였고, 또한 대한제국의 관료를 지냈다. 그리고 1907년 군대해산 이후 다시 의병을 조직하여 활동하였다. 이런 변화의 과정에서 허위는 재야유생으로부터 대한제국의 자강과 국권회복을 주장하는 재조 유생 관료로 변하였다.[12)]

허위 형제는 진보에서 농민전쟁 피란 시절을 보내다가 명성왕후의 피살과 단발령 소식을 듣고 각각 의병에 참여하였다. 허훈은 청송에서 의병을 조직하였으며,[13)] 허위는 김산의병金山義兵에 참여하였다.[14)] 김산 의병은 경상도 서북부 지방과 충청도 유생들의 연합의병부대였다. 단발령 이후 상주에서는 상주유생 조동호趙東鎬·조남식趙南軾, 충청도의 이기찬李起燦·양제안梁濟安, 그리고 허위·허겸 등이 거의를 준비하였고, 금산에서도 여영소呂永韶·여중룡呂中龍 등이 거의를 준비하였다. 이 두 지역 연합 의병을 준비하던 초기에는 주도권을 둘러싸고 갈등을 일으키기도 하였지만, 마침내 금릉향교에서 창의하였다. 김산의병부대는 김천 장날 읍으로 들어가 장병을 모집하고 금릉의 무기고를 습격하여 무장을 정비하였다. 이때 허위는 참모로 활약하였다.[15)] 그는 3천리 강토가 유린되고 나라에 환란이 발생한 것에 대한 '충분忠憤'을

---

12) 허위에 대해서는 《나라사랑》 27, 왕산 허위 특집호, 1977 ; 金烏工科大學 善州文化硏究所, 《旺山 許蔿의 思想과 救國義兵抗爭》, 1995 ; 박성진, 〈許蔿의 現實認識과 國權恢復運動〉, 《淸溪史學》 9, 1992 참조.

13) 《國譯舫山全集》 〈연보〉, 11쪽.

14) 權大雄, 〈金山義陣考〉, 尹炳奭敎授 華甲紀念 韓國近代史論叢刊行委員會, 《尹炳奭敎授華甲紀念 韓國近代史論叢》, 知識産業社, 1990.

15) 부대 결성 초기의 조직은 대장 이기찬李起燦, 중군 김기력金基櫟, 찬획贊劃 조동석趙東奭·이용주李龍周·강일선姜馹善·허겸許蒹·이능규李能圭·이상설李相卨·여중룡呂中龍, 군관軍官 강무형姜懋馨·이기하李起夏, 종사從事 이숭주李崇周·최동은崔東殷, 참모 허위·여영소呂永韶, 군량도감軍糧都監 조석영曺奭永·여승동呂承東·이현삼李鉉參·조남식趙南軾, 장재관掌財官 배헌裵憲·강명숙姜明淑·박래환朴來煥 등이었고, 뒤에는 조직이 개편되어 허위가 참모장, 양제안梁濟安이 중군이 되었다(權大雄, 위의 글, 1990, 219쪽). 양제안의 활동에 대해서는 吳世昌, 〈碧濤 梁濟安의 抗日救國運動〉, 尹炳奭敎授 華甲紀念 韓國近代史論叢刊行委員會, 앞의 책, 1990 참조.

강조하고, 모든 사람들이 몽둥이와 호미를 들고 일어나면 적들도 감히 가까이 오지 못할 것이라고 하였다.[16]

그러나 김산의병의 활동은 오래가지 못했다. 성주와 지례에 각각 진을 치고 대구를 공격하려 하다가, 관군의 공격으로 패퇴하였고 이은찬, 조동호 등도 체포되었다. 무력의 열세, 물자 부족 등으로 의병부대는 전투다운 전투 한 번 하지 못하고 진주, 안의 등으로 흩어졌다. 허위는 여영소 등과 직지사에서 재기하여 다시 황간 방면으로 진격하려고 포군 2백여 명, 유생 70~80명을 다시 모아 군사를 정비하였으나, 역시 군수물자가 부족하였다. 충성과 신의를 거론하여 민간으로부터 군자를 모으려고 하였지만 사람들이 그 명령을 깔보고 겁내지도 않았고, 또한 위엄과 명령으로 부유한 사람들로부터 강제로 징수하는 것도 혹독하다는 말을 들을 것 같아서 조치를 취하지도 못하였다.[17] 이때 의병을 해산하라는 임금의 편지를 받고는 결국 부대를 해산하였다.[18] 이때는 아관파천으로 갑오개혁을 추진하던 친일정권이 붕괴되었으므로, 이들을 상대로 하여 더 이상 싸울 명분이 없었던 것이다. 이런 점은 당시 일반적인 보수적 유생층의 척사적, 근왕적 의병에서 일반적으로 보이던 현상이었다.[19]

허위는 의병 해산 뒤 허훈이 있던 진보로 돌아가 학문에 전념하였다. 그러다가 1899년(45세)에 신기선의 추천으로 관직에 나아가게 되

16) 《國譯許蔿全集》 권1 〈義擧檄文〉 丙申, 63~64쪽.
17) 《國譯許蔿全集》 권1 〈叔兄에게 올림〉 丙申, 23쪽.
18) 《國譯許蔿全集》 권2 부록 〈行狀〉, 85쪽.
19) 해산 뒤 의병부대의 일부는 제천의 유인석부대에 합류하였다. 당시에는 단발을 반대하고 명성왕후의 원수를 갚아야 한다는 의병도 있었지만, 일부에서는 아관파천으로 친일개화파정권이 붕괴된 이후에도 의병이 활발하게 전개되었다. 중앙의 정계와 관련되면서 고종의 환궁을 주장하는 '반러배일' 의병이었던 것이다(李相燦, 〈1896년 義兵運動의 政治的 性格〉, 서울대학교 국사학과 박사학위논문, 1996).

었다. 환구단圜丘壇 참봉을 시작으로 성균관 박사를 거쳐 1904년에는 중추원 의관, 평리원 수반판사, 평리원 재판장, 그리고 의정부 참찬이 되었다.[20]

관직 생활을 하면서 허위는 보수 유생의 입장을 벗어나 대한제국의 관료로, 그 개혁사업에 참여하고 이를 통한 자강의 실현을 강조하였다. 허위가 관직 생활을 하면서 행한 몇 번의 상소에는 이런 변화를 볼 수 있다. 1903년에 윤이병尹履炳·송수만宋秀萬·이상천李相天·정훈모鄭薰謨·박정빈朴正斌·김연식金璉植 등과 시사 문제에 대해 두 번 상소를 하였는데, 당시 우리나라가 외세의 침략을 받게 된 것은 정사가 밝지 못해 약해졌기 때문이라고 파악하고, 국가 재정의 탁지부 관할, 농상공업의 확장을 위한 예산 확보, 관리의 엄정한 인사, 자주적인 외교 활동과 국제공법 준수 등을 건의하였다.[21] 또 1904년 8월 의정부 참찬으로 임명되자 ① 학교 설립과 외국유학, ② 농사에 근거한 군정軍政, ③ 철도 증설과 전기 시설을 통한 교통·산업 발달, ④ 연탄 사용과 산림 보호, ⑤ 수차水車 이용, ⑥ 양잠·양어·목축 장려, ⑦ 해항세와 시장세의 공평한 수취, ⑧ 은행의 설치와 금은동전의 사용, ⑨ 노비 해방과 적서嫡庶 구분 철폐, ⑩ 관직으로 공사公事 실시 및 실직實職 외의 차함借啣 금지 등을 건의하였다.[22] 이는 대한제국 정부에서 추진하던 개혁사업, 특히 교육 확산, 국가재정 정비, 식산흥업 정책의

20) 《國譯許蔿全集》 권2 〈年譜〉, 287~288쪽.

21) 《國譯許蔿全集》 권1 〈論時事疏〉; 〈再疏〉. 이 상소들과 〈성토일진회서聲討一進會書〉는 관료 시절 많은 활동을 같이하였던 윤이병의 《성재유고省齋遺稿》에도 실려 있다. 윤이병은 논산 출신으로 허위와 동갑이었으며, 33세에 무과에 급제하여 1897년 한성부재판소 수반판사, 중추원의관 등을 역임하였다. 대한제국의 자주권을 강조하고 제국주의 침략을 반대한 몇 번의 상소는 대체로 허위의 입장과 동일하였다.

22) 許馥, 〈旺山許蔿先生擧義事實大略〉, 독립운동사편찬위원회 편, 《獨立運動史資料集(2)-의병항쟁사자료집》, 1971, 237쪽.

활성화 등으로써 자강을 이루려던 것과 일맥상통한 것이었다.[23)]

그러나 내정개혁을 통한 자강 실현은 일본의 침략으로 중단되었다. 1904년 2월, 일본은 러일전쟁을 일으키면서 〈한일의정서韓日議定書〉를 강제적으로 체결하였다. 이제 허위의 활동도 일본을 배척하는 반일운동으로 옮겨갔다. 허위는 5월에 이상천·박규병朴圭秉·김연식·정훈모 등과 〈배일통문排日通文〉[24)]을 작성하였다. 그들은 〈한일의정서〉가 위협으로 맺어진 것이라고 지적하고, 아래와 같이 〈한일의정서〉 속에 나타난 일제의 침략 의도를 정확하게 지적하였다.

> 첫째, 시정施政을 개선하고 충고를 받아들인다고 하였는데, 이것은 언뜻 보기에 좋은 것 같으나 실은 우리 내정을 간섭하려는 것이다. 둘째, 대한의 황실 및 영토가 위험한 경우에는 필요한 임기응변의 조치를 취한다고 하였는데, 이것은 겉으로는 우리를 위하는 것 같으나 실은 우리의 국권을 빼앗으려는 것이다. 셋째, 군략상 필요한 지점을 때에 따라 사용한다고 하였는데, 이것은 말과 행동이 어긋남을 나타내는 것이요, 우리나라를 집어 삼키려는 뜻을 부드럽게 나타낸 것이다.

허위는 이 조약이 공법에 위배될 뿐 아니라 우리의 이익을 털끝 하나까지 빼앗아 가는 것이라고 파악하였다. 그리하여 그들은 "비밀리

23) 자강의 실현을 위한 내정개혁론은 대한제국의 관료는 물론 계몽운동에 참여하였던 많은 사람들도 주장하던 내용이었다. 그들은 모두 자강을 달성하는 것이 곧 국권을 유지(또는 회복)하는 길이라고 생각하였던 것이다. 러일전쟁 당시 일본이 침략의 구실로 "한국이 능히 자력으로 정사를 하지 못해서 아라사에게 삼켜질 염려가 있으므로 힘을 내어 원조援助해서 동양을 함께 지키려는 계획을 한다"는 명분을 사전에 막기 위해서도 이런 자강은 필요하다고 하였다.(《國譯許蔿全集》 권1 〈再訴〉, 46쪽).

24) 《對日民族宣言》, 一又文庫, 1972, 62~64쪽 ; 국사편찬위원회 편, 《駐韓日本公使館記錄》 22, 국사편찬위원회, 1997, 400~402쪽. 이 통문을 우선 수원관찰사 및 수원 교중校中에 보내고, 이를 각 군에 통보할 것을 요구하였다.

에 빨리 도내 각 동지에게 통고하여 옷을 찢어 깃발을 만들고, 호미와 갈고리를 부수어 칼을 만들며, 곳곳에 모여 형세가 서로 돕고 머리와 끝이 닿으면 우리들은 의군義軍을 규합"하여 거사하자고 하였다. 허위의 전국적인 거의는 성사되지 않았으나 러일전쟁 이후 곳곳에서 의병이 일어나는 데 영향을 미쳤다.[25)]

6월에 들어 허위는 일본이 러일전쟁을 치르면서 일으킨 각종 침략상을 지적한 격문을 발표하였다. 곧 ① 철도 부설로 인한 토지침탈, ② 철도 역부 모집과 행패, ③ 일본 은행권의 통용, ④ 일본인의 불법적 토지 잠매, ⑤ 울릉도 삼림 벌채, ⑥ 어업권·광산권의 침탈, ⑦ 러일전쟁 때 북진한 일본군의 약탈 행위 등을 지적하였다. 그리고 이는 일본이 '한국의 독립과 영토를 보장한다'고 한 약속과 크게 어긋난 것이라고 비판하였다.[26)]

〈한일의정서〉 반대 활동으로 허위는 일본헌병대에 4개월 동안 구금되었다.[27)] 구금에서 풀려난 그는 앞서 지적한 폐정개혁안 10개조를 건의하고 낙향하여 지례군知禮郡 삼도봉三道峰(금릉군 부항면 대야리)에 은거하였다. 그러다가 1905년 '을사보호조약'이 체결되었다는 소식에 허위는 다시 의병을 일으켜 항쟁하기로 하였다. 경상도, 전라도, 경기도 일원을 돌면서 거의를 준비하였고, 경상도 영천에서 거의한 정환직鄭煥直 부대에 군자금을 주선하여 주었다. 그 사이 고종의 강제퇴

25) 愼鏞廈, 〈許蔿義兵部隊의 抗日武裝鬪爭〉, 《水村 朴永錫敎授 華甲紀念 韓民族獨立運動史論叢》, 探求堂, 1992 참조. 이때 허위와 같이 활동했던 사람들은 이후 일본의 황무지개척권 요구를 반대하는 보안회운동에 참여하였다.

26) 《國譯許蔿全集》 권1 〈排日檄文〉 甲辰.

27) 박은식은 《한국통사韓國痛史》에서 이 부분(제3편 13장)을 서술하면서 "이 조문의 성립으로 우리의 주권은 모두 상실되었다"고 하였으며, 이에 대한 외국 신문의 논설을 소개하였다. 그리고 이에 반대하는 이유인李裕寅, 권종석權鍾奭 등의 항의 상소, 조약 체결의 책임자 이지용李址鎔, 통역 구완희具完喜를 저격하려 했던 분위기를 전하고 있다.

위와 군대해산으로 의병의 저변이 확대되었다. 특히 해산 군인의 의병 참여로 의병의 전투력이 크게 향상되었다. 이에 힘입어 허위는 1907년 9월, 경기도 연천·적성 등지를 근거로 의병을 일으켰다.[28]

재기한 허위의 의병항쟁은 이전의 의병과 다른 매우 중요한 특징이 있었다. 곧 대규모 의병연합부대를 조직하고 서울을 공격하고자 한 점이었다. 의병항쟁이 개별적, 분산적으로 이루어져 일본의 우월한 군사력을 상대하기에 역부족이었던 점을 해결하려는 것이었다. 당시 서울 근처에는 허위 부대를 비롯하여 강원도의 이인영李麟榮 부대, 민긍호閔肯鎬 부대, 충북의 이강년李康秊 부대 등이 활약하고 있었다. 1907년 11월, 허위는 이인영과 협의하여 '13도창의대진소道倡義大陣所'를 설치하고 전국의 의병에게 경기도 양주에 집결할 것을 요청하였다. 관동창의대장 이인영을 총대장으로 추대하고, 허위는 경기도, 황해도를 관할하는 진동창의대장鎭東倡義大將이 되었다. 이에 약 1만 명의 의병이 집결하였는데, 단위 부대로는 허위와 민긍호의 부대가 가장 인원이 많았다. 1908년 1월에 조직을 정비하고 허위는 군사장軍師長이 되었다.

연합의병부대는 허위 부대를 선봉으로 하여 서울 탈환 공격에 나섰다. 서울을 공격하여 ① 통감부 굴복, ② 5조약 및 7조약의 파기, ③ 국권 회복, ④ 5적賊 7간奸 매국노 처단, ⑤ 의병을 중심으로 신정부 건설, ⑥ 나라의 자주독립 공고화 등을 목표로 하였다. 의병은 공격을 시작하면서 각국 공사관에 통문을 보내 일제의 불법적인 침략을 규탄하고 의병부대를 국제공법상의 전투 단체로 인정해 줄 것을 요청하였다. 허위 부대는 동대문 밖 30리 지점까지 진격하였다. 그러나 후원부

28) 이에 대해서는 愼鏞廈, 〈全國 '十三道倡義大陣所'의 聯合義兵運動〉, 《한국독립운동사연구》 1, 독립기념관 한국독립운동사연구소, 1987 ; ───, 앞의 글, 1992 ; ───, 〈旺山 許蔿의 第2次 義兵活動〉, 《旺山許蔿의 思想과 救國義兵抗爭》, 金烏工科大學 善州文化硏究所, 1995 참조.

대가 도착하지 않은 데다가 또 탄환도 부족하여 우세한 일본의 공격력에 밀리어 퇴진하였다. 이때 총대장 이인영이 부친의 사망으로 귀향하자 군사장 허위가 연합부대를 지휘하게 되었다.

서울진공작전의 실패 뒤 허위는 임진강 유역을 중심으로 유격대 활동을 강화하였다. 일본군 주둔지를 습격하고, 전선을 절단하였으며, 일본인 및 친일파를 처단하는 등의 성과를 거두었다. 그리고는 제2차 서울 탈환 작전을 준비하였다. 제2차 연합부대는 허위를 중심으로, 경기도 임진강 일원에서 활동하던 김수민金秀敏, 이은찬李殷瓚 부대 등이 연합하는 정도에 그쳤다.[29] 또한 대규모 부대로 전투를 행하는 전술상의 문제, 구성 부대에서의 신분적 차별 등의 점에서 한계가 드러났다.[30]

의병항쟁을 하면서 허위는 일본 통감에게 30개조의 요구 사항을 통보하였다. 이는 ① 태황제太皇帝의 복위, ② 외교권 환귀還歸, ③ 통감부 철거, ④ 의관의 복고復古, ⑤ 형벌권·통신권·경찰권의 자유 회복, ⑥ 정부조직·군대시설의 자유 회복, ⑦ 을미 역적·을사 5적·정미 7적의 처참處斬, ⑧ 산림·전택·금은동광 침략 금지, ⑨ 항해권의 환귀, ⑩ 내지의 부동산 매매 금지, ⑪ 어채권 침략 방지, ⑫ 교육권·출판권의 자유 회복, ⑬ 군용지의 환귀, ⑭ 철도의 환귀, ⑮ 해관세업海關稅業의 자유 회복, ⑯ 일본인의 상업 제한, ⑰ 국채 금지, ⑱ 일본 은행권 사용 금지, ⑲ 일본군의 병참 철거, ⑳ 일본에 있는 망명객의 포래

29) 조동걸, 《한말 의병전쟁》, 독립기념관 한국독립운동사연구소, 1989, 127~128쪽. 조동걸은 이런 점에서 이 연합의병을 13도창의대와 구분하여 '임진강연합의병'이라고 부르고 있다.

30) 金度亨, 〈농민항쟁과 의병전쟁〉, 《한국사》 12, 한길사, 1994, 219~221쪽. 그러나 신용하는 1908년 1~3월 거의 퇴조했던 의병이 4월의 허위가 제2차 서울 탈환작전을 위한 격문을 전국에 보내면서 5월에 들어 정세가 일변하여 의병 봉기 이래 최고조의 '미증유의 치성熾盛'을 보였다고 지적하였다(愼鏞廈, 앞의 글, 1995, 58~59쪽).

捕來 등이었다.[31] 대한제국의 국권을 회복하고 일본의 침략으로 야기된 모든 폐단을 바로 잡을 것을 요구한 것이었다. 그 가운데는 의관을 다시 옛 식으로 복구한다는 보수적인 방안도 있었지만, 기본적으로는 유교사회 재건을 지향하던 보수적 유생의병장과는 분명하게 차이가 있었다. 이는 대한제국 관료 출신 의병의 전형을 보인 것이라 할 수 있다.

1908년 6월 11일, 마침내 허위는 일본군의 습격을 받고 체포되었다. 허위는 일제의 심문 과정에서도 동양 평화를 위해 대한제국의 국권이 회복되어야 한다는 '동양평화론'을 주장하였다. 이는 대한제국의 국제적 지위와 자주권 확보 등과의 관련 속에서 제기된 것이었다. 일찍부터 그는 만국공법을 강조하고 외교관계에서 국가 상호 신의를 강조하였으며, 또한 의병 활동을 하면서 외국공사관을 상대로 일본의 침략을 지적하고, 국제법상의 교전 단체 승인을 주장하였다. 이런 점에서 그의 동양평화론은 일본이 조선을 침략하면서 그 명분으로 제기했던 '동양평화론'과는 다른 것이었다.[32] 물론 허위는 제2차 거의 이전인 러일전쟁 시기에는 '동양평화'를 위한 일본의 역할에 대해서 긍정적으로 인식하기도 하였다. 러시아는 동양을 통째로 삼키려고 하는데 일본은 동양을 지키려 한다는 것이었다.[33] 그는 "러시아의 병탄을 면하려는 것은 한국이나 일본이 모두 바라는 바였고, 일본이 출정의 노고를 다하여 한국의 독립 주권을 공고히 하고자 한 것에 감사"한다고

31) 《暴徒에 關한 編冊》 警秘 제189호 융희 2년 5월 19일(《韓國獨立運動史 資料集》 11, 국사편찬위원회, 8~9쪽).

32) 일본인들은 동양의 평화를 이루기 위해 우선 일본이 동양의 맹주로 서양의 침략을 물리쳐야 하고, 또한 동양의 화근인 조선문제를 해결해야 한다고 하였다. 이것은 물론 일본의 조선 병합으로 이어졌다(金度亨, 〈日帝侵略初期(1905~1919) 親日勢力의 政治論 硏究〉, 《啓明史學》 3, 1992).

33) 《國譯許蔿全集》 권1 〈論時事疏〉, 41쪽.

하면서, “동아시아의 안보가 실상 이 전역戰役에 힘입은 바”라고 언급하기도 하였다.[34] 그러나 의병활동을 한 이후에는 일본의 동양평화가 가지는 허구성을 인식하게 되었다. 그는 자신의 의병운동을 통한 한국의 부흥이 “실로 동양 전체의 평화를 위해서이다”라고 하면서, 만약 일본이 한국을 병탄한다면 중국과 일본의 사이도 나빠질 것이고, 따라서 동양 평화는 깨질 것으로 판단하였다.[35] 그리하여 허위는 “일본이 마땅히 한국과 청나라와의 친목을 도모하고, 서로 문호를 개방하며, 서로 이해를 같이”한 연후에 동양 평화가 이루어질 것이고 일본이 대국으로 칭송받을 것이라고 하였다.[36]

허위는 일제에 의해 처형되었다. 그 뒤 경기도 의병은 허위의 부하였던 권중희權重熙, 고재식高在植 등에 의해 계속되었다. 그리고 초창기 허위와 같이 김산의병에 참여하였던 숙형叔兄 허겸은 을사조약을 반대하고 을사오적 암살 사건에 가담하였다가 투옥되었다. 허겸은 1912년에는 만주에서 김동삼 등과 활동하면서 부민단扶民團의 초대 단장이 되었으며, 1940년까지 광복운동에 종사하였다. 허위의 장자 허학許壆(일명 허형許瀅)은 1913년 임병찬林炳讚 등의 독립의군부獨立義軍府에

34) 《國譯許蔿全集》 권1 〈排日檄文〉, 64~65쪽. 당시 지식인 가운데는 이런 생각을 하는 사람들이 많았다. 러일전쟁이 끝나면서 일본과 러시아의 강화조약이 맺어지고, 한국이 보호국이 된다는 풍문이 있자 일본천황에게 이를 항의하는 편지를 보냈는데, 대체로 러일전쟁 당시 일본의 ‘한국독립 보존’이라는 명분을 강조하고, 이후의 일본 침략이 천황의 뜻이 아닌 밑의 잘못된 신하 때문이라고 하였다(朴殷植, 《韓國痛史》 제3편 33장). 허위도 러일전쟁 뒤의 일본 행동이 〈한일의정서〉나 일본의 선전宣戰 명분에 어긋난다는 점을 지적하였다(《國譯許蔿全集》 권1 〈再疏〉).

35) 小林德郎, 《明石元二郎(上)》, 1928, 428~429쪽(權寧培, 〈‘遺文’을 通해 본 許蔿의 救國論과 義兵抗爭〉, 《旺山許蔿의 思想과 救國義兵抗爭》, 金烏工科大學 善州文化硏究所, 1995, 105쪽 재인용).

36) 〈許蔿先生이 伊藤博文에게 보낸 書翰文〉, 《伊藤博文關係文書》 8(허진, 〈왕산 허위의 동양평화사상〉, 《水村 朴永錫敎授 華甲紀念 韓國史學論叢 下》, 探求堂, 1992, 906~908쪽 재인용).

참여하였는데,37) 만주로 망명해서는 김동삼 등과 동화학교東華學校를 설립하였고, 이세기李世基와 동흥학교東興學校를 건립하였다. 한편 허위의 제자였던 박상진朴尙鎭은 허위가 처형된 뒤 그 시신을 수습하고 장례를 지낸 사람으로, 의병의 이념을 계승하여 1915년에 무장독립운동 단체였던 대한광복회大韓光復會를 조직하였다.38)

2. 오태 장씨가의 계몽운동과 경제활동

1) 장씨가의 학문적 전통과 관료생활

오태의 옥산玉山〔인동仁同〕 장씨가의 학문도 퇴계 이래의 영남학파에 속하면서도, 특히 그들은 선조였던 장현광張顯光(호 여헌旅軒, 문강공文康公, 1554~1637)의 학문을 추앙하였다. 장현광은 학문과 덕행이 뛰어나 관직에 천거되어 20여 년 동안 관직에 있었다. 1624년 이괄의 난 때 왕의 부름을 받아 정치에 관한 건의를 하였으며, 병자호란이 나자 각 군에 격문을 보내 군사를 일으켰고, 삼전도三田渡에서 조선정부가 청나라에 항복했다는 소식을 듣고는 동해안의 입암산에 들어가 은거하였다. 그는 독학으로 성리학 체계를 세웠으며, 성주의 정구(1543~1620)와 교유하고, 류성룡의 아들을 가르친 점 등으로 보아 퇴계학파 안에서 학문적으로 교류하였다. 그러나 그는 이기理氣를 씨줄

37) 독립의군부에는 허위의 사위였던 이기영李起永, 의병 당시 부하였던 정철화鄭哲和·이기상李起商도 참여하였다.

38) 金烏工科大學 善州文化硏究所, 앞의 책, 1985 ; 慶尙北道警察部, 《高等警察要史》, 1934 참조. 허위의 사위 이기영은 허위의병 부대의 비서였던 이기상의 동생으로, 《金海許氏派譜》에는 이기주李起周로 되어 있다.

[緯]과 날줄[經]에 비유하여 이와 기를 이본二本으로 보는 것을 반대하고 체용體用으로 설명하는 이기일본설理氣一本說을 주장하고, 또한 심정心情을 논하면서도 퇴계의 이기호발理氣互發을 반대하고 율곡의 기발이승氣發理乘을 지지하였다.[39)]

19세기 후반 오태의 장씨 문중을 대표하던 사람은 장석봉, 장석룡, 장석구 3형제였다. 그들은 장현광의 학문을 계승하면서,[40)] 이웃 임은의 허씨, 성주의 이원조·이진상 학파, 안동의 유생들(김흥락 등), 그리고 같은 친족인 칠곡의 장복추(1815~1900) 등과 교류하였다.[41)]

장석봉, 장석구 두 사람은 군수를 지냈다. 장석봉(호 오하梧下, 초명은 석능錫能)은 문음으로 관직에 올랐다. 청안현감淸安縣監 시절에는 10년 동안 적체된 공납을 해결하여 서리와 백성들이 모두 기뻐하였다고 하였으며, 매삭每朔에 학문을 권하고 향약을 실시하였다. 또 전주판관 때에는 경복궁 중건 비용을 마련하기 위하여 힘을 다해 수납하였으며, 백성들이 당백전을 사용하려 하지 않자 집집마다 찾아다니며 효유하였고, 번잡한 요역을 견감蠲減하고 잘못된 예를 혁파하여 칭송을 받았다고 하였다. 1871년에 천안 군수가 되었으며, 천안에 있던 행궁의 개축에 또한 힘을 다하였다.[42)] 퇴관 뒤에는 오태에서 후학을 지

39) 裵宗鎬, 《韓國儒學史》, 延世大學校 出版部, 1974, 147~148쪽 ; 李丙燾, 《韓國儒學史》, 亞細亞文化社, 1987, 283~286쪽 참조. 이런 점에서 이병도는 "영남의 남인 가운데 여헌 같은 학자가 있는 사실은 하나의 기현상이라고도 말할 수 있을 것이다"라고 표현하였다.

40) 張錫龍, 《遊軒集》 권4 〈進言疏〉, 〈陳情事疏〉, 〈辭弘文館學士疏〉, 〈請先祖文康公從祀文廟疏〉 등.

41) 장복추는 오태의 남쪽 칠곡군 약목면若木面 각산角山에 있었다. 그는 장현광의 8대손으로 가학을 계승하고 퇴계를 사숙하였으며, 이진상 등과 학문을 교류하였다. 그러나 그는 이진상의 성리학과는 해석을 달리하면서 퇴계학파의 정통적 입장에 더 가까웠다. 문하에 장승택張升澤, 조긍섭曺兢燮, 송준필宋浚弼 등이 배출되었다(劉明鍾, 앞의 책, 1985 ; 琴章泰·高光植, 앞의 책, 1984 참조).

42) 《遊軒集》 권11 〈伯兄通訓大夫天安郡守梧下府君遺事〉.

도하였다.

장석룡(1823~1908)은 어려서 조부로부터 가학을 익혔으며,43) 임은 허참의 딸과 결혼하게 되면서 임은의 허씨로부터도 학문을 배웠다. 1847년에 급제한 이후 해남현감, 현풍현감, 홍문관 교리 등을 거쳐 6조의 참의, 이조참판, 사헌부 대사헌 등을 역임하였다. 그가 관직에 있던 시절은 농민층의 반봉건 항쟁과 제국주의 침략이 격화되던 때였지만, 그는 이러한 사회문제를 해결하려는 어떤 독자적인 방안도 제기하지 않았다. 유학자로서 그는 기회가 있을 때마다 임금에게 성학聖學과 인정仁政을 강조하고, 이를 위해서는 언로를 열어 관료와 학자의 의견을 청취하며, 목민관을 가려 써 백성의 소요나 간리奸吏의 폐단을 막아야 한다고 하였다. 또 임금 스스로 사치를 줄이고 재용을 절약하여 백성에게 해가 되지 않도록 해야 한다고 하였다.44) 그는 서원철폐 이후 향촌에서 교육이 끊어지고 비류匪類와 이학異學이 만연하게 되었다고 지적하고, 어진 사람을 숭배하고 학문을 일으키기 위해서는 사액서원은 복설해야 한다고 건의하였다.45) 명성왕후의 살해 및 단발령 이후 각 지방에서 의병이 일어나자 그는 영남효유사嶺南曉諭使의 직을 맡아 의병을 효유하는 일을 하였다. 앞서 허씨 형제들이 의병에 참여하였던 사실과 대비되는 것으로, 전형적인 유교 관료의 모습이었다.

그 다음 세대를 대표하는 사람은 장승원(1853~1917)이었다. 그는 장석구의 아들로 외가가 있던 임은리에서 태어나, 뒤에 중부仲父 장석룡에게 출계하였다. 1885년 문과에 급제한 이후 승정원 주서를 시작

43) 尹榮善, 《朝鮮儒賢淵源圖》, 東文堂, 1941에서는 장석룡을 허훈의 스승이었던 허전의 제자로 분류하고 있다. 학문적인 교류가 있었음을 보이는 것이라 생각되지만, 장석룡의 문집 등에서는 확인되지 않는다.
44) 《遊軒集》 권4 〈進言疏〉, 〈勉聖學疏〉.
45) 《遊軒集》 권4 〈陳情言事疏〉.

으로, 초기에는 주로 홍문관, 사헌문, 사간원 등의 기구에서 관직 생활을 하였다. 1896년에는 장석룡이 영남효유사를 지낼 때 배종하기도 하였으며, 같은 해 정3품으로 오른 이후 중추원 의관, 비서원승秘書院丞, 청송군수, 그리고 1903년에 종2품이 되어 궁내부 특진관, 경상북도 관찰사(1904년) 등을 역임하고, 1907년 퇴직하였다. 그 또한 전형적인 유생 관료의 모습을 보였다. 퇴임 뒤 오태동에서 생활하다가 1917년 대한광복회 단원에게 피살되었다.

대한광복회는 의병 출신이 중심이 되어 조직된 독립운동단체로, 무장독립운동을 지향하고 군자금 모집 활동을 주로 하였는데, 총사령은 허위의 제자였던 박상진이었다.[46] 군자금 모집활동이 자산가들의 비협조로 이루어지지 않자 그들에게 경각심을 주려고 대자본가 한 명을 암살하기로 하였는데,[47] 그 암살 대상이 장승원이었다. 일제 강점 뒤 장승원 일가가 친일적인 태도를 보이고 있었던 점,[48] 그리고 일찍이 장승원이 경북관찰사가 될 때 당시 평리원재판장 서리에 있던 허위에게 20만 원의 헌금을 약속하였으나, 이 약속을 지키지 않아 후학들의 원한을 사게 된 점, 왕실 토지의 불법적 편취와 지주경영, 인력 수탈 등으로 많은 사람으로부터 원망을 받고 있던 점 등을 이유로 암살한

46) 대한광복회에 대해서는 趙東杰, 〈大韓光復會의 結成과 그 先行組織〉, 《韓國學論叢》 5, 국민대학교 한국학연구소, 1982 ; ──, 〈大韓光復會研究〉, 《韓國史研究》 42, 1983.

47) 박상진 등에 대한 판결문 〈大正8年 刑控 第168號〉, 독립운동사 편찬위원회 편, 《독립운동사자료집(11)-의열투쟁사자료집》, 독립유공자사업기금운용위원회, 1976 참조.

48) 그의 아들 장길상은 1916년 새 총독이 임명되자 동경으로 새 총독의 영접을 준비하기도 하였다. 경무청의 이 보고서에서는 "장길상은 성격이 탐욕스러워 항상 소작인을 괴롭히고, 금전문제에 관해 끊이지 않는 소송 또는 분쟁을 야기하기 때문에 관민 일반의 신용이 없고, 특히 목하 살인사건의 혐의로 대구지방법원 검사국에서 취조 중이므로, 도장관, 경무부장과 협의하여 본인의 실제實弟 장직상(원 선산군수)에 대해 '동상東上'을 그만 두게 할 것을 본인에게 전달하고 있다는 동도同道 부장으로부터 보고가 있다"고 하였다(姜德相, 《現代史資料》 25, みすず書房, 1966, 8쪽).

것이었다.[49] 인적·학문적 교류를 하면서 가까이 지내던 임은의 허씨와 오태의 장씨 두 집안의 민족문제를 둘러싼 상이한 대응이 빚어낸 사건이었다.

2) 장길상·장직상의 경제활동과 친일화

장승원에게는 장길상張吉相(1876~1936), 장직상張稷相(1883~?), 장택상張澤相(1893~1969)의 세 아들이 있었다. 장길상과 장직상은 막대한 토지를 소유한 대지주였으며, 그들의 지주자본을 근대적인 자본으로 전환한 자본가였다. 그들은 경제적 이해관계 속에서 결국 일제에 예속되어 친일파가 되었다.

그들도 한말·일제 초기에는 관료 생활을 하였다. 장길상은 1899년 희릉참봉禧陵參奉을 시작으로 감조관監造官, 고성군수, 영양군수, 청하군수, 1904년 이후 원구단령, 종묘서령 등의 궁궐 관리 업무를 맡아 보았으며,[50] 그 뒤 규장각 직각直閣을 역임하였다. 한편 장직상은 1903년 경기전 참봉을 시작으로, 1904년에는 감조관이 되었으며,[51] 합방 당시 신령군수였고, 조선총독부 설치 이후에도 신령군수, 비안군수(1911), 선산군수(1914)를 지냈다.[52]

관직생활과 더불어 그들은 한말의 계몽운동에도 참여하였다. 당시의 계몽운동에는 '국권회복'에 동참하는 다양한 계열의 식자층이 참여

49) 《高等警察要史》, 180쪽. 장승원이 허위에게 주기로 하였던 자금을 일제는 매관매직의 형태로 기술하고 있다. 당시 장승원은 종2품, 허위는 정3품이었는데, 자금의 실상은 알 수 없다.
50) 《大韓帝國官員履歷書》 장길상 조.
51) 위의 책, 장직상 조.
52) 《朝鮮總督府職員錄》 해당 연도 참조.

하였다. 장길상은 영남지방 출신들이 서울에서 조직한 교남교육회嶠南敎育會에 참여하여, 창립(1908년 3월) 이후 2년 동안 재무부장 겸 평의원을 지냈으며, 1910년 4월에는 부회장이 되었다.[53] 이와 같은 계몽운동은 장씨들의 세거지였던 인동에서도 전개되었다.[54]

계몽운동에 참여하였던 사람들은 1910년 '합방'을 전후한 시기에 민족운동의 방법론을 둘러싸고 분화하였다. 교육과 식산흥업을 계속하여 실력을 양성해야 한다는 입장과 무력항쟁을 지향하던 입장으로 대별되었으며, 또한 일본의 지배와 지도에 따른 문명화를 추구하던 친일세력도 등장하였다. 국내에 남아 있으면서 실력양성을 주장하고, 또한 문명화를 추구하던 사람들은 1920년대에 이르러 문화운동을 전개하였다. 장길상, 장직상은 부르주아민족운동과 친일활동을 넘나들며 교육운동과 경제 분야에서 적극적으로 활동하였다.

그들은 1920년대 지방에서 활발하게 전개되고 있던 청년회 운동을 도와주기도 하였다. 이때는 아직 사회주의적 입장이 강화되기 전으로, 청년회 운동에는 부르주아적 민족주의 입장, 사회주의 입장, 그리고 개량적인 입장 등이 혼재해 있었다. 장길상은 왜관청년회관의 설립에 2백 원을 기부하고, 또 청년회관의 건립을 위해 소유한 대지를 염가

53) 《嶠南敎育會雜誌》 참조.

54) 1908년에는 대한협회의 지회가 설치되었는데, 1908년 10월에 옥산학교玉山學校에서 30여 명으로 발기회를 개최하고, 본회에서 시찰 나온 총무 윤효정尹孝定의 〈본회의 취지 및 장래〉라는 연설회가 거행되었다. 지회에는 회장 장지구張志求, 총무 장익상張翊相 등을 비롯하여 많은 장씨들이 참여하였다(《大韓協會會報》 7, 60쪽 ; 《大韓協會會報》 8, 55쪽). 장익상은 바로 장석봉의 손자로 장지연과 같이 수학하였던 사람으로, 이 지회가 오태쪽과도 관련이 있었던 것으로 생각된다. 또한 장씨들은 사립 인흥학교仁興學校를 설립하기도 하였는데, 일부 친족의 반대로 폐지할 지경에 이르렀으나 교장 장수원, 교사 장시현張始鉉, 장필상張泌相 등의 노력으로 다시 활성화되었다. 이때 장수원이 논 8두락을 학교에 기부하였다(《大韓民報》 1910년 3월 22일). 장필상은 교남교육회의 평의원이기도 하였다.

로 대부하기도 하였다.[55] 또 대구의 교남학교를 설립하면서 총 기부금 50만 원 가운데 장씨 형제가 30만 원(장길상 20만 원, 장직상·장택상 각 5만 원)을 출연하였고,[56] 장길상은 조선교육에 공헌한 사람으로 뽑혀 한규설韓圭卨, 김기중金祺中, 김경중金暻中, 민영휘閔泳徽 등과 더불어 조선교육협회로부터 공로상을 받기도 하였다.[57] 한편, 장길상은 1927년 신간회新幹會의 창립에도 참여하였다. 대지주였던 장길상이 참여했던 것은 예외에 속하는 것이었지만, 아마도 재정적 지원으로써 얻을 수 있는 이해관계를 고려하였던 것 같다.[58]

한편 그들은 줄곧 대지주로 토지를 경영하였다. 장씨 가문의 재산 축적 연원은 잘 알 수 없지만, 오랫동안 고위 관직을 유지하였던 점, 특히 개항 통상 이후 지방관을 역임하였던 점 등으로 미루어 볼 때 장승원 시대에 부의 축적이 집중되었을 것으로 보인다. 특히 일제시대 존재했던 많은 지주 가운데는 개항 이후 관찰사나 군수를 역임하면서 미곡 수출 및 상품화 과정에서 많은 부를 축적할 수 있었다.[59] 장씨가는 한말 이래 일제시기 이 지역의 가장 대표적인 지주였다. 그들의 토지는 칠곡을 중심으로 아래는 청도에서, 위로는 안동에 이르는 지역에 걸쳐 매우 광범하게 걸쳐 있었다.[60]

---

55) 《東亞日報》 1921년 11월 5일 〈왜관청년회관 건축〉.

56) 《東亞日報》 1922년 1월 19일 〈교남학원 확장〉.

57) 《東亞日報》 1922년 5월 18일 〈교육공로자 5인〉. 김기중, 김경중은 보성전문을 경영하던 김성수의 생부 및 양부로 한말에는 대한협회와 호남학회에 참여하였으며, 줄포茁浦에 영신학교永新學校(현 줄포초등학교 전신)를 설립하였다〔이에 대해서는 金容燮, 〈韓末 日帝下의 地主制-사례 4 : 古阜 金氏家의 地主經營과 資本轉換〉, 《韓國史研究》 19, 1977(金容燮, 《韓國近現代農業史研究》 증보판, 지식산업사, 2000에 재수록) ; 仁村紀念會, 《仁村 金性洙傳》, 1976 참조〕. 민영휘는 휘문의숙徽文義塾을 창립하였다.

58) 이균영, 《신간회연구》, 역사비평사, 1993, 99쪽.

59) 金容燮, 앞의 책, 2000 ; 洪性讚, 《韓國近代農村社會의 變動과 地主層》, 지식산업사, 1992 참조.

60) 장승원은 경상도뿐 아니라 강원도, 충청도에 걸쳐 토지를 소유하고 있었는데,

그들의 지주경영의 실상은 잘 알 수 없다. 단편적으로 보이는 기사에 따르면 지주경영은 여타의 지주와 다르지 않았던 것으로 보인다. 장길상의 지주경영이 수탈적이었던 점은 소작계약서 속에 보인다. 소작료의 징수와 관련해서는 "차주借主로부터 차지료(소작료)를 전조前條의 기간 내에 납입치 아니할 시는 수확물의 전부를 지주에게 인도함"(9조)이라는 조항, 또 "전조의 경우에 지주는 수확물을 평가하여 차지료에 달達치 못할 시는 일체 소유재산에 대하여 추징을 수受하기를 승낙함"(11조)이라는 조항, "차주가 차지료를 체납하거나 기타 토지 사용상 불합不合한 행위가 유有할 시는 보증인은 차지인과 연대하여 전부의 의무를 부담하고 그 차무借務 및 손해는 지주에 대하여 변상함. 단 지세地稅는 소작인의 부담으로 함"(13조)이라는 조항 등에서 그 수탈성을 볼 수 있다. 또 소작 기간도 3~5년으로 정하고, 이것도 "지주의 사정에 의하여 소작지를 지주의 청구 동시에 반환함"(10조)이라고 정하여 소작권 자체도 보호하지 않았다.[61] 요컨대 '1천여 두락의 전답을 가진 장길상이 가혹한 소작료를 거둔다'는 것이었다.[62]

장길상의 수탈적 지주경영으로 소작농민들이 항쟁하였다. 장길상은 1922년 가을, 소작료 문제로 청도군 풍각면의 소작인을 법원에 고소하여 승소하자 소작인의 소작권을 박탈하였다. 그러자 소작운동을 전개하던 풍각면의 농사개량조합에서는 조합원 전원이 그의 논을 부치

그 토지를 경작하기 위해서는 3,800마리의 황소가 필요하였다고 한다. 황소 1마리가 2정보를 경작한다고 하면 거의 7천 6백 정보를 소유하였다고 하며, 당시 대구에서는 경주의 최고 부자 최준崔浚보다 더 땅이 많다는 소문이 나돌고 있었다〔三輪如鐵, 《大邱一斑》, 杉本梁江堂, 1911, 216쪽(高承濟, 《韓國金融史研究》, 일조각, 1970, 257~258쪽 재인용)〕.

61) 《朝鮮農民》 24, 1927, 16~17쪽 ; 趙東杰, 《日帝下 韓國農民運動史》, 한길사, 1979, 125~126쪽.

62) 《東亞日報》 1925년 2월 22일 〈은폐된 官惡과 民怨(15)〉.

지 않기로 결의하고 각각 계약서를 작성하였는데, 조합원 가운데 이를 어기고 그 논을 부치면 벌금 200원을 징수하기로 하였으며, 또 이를 경찰당국에 계출하면 그 사람을 면 밖으로 축출한다고 하였다.[63]

이와 아울러 장길상과 장직상은 지주자본을 전환하여 근대자본가로 변신하였다. 장씨 형제는 아버지 장승원의 사망 이후 그 근거지를 대구로 옮겼다. 그리고 지주자본을 근대적인 금융, 산업자본으로 전환하였다. 일제의 식민지배는 결국 일본자본주의에 포섭됨을 의미하는 것이었고, 따라서 식민지배가 진행되면서 상품화폐경제가 발전하고, 농업 부문도 자본주의체제 속으로 점차 편입되어 갔다. 이러한 사회경제 변화에 대응하여 조선의 지주층은 농업에서 지주경영을 강화하고 안정시키면서 농업 외의 부문으로 투자를 확대하였다. 지주자본의 산업부문에 대한 투자는 또한 한말 이래 위로부터 부르주아개혁을 추구하던 지배층, 지주층이 추구하던 바이기도 하였다. 한말의 계몽운동에 참여하여 산업발전과 교육발전을 꾀하고 있었던 장씨가의 경우에도 당연한 변화였다.

당시 일반적인 지주층의 동향과 마찬가지로 장씨가는 특히 금융업에 적극적으로 투자하였다.[64] 그리고 1910년대에는 일제의 회사령이 실시되고 있어서, 일본인과 합작으로 회사를 설립하는 것이 유리하였다. 장직상은 1912년 일본인 오구라 다케노스케小倉武之助가 중심이 되어 세운 선남은행鮮南銀行에 대구 부자 이병학李炳學과 더불어 투자하여 취체역이 되었고, 또 1913년에는 정재학鄭在學, 이일우李一雨, 최준, 배상락裵相洛, 일본인 사카모토 도시스케坂本俊資 등과 대구은행大邱銀

63) 《東亞日報》 1923년 3월 18일 〈작인의 불경동맹〉. 이 책 제3부 제3장 〈1920년대 농민운동의 발전〉 참조.

64) 당시 지주층의 농외투자에 대해서는 張矢遠, 〈日帝下 大地主의 *存在形態*에 관한 研究〉, 서울대학교 경제학과 박사학위논문, 1989 참조.

行을 설립하고 취체역이 되었다.[65] 그리고 1920년에는 장길상, 장직상, 유시일柳時一, 손호관孫浩瓘, 진희규秦喜葵, 조남탁趙南倬, 조남윤趙南潤, 장우석張禹錫, 장영수張泳壽, 이어연李魚淵 등 14명이 발기인으로 경일은행慶一銀行을 설립하였다.[66] 자본금 200만원(주식 4만주), 주주수 167명이었으나, 1만 2천여 주를 소유한 장길상이 두취, 2천 7백여 주를 가진 장직상이 취체역이 되었다. 장씨 집안 사람이[67] 주식의 거의 반을 소유하였으며, 실질적인 은행 운영은 장직상이 주도하였다. 1927년에는 장택상도 취체역에 취임하였다.[68] 은행업 말고도 동아인촌회사東亞燐寸會社, 왜관금융조합倭館金融組合, 대구창고주식회사大邱倉庫株式會社, 고려요업高麗窯業[69] 등을 설립하였으며, 장길상은 뒤에 남선합동전기南鮮合同電氣 취체역,[70] 조선신탁朝鮮信託 취체역 등도 지냈다.

65) 中村資長, 《朝鮮銀行會社要錄》, 1921 참조.
66) 경일은행에 대해서는 高承濟, 앞의 책, 1970, 제16장 참조.
67) 유시일, 손호관은 모두 장씨 형제의 매부였다.
68) 그런데 장씨가의 경일은행 경영은 순조롭게 진행되지는 않았던 것 같다. 1929년에는 자본금을 140만 원으로 감하였고, 같은 해 경상공립은행慶尙共立銀行을 매수 합병하였다. 그리고 1930년대 들어오면서 중역진에 일본인이 대거 기용되었고, 특히 대구지역 경제를 주름잡던 오구라 다케노스케의 영향력이 강화되었다. 이것은 1933년 오구라가 만들었던 선남은행鮮南銀行(자본금 30만 원)과 병합하여 대구상공은행大邱商工銀行으로 개편되면서 더욱 그러하였다. 장직상이 감사역이 되었지만 그는 722주만을 소유하였고, 대부분의 주식은 오구라의 영향 아래 있는 대구증권大邱證券(7,109주), 대광흥업大光興業(2,287주) 등이 소유하였다. 그리고 1934년에는 자본금을 100만 원으로 감자減資하였고, 결국 1941년 조선상업은행에 흡수되고 말았다(高承濟, 앞의 책, 1970 ; 東亞經濟時報社 편, 《朝鮮銀行會社組合要錄》, 1941 참조).
69) 서울에 거주하던 지주 민병석閔丙奭이 사장, 전주의 지주 백인기白寅基가 부사장이었으며, 이병학, 장길상 등이 참여하였다. 1920년에 창립하였으나 결손만 내다가 1922, 23년쯤부터 휴업 상태였던 것 같다(張矢遠, 앞의 글, 203쪽 참조).
70) 이 전기회사를 주도하였던 사람 또한 오구라였다. 1918년에 만들어진 대구전기大邱電氣를 기반으로 각지에 있던 소규모의 전기회사를 합병하여 대흥전기회사大興電氣會社로, 다시 1937년에 남선합동전기회사南鮮合同電氣會社가 되었다. 장직상은 대주주는 아니었지만 취체역으로 참여하였다(東亞經濟時報社 편, 《朝鮮銀行會社組合要錄》, 1940 참조).

이런 과정에서 자연스럽게 장직상은 대구지역 상공업계를 주도하였다. 그는 대구상업회의소의 특별평의원(1923~24)을 거쳐 마침내 1925년에 대구상업회의소의 회두會頭로 선출되었으며, 1927년에 재선되었다.[71] 당시 일제는 조선인 상업회의소를 일본인 상업회의소와 합해 조선인의 독자적인 활동을 억제, 견제하였는데, 장직상은 일본인이 주도하던 대구상업회의소의 회두가 되었던 것이다. 조선인 출신의 상업회의소 회두는 일제 전 기간을 걸쳐서도 몇 명 되지 않았다. 장직상은 회두시절 조선총독부에 조선 산업발전을 위해 ① 조림의 촉성, ② 하천의 정리, ③ 공업의 진흥, ④ 광업의 개발, ⑤ 수산업의 진전과 어항의 조축, ⑥ 주요 항만의 완비 등의 정책을 건의하였다.[72] 이후 대구상업회의소는 총독부의 시책에 따라 대구상공회의소가 되었는데, 장직상은 1~3대 특별의원(1931~1940)으로 활약하였다.[73] 1944년에는 조선총독부가 각도에 상공경제회를 설립하면서 경북상공경제회의 설립위원으로 장직상을 임명하였는데,[74] 총 12명 가운데 조선인은 장직상과 서병조徐丙朝 두 사람뿐이었다.[75]

장씨가를 비롯한 많은 자본가는 일제권력과의 결탁과 비호 아래 성장하였던 예속자본가였다. 예속자본가들은 그들 경제활동의 영위와 성장을 보장받기 위해 사회적·정치적으로도 일제와 결탁하였다. 특히 한말에 고급관료를 지냈던 사람들은 주로 조선총독부 중추원의 의관으

71) 大邱商工會議所, 《大邱商議八十年史》, 大邱商工會議所, 1986, 134~136쪽.

72) 《大邱商議뉴스》 1975년 9월 30일 〈大邱商議 70年 裏面史(33)〉.

73) 大邱商工會議所, 앞의 책, 140~148쪽.

74) 大邱商工會議所, 위의 책, 161~162쪽 ; 《大邱商議뉴스》 1976년 4월 30일 〈大邱商議 70年 裏面史(42)〉.

75) 서병조는 국채보상운동을 일으켰다는 서상돈徐相燉의 아들로, 대구를 대표하던 부호이자 친일파였다. 이에 대해서 김일수, 〈서병조〉, 《근대 대구·경북 49인》, 혜안, 1999 참조.

로, 그리고 조선인을 직접 상대하는 지방관(군수)이 되어 그들이 이루어 놓았던 경제적 기득권을 유지할 수 있었다. 또한 1920년대 일제는 문화정치를 실시하면서 이른바 민의창달民意暢達이라는 미명 아래 지방 단위로 협의회와 같은 기구들을 조직했는데, 주로 경제적으로 부를 축적했던 사람들이 그 기구에 참여하였다. 장직상은 경상북도 평의회의 의원으로 활약하였으며, 1930년 6월에는 드디어 조선총독부 중추원 참의가 되었다.[76] 중추원은 총독의 자문기구로, 주로 조선의 구습舊習과 제도를 조사하는 역할을 담당하여 식민지배에 협조하였다. 1930년대에 들어서 민심 동향, 사상 동향, 내선인의 융화 상황, 농촌진흥운동 전개 등의 식민통치를 선전하는 역할을 담당하였다. 중추원의 의관은 당시 조선인으로서 가장 '출세'한 자리였다.

그리고 만주사변 이후 장직상은 여러 친일단체에 관여하였다. 1934년에는 최린崔麟 등이 신생활의 수립, 신인생관의 확립, 내선일가內鮮一家의 결성 등을 내세운 친일단체였던 시중회時中會의 창립 발기인으로 참여하였다. 일제 말기에 이르러 그는 장원직상張元稷相으로 창씨하고 일제의 침략지배정책에 적극적으로 동조하였다. 흥아보국단興亞報國團 경북도의원, 국민총력조선연맹 평의원, 임전보국단臨戰報國團 이사, 대화동맹大和同盟 심의원, 대의당大義黨 당원 등으로 활동하였으며, 또한 학병을 권유하고자 충북 일원에서 연설을 행하여 일제의 침략전쟁을 찬양하고 동족을 전장으로 내모는 일에 종사하였다. 특히 그는 뛰어난 재력으로 전쟁 수행에 필요한 물자를 원조하기도 하고, 또 친일자본가 박흥식朴興植 등과 함께 대화동맹의 경비와 사업비를 담당하였다.[77]

---

76) 逵捨藏,《慶北大鑑》, 東洋文化協會, 1936, 414~415쪽.
77) 民族政經文化硏究會 編,《親日派群像》, 三省文化社, 1948 ; 高元燮,《反民者罪狀記》,

* * *

구미 임은동과 오태동의 유학자들은 모두 영남학파의 유학적 전통 아래에 있었다. 하지만 두 집안의 학문은 차이가 있었다. 오태의 장씨들은 장현광의 후예로 그 학문을 계승하면서 19세기에는 성주의 이진상, 칠곡의 장복추, 안동의 김흥락 등과 학문적으로 교유하였으며, 동시에 대대로 관직에도 나아간 유생 관료였으며 대지주였다. 이에 견주어 임은의 허씨들은 허목, 채제공 등의 근기지역 남인들과 학문적으로 교류하면서 또한 허전에게서 실학적 분위기도 익혔으며, 동시에 서애학맥의 류주목의 학문도 배웠다. 이런 학문적, 경제적 차이, 특히 그들이 한말 당시 누리고 있었던 사회경제적 조건의 차이는 그들이 당시의 민족문제를 인식하고 대응하는 데 길을 달리하게 한 요인이 된 것으로 보인다.

허훈의 학문을 이은 허위는 명성왕후 피살사건, 단발령 이후에 바로 의병에 참여하였던 바와 같이 철저한 저항주의적, 배외주의적 입장이었다. 이때에는 물론 근대 민족주의적 입장은 아니었고, 오히려 보수적인 유생층의 입장을 보였다. 그런데 대한제국의 수립 이후 관료생활을 하게 되면서 그는 대한제국의 근대화 개혁, 국제사회에서 자주권 유지, 일본침략의 본질 등에 대해 명확히 인식하게 되었다. 이때 그는 초기에 보였던 보수적 유생의 입장을 탈피하고, 대한제국의 국권회복을 추구하는 지배층 중심의 민족주의자의 모습을 보였다.

한편 장씨가의 장석룡, 장승원은 철저한 유교적 관료의 모습으로

白葉文化社, 1949 ; 《民族正氣의 審判》, 革新出版社, 1949 ; 반민족문제연구소 편, 《친일파 99인 (2)》, 돌베개, 1993 참조.

일관하였다. 허위가 현실문제에 대해 적극적인 대응을 보인 것과는 대조적으로 현실문제에 대한 어떤 의견도 보이지 않았다. 장석룡의 경우에는 유교정치의 원리를 강조하기도 하였지만, 당시의 현실 문제, 민족 문제에 대한 어떤 의견을 정리하지도 않았고, 결국 자신의 사회경제적 안위만을 추구한 관직생활을 하였다. 이런 과정에서 그들은 많은 부를 축적할 수 있었다. 이 축적된 부를 어떻게 유지하고 키울 것인가의 과제가 현실생활에서 가장 중요한 문제였는지도 모른다. 장길상, 장직상의 경제활동은 사실 그런 것이었다. 그들은 관직생활과 겸하여 계몽운동에도 참여하였고, 그 운동의 논리였던 지주자본의 산업자본화를 통한 식산흥업론에 공감하였다. 그들은 일제의 식민지배가 가져온 상품화폐경제의 발전이라는 호기를 놓치지 않았다. 구래의 봉건적인 지주경영을 강화하면서 한편으로 은행을 비롯한 근대회사를 설립하여 자본가가 되었다. 그리고는 그들의 기득권을 유지하고자 일제의 식민지배에 기생하는 예속자본가, 친일파가 되었다.

이와 같이 구미, 임은 오태 지역의 두 집안은 학문적, 혼인망 등으로 얽혀 있었으나 한말, 일제시기의 민족적 격동기에 들면서 매우 상반된 방향으로 나아갔다. 이는 학문적 입장과 현실 인식의 차이에서 비롯된 것이었다. 그리하여 마침내 허위의 제자 박상진이 장승원을 암살하는 사건으로도 나타나게 되었다.

또한 흥미로운 것은 오태의 장씨가와 임은의 허훈으로부터 동시에 학문을 배웠던 장지연張志淵(1864~1921)의 사상과 활동이다.[78] 상주 출신이었던 장지연은 14세 때(1877년) 오산吳山, 곧 오태동에 있던 족조族祖 장석봉張錫鳳으로부터 유학을 공부하였다. 그러다가 1882년 장

78) 김도형, 〈張志淵의 變法論과 그 변화〉, 《韓國史研究》 109, 2000 ; ---, 앞의 책, 제4장 1절 〈유교적 변통론과 변법개혁론〉, 2014 참조.

석봉이 죽자 곧 이웃 임은의 허훈으로부터도 고문古文을 배웠다. 처가가 있던 선산善山 용전리龍田里와 상주 등지에서 살면서 허훈과는 편지를 주고받으며 유학에 대한 가르침을 받았다.[79] 곧 장지연은 영남의 유학과 근기 남인의 실학적 학문을 동시에 배웠던 것이다. 이후 장지연의 학문이나 활동에서는 장씨가와 허씨가의 현실인식과 학문이 혼재된 것을 볼 수 있다. 처음에는 장씨가처럼 전통적인 관료가 되고자 하였으나, 이것을 포기한 이후에는 유교를 근본으로 하되 서양의 기술문명, 나아가서는 서양의 정치까지 수용하자는 변법론變法論에 입각한 계몽운동을 주도하였고, 조선 후기의 실학을 당시 사회 개혁의 길잡이로 천명하였다. 그러다가 1910년 식민지배 이후에는 전통적인 유교진흥론으로 회귀하게 되고, '동방 교화의 전통'을 정리한 〈조선유교연원朝鮮儒敎淵源〉을 저술하면서 점차 일본의 식민지배를 인정하고, 아시아주의에 빠져들어 갔다.

79) 《韋庵文稿》 권11 〈年譜〉 참조.

제2부

부르주아층의 계몽운동과 그 변화

1880년대 들어 조선 정부는 서양과의 통교를 확대하고, 근대개혁을 위해 서양 문명을 부분적으로 수용하였다. 정부의 개혁사업이 추진되는 가운데 더 적극적으로 서양문명을 수용하여 서구화, 곧 문명화를 이루고자 하는 문명개화론이 형성되었다. 이들은 자신들의 이념과 세력 확장을 위해 보수유생층이나 민중층을 상대로 선전, 계몽하고 운동의 주도권을 유지하고자 하였다. 문명개화론은 독립협회운동, 만민공동회운동을 거치면서 점차 서울을 벗어나 각 지방으로 확산되었다.

문명, 개명을 위해 근대 교육으로 신민臣民, '국민'을 형성하려던 생각은 정부 역시 가지고 있었다. 정부는 갑오개혁 때 '근대교육'을 실시하기 시작하여, 대한제국 시기에 전국적으로 학교 설립과 신교육을 보급하였다. 각 지방에서는 관찰사가 주도하여 학교를 설립하였다. 공교육과 더불어 관찰사나 군수들이 지방의 유생, 자산가 등을 '계몽'하여 교육운동과 학교 설립을 권장하였다.

개화운동, 교육운동이 전국적으로 확산될 수 있었던 것은 이런 이념과 운동에 동참할 수 있는 집단이 각 지방에서 성장하고 있었기 때문이었다. 지주와 상인 등의 자산가와 유생층이었다. 이들은 자신들의 사회경제적 기반을 확고하게 유지하는 가운데 민족 문제를 해결하기 위해 이에 동참하였다.

지주층, 상인층은 개항 후 상품화폐경제의 발전 속에서 성장하였다. 위로부터 전개된 계몽운동에서도 식산흥업殖産興業을 중요한 활동으로 추구하였다. 또 치안을 방해하지 않고 국법의 범위 안에서 실력을 양성하자는 운동 방법 또한 이들 자산가들의 호응을 얻기에 좋았다. 대구에서는 상인층이 성장하여 계몽운동을 주도하였고 아울러 국채보상운동의 단초를 제공하였다.

대한제국기에 들어와서 사상적 전환을 꾀한 유생층[改新儒學者]은 종래의 유교로는 당시 사회문제를 해결할 수 없다는 인식에서 변통론 차원에서 서양 문명을 긍정하게 되었고, '변법개혁變法改革'을 주장하였다. 유교를 극복, 청산해야 한다는 면에서는 물론 한계가 있는 것이었지만 이전의 보수 유생층과는 분명 거리가 있었다. 이들은 계몽운동 지회에 참여하고, 사립학교를 설립하여 계몽운동 확산에 기여하였다. 안동이나 성주 지역의 유생들이 그러하였다.

그리하여 1905년, 을사늑약으로 국권을 상실한 이후에 전국적으로 계몽운동이 전개되었다. 국권을 회복하기 위해서는 교육과 식산흥업으로 자강을 이루어야 한다는 것이었다. 이에 대한자강회를 비롯하여 많은 사회단체와 학회들이 만들어졌으며, 이들 단체의 지방 지회가 전국으로 확산되었다. 경북지역에는 처음으로 대구에 독립협회 지회가 조직되었고, 1905년 이후에는 거의 경북 전역에 계몽운동 단체의 지회가 조직되었다. 또한 각 지역에는 독자적인 계몽운동 단체들이 만들어졌다. 이들을 중심으로 대구·경북지역에는 활발한 계몽운동, 교육운동, 그리고 그 일환으로 국채보상운동이 전개되었다.

1910년 강점 후, 이들은 이 지역 부르주아 운동을 주도하였다. 대구지역의 자산가들은 자신들의 경제적 기반 위에서 다양한 모습으로 당시의 민족문제에 대응하였다.

제1장 계몽운동과 국채보상운동

개항 후 상품화폐경제의 발전으로 서울은 물론 전국의 도시 지역에는 지주층과 상인층이 크게 성장하였다. 대구는 그전부터 낙동강을 따라 상업과 상인층이 발달하였는데, 개항 뒤에 더 성장하였다. 더욱이 경부선의 개통으로 그 사정도 급변하였다. 철도는 미곡, 콩 등이 수출되는 통로이면서 동시에 면제품 같은 새로운 공산품이 들어오는 통로이기도 하였다. 상품화폐경제의 발전과 유통로의 변화와 더불어 일본자본의 침투도 수반되었다. 토착 자산가층은 일본 자본의 침투를 심각하게 인식하여 이에 저항하기도 하였고, 때로는 일본 자본과 결합하여 '합작' 등의 형태로 자본을 키워나갔다. 당시 대구지역의 부르주아 운동, 국채보상운동은 이런 구조 속에서 일어났다. 이는 일제하에 이르기까지 부르주아 세력이 가는 길이었다.[1]

상품화폐경제의 발전 속에서 성장한 지주층, 상인층은 서울에서 전개되던 위로부터의 운동에 편승하여 계몽운동, 교육운동을 행하면서 해당 지역의 지배권을 유지해 갔다. 계몽운동 단체의 지회를 조직하기도 하였고, 또 정부의 교육진흥과 학교 설립에 동참하여 도내의 교육운동을 주도하였다. 대구, 경북지역은 여타 지역에 견주어 유교적 전통이 강하여 그런 변화가 더디게 나타났지만, 그 추세는 마찬가지였다.[2]

1) 대구지역 상인층의 성장에 대해서는 이 책 〈서장〉, 이들 자산가층의 동향에 대해서는 金日洙, 〈日帝下 大邱地域 資本家層의 存在形態에 관한 硏究〉, 《國史館論叢》 94, 국사편찬위원회, 2000 ; 오미일, 《한국근대자본가연구》, 한울, 2002 참조.
2) 전국적인 지회 설치 및 활동에 대해서는 金度亨, 〈韓末 啓蒙運動의 地方支會〉,

지방의 계몽운동은 관료층의 선도 아래 시세에 따라 생각을 바꾼 유생층, 자산가(상인, 지주) 등이 참여하였다. 사회적, 사상적 성격으로 말미암아 이들의 계몽운동과 교육운동은 전면적인 서양 문명의 수용과 학습으로 흐르지 않았으며, '유교'를 기반으로 하였다. 특히 경북지역은 유교 전통이 강했던 지역으로, 그들의 신학문 수용과 근대학교 교육은 유교와 절충 속에서 이루어졌다.3)

1. 갑오, 광무개혁기 정부의 교육 진흥과 경북

1) 정부의 교육진흥 정책

(1) 근대교육제도의 정비

1880년대 들어 정부는 부국강병을 추구하는 근대화 사업을 추진하였고, 그 일환으로 서양 언어 습득을 위해 동문학同文學[일명 통변학교通辯學校, 1883. 뒤에 육영공원, 1886]을 설립하였다. "상업, 군사부문에서 경쟁이 치열한데 백성을 가르치지 않고는 경쟁할 수 없다"는 판

《孫寶基停年紀念韓國史學論叢》, 지식산업사, 1988 참조. 경북의 교육에 대해서는 權大雄, 〈韓末 慶北地方의 私立學校와 그 性格〉, 《國史館論叢》 58, 1994. 권대웅은 당시 설립된 사립학교를 거의 다 조사하고, 그 설립자, 교육이념과 교과과정 등을 분석하였다. 그런데 경북지역의 근대교육의 시작에 대해서는 약간의 논란이 있다. 대체로 1899년 6월(또는 7월)에 세워진 달성학교達城學校로 지칭되기도 하고〔權大雄, 위의 글, 1994, 34쪽 ; 《慶尙北道史(下)》, 983쪽〕, 또는 같은 해 6월에 세워진 흥화학교興化學校의 지교支校를 지적하기도 한다(리진호, 〈私立興化學校와 量地敎育〉, 《鄕土서울》 55, 1995, 96~97쪽). 하지만 갑오개혁에서 시작된 공립소학교는 대구에서도 1896년에 세워졌다.

3) 당시 제국주의 침략과 서양사상의 수용과 관련된 영남 유학계의 동향에 대해서는 영남대 민족문화연구소 편, 《韓末 嶺南 儒學界의 動向》, 영남대학교 출판부, 1998 참조.

단에서 교육의 중요성을 지적하고, 이를 위해서는 "저들의 장점을 취하여 우리의 단점을 보완한다[取彼所長 補我所短]"의 원칙 아래 "옛사람의 교화의 도를 부활하고 겸하여 농업·공업·상업·군사·의학 등의 기술을 탐구"하여 "백성의 재산을 고르게 하고 재화와 재물을 키우는[制民産 殖貨財]" 부강한 서양의 학문을 배워야 한다고 하였다.[4]

근대 교육은 갑오개혁에서 제도화되었다. 갑오개혁은 물론 일본의 내정개혁 요구에 따라 추진되었지만,[5] 갑신정변 이후 개화세력들의 교육진흥론이 발전되고 있었기에 가능하였다.[6] 1894년 7월에 교육을 전담하는 학무아문學務衙門이 설치되었다. 학무아문에서는 시국이 바뀌었다는 점과 아울러 영재 교육이 시급한 일이라고 하면서, 먼저 서울에 소학교와 사범학교를 세워, 위로는 공경대부公卿大夫로부터 아래로는 서민의 자제에 이르기까지 모두 배우도록 할 계획이었다. 이 교육으로 "장차 힘을 길러 시대를 구하고 내수內修와 외교外交에 각각 크게 쓰고자" 하였다.[7] 근대교육은 갑오개혁에서 단행한 봉건적 신분철폐, 과거제도 폐지, 새로운 관리임용제도 실시 등과 불가분의 관계 속에서 이루어졌다.

곧이어 1895년 1월의 〈홍범洪範 14조〉에서도 "국중國中의 총준자제聰俊子弟를 널리 파견하여 외국의 학술學術, 기예技藝를 전습傳習한다"고 천명되었으며, 2월 고종의 〈조서〉에 더욱 명확하게 제시되었다. 이

4) 《漢城週報》 1886년 1월 25일 〈論學政第一〉; 2월 1일 〈論學政第二〉.

5) 일본공사 오토리 게이스케大鳥圭介가 제시한 5개 항의 내정개혁요구안에는 "교육제도를 확정할 사事"라는 항목이 있었고, 구체적으로는 ① 학제를 새롭게 정하고 각 지방에 소학교를 설립하여 자제를 교육할 것, ② 점차 중학 및 대학을 설립할 것, ③ 학생 가운데 우수한 자를 선발하여 외국에 유학시킬 것, ④ 소학교 설비와 유학생 파견은 2년 이내 등을 제시하였다.

6) 김옥균, 박영효, 유길준 등의 교육론에 대해서는 尹健次, 《한국근대교육의 사상과 운동》, 심성보 역, 청사, 1987, 51~64쪽 참조.

7) 李萬珪, 《朝鮮敎育史(下)》, 서울신문사, 1949, 43~44쪽.

〈조서〉에서는 "부강한 독립 국가들은 모두 인민의 지식이 개명하고, 그 개명은 좋은 교육에서 나온다"고 하고, "교육이 실로 국가보존國家保存하는 근본"이라고 하였다. 그리고 그 교육은 시세의 변화에 따라 구시대의 '허명의 학문'을 청산하고 새로운 시대의 '실용의 학문'을 가르치는 것이라고 하였다.[8] 이에 정부는 공교육제도를 수립하고 모든 '국민'의 교육을 추진하였다. 1895년 5월 이후 한성사범학교, 외국어학교, 성균관 등에 관한 법령을 만들었고, 또 관비유학생 2백 명을 일본에 보내었다. 7월에 반포된 〈소학교령〉은 정부의 근대교육 사업의 핵심을 이루는 것이었다. 소학교에서는 "국민 교육의 기초와 생활상 필요한 보통 지식과 기능"을 주기 위한 교육으로, 만 7~15세 남녀 아동을 취학시켜 수신·독서·작문·습자·산술·체조·본국지리·본국역사·도화圖畵·외국어·재봉(여자용) 등을 기본으로 외국지리·외국역사·이과理科 등을 가르치게 하였다.[9] 이에 따라 관공립소학교가 세워졌다.

정부의 교육사업은 대한제국의 광무개혁에서 더 활발하게 추진되었다. 1899년 4월에는 갑오개혁에서 시작한 교육이 부진하게 되었음을 지적하고 신학교육, 실업교육을 강조하였다. 곧 "개물성무開物成務 이용후생利用厚生"을 위한 교육이 되지 못하여 "인민의 지견知見이 열리지 못하고 농상의 공업功業이 흥하지 못하여 민산民產이 날로 위축되어 국계國計가 날로 궁색하여 학교의 신설이 겨우 문구文具에만 거쳐 교육의 방면이 전적으로 어두워 5~6년 동안 한 치의 진보도 없었다"고 반성하였다.[10]

8) 《高宗實錄》 32년(1895) 乙未 2월 2일.
9) 〈小學校令〉 勅令 145호, 개국 504년(1895) 7월 19일(《官報》, 개국 504년 7월 22일).
10) 《承政院日記》 광무 3년(고종 36, 1899) 3월 18일(음).

(2) 근대교육과 유교

조선 정부의 근대교육은 서양의 신학문을 학습하기 위한 과정이었지만, 교육의 내용은 대체로 종래의 정치사회 이념이었던 유교와 '절충'하는 차원이었다.[11] 특히 교육의 기본적 이념은 유교적 '충군', '신민臣民' 양성이었다. 고종은 갑오개혁 때 교육을 위한 〈조서〉를 내릴 때도 이런 점을 명확하게 하였다. 곧 "너희들 신민은 충군하고 애국하는 심성으로 네 덕과 네 몸과 네 지智를 길러라. 왕실의 안전은 우리 신민의 교육에 있고 국가의 부강도 우리 신민의 교육에 있다"고 하면서, 국가를 유지하고 이를 운영하는 것이 모두 신민의 직분이라고 하였다.[12] 그리하여 소학교에서는 수신修身 과목으로써 특별히 "존왕애국尊王愛國하는 사기士氣를 기르기에 힘쓰고, 또 신민臣民으로서 국가에 대하는 책무의 대요를 지시"하게 하였다.[13] 정부는 종래와 달리 지덕체智德體 교육을 강조하면서도, 충군·애국하는 신민을 양성하는 원리로서 '덕양德養' 교육을 중시하였다.

덕양은 바로 "오륜五倫의 행실을 수修하여 속강俗綱을 문란 시키지 말며, 풍교風敎를 부식하여 인세人世의 질서를 유지하고 사회의 행복을 증진"하기 위한 것이었다.[14] 소학교에서는 "덕성을 함양하고 인도人道를 실천"하는 교육을 지향하면서, 수신 과목으로 "교육에 관한 조칙의 지취旨趣에 기基하고 아동의 양심을 계도하여 그 덕성을 함양하며 인도를 실천하는 방법"을 가르치고자 하였다. 그리고 소학교의 과

11) 정부의 교육이 유교를 기반으로 한 점에 대해서는 김도형, 《근대한국의 문명전환과 개혁론》, 지식산업사, 2014, 109~134쪽 참조.
12) 《高宗實錄》 고종 32년(1895) 을미 2월 2일.
13) 〈小學校敎則大綱〉 學部令 제3호, 開國 504년(1895) 8월 12일(《官報》 개국 504년 8월 15일).
14) 《高宗實錄》 고종 32년(1895) 을미 2월 2일.

정에 따라 심상과에서는 효제孝悌·우애友愛·예경禮敬·인자仁慈·신실信實·의용義勇·공검恭儉 등을 실천하는 방법을, 고등과에서는 이에 더하여 "도야陶冶의 공功을 뇌고牢固케 함"을 가르치게 하고, 여학생에 대해서는 특별히 "정숙한 미덕을 양養케 함"을 강조하였다.15) 이런 교육론에 따라 유교 교육의 본산이라고 할 수 있는 성균관에서도 "문명의 진보에 주의"하면서 시의에 따라 본국지지本國地志, 만국사萬國史, 만국지지萬國地誌, 산술算術 등을 가르치도록 하였다.16)

유교와 신학문의 절충을 통한 교육은 대한제국의 개혁이념과도 합치되는 것이었다. 앞서 언급한 1899년의 교육 진흥 조칙에서도 교육의 근본이 유교라는 점을 빠뜨리지 않았다.

> 우리의 종교는 공부자孔夫子의 도가 아니겠는가 …… 어찌하여 근래에 세급世級이 날로 떨어져 …… 허문虛文을 숭상하고 실학實學에 어둡더니 …… 명교名敎가 소지掃地하고 예방禮防이 크게 무너지고, 이륜彛倫이 상실되어 변괴가 날로 생기고, 난역亂逆이 잇달아 일어나 을미乙未의 변에 이르러 극에 달하였다. 오호라, 이것이 어찌 종교가 밝지 못한 화가 아니랴 …… 짐이 조종祖宗의 위업을 계승하여 군사君師의 지위에서 백난百難과 천겁千劫을 겪어도 염려하는 마음을 오직 종교를 유지하는 것에 있게 하려니와 …… 짐과 동궁東宮이 장차 일국 유교의 종주가 되어 기자와 공자의 도道를 밝히고 성조聖祖의 뜻을 이을 터이니.17)

임금이 군사君師의 위치에서 유학을 밝히고 유지하여 허문을 없애고 '실학'을 밝힌다고 하였던 것이다. 이런 차원에서 성균관에 뛰어난

15) 〈小學校敎則大綱〉 學部令 제3호, 開國 504년(1896) 8월 12일.
16) 〈成均館 經學科 規則〉 學部令 제2호, 開國 504년(1895) 8월 9일(《官報》 開國 504년 8월 12일).
17) 《承政院日記》 광무 3년(1899) 3월 18일.

학자를 초빙하고 더불어 〈성균관관제成均館官制〉를 개정하도록 지시하였다.

정부의 공립소학교 설립은 계획대로 실시되지 않았다. 하지만 정부의 교육진흥정책에 동조한 많은 관료층이 적극적으로 학교 설립에 나섰다. 민영환閔泳煥의 흥화학교興化學校(1898)를 위시하여 중교의숙中橋義塾(민영기閔泳綺), 양정의숙養正義塾(엄주익嚴柱益), 보성학교普成學校(이용익李容翊), 휘문의숙徽文義塾(민영휘閔泳徽) 등이었다. 이런 추세가 점차 지방으로도 확산되면서 중·하급 전현직 관료층의 학교 설립이 이어졌다.[18)]

2) 대구의 학교 설립과 독립협회 지회

정부의 교육 진흥 정책과 관료층의 사립학교 설립은 점차 지방으로 확산되었다. 먼저 각 지방에 공립소학교가 설립 운영되었다. 1905년까지 서울에 10개, 지방에 50개교가 설립되었으며, 경북지역에서는 대구(1896)를 비롯하여 경주(1896), 안동(1896년 설립, 1906년 폐교), 상주(1901), 성주(1906) 등지에 공립학교가 설립되었다.[19)]

지방의 공립소학교는 관찰사나 군수의 주도 아래 기존의 향교와 같은 공공 교육 시설과 재산을 기반으로 설립되었다.[20)] 1896년 영양 향교에 온 〈안동부훈령安東府訓令〉에 따르면 "종래 지방 각 부군府郡의

---

18) 金泳謨, 《朝鮮支配層研究》, 일조각, 1977, 402~403쪽 ; 金祥起, 〈韓末 私立學校의 敎育理念과 新敎育救國運動〉, 1984, 《淸溪史學》 1 참조.

19) 당시 공립소학교의 설립과 교육에 대해서는 정재걸, 〈개화기 공립소학교 연구〉, 《대구교육대학논문집》 30, 1995 참조.

20) 鄭崇教, 〈대한제국기 지방학교의 설립주체와 재정〉, 《韓國史論》 22, 서울대학교 국사학과, 1998, 284~288쪽 참조.

향교와 각 방리坊里의 학계學契 및 서원에 부附한 교사校舍, 향단享壇과 전답, 산림 언보堰洑, 장평場坪과 기타 유저遺儲 및 식리殖利하는 금곡金穀, 포목布木의 공사公私와 대소大小에 구애되지 말고 일일이 조사하여 본부에 보고"하도록 하였다.[21] 이런 조치는 잘 추진되지 않았던 것 같고, 따라서 학교 운영의 재정적인 어려움이 매우 컸다. 1899년 1월에도 학부에서는 경상북도 관찰사 조한국趙漢國의 보고에 따라 공립소학교의 경비를 부군府郡에서 부담하기 어려우므로 향교, 서원의 재산 가운데 절반을 구획區劃하도록 하였다.[22] 성주에서는 군수가 사민士民에게 교육의 필요성을 설득하여 이들의 협조로 공해公廨 건물에 학교를 세우고 이를 공립학교로 허가를 받았다.[23]

또한 대구지역에도 서울의 사립학교 지교支校가 세워졌다. 먼저 건립된 것은 흥화학교의 지교였다. 1899년 6월 최처규崔處圭가 "신진개도新進開道"를 내걸면서 전 장교청將校廳을 수리하여 교사로 사용하고, 학생 40여 명을 모집하여 영어·산술·지지地誌·역사 등을 가르쳤다.[24] 안동에서도 같은 해 10월에 전 영장營將 유완柳玩이 역시 흥화학교 지교를 설립하였다.[25] 대구에서는 비슷한 시기에 장규원張圭遠이 달성학교達城學校를 세우고 일본인 교사를 고빙하여 국한문·지지·산술·일어 등을 가르쳤다.[26] 이러한 사립학교에는 모두 관찰부의 재정

21) 경상북도, 《慶北鄕校誌》, 1991, 219쪽.
22) 《皇城新聞》 1899년 1월 16일 〈학부지령〉.
23) 《大韓每日申報》 1906년 4월 3일 〈星校請認〉.
24) 《皇城新聞》 1899년 12월 14일 〈大邱學校〉. 최처규는 뒤에 교육에 대한 공으로 학부의 표창을 받기도 하였다(《皇城新聞》 1901년 5월 10일 〈관보〉).
25) 《皇城新聞》 1899년 9월 11일 〈安東小學〉. ; 1899년 9월 25일 〈廣告〉.
26) 《皇城新聞》 1899년 12월 29일 〈大邱學校의 請助〉. 1899년 7월 〈중학교관제〉에 따라서 경북관찰부 감영 안의 관청건물에서 개교하였다. 발기인은 윤필오尹弼五, 장규원張圭遠, 추교정秋敎鋌 등 10인이고, 명예교사 아라타니新谷松助, 명예고문 히자쓰키膝付益吉, 초대교장은 경상관찰사 김직현金稷鉉, 부교장은 장규현張圭鉉(1900년 10월부터 윤필오)이었다. 심상과는 1905년 8월 27일에 대구보통

적인 보조가 있었다. 이는 〈소학교령〉에 "각 관찰사는 관내에 공립소학교를 설치하기 이전에 사립소학교를 대용代用할 수 있다"고 한 바에 의거하여, 사립학교를 공적인 차원의 교육으로 운용하고자 한 것이었다.[27)]

한편 정부의 공교육이 지방으로 확산되고, 사립학교 지교가 만들어질 수 있었던 것은 당시 서울에서 전개되던 독립협회운동과도 무관하지 않았다. 지배층을 중심으로 전개된 위로부터의 부르주아 운동은 1896년 독립협회운동에 이르러 새로운 방향을 모색하기 시작하였다.

우선 독립협회와 같은 조직 운동을 전개하면서 그들이 그전까지 도외시하였던 민중층을 동원하고자 하였다. 식자층이 가지고 있었던 우민관愚民觀이 변한 것은 아니었지만, 그들은 당시의 국가경쟁, 민족경쟁에서 이기기 위해서는 민중층의 지식을 개발하고, 민권을 성장시켜야 한다고 생각하고, 우매한 민중층을 계몽할 것을 주장하였다. 순 한글로 된 《독립신문》을 발간하고, 교육의 보급을 주장하였으며, 만민공동회와 같은 민회운동도 전개하였다.

또한 그들은 지배층 중심의 개혁운동을 지지하는 동맹세력을 확보하여 운동을 확산하는 작업도 행하였다. 그들과 사회경제적 처지가 같았던 지방의 식자층이나 자산가를 그들 운동에 참여시키려 하였다. 이를 위해 독립협회는 각 지방에 지회를 설치하였다. 물론 지회의 청원은 '가산을 능히 다스리며 학식이 유여한 자'로 제한하였으며, 인구 3천 명 이상의 중소도시에 한정하는 등 신중하게 처리하였고, 지회 활동에 대해서도 본회에서 엄격하게 시찰 감독하였다. 전국적으로 공

학교로 인계되고, 고등과는 1909년 3월 8일 협성학교로 개칭되었다. 그런데 달성학교는 일어학교로, 일본거류민 히자쓰키가 설립했다는 기록도 있다(河井朝公, 《大邱物語》, 1931. 78쪽).

27) 정승교, 앞의 글, 1998, 296쪽.

주·평양·선천·의주·강계·북청·목포, 그리고 대구 등지에 지회가 세워졌다.[28]

대구에서는 1898년 여름에 독립협회 지회 개설을 청원하였으나, 일이 많아 보류되다가 9월에 들어 허가되었다.[29] 대구지회에서는 학생들의 토론회를 조직하였다. 공립소학교 학생 가운데 15세 이상 되는 사람들이 토론회를 위해 개진협회開進協會라는 것을 조직하고 매주 토요일에 통상회를 열었다. 지회의 규칙은 《의회통용규칙》에서 뽑아 정비하였다. 발회식에서는 회장을 투표로 선출하고, 또 개명진보開明進步와 충군애국忠君愛國을 목적으로 하는 연설과 국기에 대한 만세 고창도 행했다.[30] 그리고 방학 기간을 이용하여 학교의 임원과 학생들이 일본의 공진회共進會에 참관하여 견문을 넓히기도 하였다.[31]

2. 국권회복을 위한 계몽운동의 지방 확산과 교육운동

1) 대구·경북 지역의 계몽단체와 교육운동

(1) 대구의 계몽단체

1905년 을사조약으로 국권이 상실되자 국권회복을 위한 운동의 하나로 계몽운동이 일어났다. 당시의 부르주아세력(관료층, 식자층, 개신유학자 등)은 사회진화론에 따라 우리가 부강하지 못했기 때문에 국권상실이 초래된 것으로 판단하였다. 따라서 부강을 위해서는 교육을

28) 愼鏞廈, 《獨立協會 硏究》, 일조각, 1976, 106~112쪽.
29) 《皇城新聞》 1898년 9월 22일 〈又許支會〉.
30) 《독립신문》 1898년 12월 26일 〈개진협회〉.
31) 《皇城新聞》 1900년 3월 20일 〈普校參觀共進〉.

진흥하고 산업을 발전시켜야 하며, 더불어 우리의 '조국 정신'을 고취해야 한다고 주장하였다. 이를 위해 단체를 조직하고 계몽운동을 전개하였으며, 이 운동을 전국적으로 확대하였다. 지방에 많은 계몽단체의 지회를 설치하였고, 교육을 위한 학회學會와 학교도 세웠다.

계몽운동이 각 지방으로 확산될 수 있었던 것은 각지에 이미 이 운동에 동참할 수 있는 여러 세력이 형성되어 있었기 때문이었다. 이들은 이미 교육과 계몽 운동을 위한 독자 조직을 만들기도 하였으며, 서울에서 전개된 계몽운동 단체의 지방 지회로 발전하기도 하였다. 경북 지방의 계몽운동을 선도한 것은 대구였다.

대구의 계몽운동과 교육운동은 1906년 1월에 조직된 대구광문사大邱廣文社가 주도하였다. 광문사에는 대구 상인층을 중심으로 전직 관료와 유생층이 참여하였다. 사장은 김광제, 부사장은 서상돈이었다.[32] 대구광문사는 동서양의 서적 가운데 당시에 사용할 수 있는 것을 번역하여 교과서로 발매하고, 또 도내의 충효열행忠孝烈行이 있는 사람의 업적을 모아 책을 만들고자 하였다. 또 매달 3회씩 잡지를 발행하여 각 군 관리들의 잘잘못과 인민의 선악善惡을 일일이 조사하여 발행하고자 하였다.[33] 뿐만 아니라 대구광문사는 '영남신보'라는 신문 발간도 추진하여 이해 6월에 농상공부로부터 발간 허가를 받았으며,[34] 이를 위해 일본 도쿄에서 활자와 활판을 구매하기도 하였다.[35]

---

32) 《大韓每日申報》 1906년 1월 14일 〈廣文創設〉.

33) 위와 같음.

34) 《大韓每日申報》 1906년 5월 24일 〈文社大進〉 ; 6월 2일 〈新聞承認〉. 신문의 간행은 예정대로 이루어지지 않은 것 같으나 교과서는 몇 종류 출판하였다. 현재 확인되는 것으로는 ① 이원조李元祚, 《중등산학中等算學》, 1907년 10월. 심상중학교 수학 교과서용, 이원조는 탁지부 양지과 대구출장소 수학 교수. 광문사 사장, 대동보사 사장이었던 김광제가 교열, ② 장지연 역술, 《상업학商業學》, 1907년 11월, 장상철張相轍 교열, ③ 이병태李炳台 역, 《경제교과서經濟教科書》, 1908년 4월, 원저자 일본인 와다和田垣謙三 등이 보인다(康允浩, 《開化期의 教科

무엇보다도 광문사에서는 '흥학설교興學設校' 곧 교육과 학문을 진흥하고 학교를 설립하기 위해 산하에 각 군 인사 5백~6백 명으로 문회文會를 조직하였다.[36] 그러면서 1906년 2월, 유생 김호규金濩圭 등 광문사 관련 인사들은 "치국治國의 요무要務는 교민敎民에 있고, 교민의 방법은 학교의 설립에 있다"고 하면서 관찰부 아래 있는 낙육樂育, 양사養士 두 서재에 사립보통학교를 설립하였다. 김광제를 교장으로 하고, 외국의 고등학문을 배운 사람을 교사로 채용하고자 하였다.[37] 대구광문사의 교육진흥운동은 후술할 바와 같이 관찰사 신태휴申泰休가 부임하면서 더 활성화되었다.[38]

1907년에 들어 대구광문사는 더 적극적인 계몽·교육운동을 전개하기 위해 산하의 문회를 대동광문회大東廣文會로 개편하였다.[39] 후술하게 될 대구지역 국채보상운동이 발의되었던 곳도 바로 이를 결성하던 자리였다. 대동광문회는 회장에 박해령朴海齡, 부회장에 김광제(대동광문사 사장) 등이 추천되었으며, 특히 일본의 동아동문회東亞同文會와 청국의 광학회廣學會 등과 연락하여 친목을 도모하고 교육을 확장하고자 하였다.[40] 곧 일본, 청국과 학술적 교류를 확대하고, 교육의 확장

用圖書》, 1973 참조). 자체적인 교과서 출판계획은 고령의 영신학교靈新學校에서도 추진되었다(《大韓每日申報》 1906년 8월 23일 〈高倅報告〉).

35) 《大韓每日申報》 1906년 6월 22일 〈廣文承認〉.

36) 《皇城新聞》 1907년 2월 4일 〈文會建議〉; 2월 22일 〈廣會建議〉. 문회에서는 교육운동을 펴는 동시에 회원 사이의 의견을 조율하기 위해 '사회의 의무', '교육의 방침', '한인의 최대 병자는 의뢰에 악습' 등과 같은 주제로 서로의 의견을 정리하기도 하였다(《皇城新聞》 1907년 1월 17일 〈文社三究〉).

37) 《大韓每日申報》 1906년 2월 8일 〈學校請設〉.

38) 그 과정에서 서문 밖 달서교에 있었던 본부를 관찰부 대문 앞 공해公廨 건물을 수리하여 옮길 수도 있었다(《大韓每日申報》 1906년 5월 24일 〈文社大進〉).

39) 《皇城新聞》 1907년 2월 11일 〈광고〉 "大邱廣文社 文會 今陰十六日 開會式設行 會名以大東光文會改稱 現在 擴張 僉君子照亮 廣文社 告白".

40) 《大韓每日申報》 1907년 2월 23일 〈連絡廣學〉.

을 추구하는 것이 바로 대동광문회의 설립 이유였다. 그리고는 대구광문사의 교육운동을 지원하고, 대한자강회에서 정부에 제안한 "강제적 의무, 구립적區立的 제도"의 의무교육제의 시행을 정부에 다시 건의하였다.41)

당시 대구에는 광문사 말고도 계몽운동을 추진하던 단체들이 여럿 있었다. 먼저 민지民智의 개발과 교육의 진흥을 추구하던 대구광학회大邱廣學會가 있었다.42) 최대림崔大林·이일우李一雨·김선구金善久·이종면李宗勉·이쾌영李快榮·김봉업金鳳業·윤영섭尹瑛燮·윤필오尹弼五 등은 1906년 8월에 "우리나라가 위급하고 망하게 된 것은 민지가 아직 열리지 않았기 때문"이라고 하고, 백성의 학문을 넓히고 민지를 개발하며 민업을 확장하자고 하였다. 이를 위한 방법으로 학교 설립은 물론, 외국의 경우처럼 취학 전의 아동을 위한 유치원, 그리고 장년층을 위한 교육-박물관, 도서관, 박람회, 연설회, 토론회, 강연회, 도서종람회, 신

41) 《皇城新聞》 1907년 2월 4일 〈文會建議〉 ; 1907년 2월 22일 〈廣會建議〉. "대구 대동광문회장 김광제 등 10여 인이 정부에 건의"라고 하여 약간의 혼돈이 있는 것 같다. 김광제는 대구광문사 사장이면서 대동광문회의 부회장이었고, 대동광문회의 회장은 박해령이었다. 2월 4일자의 기사는 광문사 문회의 이름으로, 22일자는 문회가 바뀐 대동광문회의 이름으로 행하여졌다. 그 사이 조직의 변화로 말미암아 이런 혼동이 생긴 것 같다.

42) 權大雄, 앞의 글, 1994, 23~25쪽에서는 대구광학회는 1906년 2월 체임된 친일파 관찰사 이근호李根澔와 연결된 단체였고, 대구광문사는 3월에 새로 부임한 관찰사 신태휴와 연결된 단체라고 하였다. 그리고 그 구성원도 전자는 경북 일원의 중인출신과 당시 상경 활동하던 유생들을 포함하였고, 후자는 전현직 관료 및 부호라고 하였는데, 구체적인 근거는 없다. 물론 대구광학회의 회원 가운데 윤필오尹弼五는 일진회원으로, 일본어를 가르치던 달성학교의 교장이었으며, 대구성 훼철에도 관여하였고, 또 윤영섭尹瑛燮과 더불어 시청을 개설하여 폐단을 일으켰던 점은 있다(《大韓每日申報》 1907년 6월 23일). 이 두 단체의 핵심인물은 모두 국채보상운동에 참여하였다. 윤영섭은 국채보상운동 조직의 평의원이었고, 특히 1908년 7월 이 운동이 정체되었을 때 전 국민의 대동결의를 주장하던 12명(이현주, 서상돈, 정재학, 김병순, 최시교, 최대림, 박승동, 박기돈, 이종면, 서병오, 이일우, 정규옥) 가운데 최대림, 이종면, 이일우 등은 대구광학회 인물이었다(《大韓每日申報》 1908년 7월 25일 광고).

문종람소 등– 방법을 강구하여 지식을 연마하려 하였다.[43]

대구광학회의 사무소는 이일우가 경영하던 우현서루友弦書樓였다. 이일우는 그 전해 이곳에 시무학당時務學堂을 설립하여 학문이 뛰어난 사람을 학당장으로 초빙하고 지식발달에 유익한 내외국의 신구 서적과 각종 신문 잡지 등을 널리 구입하여 비치한 바 있었다.[44] 이를 바탕으로 만들어진 우현서루는 도서실로도 활용되어 신구新舊 학문 연구의 중심지 역할을 하였다.[45]

또한 각 지방에는 계몽운동과 동일한 목적을 지향하던 자치조직으로서 민회民會가 많이 만들어졌는데,[46] 대구에서는 대구민의소大邱民議所라는 이름으로 조직되었다.[47] 민의소 설립을 청원한 사람은 서상돈이었고, 인민대의소, 곧 민의소 총의장은 김광제였다. 그들은 당시 한국의 빈약이 민지가 개발되지 않았기 때문이라고 판단했다.

> 若吏我韓之民으로 人人이 識法律하며 人人이 識義務하여 能保權限하며 能保生命이면 彼壓制與凌侮가 從何以至哉리오. 是以로 세계문명지국은 許民代議之權하여 인민 이익에 관한 事는 無不獻議而實施하니 此可以民議定於下하고 國政이 成於上者也라.

인민이 권리와 의무를 알아 생명을 보존했다면 외국의 수모도 없었을 것이므로, 서양의 경우처럼 인민의 이익에 관한 사항을 아래에서 논의하여 위에서 국정이 이루어지도록 해야 한다는 것이었다. 이를 위

43) 《大韓每日申報》 1906년 8월 21일 〈大丘廣學會趣旨〉.
44) 《皇城新聞》 1905년 2월 1일 〈有志開明〉.
45) 《大韓自强會月報》 4, 42쪽.
46) 李相燦, 앞의 글, 1989.
47) 이듬해 국채보상운동을 위해 조직된 것도 대구민의소였다. 곧 민의소는 '백성들의 대의적 활동 기구'라는 보통의 의미로 사용되어 사안에 따라 같은 이름으로도 조직되었던 것 같다.

해 영남의 수부首府요, 각국인의 통상지지通商之地인 대구에 대의소代議所를 설립하여 백성들의 애로점을 이 대의소에서 해결하면 인민의 생명 권한을 가히 보전할 수 있을 것이라 하였다.48)

그리하여 대구민의소(인민대의소)는 "민지를 개발하고 민권을 부식扶植"하자는 취지 아래 의견을 진술하고, 교육방침을 연구 권면하였으며, 아울러 농상공을 발달시킬 방책도 강구하였다.49) 민의소 총의장 김광제가 "국권의 확립은 민기民氣의 진작에 있고, 국정의 징청澄淸은 민지의 계유啓牖"에 있으므로, 민기를 진작하고 자치·자강을 도모하기 위해 민의소를 설치한다고 한 것도 마찬가지 논리였다.50) 그들은 이 민의소 활동은 법률의 범위 이내에서 별도의 절차로 관리에게 질문 또는 건의하되 관에 대항하는 폐습은 일체 실시하지 않기로 하였다.51) 이런 활동의 목표 및 방법은 당시 대한자강회大韓自强會와 같은 계몽운동 단체에서 추구하던 이념이나 활동 지침과 동일하였다.52)

그 밖에 시장의 상인과 읍성 시민들의 조직이었던 대구시의소大邱市議所도 있었다.53) 그 안에도 교육부가 있어서 보통학교 안에서 무료로

48) 《皇城新聞》 1906년 5월 14일 〈設立代議請願〉.

49) 《皇城新聞》 1906년 6월 1일 〈慶北代議所〉.

50) 《大韓每日申報》 1906년 8월 26일 〈慶尚北道大邱府 民議所長金光濟氏의 警告文〉.

51) 《皇城新聞》 1906년 6월 1일 〈慶北代議所〉.

52) 가령 《大韓自强會月報》 1, 19~28쪽의 尹孝定과 大垣丈夫의 연설 ; 尹孝定, 〈大韓協會의 本領〉, 《大韓協會會報》 1, 45~48쪽.

53) 대구시의소와 시청市廳에 대해서는 잘 알 수 없으나, 대체로 민의소와 다르지 않은 것으로 보인다. 그런데 성읍 사람인 '시민'들의 조직인 '시청'은 대구 성안에 여러 개 있었던 것으로 추정된다. 《대한매일신보》의 지사가 이 시청에 있었던 것은 이미 지적하였다. 또 대구군수 박중양이 대구성을 허물 때 대구 성내의 '시민'을 동원하고, 시청이라는 것을 만들면서 각 상점으로부터 세금을 거두고, 또 시청의 구역을 정한 사실도 있었다(《慶尙南北道案》 광무 11년 3월 1일 대구군수 박중양 보고 ; 《大韓每日申報》 1906년 11월 24일 〈言之醜也〉 ; 11월 30일 〈不法何多〉). 1907년도에 가면 민의소를 만들어 불법을 자행하던 윤필오, 윤영섭 등이 관아 건물에 시청을 열고 탐학을 행하다가 면장 이하 민중의 항의를 받은 일도 있었고(《大韓每日申報》 1907년 6월 26일 대구군 거 27동 거

환등회幻燈會를 열어 일반 인민의 계몽에 동참하기도 하였다.[54]

계몽단체가 주도한 교육운동과 더불어 이들 참여인사들은 개인적으로도 교육운동에 가담하였다. 관찰부 소재 낙육재樂育齋와 연계재蓮桂齋 소속 전토를 합하여 설립한 달명의숙達明義塾에는 교장 이현주李玄澍, 부교장 겸 강사 김광제金光濟, 교감 장상철張相轍·윤영섭 등이 관여하였다.[55] 또 서상돈·정재학·윤필오 등은 협성학교協成學校를 만들며 그 건축비 6천 7백여 환을 마련하자, 경북 관찰부에서는 동서 양청兩廳의 부지를 제공하기도 하였다.[56] 윤영섭은 관찰사 신태휴가 만든 학교 사무에 열성적으로 참여하였다.[57]

대구광문사, 대구광학회, 그리고 대구인민대의소(대구민의소) 등은 그 활동이나 목표가 거의 동일하였다. 목표는 실력양성을 통한 국권회복이었고, 특히 교육 보급을 통해 민지를 개발하고, 민기를 진작하여 자치·자강하자는 것이었다.[58] 서울지역의 계몽운동과 보조를 같이하

주민 동상면장 배영수, 서상면장 최처은 광고), 또 새로 부임한 관찰사 이충구李忠求는 시청의 문부文簿를 혁신하여 일반 인민으로 실업을 흥왕興旺케 하기도 하였다(《大韓每日申報》 1907년 5월 7일 〈達察初政〉). 이런 점으로 보아 시청은 대구의 성안에 거주하는 '시민' 곧 시장과 연관된 사람들의 민회 조직인 것 같다. 대구에 있던 일본인은 "일본인이 대구거류민단을 만들자 이를 모방하여 대구시의소를 만들고, 일본인상업회의소가 만들어지자 또 대구상업회의소라는 것을 만들었다"고 하고, "상업회의소는 서문 밖 달서교 근처에 있었으며, 서로 모여 담배나 피우는 곳"이라 하였다. 또 시의소는 "교육의 보급, 걸인의 구제, 황무지·미간지의 개간 등을 강령으로 하였으며, 관찰부의 부속 건물에 있던 사무실을 서문 안으로 옮기면서 대구시청이라고 하고, 서상돈이 시장이 되었으며, 여기에서 국채보상운동을 전개하였다"고 하였다(河井朝雄, 앞의 책, 1931, 205~206쪽).

54) 《大韓每日申報》 1907년 4월 28일 〈幻燈開設〉.

55) 《大韓每日申報》 1906년 10월 24일 〈達塾贊揚〉.

56) 《慶尙南北道來去案》 광무 11년(1907) 5월 경상북도관찰사 이충구李忠求 보고. 그런데 이 학교에는 얼마 안 가 교장 서상하와 이현주의 알력이 있었다(《大韓學會月報》 9, 〈抱兩校來函하고 放聲大哭〉).

57) 《大韓每日申報》 1906년 6월 19일 〈贊成校務〉 ; 7월 22일 〈尹氏志願〉.

58) 《大韓每日申報》 1906년 10월 21일 〈廣學會와 民議所〉. "대구에서는 개명 정도가 점차 진보하여 광학회와 민의소를 설립하였는데, 달성광문사 사장 김광제 씨

여 지회를 조직하거나 후술하게 될 국채보상운동을 일으킨 사람들도 바로 이들이었다.

(2) 계몽운동 지방지회의 활동

국권회복을 목표로 한 계몽운동은 민중층을 계몽하고 이들을 포섭하면서 지방으로 확산되었다. 이런 추세는 대한제국의 개혁사업과도 밀접한 관계가 있었다. 대한제국정부는 식산흥업 및 교육 진흥을 강조하였는데, 교육을 통한 민지 개발은 정부에서 줄곧 추진하던 정책이었다. 이 운동은 각 지방으로 확산되면서 많은 자산가와 유교지식인이 가담함에 따라 더욱 활기를 띠었다.[59]

대구광문사를 중심으로 추진된 대구 지역의 계몽운동도 서울에서 시작된 계몽운동과 연결되었다. 대한자강회와 관계를 맺은 것을 시작으로, 대한협회 대구지회를 조직하는 것으로 이어졌다. 대구지역의 유생층, 자산가들은 교육운동이 한창이던 1906년에 대한자강회와 관련을 맺었다. 그들은 대구광학회를 만들면서 대한자강회 회장 윤치호를 초청하였다.[60] 대한자강회는 총무 윤효정尹孝定과 고문 오가키 다케오大垣丈夫를 고령과 동래의 시찰원으로 파견함으로써 대구광학회의 요청을 들어주었다. 대구를 방문한 윤효정은 대구지역의 인사들과 "민지의 개발과 국운의 회복"에 관해 토론하였고, 대구광학회 사무소에서 임시의장 윤필오의 사회로 개최된 연설회에서 윤효정은 〈민부지국民不知國

가 개회규칙과 사회의무에 한숙嫺熟하다 하여 양소사兩所社를 공천 실시한 것이 몇 달되었는데…"라고 하였다.

59) 金度亨, 앞의 글, 1988. 경북지역에 대해서는 金喜坤, 〈韓末 嶺南儒學界의 啓蒙運動〉, 《韓末 嶺南儒學界의 動向》, 1998 참조.

60) 《大韓每日申報》 1906년 8월 19일 〈大丘廣학會중 派送摠代 金善久氏 請邀尹致昊氏勸勉講論事 公函〉; 《皇城新聞》 1906년 8월 20일 〈學會請師〉.

의 폐해〉, 오가키는 〈대한사군자大韓士君子의 책임〉이라는 제목으로 연설하였다.[61] 윤효정이 시찰했던 고령에는 대한자강회의 지회가 설치되었으나, 대구에는 설치되지 않았다.[62]

그 뒤, 1908년 1월에 이르러 대한협회의 대구지회가 설치되었다.[63] 회장 박해령, 부회장 서봉기, 총무 정재덕 외에 평의원으로 이일우, 박기돈, 이종면, 최대림, 서흥균 등이 참여하였다. 대구광문사 계열과 대구광학회 계열이 대부분 참여하였고, 또한 그 전해에 전개되었던 국채보상운동에 참여했던 사람들이 주도하였다.[64] 대체로 전현직 관료, 지주, 상인층으로, 이전부터 대구지역 계몽운동을 주도하던 사람들이었다. 지회에서도 역시 교육 진흥과 실업 발달을 추구하였다.[65]

1908년 9월에 대한협회 대구지회에 참여했던 신지식 청년들이 중심이 된 달성친목회達城親睦會도 조직되었다.[66] 이근우李根雨, 김용선金容璇 등이 주축이 되고, 여기에 서상일·이시영·서병용·이경희 등의 청년층이 참여하였다. 이들은 대한협회 대구지회, 교남교육회 등의 계몽·교육 단체와 연관을 맺으면서 활동하였다. 달성친목회는 독자의 회

61) 《大韓自强會月報》 4, 43쪽. 윤효정은 서울로 돌아가던 길에 다시 대구에 들러 〈권리는 의무의 效果〉라는 제목으로 연설하였다(같은 책, 47쪽).

62) 權大雄, 앞의 글, 1994, 23쪽에서는 "서울의 광학사가 대한자강회와 표리를 이루는 연락기관으로 설립되었으므로, 그 지회인 대구광학회는 대한자강회의 지회로서의 성격을 띠고 있었다"고 하였다.

63) 대구지회에 대해서는 김일수, 〈대한제국 말기 대구지역 계몽운동과 대한협회 대구지회〉, 《民族文化論叢》 25, 영남대 민족문화연구소, 2002 참조.

64) 다만 국채보상운동의 가장 핵심인사였던 서상돈과 김윤란金允蘭, 정규옥은 지회에 참여하지 않았다. 아마도 총무 정재덕과의 불화 때문인 것으로 보인다. 이 장의 주 146 참조.

65) 대구지회의 교육부장은 노동야학교 교장이었던 현경운玄擎運이었다. 지회의 1908년 5월의 총회에서 국민야학교國民夜學校를 설립하기로 결의하였고, 그 뒤 노동야학교의 교원을 지회의 통상평의회에서 선정하였다(《大韓協會會報》 8, 62쪽 ; 12, 56쪽).

66) 김일수, 〈1910년대 달성친목회의 민족운동〉, 《한국학논집》 45, 계명대 한국학연구원, 2011.

관을 가지고 있었는데, 달서여학교達西女學校가 설립된 지 1년 만에 학생이 50여 명으로 늘어나 교실이 비좁아 불편해지자 회관을 빌려주었으며,[67] 또 회관 안에 법률 야학강습소를 설립하고 보성전문학교의 강의록 수백 부를 가져와 교육하였다.[68]

계몽운동 단체의 지방 지회는 경북 일원으로 퍼졌다. 처음 대한자강회 지회는 고령과 청도 두 곳에만 조직되었으나, 대한협회 지회는 대구·경주·영천·자인·칠곡·성주·인동·선산·김산·안동 등지로 확산되었다. 교남교육회의 지회는 안동 한 곳에만 설치되었지만, 서울에서 공부하던 젊은 지식층이 본회에 참여하여 다음 세대의 중심인물이 되었고, 또 각 지역의 유력자들이 서울 본회의 회원으로도 참여하였다.[69]

계몽운동 단체의 지방 지회가 설치된 12군은 지역적으로 대개 평야지대(수전지대, 중간지대)였고, 개항 이후 농업재편이 일찍 일어난 지역이었다. 또한 이 지역은 일본인의 이주나 경제침탈이 심각하게 일어나던 경부선 연변이었다. 곧 지주로의 성장이나 농민층의 몰락이 먼저 일어났으며, 일본인의 경제침탈도 일찍부터 진행되던 곳이었다. 지주경영의 강화, 철도를 통한 상품화, 일본인의 상권 장악과 일본군대의 주둔 등을 배경으로 조선인 독자의 상업 조직이 만들어졌고, 이 조직이 계몽운동과 연관이 있었던 것이다. 대구나 김천[70] 등이 그러

67) 《大韓每日申報》 1909년 12월 30일 〈達校振興〉; 《大韓民報》 1910년 1월 8일 〈達西女校大發展〉. 대구의 부인들도 일반 여자 교육의 발전을 위해 교육부인회教育婦人會를 조직하고 달서여학교의 학교 수리비를 보조하기도 하였다.

68) 《皇城新聞》 1910년 6월 15일 〈親睦會法律夜學〉.

69) 지방에 거주하면서 회원이 된 사람은 많지만, 대한협회 지회의 활동에 참여하였던 사람으로는 장상철張相轍(대구, 달명達明의숙 교감, 국채보상 주도), 도헌모都憲模(성주), 최준崔浚·정기락鄭基洛·손병후孫秉厚(경주), 장돈상張敦相(인동), 유인식柳寅植(안동, 협동학교), 김명수金明洙·문영주文永周(김산) 등을 확인할 수 있고, 칠곡의 장길상張吉相(재무부장, 부회장 역임), 대구의 서상일徐相日(평의원), 안동의 김지섭金祉燮, 경남의 안희제安熙濟(평의원) 등이 주목된다(《崎南教育會雜誌》 참조).

하였다. 경주의 경우에는 부회장 손병규孫秉奎, 평의원 최준崔浚과 같은 유명한 지주가 참여하였다.[71] 또 이 지역에서 의병항쟁이 치열하지 않았던 점도 계몽운동이 활발할 수 있었던 배경이 되었다.

앞서 본 바와 같이, 문명개화론의 확산 속에서 각 지역의 유생층도 변하고 있었다. 그들은 종래의 유교로는 당시 사회문제를 해결할 수 없다는 인식에서 변통론, 변법론 차원에서 서양 문명을 긍정하게 되었다. 이들의 인식은 유교를 완전히 극복·청산한 것은 아니었지만, 이전의 보수적 유생층과는 분명 다른 것이었다. 이들은 계몽운동을 확산시키고자 사립학교를 설치하고, 계몽운동 지회(성주, 안동, 고령 등)를 설치하여 활발한 활동을 하였다.[72]

성주와 안동에 대해서는 앞서 일부 살펴본 바가 있다.[73] 고령의 경우는 군수와 유림의 협조로 지회가 설립되었다.[74] 고령에서는 이미 전국적으로 확산되던 계몽운동과 교육운동의 흐름 속에서 군수와 유지들이 영신학교靈新學校를 설립하여 교육운동을 전개하였다. 그리고 이 학교의 찬성원과 간사가 중심이 되어 1906년 7월에 대한자강회 지회를 설립하였다.[75] 그러나 대한자강회 본회가 이듬해 해체되어, 이들

70) 김천은 본래 삼남의 길목으로 상업의 요충지였고, 경부선의 개통으로 더욱 발전하던 곳이었다. 이곳의 상업회의소는 1906년에 결성되었는데, 회두 박지화朴芝華, 부회두 이종병李鍾秉, 상의원 최진태崔鎭台· 이병재李秉宰· 김은수金銀洙 등이 모두 지회의 회장, 부회장, 평의원 등의 임원으로 활약하였다.(《商業會議所》, 1907년 작성, 서울대 도서관).

71) 경주지회의 활동은 당시 신문에 자주 그리고 자세하게 보도되었다. 그들은 자체의 회관을 건립하고, 그 회관의 낙성식에서는 부회장 정기락鄭基洛이 '국가도 우리의 회관'이라는 연설을 하였으며, 국가의 존립을 위해서는 단체가 필요하고, 대한협회가 바로 정당이라는 점을 강조하였다(《大韓民報》 1909년 9월 7일 〈鄭氏演說〉).

72) 尹健次, 앞의 책, 청사, 1987 ; 金祥起, 〈韓末私立學校의 敎育理念과 新敎育救國運動〉, 《淸溪史學》 1, 1984.

73) 이 책의 서장 및 제1부 해당 논문.

74) 《大韓自强會月報》 4, 46쪽.

의 지회 활동은 지속되지 못하였으며, 대한자강회의 후신으로 만들어진 대한협회의 지회도 설치되지 못했다.

이 세력은 대부분 민의소로 결집하게 되었다. 고령 민의소(민회)의 회장은 곽종석의 제자인 이인재李寅梓였다. 이인재는 유교를 근본으로 하면서 새로운 서양의 학문을 유교적인 입장에서 인식하고 이를 일정하게 수용하는 변법론자였다. 고령민의소는 지방공익의 도달導達, 행정 방법의 개선, 인민폐막人民弊瘼 제거, 교육 보급, 권리 보호, 환난상구患難相救 등을 강령으로 하였다. 이는 구래의 자치 방안이었던 향약의 구휼 사업에 교육 보급, 행정 개선, 권리 보호 등의 서양 정치론을 결합한 것이었다. 그런데 민의소는 그 활동 범위를 철저하게 "국법 범위와 문명 궤도 이내의 행동"으로 한정하면서 지역에 문제가 생기면 이를 관청에 건의하고 질문하는 방법으로 해결하고자 하였다. 민의소는 군회郡會(총소總所), 면회面會(면의소面議所), 동회洞會를 각각 조직하고, 면장과 이장(이들은 지방세 영수원도 겸함)은 면회나 동회의 논의를 거쳐 군수에게 임명을 추천해야 한다고 하였다.[76]

그런데 민의소에는 지역의 유자층(식자층)과 경제적으로 여유가 있는 요호층만이 참여할 수 있었다. 농민층이 주도한 종래의 '민회'와는 달랐다. 민의소 총소의 의원을 선출하는 선거인은 글을 알고, 국세 5환 이상 납부하는 성년으로 하였으며, 피선거인은 국세 7환 이상 납부하고 문서와 시무를 능히 다룰 수 있는 사람으로 제한하였다. 면의소의 임원도 피선거권은 국세 5환 이상 납부한 사람, 선거권은 국세 3환 이상 납부한 사람에 한하였다.[77] 곧 민의소를 주도한 사람은 재

75) 《大韓自强會月報》 3, 41쪽 ; 《大韓自强會月報》 4, 42쪽.
76) 《高靈郡自治民議所程式》에는 〈綱領〉, 〈規則〉, 〈細則〉, 〈議員選擧規程〉, 〈公式文書〉, 〈通常會會規〉, 〈總務會計處務規程〉, 〈罰則〉, 〈面會所規則〉 등이 자세하게 규정되어 있다.

산을 가진 향촌의 사족층이나 향리층이었다.[78]

민의소에서 추구하던 목표나 그 운동 방법, 구성원 등은 모두 계몽운동의 그것들과 동일하였다. 이인재는 계몽운동도 자국의 정신을 북돋워 국권을 만회하려는 것이므로 지방에서 선비들의 기운을 진흥시키는 향약과 실습實習이 같다고 생각하였던 것이다.[79]

하지만 지방의 계몽운동은 서울에서 전개되던 계몽운동과 이념이나 운동 노선에서 차이가 있기도 하였다. 안동의 경우가 그러하였다. 이상룡은 지회에서 추구해야 할 여덟 가지 의무를 제시하였다. 곧 ① 연설·서적 등의 방법으로 우민愚民을 개도開導하여 회세會勢를 확장할 것, ② 국민을 교육할 것, ③ 공상工商을 진흥할 것, ④ 지리·호구·민속·민업 등의 국정을 조사할 것, ⑤ 정당으로서의 정무政務를 연습할 것, ⑥ 학교 등에서 군사교육을 실시하여 의용義勇을 양성할 것, ⑦ 각국과의 외교를 광비廣備할 것, ⑧ 법률과 관계되는 법전을 초집抄輯할 것 등이었다.[80] 대한협회라는 정당 활동을 통하여 교육과 식산·외교·법률 등의 분야에서 자강을 달성하고, 무엇보다도 이 조직을 군사적인 활동과 연계시켰던 것이다.

이상룡이 계몽운동 지회를 군사적인 조직, 즉 의용을 양성하기 위한 조직으로 만들고자 한 것은 그들의 유교적 배경 및 의병 활동과

---

77) 《高靈郡自治民議所程式》.

78) 이런 점은 계몽운동 지회의 경우에도 마찬가지였다. 가령 성주지회에는 향리층도 열성적으로 참여하였다. 지회 총무 도갑모都甲模, 평의원 배상락裵相洛 등이 그러하였는데, 도갑모는 향리 도한기都漢基의 조카로 그의 학문을 이어 받았다고 하였다(《星山誌》). 지회의 평의원이었던 도헌모都憲模(1937년에 대가면장大家面長)는 도한기의 아들이었다. 또한 배상락은 대지주로 한말에는 전화과電話課 주사主事, 초대 금융조합장이었고, 1910년대에는 대구은행의 대주주가 되었다.

79) 《省齋集》 권3 〈答大韓協會星洲支部－金元熙·李晋錫·金昌淑〉, 218~219쪽.

80) 《石洲遺稿》 권5 〈書揭大韓協會會館〉, 204~207쪽.

연관이 있었다. 그는 "힘의 열세로 의병은 불가능하다"고 판단하였지만 무력 항쟁을 포기하지 않았던 것이다. 오히려 계몽운동 지회 활동을 일종의 '병농일치兵農一致'적인 입장에서 조정하였다.

> 금일 제국주의가 성행하는 세상에 처하여 군국주의軍國主義를 취하지 않으면 자립하기에 부족하다. 우리 지회의 모든 사람은 마땅히 이 뜻을 본받아 각자 국방을 제1의 의무로 해야 한다. 우리 지회에서 설립한 교숙校塾에서는 모두 병식兵式의 체조를 사용해야 한다. 우리 지회원이 설립한 공예소工藝所와 간식개광墾殖開礦 등의 일에서도 공비工備(고용자)를 모집하여 수가 많으면 역시 작대지법作隊之法을 반드시 상용해야 한다. 우리 지회의 회원이 향리에 있으므로 자치제도를 실시해야 하고, 모두 마땅히 단련지제團鍊之制를 사용해야 한다. 후일 거국적인 징병령 아래에서 모두 소융小戎(뒤에서 좇아가는 작은 군대 마차, 인용자), 사철駟鐵에 뽑히는 것이 되어야 한다.81)

곧 '양성의용養成義勇'이라 하여, 학교에서도 군사교육을 시키고, 공장에서도 군대훈련을 하며, 지방자치에 근거한 단련제團鍊制를 실시함으로써 징병제를 준비하고 무력항쟁을 지향하고 있었던 것이다. 이런 점에서 안동의 지회 활동은 대한협회 본회에서 추구하고 있었던 운동노선과는 대립하는 면을 보이기도 하였다. 그는 대한협회 본회가 점차 그들의 입장을 대변하지 못하고 친일화하자 본회와 결별하였다.

---

81) 《石洲遺稿》 권5 〈書揭大韓協會會館〉, 206쪽.

2) 경북의 근대교육과 유교

(1) 학교 설립과 교육운동

대구광문사, 대동광문회, 대구광학회 등의 계몽운동 단체가 조직되면서 경북 일원으로 교육운동이 파급되었다. 그 가운데서도 경북 관찰사와 대구광문사 인사의 유기적인 협조 덕분으로 각지에 많은 사립학교가 세워졌다. 1906년 2월, 대구광문사의 김호규 등은 "교육이 급무"라는 인식에서 관찰사 이근호李根澔에게 관찰부에 소속된 낙육재樂育齋, 양사재養士齋에 사립보통학교를 설립하자고 청원하면서[82] 아울러 경북 41개 전군에 학교 설립을 추진하였다. 이 계획이 관찰사의 체임으로 중단되자 김호규·김진수 등은 직접 상경하여 정부에 이를 호소하였다.[83]

새로 부임한 관찰사 신태휴는 적극적으로 학교 설립을 추진하였다. 관찰사는 임금의 〈흥학조칙〉이 내려지기 전에 이미 경북 전군에 〈흥학훈령興學訓令〉을 내렸다. 대구광문사와 협력하여 대구에 사범학교를 수립하여 교사를 양성하고자 하였으며, 한편으로는 광문사의 김광제 등과 함께 도내 각 지역을 순회하면서 각 군의 군수와 유지에게 신문 구독, 책자 구용購用 및 사립학교 수립 등을 독려하였다.[84]

이즈음 고종의 〈흥학조칙興學詔勅〉이 내려졌다. 이 조칙에서 고종은 "오늘의 급무는 학교를 세우고 인재를 양성하는 것"에 있다고 하고,

---

82) 《大韓每日申報》 1906년 2월 8일 〈學校請設〉.

83) 《皇城新聞》 1906년 2월 20일 〈慶北興學〉.

84) 《大韓每日申報》 1906년 3월 2일 〈達察實績〉; 3월 11일 〈達察美績〉; 3월 19~21일 〈興學訓令〉; 《皇城新聞》 1906년 3월 19~23일 〈興學訓令〉; 3월 26일 논설 〈對慶北觀察申泰休氏興學訓令警告全省〉; 3월 27일 논설 〈對申觀察興學訓令警告實行〉.

학부와 관찰부가 학교를 널리 세울 수 있는 방도를 강구하라고 명하였으며, 특히 자제를 교육시키지 않고 놀고 먹이기만 하는 부형은 모두 죄를 묻겠다고 압박하였다.[85] 이어 고종은 경북의 유교 전통과 흥학 조치들을 격려하는 차원에서 특별히 천 원의 하사금을 지급하였고, 김진수 등은 〈조칙〉과 보조금을 받들어 대구로 내려왔다.[86]

이에 4월에 들어 대구광문사에서는 총회를 열어 성조聖詔를 봉독하고 학교를 세울 방략을 의결하였다. 관찰사와 학교 총무 김진수金進銖·김호규·권정섭權鼎燮 등은 〈조칙〉을 휴대하고 각 군을 순행하면서 집집마다 설득하여 학교 확장을 꾀하였다.[87] 또한 대구광문사 문회 특별회를 개최하고 각 군의 유지 신사들이 모여 역시 흥학 〈조칙〉을 낭독·선포하고, 광문사 사장 김광제, 사원 신현목申鉉穆·이종정李鍾楨·채헌蔡憲 등이 설교 방침과 사회적 취지를 연설하였다.[88] 그 뒤 김광제는 현풍·고령·성주 지역을 돌아다니면서 학교 교육을 통한 신학문의 수용, 국가사상의 고취 등에 관한 연설을 하였다.[89] 그리고 학교에서 필요한 교사를 양성하기 위해 관덕정觀德亭을 수리하고 사범학교를 설치하였는데, 서상돈·김윤란·정재학鄭在學·정규옥鄭圭鈺·이일우 등 20명이 발기인이 되어 각 5백 원씩의 특별의연금을 기부하였다.[90] 이리

85) 《高宗實錄》 광무 10년(1907) 3월 26일 ; 《皇城新聞》 1906년 3월 29일 논설 〈興學 詔勅亟宜實行〉. 이 〈흥학조칙〉이 내려지는 과정에서도 유교교육을 기반으로 신학문을 수용해야 한다는 것이 확인되었다. 고종의 〈흥학조칙〉 반포 경위와 학교설립운동에 대해서는 柳漢喆, 〈1906년 光武皇帝의 私學設立 詔勅과 文明學校 設立 事例〉, 《조동걸정년기념논총(Ⅱ) : 韓國民族運動史硏究》, 나남, 1997 참조.

86) 《皇城新聞》 1906년 3월 30일 〈內賜學校金〉 ; 《大韓每日申報》 1906년 3월 29일 〈特奬嶺學〉.

87) 《大韓每日申報》 1906년 4월 22일 〈慶學大興〉.

88) 《大韓每日申報》 1906년 4월 25일 〈慶北盛學〉.

89) 《大韓每日申報》 1906년 7월 10일 〈演說動人〉.

90) 《大韓每日申報》 1906년 3월 11일 〈達察美績〉 ; 《皇城新聞》 1906년 3월 12일 〈義捐興學〉. 그 밖에 전 주사 서병오徐丙五, 전 의관 이선형李善炯, 전 참봉 서돈순

하여 경북 관하 41개 군에 설립된 학교가 370개였고, 학생 수 4천 5백여 명에, 대구 내의 학생이 470명이 되었다.91)

이런 교육의 열기 속에서 각 지역에서도 교육을 위한 여러 단체들이 만들어졌다. 봉화의 금석주琴錫柱, 김한규金漢圭 등이 중심이 된 봉성광학회鳳城廣學會는 향교에 학교를 설립하였으며,92) 경주에서는 군수를 중심으로 경주군교육회를 조직하였다.93) 안동에서는 영가학교永嘉學校를 설립하고 교육방침을 연구하고자 영북학회永北學會를 만들었으며,94) 청도에서도 문명학교文明學校를 유지하기 위하여 간친교육회懇親教育會를 조직하였다.95) 서울에서 만들어진 교남교육회嶠南教育會에서도 영남지역의 교육 확산을 지원하였다. 교남교육회에는 지방에 있던 사람들도 다수 가입하였는데, 본회에서는 영남지역의 교육발전을 위하여 교육선유위원을 파견하여 지회의 확장과 교육의 발달에 노력하였다.96)

물론 관찰사나 군수가 주도하여 전개된 학교설립 운동으로 말미암은 폐해가 발생하기도 하였다. 1906년 10월에 신태휴가 관찰사에서 체임되자마자 학교 교원 가운데 교육에 힘을 쓰지 않고 학교를 자탁

徐敦淳, 군수 전 승지 서우순徐佑淳, 전 시종 서상하徐相夏, 전 승지 서상규徐相奎, 오위장 최성조崔聖祚, 부위 이장우李章雨, 전 참봉 정재래鄭載來, 전 돈령 곽의견郭義見, 오위장 이석진李錫珍, 박치서朴致瑞 사인士人 이일우李一雨, 이성옥李成玉 주사 최만달崔萬達, 전 주사 서상춘徐相春 등으로, 대부분 국채보상운동에 적극적으로 참여하였다.

91) 《大韓每日申報》 1906년 6월 3일 〈嶺校擴張〉.

92) 《皇城新聞》 1908년 4월 19일 〈鳳城廣學會〉.

93) 《皇城新聞》 1908년 9월 24일 〈慶郡教育會〉; 1908년 11월 5일 〈事不穩當〉.

94) 《皇城新聞》 1908년 10월 31일 〈永北學會〉.

95) 《皇城新聞》 1909년 6월 123일 〈兩個目的〉.

96) 《大韓民報》 1909년 8월 3일 〈嶠會漸進〉; 《大韓民報》 1909년 12월 2일 〈教育宣諭員〉; 《皇城新聞》 1909년 2월 3일 〈嶠南의 曙兆〉; 《皇城新聞》 1909년 12월 7일 〈嶠南勸諭〉; 《大韓每日申報》 1910년 7월 17일 〈果有是譽〉 등의 기사에서 남형우南亨祐, 박태훈朴泰薰, 강하형姜夏馨 등이 파견되어 활동하였다.

藉托하여 인민을 침학하고 재산을 빼앗는 일이 생기기도 하였다.[97] 또 군수가 학교 교육을 방해하기도 하였는데, 가령 대구의 협성학교는 대구군수를 지냈던 관찰사 박중양의 비협조와 방해로 곤란을 당하였으며,[98] 문경의 도천학교道川學校에서는 군수가 스스로 구학문을 숭상한다며 학교에 기부된 각 서당의 재물을 빼앗아간 일도 일어났다.[99]

한편으로는 학교 설립을 빙자한 군수들의 민중 수탈도 일어났다. 대동광문회 회장이자 대한협회 대구지회장을 지낸 박해령은 1909년 칠곡군수로 있으면서 학교설립기부금을 매호 1환씩 배정하고는 1년에 그 이자만 세 번 거두어들여 원성을 사고 있었다.[100] 또 상주군수 길영수는 학교를 설치한다고 요민饒民들로부터 300냥을 강제로 배정하여 100냥씩 거두었으며, 또 신학교 책자를 산다고 하고 매호에 엽전 4전 2푼씩 배렴하였다.[101] 선산군수 김창수는 창선학교를 넓은 곳으로 옮긴다고 하면서 수리비를 민간에서 거두어들여 민원이 발생하였다.[102] 봉화군수 권도상權道相은 학교 보조금을 거두어 착복하였고, 학교 의

97) 《皇城新聞》 1906년 10월 17일 〈訓禁校弊〉. 그전 6월에 모함으로 신태휴가 교체된다는 소식이 전해지자 대구 이하 각 군의 총대가 상경하여 "만약 교체되면 각 군 학교는 중도에서 폐하게 되니 내부와 정부에 유임하기를 원"하는 운동을 전개하기도 하였다(《大韓每日申報》 1906년 6월 16일 〈達察不遞〉).

98) 대표적인 친일파였던 박중양은 군수 재직 때 협성학교 재산이었던 낙육재樂育齋 가옥 기지基址를 외인外人에게 방매하였고, 그 뒤 다시 관찰사로 부임해서도 학교 재부財簿를 조사한다면서 협성학교를 폐지하고 제2공립보통학교를 설립하려고 하였다. 이 기도가 학교의 찬무원과 학생의 반대로 무산되자 순사를 파송하여 일반 문부文簿와 교장校章을 몰수 수거하고 친밀한 사람을 교장 이하 임원으로 차정差定하였으며, 학생이 다시 반발하자 아예 교실을 폐쇄하기도 하였다(《皇城新聞》 1908년 12월 12일 〈士論激發〉).

99) 《皇城新聞》 1908년 5월 17일 〈學校魔賊〉; 1908년 5월 20일 〈惡聞其過〉.

100) 《경향신문》 1909년 4월 23일 〈학교 때문에 못살겠다〉.

101) 《大韓每日申報》 1906년 6월 10일 〈藉校肥己〉.

102) 《皇城新聞》 1908년 10월 30일 〈何乃如此〉; 《大韓每日申報》 1908년 10월 31일 〈善倅不善〉. 이 김창수는 이미 순흥군수 재직 때 국채보상금 천여 원과 학교설립 비용도 착복한 바 있었다(《皇城新聞》 1908년 11월 8일 〈藉校乾沒〉).

자에 소용되는 나무도 모두 민간에서 거두었다.[103] 군수들의 이와 같은 수탈은 개령, 지례 등지에서도 일어났다.[104]

(2) 신구학 절충의 학교교육

경북지역의 학교 설립과 교육운동에서 주목되는 바는 사상 전환을 꾀한 유생층(변법론적 개신유학자)이 신학 수용 및 신교육을 위한 교육운동에 참여하였던 것이다. 경북 유림을 주도하던 안동지역의 정재학파(유치명柳致明) 안에서는 이상룡·유인식, 그리고 성주지역의 한주학파(이진상李震相) 안에서는 김창숙·이인재 등이 해당 지역의 학교 설립을 주도하였다.[105]

이상룡은 1905년 의병항쟁에 실패한 뒤, 의병이 시국에 어두워 패배하였다고 판단하고, 동서의 서적을 강람講覽하면서 중심衆心을 합하여 인재를 교육하고자 대한협회 안동지회를 설립하였다.[106] 또 유인식도 의병 실패 뒤, 1903년 서울에 가서 유근·장지연·신채호 등과 교유하면서 "금일의 급무는 다만 교육에 있으며, 민권을 신장시키고 민지를 개발한 연후에 국세國勢를 만회할 수 있고, 민족을 보존할 수 있다"고 깨닫고, 바로 안동으로 돌아와 신학교육을 위해 협동학교協東學校를 만들었다.[107] 특히 안동지역에서 유생층의 신학수용에는 양계초

103) 《大韓每日申報》 1908년 11월 24일 〈奉倅不法〉.
104) 《皇城新聞》 1906년 9월 11일 〈學費勒討〉 ; 《大韓每日申報》 1907년 1월 30일 〈守虐吏奸〉.
105) 이 책 제1부에 수록된 안동, 성주 지역 유생층 동향을 참조할 것.
106) 金基承, 〈韓末 儒敎知識人의 思想轉換과 그 論理〉, 《民族文化》 4, 한성대학교 출판부, 1989.
107) 《東山文稿》 권1, 〈上金拓菴先生〉 戊申 ; 권2, 〈略歷〉. 유인식의 사상적 전환에 대해서는 金貞美, 〈東山 柳寅植의 國權回復과 民族教育運動〉, 《大丘史學》 50, 1995 ; 金喜坤, 〈東山 柳寅植의 생애와 독립운동〉, 《한국근현대사연구》 7, 1997 참조.

梁啓超의 《음빙실문집飮氷室文集》이 큰 작용을 하였다. 이 책은 대한협회 지회의 활동 지침으로, 또 협동학교의 교재로 사용되기도 하였다.[108] 이들 말고도 안동지역의 김동삼, 김대락金大洛, 송기식宋基植 등의 유생층도 동참하였다.

성주지역의 학자들도 서양의 사상에 일찍부터 관심을 가지고 있었다. 희랍의 철학을 분석하기도 했던 이인재는 고령의 민의소와 영신학교靈新學校를 주도하면서 민지 개발, 자강 추진으로써 보국하고자 하였다. 또 김창숙은 아버지의 영향으로 "변혁의 이치"를 깨닫고 시대의 변화에 따라 계급과 문벌을 타파해야 한다는 생각을 갖게 되었으며, 성명학교星明學校를 만들고 대한협회 성주지회에 주도적으로 참여하면서 계급을 타파하고 구습을 혁파하여 나라를 구하자고 하였다.

유학 전통이 강하던 안동·성주 지역에서 신학수용과 근대교육 추진은 물론 강한 반발에 부딪치기도 하였지만, 전국적으로는 큰 반향을 불러일으켰다. 가령 《황성신문》의 논설에서는 여러 번 "가장 비루한 것이 교남嶠南 인사, 완고한 것이 교남 인사"라면서 그 보수성을 비판하고, 학교만 세우면 이를 공격하는 영남인사들에게 '경고'하기도 하였는데, 안동의 명문 집안에서 누습陋習을 타파하고 문명 진보를 위해 교남교육회의 지회나 협동학교를 설립한 것은 "교남嶠南 산천에 문명文明 광선光線이 발현하였고, 우리나라의 전도에 희망이 있다"고 찬양하였다.[109]

---

108) 이상룡은 "구문舊聞을 술述하고 신법新法을 참작하여 조략條略 1부를 저술하여 여러 우인들이 같이 힘쓰기 위한 요령을 제공하여 재료로 취용하게 하였는데, 많은 것은 지나인支那人 양계초 문집 가운데에서 본을 받았다"(《石洲遺稿》 권5 〈書揭大韓協會會館〉)고 하였다. 협동학교에 대해서는 金喜坤, 〈安東 協東學校의 독립운동〉, 《조동걸정년기념논총(Ⅱ) : 韓國民族運動史硏究》, 나남, 1997 참조.

109) 《皇城新聞》 1908년 6월 27일 〈警告嶠南人士〉 ; 1908년 9월 24일 〈嶠南의 一雷〉 ; 1909년 2월 3일 〈嶠南의 曙兆〉.

이런 여건 속에서 발전된 경북지역의 교육은 신학문을 배워야 한다고 하면서도 대부분의 학교가 유생층 주도의 신구학 절충적인 교육론을 제기하고 있었다.[110] 학교 설립을 독려한 관찰사 신태휴가 천명한 교육론은 "구학문을 근본으로 하고 새로운 서양의 학문을 익힌다"는 정부의 교육방침을 그대로 따른 것이었다. 그는 먼저 "지금의 세계 각국이 날로 문명으로 나아가고 경쟁적으로 부강을 이룬 것은 모두 인민교육의 힘을 바탕으로 이룬 것"이라고 하고, 우리나라가 위급한 상황에 처해진 이유는 바로 인민의 교육력이 부족하고, 또 시대를 알지 못하고 고루한 것만 거론하였기 때문이라고 지적하였다. 교육은 시대의 변천에 따라 '시무학문時務學問'을 추구해야 하고, 그러기 위해서는 "8세에서 10세 사이에는 반드시 먼저 소학小學을 읽어 군신·부자 등의 이륜彝倫, 예절의 상경常經을 알게 한 뒤에 본국과 각국의 역사·지지·이형彝衡 등을 배우고, 이것이 익숙해지면 나아가 다시 정치·법률·격치연구格致研究 등을 배우게 한다"고 하였다.[111]

광문사의 사장 김광제는 문회의 찬술원撰述員에게 교과서 편찬에 대해서 "당시 학교에서 덕육·지육·체육 3과로 나누어진 교과 가운데 신학문은 덕육 부문에서 결함이 있으므로 본사 찬술원은 사서四書의 심성정心性情과 인의예지仁義禮智 등의 어구 가운데 요긴하고 심오한 문의文意를 가려내어 신학문 덕육과에 참호參互하여 중등사회나 고등학도를 교육함이 시의에 가장 적합하다"고 하였다.[112] 곧 유교적 덕육을 강조한 것으로, 당시 교육운동의 일반적 분위기를 그대로 보여 주

110) 이 점에 대해서는 김도형, 앞의 책, 2014, 398~416쪽 참조.

111) 《皇城新聞》 1906년 3월 19일~21일 〈興學訓令〉. 전 관찰사 이근호도 신학문이 별것이 아니고 효제충신, 격치, 치평, 일용당행日用當行의 도道일 뿐이고, 작고참금酌古參今, 온고지신하는 것이라고 하면서 학교 설립을 권유하였다(《大韓每日申報》 1906년 6월 22일 〈慶尙北道私立各學校都校長 李根호씨 勸諭文〉).

112) 《皇城新聞》 1906년 7월 26일 〈廣文社長注意〉.

었다.

이와 아울러 영남유생의 역사적 책임도 강조하였다. 경주군교육회, 인동의 동락학교同樂學校, 안동의 동명학교東明學校 등에서는 우리나라의 유학 전통과 소중화, 영남지역의 유학에 자부심을 가지면서 동시에 시대가 내려오면서 현실에서 멀어져 허문虛文으로 흐른 폐단을 지적하였다.[113] 그들은 모두가 "수시변역隨時變易"이라는 변통의 원리에 따라 시대에 맞는 신학 수용을 주장하였던 것이다.

이상룡은 《대한협회 안동지회 취지서》에서 "구학을 근본으로 신학을 참작하여 정신을 단합하고 지덕智德을 나아가게 하여 대한의 자립권을 흥복興復하고자 노력"하자고 하였으며,[114] 유인식은 지지地誌·역사·법률·산술·농상학·기화학氣化學 등의 신학이 이단사교異端邪說로 윤리와 인심을 파괴하는 것이 아니라 유자儒者가 마땅히 강구해야 할 것이라고 파악하였다. 그는 "신구학新舊學이 판연하게 다른 것이 아니라 구학가에서 신학을 산출하게 하고, 신학으로 하여금 구학을 접하게 한다면 그 뒤에 가히 민기民氣를 양성할 수 있다"고 하여 구학과 신학의 동시 발전을 주장하였으며, 특히 구학의 발전에 대한 책임은 유학자들이 지고 있다고 하였다.[115]

이런 교육론은 여타의 교육운동 단체나 학교의 설립취지에서 그대로 드러나고 있다. 대구의 수창학교에서는 15세 이하의 학생은 구학(한문)을 수학하고 15세 이상은 외국인 신학교사들로부터 어학과 같은 신학을 배우도록 하였으며,[116] 청송의 낙일樂一학교에서도 한문을

113) 《皇城新聞》 1908년 9월 24일 〈慶郡教育會〉 ; 1908년 9월 18일 〈嶺儒開明〉 ; 1908년 9월 3일 〈東明設立〉.
114) 《石洲遺稿》 권5 〈書揭大韓協會會館〉, 206쪽 ; 〈大韓協會安東支會趣旨書〉, 207쪽.
115) 《東山文稿》 권1 〈上金拓菴先生〉 ; 〈與族孫圭元〉.
116) 《大韓每日申報》 1907년 12월 21일 〈學界競爭〉 ; 10월 8일 〈大邱壽昌學校趣旨書〉.

기본으로 하고 시무時務를 용用으로 하면서 어학·산술·역사·지지地誌 등을 교육하였다.[117] 서원을 기반으로 설립된 도산서원의 보문의숙寶文義塾, 옥산서원玉山書院의 옥산학교, 삼계서원三溪書院의 조양학교朝陽學校 등에도 마찬가지였을 것이다.[118] 당시 설립된 학교들의 설립취지서를 통해 드러나는 교육이념이나 설립자 등을 정리하면(〈표 3〉 참조) '수시변통, 고금참작'이라는 원칙을 확인할 수 있다.

민지개발, 부국강병, 국권회복을 위한 신학 수용을 신구학 절충적인 입장에서 추구했던 사립학교 교육이념이 단적으로 드러나는 것으로 의성 육영학교育英學校에서 부르던 교육가를 들 수 있다. 즉 "檀箕 以來 數千年에 禮樂敎化 文明ᄒᆞ고, 我朝 開國 五百年에 聖子神孫 相繼ᄒᆞ샤, 堯舜禹湯 心法이오, 孔孟顔曾 道統이라"고 하고, 그 교육은 "孔夫子의 眞面目을 六經으로 宗旨숨고, 泰西學問 硏究ᄒᆞ야 經世大義 通達ᄒᆞ세. 天文 地志 歷史學과 筭術 法律 政治學과 五十三門 專科學을 實地 工夫 卒業ᄒᆞ야"라고 하였다.[119] 곧 우승열패와 같은 경쟁 아래에서 자유를 추구하며 강자가 되고, 일등국민이 되기 위한 서양의 법률, 정치학을 배워 민지와 민권을 발달시키되, 어디까지나 공자의 진면목이 담겨있는 육경六經, 곧 유교를 종지로 해야 한다고 하였던 것이다.

신구학 절충적인 입장에서 신학문의 수용을 추진하면서 안동의 협동학교처럼 유교만이 아니라 국민정신, 국혼國魂을 강조하는 경우도 있었다.[120] 국혼의 강조는 매우 관념적이기는 하였지만, 이에 근거하지 않고 진행된 서양학문의 수용이 간혹 근대주의적 경향으로 흐르고 있

117) 《大韓每日申報》 1907년 6월 15일 〈靑松郡私立樂一學校趣旨書〉.

118) 《皇城新聞》 1910년 1월 12일 〈陶山書院의 寶文義塾〉 ; 1910년 3월 29일 〈不必請願〉 ; 1910년 11월 9일 〈朝校有人〉.

119) 《皇城新聞》 1909년 2월 17일 〈慶北義城郡育英學校敎育歌〉

120) 《皇城新聞》 1910년 7월 29일 〈協東學生哀函〉. 유인식이 《대동사大東史》를 집필했던 것도 바로 이 점 때문이었다.

었던 잘못을 막을 수 있었다. 이는 당시 《대한매일신보》 계열의 '국수보전론國粹保全論'과 일맥상통하는 것이었다.[121] 대한협회 안동지회의 운동론이 서울 본회와 차이가 있었던 것과 또 이들이 1910년 전후 국외의 독립전쟁으로 전환할 수 있었던 것도 이런 점과 무관하지 않을 것이다.[122]

〈표 3〉 경북지역 근대학교 일람

학교명	지역	연도	설립·주도자	교육론(교육이념, 교과목 등)
開明학교	청도	1905	金明玉	일본인 헌병분견소장의 권고
霞溪義塾	경주 강서	1905	鄭峻儉	고금 참작
聞韶學校	의성	1906		수시변역, 일본인 교사 초빙
育英학교	의성	1906	聞韶학교와 합침(1908)	六經 종지, 泰西 학문 연구, 自由强權, 民智民權
廣興학교	지례	1906	김황진(군수)	자수자강. 신구학과 參互
靈新학교	고령	1906	윤하영(군수), 金性濟 등	開明, 취장보단, 국권보존, 자주자강, 자체 교과서 제작
楡川학교	청도 유천	1906	尹大燮(일진회장)	일진회라는 이유로 주민이 설립 방해. 설득 후 학교를 면에 양도
南明학교	예천 금당	1906	민영휘, 이유인 등	시무와 신학을 거부하는 영남 비판
廣興학교	상주	1906	정재덕	革舊從新, 독립애국사상, 국권만회
廣興학교	김산 김천	1907	안덕일, 문하영 등	民智啓發, 德性涵養, 경쟁시대에 國威 國光 발휘
樂一학교	청송	1907	안종덕(군수)	한문을 본으로 時務를 용으로
海昌학교	흥해	1907	이석O(군수)	隨時變易, 變通開進. 교육이후 국권만회
壽昌학교	대구	1907	서흥균, 오유창 등	舊學은 新學의 근본
養成學校	김산	1907	呂中龍, 呂永祚	古今斟酌, 東西參互, 인재양성으로 국권만회
又新학교	고령	1908	유진형(군수), 金希洙	신지식·신국민, 학문은 泥舊에 있지 않고 自新에 있음.

121) 朴贊勝, 〈韓末 自强運動論의 각 계열과 그 성격〉, 《韓國史硏究》 68, 1990 ; 金度亨, 앞의 책, 1994, 406~409쪽.

122) 金基承, 앞의 글, 1989 참조.

嶺善학교	선산 평성	1908	金秉圭, 金和黙	경쟁세계에서는 교육이 최선책
仁壽학교	대구 仁興	1908	文成鳳, 郭在憲	경쟁시대 나라의 개명과 보존을 위한 영재교육
東明학교	안동	1908	안동군 유지	소중화 자부심, 최근의 敎道 해이, 文華 숭상
同樂학교	안동	1908	申弘均, 張敎赫	예의지방이 허문으로 해이, 민지 개발, 부강자유
協東학교	안동	1908	柳寅植, 金厚秉, 河中煥	수시변역, 경전 근본 신학참작, 국혼배양
仁興학교	인동	1908	張珦遠, 張鴻植, 張潤鉉	因時通變, 애국정신 배양, 실업발달 강구, 계급평등
文明학교	청도 이위	1908	崔鉉達(군수) 장려	俗儒의 허문 비판, 隨時從宜之道
爲山학교	영해 축산	1909	金有鎭, 朴鳳弼, 朴永植	誦讀만으로 학문의 효과 없음. 국가진흥
屛山학교	비안	1909	李鍾燮, 金濟夏	민지개발로 경쟁에서 강자, 국가문명 달성
寶文義塾	예안	1909	李忠鎬, 李中吉 (퇴계후손)	도산서원의 전답을 자본

3. 국채보상운동의 전개

1) 국채보상운동의 시작과 대구

국채보상운동이 조직적으로 전국으로 퍼지게 된 것은 대구의 단연보상운동斷烟報償運動에서 비롯되었다. 1907년 1월 29일(음력 1906년 12월 16일) 대구광문사大邱廣文社(또는 달성광문사達城廣文社) 문회를 대동광문회大東廣文會로 개칭하기 위한 특별회가 개최되었는데, 이 자리에서 대구광문사의 부사장이며 대동광문회의 회원인 서상돈이 "국채 1천 3백만 원을 갚지 못하면 장차 토지라도 허급할 것인데, 지금 국고금으로는 갚지 못할지라. 우리 이천만 동포가 담배를 석 달만 끊고 그 대금을 매명 매월 이십 전씩만 수합하면 그 빚을 갚을 터"라고 동의動議하였다. 이에 광문사 사장 김광제가 즉각적인 실행을 제의하여 단연보상운동이 시작되었다.[123]

대구광문사는 이 운동의 취지서를 작성하여 주요 도시지역에 배포하는 한편, 이를 서울의 언론기관에도 알렸다. 《제국신문》 1907년 2월 16일자에 보도되고, 21일자 《대한매일신보》에 그 취지서가 게재되었다.[124] 《대한매일신보》의 경북지사가 달성광문사였던 점과 무관하지 않았던 것으로 보인다.[125] 이후 《대한매일신보》와 《황성신문》 등 언론기관의 활발한 보도 덕분에 국채보상운동은 전국적으로 확산되었다.[126] 각 지역에서는 대개 "정미丁未 정월 초 9일(양력으로 2월 21일) 《대한매일신보》 잡보 난에 실린 김광제, 서상돈의 공함公函을 보고 …… 또 며칠 되지 않아 정월 13일 《황성신문》의 논설을 봉독奉讀"했다고 하는 등[127] 신문의 보도를 통해서 단연운동을 알게 되었다. 이에 전국적으로 대구광문사의 단연동맹斷烟同盟과 〈취지서〉가 회자되고, 또 뒤이어

123) 《제국신문》 1907년 2월 16일 〈대구광문사회〉 ; 《大韓自强會月報》 9, 59~60쪽.

124) 《大韓每日申報》 1907년 2월 21일 〈國債一千三百萬圜報償趣旨 大邱廣文社長 金光濟徐相敦氏等公函〉 서상돈의 '돈'은 한자로 燉인데, 당시의 신문에서는 모두 敦으로 표기하고 있다.

125) 대구광문사가 대한매일신보사의 지사가 된 때는 1906년 6월 24일부터였다. 그 이전에는 대구지역에서 《대한매일신보》를 취급하던 지사는 없었던 것으로 보인다. 그런데 이상하게도 1907년 2월 21일 앞의 〈취지서〉를 신문에 보도한 바로 그 다음 날 22일 광고에 "大丘達城廣文社 내에 本支社 사무를 廢止하고 大邱市廳 崔一弘씨로 移設 視務케 하였으니, 광문사로 購覽하신 申報價를 崔一弘씨게로 傳致하시고 該 附近地 願覽 諸公도 該氏에게 請求하심을 務要"라고 하여, 지사를 바꾸었다(大邱市廳에 대해서는 주 53 참조). 이유는 알 수 없으나 《대한매일신보》가 국채보상운동의 초기에 그 운동에 회의적인 태도를 보였던 것(이 점에 대해서는 鄭晋錫, 〈國債報償運動과 言論의 역할〉, 신용하 외, 《日帝經濟侵略과 國債報償運動》, 아세아문화사, 1993, 203~203쪽)과 무관하지는 않은 것 같다.

126) 崔埈, 앞의 글, 1967 ; 鄭晋錫, 앞의 글, 1993 참조.

127) 《大韓每日申報》 1907년 4월 26일 〈泰仁郡國債報償趣旨書〉.

곳곳에서 일어난 국채보상운동 조직에서 서상돈과 김광제를 그 운동의 주창자로 지적하였다.[128]

그런데 당시 각지의 국채보상운동 취지서를 보면, 대구에서 국채보상운동이 시작되었다는 사실과 다른 내용들을 발견할 수 있다. 곧 국채보상운동이 동래 상인들의 조직인 상무회의소商務會議所에서 먼저 주창되었다는 것이다.

우선 〈동래부국채보상일심회취지서東萊府國債報償一心會趣旨書〉를 보자.

> 대개 국채라는 것은 국고에서 공적으로 빌리어 인민이 이를 부담하는 것을 의무로 하고, …… 전에 우리 지방의 부산항 상무회로부터 이 국채를 보상하려는 것에 뜻이 있어 담배를 끊어 국채를 갚자는 것을 선창하매 계속하여 대국광문사로부터 같은 목소리로 공포하고, 또 서울에서 국채보상기성회를 설치하였으니, 이로 인하여 전국의 3백 군, 2천만 무리가 기필코 차제에 맹세하였다[夫國債者ㄴ 國庫之所公貸 而人民이 有擔券之義務ᄒᆞ고 …… 傾自吾州釜山港商務會로 有志於此債報償ᄒᆞ야 先倡斷烟同盟ᄒᆞ매 繼自大邱廣文社로 同聲公布ᄒᆞ고 又自京城으로 旣設國債報償期成會ᄒᆞ얏스니 從此三百州 二千萬衆이 必當次第就盟矣라(밑줄 인용자).].[129]

곧 부산항 상무회의 유지들이 먼저 단연동맹을 선창하였고, 이를 이어 대구광문사에서 같은 목소리로 이를 공포했다.

---

128) 김광제는 충남 보령 출신으로 1888년 무과에 급제하여 1902년에는 정3품으로 비서원승, 호남시찰사, 동래경무관 등을 역임하고, 을사조약이 체결되자 경무관을 사임하고 친일파를 탄핵하는 상소를 올렸다가 유배되었는데, 유배에서 풀린 다음 대구에 왔다(大邱商工會議所, 1997, 앞의 책, 15~16쪽). 그는 국채보상운동이 일어난 직후 곧 서울로 활동무대를 옮겨 대한협회 등에 관여하였다. 1920년 2월에 결성된 조선노동대회朝鮮勞動大會의 회장 김광제와 동일한 사람으로 생각된다.

129) 《大韓每日申報》 1907년 3월 10일 광고 〈東萊府國債報償一心會趣旨書〉; 《皇城新聞》 1907년 3월 11일 〈東萊對國債報償一心會趣旨書〉.

이런 증거는 여러 곳에서 확인할 수 있다. 부산 출신 상인들이 조직한 인천의 권업사勸業社에서도 "국채보상의 논의가 부산으로부터 시작하여 이내 대구에 미치고 전국으로 널리 퍼져[國債報償之論가 始自釜山으로 爰及大丘하고 輪布全國하여] 기성회와 의무소는 처처處處 흥기" 하였다고 하였다.[130] 대구 인근 성주에서 조직된 의무소義務所의 발기인 이승희李承熙, 배우홍裵遇鴻의 이름으로 발표된 취지서에는 "오호, 금연 상채하자는 의논은 동래항에서 말로 거론하고, 대구에서 글로 하였으며, 경성에 도달한 뒤 전국으로 그 소리가 퍼졌으니, 무릇 귀가 있는 자는 모두 듣고 응하였다[嗚呼 禁烟償債之議 口之於萊港 文之於達府 達于京城 聲于列省 凡有耳者 皆應聞之矣]"고 하였다.[131] 곧 동래항에서 먼저 '말'을 하고, 대구에서 '글'을 지어, 서울과 전국으로 확산되었다는 것이었다. 그리고 멀리 러시아령 해삼위海參威에서도 "다행으로 하늘이 우리 동포를 격激하게 하여 담배를 끊어 국채를 갚자는 논의[止烟償債之論]가 동래항에서 시작[始於東萊港]하여 대구에서 외치고[聲於達府] 서울로 확산[張于京城]하여 마치 바람이 일고 물이 쏟아 오르고 구름이 산에서 나오는 듯하다"고 하였다.[132]

위와 같이 동래에서 수창首唱하였다고는 표현하지 않았지만, 동래-대구의 순서를 표시하는 경우도 있었다. 현풍의 단연상채회의 취지서에서 "소이所以로 동래, 대구 등지에서 유지 인사들이 이 부채를 급히 갚기 위하여 단연동맹하고 장의仗義 일창一唱하매 전국 동포가 일제히 응하여 답하였다"고 하였다.[133] 멀리 황해도 배천에서도 "영남 동래,

130) 《大韓每日申報》 1907년 3월 31일 〈광고〉.
131) 《大韓每日申報》 1907년 4월 12일 〈慶北 星州군 義務所 國債報償趣旨書〉.
132) 《大韓每日申報》 1907년 5월 15일. 그런데 밀양에서는 거꾸로 "達城에서 首倡하고 東萊에서 響應"한 것으로 표현하였다(《大韓每日申報》 1907년 5월 22일 密陽郡 止烟同盟會 〈密陽郡境中廣告文〉).
133) 《大韓每日申報》 1907년 5월 14일 ; 5월 26일, 〈慶尙北道 玄風郡 斷烟償債會 趣旨書〉.

대구 등 처處 제 군자가 담배를 끊어 국채를 갚자는 논의[止烟報償之論]를 창시"하였다고 지적하였다.134) 대구의 〈취지서〉가 신문에 발표된 직후 서울에서 조직된 국채보상기성회에서도 그러하였다.

> 本人 等이 齎志未遂가 固有日矣러니 今幸 嶺南之東萊大丘 等處에 諸君子가 創止烟報償之論ᄒᆞ야 發起不幾日에 損輸者가 日至ᄒᆞ니 可以 見我人民에 愛國如家ᄒᆞ고 …… 玆者 本人 等이 欲遙與東萊大丘等諸公으로 團合一體ᄒᆞ야 組成此會하니 名曰 國債報償期成會라.135)

이와 같이 국채보상운동은 동래 상무회에서 먼저 주창하고, 곧이어 대구광문사에서 취지문을 작성, 배포한 다음 서울의 기성회가 만들어지면서 전국적인 운동으로 발전하였던 것임을 알 수 있다. 하지만 국채보상운동을 처음 발의한 동래에서 이후 이를 어떻게 발전시켰는지는 알 수 없다. 오히려 동래에서도 대구의 취지서가 도착한 뒤 운동이 활성화되었다.136)

그리고 동래와 대구의 국채보상운동은 상인층이 주도했던 점이 주목된다. 동래와 대구 상인은 개항 전부터 밀접한 관계 속에서 활동하

134) 《大韓每日申報》 1907년 6월 13일, 〈白川郡國債報償〉.

135) 《皇城新聞》 1907년 2월 25일 ; 《大韓每日申報》 1907년 2월 27일 〈國債報償期成會 趣旨書〉.

136) 부산지역의 국채보상운동에 대해서는 釜山商工會議所, 《釜山商議史》, 1982, 93~95쪽 ; 釜山直轄市史編纂委員會, 《釜山市史》 1, 1989, 897~901쪽 참조. 부산지역에서 국채보상운동이 활성화되는 과정에 대해 원산 사람 박승화朴勝華, 이창하李昌夏가 경험한 바에 따르면, "우리는 함남의 덕원 원산 사람으로 지난해 음력 12월 7일 유람차 대구에 이르러 며칠을 묵으면서 …… (달성광문사의 회의에 참여하여 서상돈의 보상운동 건의를 본 뒤) …… 우리가 21일(양력 2월 3일) 부산상회사에 당도해 본즉 마침 대구 광문사에서 보낸 취지문이 광포廣佈되어 부산항 인사들이 뜻을 모아 맹세하고 실시하고 있었다"고 하여(《皇城新聞》 1907년 3월 21일 〈兩客同函〉), 대구로부터 〈취지서〉를 받은 뒤 논의가 본격화했다. 그리고 곧 바로 상무회의소 명의로 〈단연동맹취지서〉를 발표하였던 것 같다(《大韓每日申報》 1907년 3월 7일).

고 있었다. 경부선 개통 전에는 낙동강을 통해 미곡, 어물(건어물, 소금 등)이 유통되고 있었으며, 경부선의 개통 이후에는 그 관련이 더욱 밀접해졌을 것이다. 이런 인적, 물적 교류에서 국채보상과 같은 문제들이 서로 논의되었을 가능성이 충분히 있고,[137] 일제의 경제침략이라는 같은 위기에 직면하여 서로 보조를 같이할 수 있었을 것이다.

특히 대구상인들은 이곳에 침투한 일본상인과 대립하기도 했다. 당시 개항장을 중심으로 객주客主 등은 상회사商會社, 상업회의소 같은 조직을 만들어 일본상인과 경쟁하였는데,[138] 대구지역의 상인들은 1906년 일본인들이 거류민단과 일본인상업회의소를 만들자 이에 대항하여 민회조직을 만들었고, 또 국채보상운동 뒤에는 대구상무소大丘商務所를 조직하였다. 대구상무소에는 소장과 의장, 평의원 등의 임원이 있었으며, 이들은 대개 서문 시장을 중심으로 활동하던 객주들이었다.[139] 국채보상운동은 이런 구조 속에서 조직, 확산될 수 있었다.[140]

137) 가령 국채보상운동이 일어나기 직전 1906년 10월에 발기된 동래부 수면首面 사립정정의숙貞靜義塾은 원근 여러 사람들의 찬성으로 이루어졌는데, 그 기부자 가운데는 대구의 상인으로 국채보상운동에 참여하였던 전 군수 김윤란金允蘭(100원 기부)이 있다(《皇城新聞》 1907년 2월 4일 〈광고〉). 김윤란에 대해서는 후술할 것이다.

138) 李炳天, 〈開港期 外國商人의 침입과 韓國商人의 대응〉, 서울대 경제학과 박사학위 논문, 1985, 213~229쪽 ; 柳承烈, 〈韓末·日帝 初期 商業變動과 客主〉, 서울대 국사학과 박사학위 논문, 1996, 186~189쪽.

139) 大邱商工會議所, 《大邱商議八十年史》, 1986, 94~95쪽. 이 책에서는 대구민의소가 해산되면서 서상돈 등의 경제인들이 대구상무소로 조직을 개편하였다고 하였으나, 구체적인 증거는 없다. 한편 대구보다도 먼저 경북에서는 1907년 김천에서 상업회의소가 만들어졌다. "현금 시대가 나라의 부강과 국민의 개발이 상업력에 있음을 다시 거론할 필요 없다. 본 시장은 평소 교남嶠南의 대도회大都會라 칭해지는데, 김산金山, 지례知禮, 개령開寧 일반 상민商民이 각각이 유有하여 중의衆意를 널리 채용하여 단체를 조성하여 문명적 상업회의소의 기관을 설립하기로 동심同心 맹지盟志한 후에 농상공부에 청원"한다는 것이었다(《皇城新聞》 1907년 3월 1일 김천상업회의소 광고. 서울대학교 도서관 소장 《商業會議所》라는 책자에 명단 및 회칙이 있다).

140) 그들 가운데 일부는 일본상인이나 일제의 권력과 연결되어 일제의 경제침탈을 자신들의 부를 축적하는 기회로도 이용하였다. 개항장을 중심으로 일본상인

다른 지역의 국채보상운동에도 상인층이 적극적으로 참여하였고, 통상무역이 활발했던 지역에서는 상인층이 이 운동을 주도하였다.[141] 인천 신상회사紳商會社에서는 대구의 취지서가 신문에 보도되자 바로 단연동맹회를 조직하고 "대구 서상돈씨의 단연하여 빚을 갚자는 말[斷烟償債之一說]이 아한我韓 독립의 기초를 가망可望"하게 하였다고 하고, 각자의 이름 아래 '맹盟'자를 쓰고 운동에 참여하였다.[142] 서울 이현泥峴의 포목상 박승직朴承稷도 70원을 모금하였다.[143] 이후 각지의 상인층은 국채보상운동에 주도적으로 참여하였다.

국채보상운동은 물론 일본으로부터의 차관을 갚지 않으면 결국 일본의 노예가 될 것이라는 판단에서 제기된 것이었다. 그러나 차관 문제만으로 국채보상운동이 일어난 것은 아니었다. 당시 차관 가운데 가장 많은 비용은 화폐정리사업과 기타 시정개선 명목으로, 곧 일제의 식민지화 작업에 사용되었으며, 따라서 합방 이후 상환이 소멸된 것도 있었고, 또 총독부가 책임진 것도 있었다.[144] 상인층이 국채보상운동

의 자금전대資金前貸에 따라 미곡무역을 대행하던 예속적인 상인층이 되기도 했고, 또는 일본인과 합작을 통한 방법도 모색하였다. 가령 서상돈은 일본인 야기八木松太郎와 공동사업으로 부식원富植園을 설립하고 과수, 화초, 닥나무[楮], 버드나무, 주정재료酒精材料 등을 재배하였다(《皇城新聞》 1906년 5월 28일 〈大邱富園〉; 河井朝雄, 《大邱物語》, 朝鮮民報社, 1931, 101쪽). 그리고 대구지역의 많은 상인층은 일제의 농촌금융기관인 대구농공은행大邱農工銀行의 설립에도 참여하였다(《皇城新聞》 1906년 5월 19일 〈大邱銀行總會〉; 6월 22일 〈應募株主〉).

141) 柳承烈, 앞의 글, 1996, 190~192쪽.

142) 《皇城新聞》 1907년 2월 21일 〈斷烟決心〉; 《大韓每日申報》 1907년 2월 23일 〈樂參烟社〉.

143) 《大韓每日申報》 1907년 2월 23일 〈愛國誠意〉.

144) 이에 대해서는 趙璣濬, 《韓國資本主義成立史論》 전정판, 제2편 4장 〈韓日借款의 顚末과 그 性格〉, 大旺社, 1977; 吳斗煥, 〈韓末 借款問題의 展開過程〉, 신용하 외, 《日帝經濟侵略과 國債報償運動》, 아세아문화사, 1994 참조. 당시 차관의 성격에 대해서는 《大韓每日申報》 1906년 3월 25일 논설 〈再論一千萬元借款〉에서 "탁지부에서 일천만 원을 日本興業銀行으로부터 차관한다고 하는데 …… 이자, 수수료, 口文 등을 제하고 실제로 들어올 수 있는 돈은 900만 원이다. 이 돈을 교육상 民智開發이나 농상공 발달 실업이나 사용한다면 참으로 한국 부흥의 기회가 될

을 제기하고 주도한 것은 바로 일본의 경제침탈로 말미암은 한일 상인 사이의 상권쟁탈이라는 문제가 있었음을 보여주는 것이다. 개항장이었던 동래나 인천에서는 말할 것도 없고,[145] 대구지역에서도 청일전쟁 이후 군사적인 보호 아래에서 일본상인이 조선의 내륙시장까지 침투해 들어오면서, 그러한 대립관계가 심화되었다. 러일전쟁을 전후하여 일제의 식민지 재편작업이 진행되면서 더욱 그러하였다.

2) 대구의 국채보상운동

대구에서는 1907년 1월 29일 서상돈에 의해 국채보상운동이 발의된 뒤, 대구광문사와 새로이 조직된 대동광문회를 중심으로 운동이 체계화, 조직화되었다. 우선 대구광문사 사장 김광제, 부사장 서상돈, 대동광문회 회장 박해령 등을 비롯하여 회원 13명을 발기인으로 하여[146] 〈국채담보취지서國債擔保趣旨書〉를 작성하고, 이를 전국에 배포

것이지만, 그렇지 않으면 애급이나 파란처럼 될 것이다. 중론은 900만 원 들어오면 그 다음날 고기 덩어리를 나누는 집처럼 나도 한 덩어리, 너도 한 덩어리하고, 또 先覺이라고 자칭하는 모국 고문관과 보조원, 교사, 기사, 기수 등의 사람이 봉급, 가택료, 거마비, 여비, 상여, 酬券 등의 별별 명목으로 …… 기껏해야 몇 개월에 석양에 바람 같이 날아가 버리고 계약서 한 장만 탁지부에 남을 것이다."라고 평가하였다.

145) 韓沽劤, 《韓國開港期의 商業研究》, 일조각, 1970 ; 趙璣濬, 앞의 책, 1977, 제2편 2장 〈日人의 商權侵奪〉 ; 李炳天, 앞의 글, 1985 참조. 특히 부산지역의 상인들 가운데 이런 반일의식을 가진 경우를 볼 수 있는데, 그들은 국채보상운동 직전 1907년 1월 대마도에서 사망한 최익현의 시신을 반구返柩하고 이틀 동안 성복成服하였는데, 이때의 철시와 성복 절차, 노비路費 등을 모두 상무회사商務會社에서 주도하고 부담하였다(《大韓每日申報》 1907년 1월 8일 〈撤市哭忠〉 ; 1월 12일 〈哭送忠魂〉).

146) 《大韓自强會月報》 9, 60~62쪽. 회원 가운데 국채보상 발기인은 장상철張相轍, 강영주姜永周, 심정섭沈廷燮, 김우근金遇根, 서병오徐丙五, 윤하준尹夏璿, 정재덕鄭在悳, 김종정金鍾禎, 길영수吉永洙, 이우열李遇烈, 강신규姜信圭, 정규옥鄭圭鈺, 추교정秋教廷 등이었다. 대동광문회 회장 박해령은 경북관찰사 조기하가 문학, 효행, 경제가 겸비한 사람으로 내부에 관료로 추천했던 사람이었다(《皇城新聞》 1902

하였다.[147] 그리고는 이 운동을 담당할 금연상채회禁煙償債會를 조직하고,[148] 〈표 4〉와 같이 임원을 정하였다. 이들은 대개 전직 관료층이거나 유생층이었으나, 주도층은 대구의 상인들이었다.[149]

그들은 이 운동에 민중의 참여가 필수적인 것으로 판단하고, 민중 동원을 위해 민회의 방식을 택하였다. 이 방식은 당시 민중 동원의 방법으로 흔히 사용되던 것이었고,[150] 이미 대구지역에서 조직된 여러 민회 관련 단체의 활동 경험에서 충분히 가능한 것이었다. 그들은 민회운동을 전개하고자 '민의소'를 조직하고 그 규칙을 정하였다. 그 속에는 임원과 사무분장, 사무소, 의연금의 액수와 수합 방식, 민회의 일시 및 개최장소, 민회의 진행 방법 등을 명시하였다.

년 8월 15일 〈學行薦報〉). 또한 문회의 구성이 경북 각 군 출신으로 구성 되었던 점에서 대구지역 인사가 아닌 사람도 있다. 길영수는 보부상 출신으로 독립협회 해산에 공을 세웠고, 당시 상주군수였다. 또 정재덕은 상주사람으로 국채보상운동이 한창일 때, "상채회 임원 이종국李鍾國이 2차 의금으로 植桑과 植松 논의를 창출하여 중심을 현혹하고, 서윤서徐潤瑞(서상돈의 소명小名임) 등은 이 의금으로 設肆 設典하는 이익을 도모하여 개인 주머니를 채우려 하니 여차한 잡류는 전국이 성토함이 가하다"고 하면서 대구단연회를 성토했던 사람이다(《大韓每日申報》 1907년 6월 7일 〈宜乎聲討〉). 물론 이 기사 이후 문경의 이철재李徹宰는 "서상돈은 봉세관 시절에 結錢을 貿物하여 서울로 보내면서 그 이익 기만금도 모조리 국고에 납부했던 사람"이라고 하면서 이종국, 윤영섭, 정재덕 등을 성토하자고 하였고, 대구단연상채회에서도 변명 광고를 내었다(《大韓每日申報》 1907년 6월 15일 〈리氏來函〉 ; 대구단연상채회의 광고).

147) 《慶尙南北道來去案》 1907년 2월 24일 관찰서리 참서관 백남준의 보고. 〈國債一千三百萬圜報償趣旨〉라는 제목으로 신문에 보도되었으나 〈국채담보취지서〉라는 이름으로 발표했던 것 같다. 그리고 본문의 임원명단, 민의소 규칙 등은 모두 이 자료에 실려 있다.

148) 조직의 이름도 금연상채회禁烟償債會(《慶尙南北道案》)라는 이름 말고 국채담보회國債擔保會(《大韓每日申報》 1907년 3월 12일 광고), 단연상채회斷烟償債會(《大韓每日申報》 1907년 5월 17일 광고), 단연보상소斷烟報償所(《大韓每日申報》 1908년 7월 25일) 등의 이름으로 혼용되었다.

149) 여기에 특별히 당시의 학무국장 유성준이 참여하고 있다. 그는 전국의 학교 시찰차 2월 9일 무렵에 대구에 왔는데(《大韓每日申報》 1907년 2월 9일 〈局長電信〉), 이 소식을 듣고 평의원직을 맡았던 것 같다.

150) 李相燦, 〈1906~1910년 地方行政制度 변화와 地方自治論議〉, 《韓國學報》 42, 1986.

〈표 4〉 대구 금연상채회(국채보상회) 임원

직책	이름		신분	활동
의장	李玄澍		전 군수	대한협회 지회 부회장. 대구협성학교 교장, 대구군 향교 直員.
부의장	鄭在學		전 군수	순흥군수, 대한협회 대구지회, 농공은행, 대구은행
총무	鄭圭鈺	발기인	전 承旨	비서감승, 대동광문회
재무	金炳淳		전 군수	金允蘭. 경주군수, 농공은행 이사, 경북 시찰
	徐相燉	발기인	전 시찰	농공은행
평의원	徐丙五	발기인	전 主事	대동광문회, 대한협회 지회 평의원, 지방위원, 칠곡군수
	李根重		진사	
	李章雨		전 副尉	육군연성학교 육군 부위, 대한협회 대구지회
	朴民東		진사	
	張相轍	발기인	幼學	대한협회 지회 평의원, 대동광문회.
	都正浩		전 주사	경남 봉세관
	崔鍾崙		전 주사	경북 역둔토 사검위원, 경북 봉세관, 경북관찰부 주사
	金愚根		전 司果	대한협회 지회 회원
	金錫斌		전 참봉	
	李柄斗		유학	
	朴晶東		전 教官	교남교육회 회원, 기호흥학회 월보 찬술원, 대한협회 본회 회원, 대동학회 회원
	都性浩		유학	
	金在德		유학	
	李孝淳		전 五衛將	
	朴光郁		유학	대한협회 지회 회원
	崔應伯		유학	
	李重寬		전 議官	중추원 의관
	尹瑛燮		전 주사	대구광학회. 대구사범 학감, 예안군수, 풍기군수
	李宗熙		유학	
	俞星濬		학무국장	보성전문교장
	朴炳鎏		전 참봉	朴炳璉
서기	金南秀		유학	통신사전화과 주사
	鄭海鵬		전 주사	대한협회 지회 회원, 징세 주사, 지방위원

民議所 規則

제1조 國債을 擔報ᄒᆞ기 爲ᄒᆞ야 民議所를 設立ᄒᆞᆯ 事.

제2조 臨時開會場은 大邱 西門 外 北堠亭으로 定ᄒᆞᆯ 事.

제3조 開會日字난 陰曆 丁未 正月 初十日〔양력 2월 22일〕 上午 十二時로 定ᄒᆞᆯ 事.

제4조 左開 諸款 諸條를 會中에 公佈ᄒᆞ야 可決을 取ᄒᆞ야 確定ᄒᆞ고 一二人에 自斷은 勿許ᄒᆞᆯ 事.

제5조 擔報金 收合方針은 일반 국민이 南草 吸烟을 限 三個月 폐지ᄒᆞ고 其 대금 중으로 每人 每月에 新貨 이십전식 指納ᄒᆞ되 단 例金 외에 特捐ᄒᆞᆯ 시에ᄂᆞᆫ 此限에 不在ᄒᆞᆯ 事.

제6조 婦女 童稚ᄂᆞᆫ 예정금을 勿論ᄒᆞ되 흡연은 일체 禁斷ᄒᆞᆯ 事.

제7조 임원은 左開員으로 정ᄒᆞᆯ 事.

一. 議長 1員　　一. 副議長 1員　　一. 摠務 1員

一. 評議員 20員

一. 財務 2員　　一. 書記 2員　　一. 伺察 5員

제8조 임무는 左開 分掌으로 시행ᄒᆞᆯ 事.

一. 議長은 一切 事務를 總轄ᄒᆞᆯ 事.

一. 副議長은 일체 사무를 協贊하되 의장이 有故 有病 出他 외 勿議ᄒᆞᄂᆞᆫ 時에ᄂᆞᆫ 代議ᄒᆞᆯ 事.

一. 摠務ᄂᆞᆫ 의장의 명령을 承ᄒᆞ야 제반 사무를 管轄ᄒᆞᆯ 事.

一. 評議員은 사무소에 有事 輒會ᄒᆞ야 議事에 可否를 決ᄒᆞᆯ 事.

一. 財務ᄂᆞᆫ 擔報金 收入時 領證 繕給과 銀行 積立金 通章 傳受를 專管ᄒᆞᆯ 事.

一. 書記난 일체 文簿와 佈諭 及 報告 等 事를 專管ᄒᆞᆯ 事.

一. 伺察은 개회 시 無狀 喧嘩와 無議 出入을 禁察ᄒᆞ야 一切 靜肅케 ᄒᆞᆯ 事.

제9조 사무소ᄂᆞᆫ 西門 외 前洞 壽昌社로 定ᄒᆞᆯ 事.

제10조 의장 이하 각 임원은 動議와 再請을 從ᄒᆞ야 公佈 후에 可決을 一從 시행ᄒᆞᆯ 事.

제11조 趣旨書 및 規則을 使 書記로 朗讀 佈諭 後에 가부는 從多數 取決

홀 事.

제12조 趣旨와 規則을 可決 후에 一般 國民이 所持 烟竹을 一齊 落下ᄒᆞ야 決心 表홀 事.

제13조 有志士의 演說을 請ᄒᆞ야 一般 民人을 激獎케홀 事.

제14조 開會場에 特捐人 姓名 錢數를 公布ᄒᆞ야 신문에 揭載홀 事.

제15조 폐회ᄂᆞᆫ 日力을 量ᄒᆞ야 동의 재청으로 공포 시행홀 事.

제16조 의장, 부의장, 총무, 재무, 평의원, 사찰은 명예로 홀 事.

제17조 서기 2인 월봉은 每人 ○원으로 정홀 事.

제18조 사무소 柴油 紙筆墨 印刷費와 外他 消耗費用은 精略豫算홀 事.

제19조 勿論 邑村 市場 道路 上ᄒᆞ고 如有横竹之人이면 一般人民이 互相 戒禁홀 事.

제20조 擔報金 例定額을 不應之人은 不以同胞로 待之홀 事.

제21조 各洞 則自洞中으로 稍實公正人을 另定ᄒᆞ야 使之專管收捧ᄒᆞ야 事務所에 來納ᄒᆞ고 領證을 受去홀 事.

제22조 民議所 圖章과 領收證은 左開 圖式으로 시행홀 事. 圖章式라.

大	邱	民
議	所	章

제23조 道內 各郡 各處에 通章과 趣旨書와 規則을 인쇄 頒送홀 事.

제24조 京中 及 各道 各郡 港市에 通章과 趣旨書와 規則을 印刷 頒送하되 開會日 特捐人 姓名을 左開 列書홀 事.

제25조 未盡 條件은 追後 磨鍊홀 事.

민의소에서는 먼저 대구 서문 밖 수창사壽昌社에 국채지원금수합사무소國債志願金收合事務所를 설치하고, 예정했던 집회를 하루 앞당겨 2월 21일, 대규모의 민회를 북후정北堠亭에서 개최하였다. “국채를 보상하기 위해 3개월 동안 연초를 피우지 말고 그 대금을 수납하자”는 연설이 있었고, 이에 모인 군중은 박수와 함성으로 호응하였다. 어떤 이는 연죽煙竹과 갑匣을 던져버리기도 하고, 어떤 이는 돈을 내어 보조하였다. 규칙에는 부녀자와 아동의 의금義金은 거론하지 않았으나(6

조), 부녀자들도 이에 동참하여 기꺼이 패물을 내어놓았으며, 심지어 걸인, 백정, 마부, 채상녀菜商女, 주파酒婆, 비자婢子, 고용雇傭까지 돈을 내었다. 첫날에 모인 돈이 거의 5백 원이나 되었다.151)

다음 날(22일)의 집회는 관찰부의 인허 문제로 열리지 못했다. 24일에 다시 북후정에 집회를 열자 일본 순사가 연설하는 인민을 잡아가고 해산시키겠다고 위협하였다. 이에 서상하徐相夏, 도정호都正浩, 이근영李根泳을 대표로 보내어 〈취지서〉와 〈규칙〉을 제출하고 교섭하여 공제할 수 있도록 요구하였다.152)

대구에서는 4월 30일 현재, 서상돈이 1천 원, 정재학 4백 원, 김병순·정규옥·곽주상郭柱祥·서상민徐相敏·서상룡徐相龍 등이 각기 1백 원을 기부하였고, 또한 김병순·정규옥·이일우李一雨 등은 각기 1백 원을 분담하였다.153) 보상운동을 발의한 서상돈을 비롯하여 부의장, 총무와 재무 등이 많은 돈을 내었다. 대구광문사 사장 김광제는 이미 서울로 활동무대를 옮기면서 대구의 금연상채회에는 참여하지 않았다. 서상돈은 돈의 공정한 관리가 국채보상운동의 성패를 가름한다는 판단에서 재무를 맡았다.154)

---

151) 《慶尙南北道來去案》 1907년 2월 24일 관찰서리 참서관 백남준 보고 ; 《大韓每日申報》 1907년 3월 9일 〈大邱西門外壽昌社國債志願金收合事務所 公函〉.

152) 《大韓每日申報》 1907년 3월 9일 위의 기사. 《慶尙南北道來去案》에는 민회를 연 21일 당일 경상북도 경무서警務署에도 공문을 보내 "국채는 인민이 부담해야 하는 법률을 강론하기 위한 집회를 연다"라고 하였다. 이에 경무서에서 형사순검刑事巡檢 황관두黃寬斗를 파견하여 방청케 하였다. 집회를 정탐한 순검의 보고에 의거하여 관찰부는 민의소 주무자 의장 이현주를 불러 조사하고, 치안 유지상 관헌의 허가를 받아서 할 것을 요구하였다. 이에 이현주, 정재학 등이 청원서를 제출하여 "21일에 북후정에서 개회하여 목적을 광포하고 금연의무로 회민이 당일 총계 500원, 재무원 서상돈, 김병순이 농공은행에 적립하게 하였으니, 취지서를 보시고 인허"하라고 하였고, 2월 21일자로 된 〈국채담보취지서〉와 임원록을 제출하였다.

153) 《皇城新聞》 1907년 4월 30일 〈特義先捐〉. 이즈음 회장 이현주가 사임하고 대신 송훈宋焄을 추임推任하였다.

민회의 방식으로 전개된 대구의 국채보상운동은 처음에는 유생층, 상인층이 주도하여 일어났으나, 운동은 삽시간에 부녀자, 하층민중 사이로 확산되었다. 단순한 남자들의 단연운동을 넘어 가락지나 비녀 등의 패물을 기부하는 탈환脫環과 패물금지佩物禁止, 먹을 것을 줄여 이를 모금하는 감찬減餐, 감선減膳 등의 형태로 이어졌고, 이 민중의 열기가 오히려 지식층, 자산가를 자극하여 운동을 확산시켰다.[155]

국채보상운동은 몇 달 동안 전국적으로 불붙은 모양으로 확산되었지만 마침내 일제의 억압으로 좌절되었다. 일제는 1907년 7월, 정미7조약을 체결하면서 대한제국을 형해화시켰다. 그리고 국채보상운동 지도부를 회유하기도 하였고, 아니면 각종 횡령혐의로 지도부를 억압하였다. 가장 중요한 역할을 하던 《대한매일신보》의 양기탁까지 횡령 혐의로 구속하였다.

국채보상운동이 중단상태에 이르자 대구의 운동 주역들이 다시 보상운동의 활성화 방안을 강구하였다. 곧 대구단연상채소(이현주·서상

154) 《大韓每日申報》 1907년 3월 1일 〈選定財務〉 "인민의 寒淚熱血로 竭力判補者이니 비록 한 푼이라도 모자라고 소홀하면 즉 전국의 대죄인이라"는 점들이 지적되고, 대구에 서상돈, 김병순이 재무원이 된 것은 좋은 예라고 하였다. 서상돈이 거액을 기부하고, 재정 관리를 담당하였지만, 이와 다른 모습이 신문에 보도되기도 하였는데, 미국에서 발행되던 《공립신보》에서는 서상돈이 국채보상운동을 전개한 명예가 있으므로 그 신문을 우송하자 서상돈이 신문값을 받는 것으로 생각하고 신문 수령을 거절하였다. 《공립신문》에서는 이를 서상돈 자신이 명예를 스스로 없애는 것이라고 하고, "사상이 부패한 소유"라고 비난하였다(《공립신보》 1908년 1월 22일 〈명예불명〉).

155) 가령 앵무鸚鵡라는 기생이 100원을 기부하면서 '금번 의금에 힘에 따라 내는 것이 국민의 의무이거늘 여자로서 감히 남자보다 한 푼이라도 더 낼 수가 없으니 누구든지 1천 원을 출연하면 죽기를 무릅쓰고 따라한다" 하니, 이에 감동한 서상돈·김병순·정재학 등이 각기 기만 원씩 출연하기로 결의하였다고 한다(《皇城新聞》 1907년 3월 26일 〈義出男子〉 ; 《大韓每日申報》 1907년 3월 28일 〈青평論價〉). 여성층의 국채보상운동 참여에 대해서는 朴容玉, 〈國債報償運動에의 女性參與〉, 《史叢》 12·13, 1968 ; 〈國債報償運動의 發端背景과 女性參與〉, 《日本經濟侵略과 國債報償運動》, 1993 참조.

돈·정재학·김병순·최시교·최대림·박승동·박기돈·이종면·서병오·이일우·정규옥) 명의로 광고를 내어, "이 운동을 계속하느냐 중단하느냐를 결정하는 일은 지체할 수 없는 중대사"이므로 7월 30일(음, 8월 26일)에 경성지원금총합소에서 각도 대표자 회의를 갖자고 제안하였으며, 또한 경상북도 각군의 국채의무금수합소에도 각군의 여론과 수합한 상세한 내역을 가지고 오라고 하였다.156) 이 모임에서는 아마도 각 지역의 금액을 조사하기 위해 조사회를 설립하기로 의논하였을 것으로 추정되는데, 조사 이후의 조처 방법은 이때 정하지 못하였다.157)

1909년 10월에 다시 대구단연상채소 서상돈·서병규·이종면·최영환·채두석 등의 명의로 11월 7일에 국채보상운동 전국대표자 회의를 서울 교남교육회관에서 갖자고 제안하였다.158) 이때 대구 지도층들은 스스로 "우리 대구는 전국 국채보상에 대하여서는 다른 지방과는 달리 발기한 책임이 있는 곳이라"고 하면서, 우리 동포의 피와 눈물로 모집한 의연금을 중간에 간사한 소인배들이 농간·횡령했다는 점을 힐난하였다. 그리고 이 돈은 "전국 13도가 일치한 의결로 전국적 공익에 쓰는 것이 적합할 듯"하다고 하였다. 그리고 대구에서 취합한 의연금 7천여 원(이자를 보탠 8천여 원)은 농공은행에 예치되어 있으므로, 전국적으로 일치된 방안이 마련되지 않으면 대구의 공익에 필요한 곳에 사용하겠다고 천명하였다.159)

---

156) 《皇城新聞》 1908년 7월 25일~28일 〈대구단연상채소 명의 광고〉.

157) 《皇城新聞》 1908년 9월 4일 〈대구단연상채소 대표 이종면, 이일우 광고〉.

158) 《皇城新聞》 1909년 10월 15일 〈경북 대구 서상돈 등 광고 : 斷烟償債金을 國會에서 議決코져…〉.

159) 《皇城新聞》 1909년 10월 17일 〈大邱奇書〉. 이 회의가 성립되었으나 보상금 처리를 결정되지 못하자 徐相燉, 李一雨, 柳尙輔, 徐基夏, 李宗勉, 崔永煥, 蔡斗錫(上京代表), 徐炳奎(상경대표, 郡民會總務), 徐興均(상경대표), 鄭海鎭 등은 "대구군에서 저금한 의연금은 당지 공익상에 取用할 터"라고 천명하였다(《황성신문》 1909년 11월 14일 〈서상돈, 이일우 등의 광고 : 國債報償金을 全國에 大同處理

이에 자극이 되어 국채보상처리회에서도 여러 방안을 강구하였다. 대체로 ① 이자로 학교 설립, ② 식산 진흥, ③ 은행 설립, ④ 각 지방에 분급 등의 방안이 제기되었다.[160] 1910년 4월 16일에 전국대표인 총회 115명이 참석하여 총회를 열고, 각처 보관금 조사 총액은 15만 9천 2백 53원이며, 이 돈으로 이자를 불려 교육을 진흥하기로 결정하였다. 대체로 이용방법은 이자를 취하여 교육비로 쓰고, 자금을 유지하기 위해서는 토지를 매득하기로 하였다.[161] 이후 유길준 등이 토지 매입을 결정하였으나, 그 실행 여부는 알 수 없다.

* * *

대구지역은 조선 후기 이래 상업적 농업과 상업이 발전하면서 낙동강을 통한 상품 유통의 중심지로 발전하였다. 이에 지주층과 상인층이 성장하여 정치·경제적, 문화적인 면에서 지배세력으로 대두하였다. 대구의 근대 도시화, 상품화폐경제의 발전 속에서 이들이 급속하게 성장하였던 것이다. 개항 이후 이들은 여전히 지주자본을 근간으로 하였지만, 도시화, 공업화의 과정에서 점차 산업 부문으로 자본을 전환하면서 부르주아층으로 성장하여 갔다.

이들 상인, 지주층이 하나의 정치세력으로 형성·성장할 수 있었던 것은 무엇보다도 사회경제적 이해관계가 같았기 때문이었다. 그들은 사회경제적 이익을 유지하기 위해서는 민족문제를 떠나 결합하기도 하

되기 爲ᄒᆞ야 …〉.

160) 《大韓每日申報》 1909년 11월 30일 〈梁氏意見〉.

161) 《大韓每日新報》 1910년 4월 17일 〈處理會大總會〉 ; 4월 19일 〈大總會續開〉 ; 4월 21일 논설 〈國債報償金의 處理를 攢賀ᄒᆞ노라〉 ; 4월 21일 〈總會續聞〉. 각 도의 대표로는 권동진, 현은(서울), 홍필주(충남), 이상직(충북), 장길상(경북), 정준민(경남), 최린(함남), 태명식(함북), 남궁억(강원) 등이었다.

였다. 이런 점은 일본의 상권침투에 대해서도 마찬가지였다. 때로는 토착경제 보호를 거론하며 일본 상인, 일본 자본과 대립하기도 하였지만, 때로는 일본 상인과 결탁하여 경제적 성장을 꾀하기도 하였다. 이런 구조에서 그들의 민족운동은 처음부터 양면성을 띠었다. 민족적, 저항적 측면을 보이면서도 경제적 기득권 유지를 위해서는 언제라도 예속화·개량화할 수 있는 속성을 지니고 있었다. 강점 전 대구지역 부르주아층의 민족운동은 이런 점이 명확하였다.

이런 대립과정에서 국채보상운동이 일어났다. 국채보상운동은 일본의 상권침탈이 격심하던 개항장 동래의 상인층이 주창하였다. 그 주장은 곧바로 동래상인과 깊은 관련이 있던 대구지역의 상인층이 취지서를 만들면서 체계화되었다. 이 취지서가 신문에 보도되면서 국채보상운동은 전국적으로 확산되었다. 각 지역의 국채보상운동 관련 조직은 당시 민권의 성장과 함께 확산되고 있던 민회 방식으로 민중층과 결합하여 조직적으로 전개될 수 있었다. 위로부터의 운동이 민족문제를 거론하고 민중층을 동원하여, 계급적으로 연합하고 있었던 점은 민족주의운동의 발전과정에서 나름의 의미가 있는 것이었다.

한편 이들은 근대개혁의 방안에서도 같은 노선을 걸었다. 대체로 유교적 소양을 가지고 있었기 때문에 정부의 '신구절충新舊折衷'적인 개혁노선에 찬동하여 서양학문을 수용하고, 또한 실력양성운동에 적극적으로 동참하였다. 이런 점에서 그들은 농촌의 보수적, 척사적 유생층과 달랐다. 그들은 부르주아운동을 전개하면서 교육운동을 직접 주도하고, 또한 근대화 개혁이념을 같이하는 청년지식층과 결합하여 계몽운동을 전개하였다.

대구·경북지역 여러 곳에서도 근대교육을 지향하는 학교가 만들어졌다. 이 교육운동은 당시 지방으로 확산되던 계몽운동의 영향을 받았고, 무엇보다도 정부와 관찰부의 강력한 학교 설립 권유 속에서 이루어졌다. 서양 문명의 우수성을 인정하고, 이를 어떤 형태로든지 수용해야 한다는 인식이 확산되면서 지역의 자산가, 유생층이 이를 주도하게 되었다. 그들은 국권과 민권을 이루기 위한 교육을 추진하였는데, 학교에서는 자연과학[格致學]에서 외국어, 경제학, 정치학에 이르기까지 거의 모든 영역의 학문이 거론되었다. 하지만 지역의 근대교육은 유교와의 절충으로 전개되었다.

정부의 입장은 줄곧 유교를 기반으로 서양의 기술문명을 수용한다는 이른바 양무론洋務論이었다. 이를 위해 유교의 덕양德養 교육이 강조되었다. 사립학교를 설립한 유교지식인도 '수시변역'이라는 유교적 변통론에 따라 대체로 '신·구학 절충론'의 입장이었다. 유교적 전통이 강했던 영남지역에서는 유림의 각성과 책임감을 강조하였다. 하지만 유교지식인의 신·구학 절충론이 전적으로 정부의 입장과 보조를 같이하지는 않았다. 가령 양계초의 문집을 통해 신학을 수용하게 되면 그 과정에서 정치제제의 개혁까지 구상하는 변법개혁론變法改革論도 가질 수 있었기 때문이다. 유교지식인이 세운 경북지역의 사립학교가 이 가운데 어떤 입장을 취하고 있었는지를 정확하게 분류해 낼 수는 없지만, 안동의 협동학교처럼 선진적인 일부 학교에서 이를 확인할 수 있다.

교육운동은 일제의 국권침탈이 자행되면서 위기를 겪게 되었다. 일제는 러일전쟁 이후 정치군사적인 힘을 바탕으로 한국에 대한 강제적인 식민지화 작업을 추진하면서 사립학교 교육에 대해서도 예속화를 단행하였다.[162] 1905년 2월 학부의 고문이 되었던 학정참여관學政參與

162) 이에 대해서는 柳漢喆, 〈韓末 私立學校令 以後 日帝의 私學彈壓과 그 特徵〉, 《한국독립운동사연구》 2, 독립기념관 한국독립운동사연구소, 1988 참조.

官 시데하라 다이라幣原坦는 1905년 4월 〈한국교육개량안韓國教育改良案〉, 〈학교개량에 관한 보고서〉, 〈일한신협약의 영향으로서의 학부 부내의 정황 보고〉, 〈광무 9년 한국학정 개선 개황〉 등을 일본 본국에 보고하였다. 특히 〈한국교육개량안〉에서는 근대교육, 문명화라는 명분 아래 일제의 식민지배에 순응하는 사람으로 만들기 위한 교육이 획책되었다. 그런 뒤에 1907년 7월 학부 차관이 된 다와라 마고이치俵孫一는 '문명화와 실용주의', '모범교육'이라는 미명 아래 학제를 단순화하면서, 사립학교의 교육과 계몽운동을 억압하였다. 이후 1909년에 이르기까지 〈보안법〉으로 정치활동을 금지하고, 아울러 〈사립학교령〉, 〈공립·사립학교 인정에 관한 규정〉, 〈서당에 관한 훈령〉, 〈학부편찬 보통학교 교과용도서 발매규정〉, 〈교과용도서 검정규정〉, 〈학부편찬 교과용도서 발매규정〉, 〈학회령〉, 〈학무위원규정〉,[163] 〈신문지법〉 등 무수한 법령을 만들었다. 강점 이후 전개된 일제 식민지 교육의 기본 구조인 우민화, 황민화교육은 이 시기에 틀이 잡히고 있었다.

일제의 침탈과 강점 속에서 계몽운동을 전개하던 자산가, 개신유학자는 새로운 길을 찾지 않을 수 없게 되었다. 이런 새로운 운동으로의 전화는 자신들의 사회경제적 조건 또는 사상적 구조에 따라 결정되었다.

163) 이 규정에 의해 임명된 경북지역의 학무위원은 다음과 같았다. ① 공립대구보통학교 : 서봉기徐鳳綺, 서태환徐泰煥, 서흥균徐興均, 정해붕鄭海鵬, 서기하徐基夏, 김종석金宗錫, 이일우李一雨, ② 공립성주보통학교 : 배우상裵宇相, 배동옥裵東玉, 이기후李基厚, 여조연呂肇淵, 이순흠李舜欽, 이장화李長和, 이태희李台熙 ③ 공립경주보통학교 : 손병규孫秉奎, 김진용金振鎔, 김기풍金基豊, 이정구李正久, 정기락鄭基洛, 남교순南教淳, 최세걸崔世杰 ④ 공립상주보통학교 : 이교운李教運, 손택인孫宅仁, 박정준朴正準, 성식成式, 박희문朴熙文, 박정환朴挺渙, 박정집朴正集(《皇城新聞》 1908년 11월 26일). 이들은 각지 교육운동의 중심인물이었다.

제2장 일제하 부르주아 민족운동의 전개와 분화

일제 강점 전, 국권회복운동은 주도세력의 이념과 사회경제적 이해관계에 따라 크게 계몽운동과 의병항쟁으로 나뉘어져 전개되었다. 그러나 망국의 위기 앞에서 민족운동에는 여러 변화들이 일어났다. 의병은 대개 일제의 대토벌을 피해 국외로 이동하면서 독립전쟁을 준비하였다. 계몽운동에서는 여전히 실력양성운동을 추구하는 가운데, 한편에서는 실력양성론의 한계점을 인식하고 국외에서 전개된 독립전쟁으로 전환하기도 하였다. 국내에 남게 된 부르주아층은 근대화, 문명화를 강조하면서 자신들의 활동을 유지하였으나, 한편에서는 점차 일제에 예속되어 갔다.[1)]

대구·경북 지역의 부르주아층은 국내의 식민지배의 현실 속에서 여러 단계를 거쳐 발전하였다. 1910년대의 민족운동이 일차적으로 분화·재편되면서 이전의 의병 계열이 활동하는 가운데, 부르주아층의 민족운동이 전개되었다. 그런 한편 자신들의 사회경제적 이해관계 속에서 일제의 자본과 대립하기도 하고, 때로는 협력 관계를 유지하면서 새로운 분야로서 근대적인 형태의 자본으로 전환하였다.

3.1운동을 거치면서 민족운동에 명백한 계급적 측면이 강화되었다. 곧 부르주아 운동과 사회주의 운동이 대두되는 가운데, 부르주아층은 여러 단체를 조직하여 청년운동, 교육운동 등을 전개하였다. 그러나

1) 金度亨, 《大韓帝國期의 政治思想 研究》, 지식산업사, 1994, 제6장 참조.

정치적 입장에 따라 부르주아 운동의 분화가 일어나면서 대구지역의 부르주아층도 분화와 예속화의 길을 걷게 되었다. 그리고 한편으로는 신간회운동으로써 예속부르주아를 제외하고 새로운 운동을 전개하기도 하였다.

1. 1910년대 부르주아 민족운동의 분화

1) 독립전쟁의 참여와 국권회복단

1910년 강제 병합으로 대구지역의 계몽운동도 큰 변화를 겪게 되었다. 그 가운데 주목되는 바는 부분적으로 의병항쟁 계열과 연관을 맺고 독립전쟁, 무장항쟁 노선을 택한 것이었다. 경북지역에서도 많은 사람이 조직적으로 만주로 망명하였다. 주로 계몽운동에 동참했던 유생들, 가령 안동의 김동삼·이상룡·유인식,[2] 성주의 이승희[3]·장석영 등이 그러하였다. 그 밖에 울진의 주진수·황만영 등도 이 대열에 참여하였다. 이들은 신민회 계열의 독립군 기지건설운동에 동참하였던 것이다.

대구지역 계몽운동과 관련되었던 대동청년단의 서상일·안희제 등도 도만渡滿하였다. 그 뒤 그들은 노령이나 만주의 독립운동 상황을 둘러

2) 趙東杰, 〈安東儒林의 渡滿經緯와 獨立運動上의 性向〉, 《大丘史學》 15·16, 1978.

3) 劉準基, 〈韓溪李承熙의 政治思想〉, 《總神大論文集》 3, 1983 ; 琴章泰, 〈韓溪 李承熙의 生涯와 思想(Ⅰ)〉, 《大東文化硏究》 19, 1985. 그는 寒洲 李震相의 아들이었고, 대한협회 성주지회 평의원이었던 李基元의 아버지였다. 지회의 회원 가운데에는 李洙仁 등 그의 제자도 많았다. 또한 그는 성주 국채보상회의 회장으로, 이때 모은 10여 만원은 김창숙 등이 세운 성명학교의 기금이 되었다(《騎驢隨筆》 李承熙 조 ; 이 책 125~127쪽 참조).

보고 귀국하였다. 이들은 상업에 종사하는 한편, 국외독립운동에 대한 지원으로 군자금 조달과 독립군 모집활동을 전개하였다. 그들은 이를 위해 1913년 1월(음) 조선국권회복단朝鮮國權恢復團을 조직하였다.4) 서상일·이시영·홍주일 등은 대구 근교 안일암(당시 달성군 소재)에서 시회詩會를 가장하여 모임을 갖고, 국권회복단을 통하여 동지를 규합하였다. 해외 민족운동 진영과 연락하여 국권을 회복하고자 군자금 모집과 같은 지원 활동을 목표로 하였으며, 이를 '단군대황조영위檀君大皇朝靈位'라고 쓴 위패로써 맹세하였다. 그리하여 다음과 같은 조직을 갖추었다.5)

통　　령 : 윤상태尹相泰(달성)
외교부장 : 서상일徐相日(대구)
교통부장 : 이시영李始榮(대구)·박영모朴永模(합천)
기밀부장 : 홍주일洪宙一(달성)
문서부장 : 이영국李永局(대구)·서병룡徐丙龍(대구)
권유부장 : 정순영鄭舜泳(대구)
결사대장 : 황병기黃炳基(호남)

국권회복단에는 주로 대구지역의 인사들이 참여하였는데, 계몽운동 계열의 청년 지식층이 주도하였다. 신교육을 받은 청년 지식층은 계몽운동 때부터 연관을 맺었지만, 1910년대 들어 점차 두각을 드러냈다.

4) 趙東杰, 〈大韓光復會의 結成과 그 先行組織〉, 《韓國學論叢》 5, 국민대, 1980 ; 權大雄, 〈朝鮮國權恢復團硏究〉, 《民族文化論叢》 9, 영남대, 1988 ; 강영심, 〈朝鮮國權恢復團의 結成과 活動〉, 《한국독립운동사연구》 4, 독립기념관 한국독립운동사연구소, 1990. 일반적으로 국권회복단은 《고등경찰요사》에 의거하여 1915년에 결성된 것으로 알려져 있는데, 강영심은 다른 자료에 의거하여 1913년 1월 15일(음)이라고 하였다.
5) 이런 조직과 인원이 확정된 것은 설립 당시가 아니라 대개 1914년 이후이며, 마산에 지부가 설치된 것도 1917년 이후로 추정되고 있다(강영심, 위의 글, 149~150쪽).

그들은 계몽운동 과정에서 만들어진 학교(가령 대구 관찰부 관할의 낙육재, 수창학교, 협성학교 등)에서 신학문을 수학하고, 교남교육회, 대한협회의 교육활동과 직간접으로 연결되었다. 그들은 이런 경험으로 직접 학교를 경영하기도 하였다.[6]

이런 점을 잘 보여준 사람이 서상일이었다. 그는 대한협회 대구지회장이었던 서봉기徐鳳綺의 아들이었는데, 대구의 달성학교를 졸업하고(1905), 서울에 유학하여 보성학교 법과를 졸업했다(1909). 그즈음 정운일鄭雲馹 등이 발기한 달성친목회達城親睦會에 참여하였다. 또한 서상일, 남형우 등은 서울에서 조직된 교남교육회에도 발기인으로 참여하였다. 달성친목회는 국권회복단 결성의 기초 조직이 되었고, 국권회복단에 같이 활동했던 남형우, 이시영 등과 교류하였다. 1910년대에 들어 서상일 등은 달성친목회 조직을 강화하여 회원 가입을 확대하였고, 또한 강유원간친회講遊園懇親會에 들어가 활동의 폭을 넓혔다. 이 활동에서 경남지역의 지식층, 자산가와 교류를 확대하였다.[7]

국권회복단은 청년지식인이 주도하였고 여기에 상인, 부호층도 참여하였다. 특히 상업에 종사하는 사람이 많았는데, 상인들은 상점을 정보연락망으로 활용하고, 활동의 재정과 독립운동 자금을 마련하는 데 이용하였다. 서상일은 미곡을 거래하는 곡물상인 태궁상점太弓商店, 박상

---

6) 윤상태의 일신학교日新學校(1911, 고령), 덕산학교德山學校(1920, 달성 월배), 안희제의 구명학교龜明學校(1909, 동래), 의신학교宜新學校(1907, 의령), 창남학교刱南學校(1908, 의령), 홍주일의 교남학교嶠南學校(1921, 대구) 등이 그러하였다.

7) 이에 대해서는 金日洙, 〈徐相日의 政治·經濟 理念과 活動〉, 성균관대학교 사학과 박사학위논문, 2001, 11~28쪽. 김일수는 이후의 연구를 통해 '조선국권회복단'은 일제 당국이 달성친목회 세력의 독립운동을 탄압하려고 만들어낸 '가공 조직'이라고 보았다. 곧 1913년 1월 15일(음)의 대구 안일암 시회는 '조선국권회복단'의 결성이 아니라 달성친목회의 재건으로 분석하고, 달성친목회는 1916년 대구권총사건을 계기로 계몽운동 노선과 무력항쟁 노선이 분화되었으며, 국내 세력은 3·1운동, 1920년대 문화운동으로 이어진다고 하였다(김일수, 〈1910년대 달성친목회의 민족운동〉, 《한국학논집》 45, 계명대 한국학연구원, 2011).

진은 상덕태상회尙德泰商會, 윤상태는 향산상회香山商會(칠곡 왜관), 안희제는 백산상회白山商會(부산) 등을 경영하였다. 그 밖의 단원으로도 최준(경주, 지주), 정운일(성주, 전당업), 서창규(대구, 부호), 서상호徐相灝(통영, 곡물상) 등의 부호·상인이 참여하였으며, 서병룡徐丙龍, 이영국李永局, 신상태申相泰 등은 대구은행의 지배인, 은행원이었다.

한편 이들은 대종교와 관련이 있었던 것으로 보인다. 대종교와 직접적으로 관련이 있는 인물은 안희제뿐이었다. 하지만 1910년 이후 만주지역 무장항쟁이 대종교와 직간접으로 연관을 맺고 있었던 점을 고려하면, 다른 이들 역시 만주에 드나들면서 대종교와 관련을 맺게 된 것으로 보인다. 그들은 대종교가 중광重光된 1월 15일(음)에 국권회복단을 창립하고, 또 매년 같은 날에 정기적으로 모임을 가졌으며, 단군의 위패를 모시고 의식을 행하고 국권회복을 맹세하였다.

이런 구성과 활동 위에서 국권회복단의 주도세력은 풍기광복단과 연결하여 대한광복회를 결성하였다. 박상진·이시영·정순영·홍주일·정순일·최준 등이 참여하였다. 풍기광복단은 국권회복단에 견주어 의병적 색채가 강한 무장단체였다. 당시 계몽운동 계열과 의병항쟁 계열이 결합하여 민족운동이 전개되고 있었던 방향을 잘 보여주는 것이었다. 이 흐름을 각각 대표하던 사람이 서상일과 박상진이었다.

2) 일제 강점 초기 자산가층의 경제활동과 민족 문제

(1) 대구 자본가의 경제 활동

한말 이래 대구는 서울 다음으로 부호가 많았다고 일컬어졌다.[8)]

8) 오미일, 《한국근대자본가 연구》, 한울, 2002, 156쪽.

대구에 거주하던 지주는 1913년 현재 158명에 달했으며, 전답 50두락 이상을 소유한 지주도 김덕경金德卿·박병윤朴炳允·서철규徐喆圭·최만달崔萬達·이영면·서병조·이장우·정재학·이일우·정해학 등 10명이었고, 백만 원 이상의 재산가로는 서상하·서상룡·서상규·서상돈·정재학 등이 있었다.[9] 당시 대구의 부호는 대개 지주였고, 또 이와 연관된 상인층이었다. 그들은 상품경제의 발전 속에서 점차 자본을 상공업 분야로 전환하였다. 그 가운데 1910년대 가장 활발하였던 분야가 금융업이었다.[10]

지주층이 금융업으로 쉽게, 그리고 집중적으로 진출할 수 있었던 것은 그들의 자본축적이 상당 부분 고리대금에 의존하고 있었음과 무관하지 않았다. 이미 그들은 한말에 농공은행, 경상농공은행에 참여한 바 있었으며, 이런 경험 위에서 1910년대 금융업으로 대거 진출하였다. 그들은 1910년대에 대구에서 2개의 은행을 설립하고, 일본계 은행에 주주로도 참여하였다. 대구은행(1913)의 발기인은 정재학·최준·이일우·배상락·이종면·장길상·이병학 등이었고, 중역진으로는 정재학·이병학·정해학·서병오·이일우·이종면·이영면 등이었는데, 이들은 대개 경상농공은행의 은행장·중역·감사 등을 지냈거나 혹은 그 후손이었다. 칠곡의 지주 장씨가(장길상·장직상)가 주축이 된 경일은행(1920)에도 대구를 비롯한 경남북의 자산가(진희규·이병학·서병규 등)들이 참여하였다. 1912년 일본계 선남상업은행鮮南商業銀行에도 이병학·장직상·정재학 등이 참여하였다. 그 밖에 서상돈의 아들 서병조徐丙朝, 거상 김홍조金泓祚 등은 부산에서 설립된 경남은행慶南銀行의 대주주였다.

9) 《每日申報》 1913년 5월 31일 〈지주조합의 설립〉; 三輪如鐵, 《大邱一斑》, 玉村書店, 1912, 215쪽.
10) 金日洙, 〈日帝下 大邱地域 資本家層의 存在形態에 관한 硏究〉, 《국사관논총》 94, 2000.

이 시기 지주, 상인층은 여러 형태의 회사도 설립하였다. 대구에서는 공진회가 열렸던 1918년을 계기로 회사 설립이 활발해지기 시작하여 1920년 회사령이 철폐된 이후에 매우 활발해졌다. 선일인쇄(최준), 고려요업(이병학·서병원·이상무·최준·김홍조), 경북산업, 조선양조(이상악 : 이일우의 아들) 등이 세워졌다. 미곡과 관련된 회사가 가장 많았고, 그 밖에 전기업·주조업·농림업·제조업 등이 있었다. 조선인 자본가들은 대개 앞서 은행에 참여했던 그 사람들이었다.[11] 간혹 한인들의 독자적인 자본에 바탕한 회사도 있었지만,[12] 대개 한일 합작의 형태나 주주로서의 자본투자 형태가 많았다. 지주층의 자본 투자는 지역 단위를 벗어나 전국적인 차원에서 이루어지기도 하였는데, 부르주아층이 전국적 차원에서 경제적 이해관계를 바탕으로 정치적으로 결속하는 계기로 작용하기도 하였다.[13]

한편 상인층은 그들의 공동 이익을 위해 결속하기도 하였다. 대구의 미곡상들은 1922년 9월 상호 이익을 도모하고자 대구미우친목회大邱米友親睦會를 결성하였다. 이를 주도한 사람들은 대개 1910년대 형성된 금융자본가였다. 그러자 대자본가의 상권 주도에 반발하여 중소상인, 중소자본가들은 1927년 11월에 미곡상을 하던 서상일의 주도 아래 대구상공협회大邱商工協會를 만들었다.[14]

11) 김일수, 앞의 글, 2000 참조.

12) 당시 대구의 대표적인 토착자본회사로는 정재학, 이병학, 이일우, 이영면, 이장우, 한윤화, 서병조, 한익동 등의 대지주가 참여한 대동사大東社가 있었다. 이 회사는 우피, 미곡, 면사포 등을 취급하던 대동무역회사大東貿易會社(1918년 12월 설립)와 임야 차입, 묘목 판매 사업을 하던 계림농림주식회사鷄林農林株式會社(1918년 12월 설립)를 합한 것인데, 1924년 6월에 대주주 사이에 경영권을 놓고 분쟁을 겪어 경영 위기를 자초하였다가 끝내 1927년에 내부 갈등이 재연되어 결국 해산되었다(《東亞日報》 1924년 6월 19일 〈大東總會 內訌〉 ; 1927년 4월 14일 〈慶北産業 解散〉).

13) 오미일, 앞의 책, 2002, 165쪽. 가령 이병학은 선남은행, 경상합동은행, 대동전기 등에 투자하였는데, 투자회사 11개 가운데 7개가 서울에 소재하고 있었다.

이와 같이 개항 이후 성장한 상인층, 대지주층은 일제하에서도 지주 경영을 계속하였다.[15] 상인층도 상업 활동으로 획득한 부를 다시 토지에 투자하는 것이 일반적이었다. 식민지 지주제가 지주층의 경제적 이윤을 확고하게 보장하고 있었으므로 그러하였다. 하지만 상인층, 지주층은 1910년대를 거쳐 1920년대에 들어서자 상업, 무역업에 투자하여 자본을 전환함으로써 점차 부르주아 세력으로 성장하여 갔다.

(2) 일제 지배의 자본가

대지주들은 대체로 민족운동에는 일체 관여하지 않았다. 오히려 그들은 독립운동 자금을 모집하는 데 그 표적이 되었다. 1915년 11월 정재학·이장우·서우순徐佑淳 등은 대한광복회의 정운일·최병규·김진우 등으로부터 각각 자금을 제공하라는 협박장을 받았으며, 서우순은 광복회원으로부터 직접 테러를 당했고, 장승원張承遠은 이를 거부하다가 살해되었다.[16]

대지주층은 그들의 사회경제적 입장에서 점차 식민지배 체제에 예속되어 갔다.[17] 그들은 일제의 통치기구에 직간접으로 참여하였다. 가령 1917년 총독부에서 민풍民風을 개량한다는 명목 아래 교풍회矯風會를 조직하였는데, 대구에서도 그해 10월 대구경찰서의 주도 아래 교풍회가 조직되었다. 대구부윤, 경무부장, 참여관 등을 고문으로 하고, 서경순徐耕淳이 회장, 서병규徐丙奎·정해학鄭海鵬이 부회장이었고, 그

14) 김일수, 앞의 글, 2000 참조.
15) 이에 비해 평양지역에서는 지주자본이 대대적으로 상인자본으로 전화하여, 1차대전 이후 상인자본이 양말, 정미 등의 제조업에 투자되었다(오미일, 앞의 책, 2002, 159~160쪽).
16) 慶尙北道 警察部, 《高等警察要史》, 180쪽.
17) 이들의 동향에 대해서는 김일수, 앞의 글, 2000, 참조.

밖에 정재학鄭在學·서병오徐丙五·이병학李柄學·서기하徐基夏·진희규秦喜葵·서병조徐丙朝·서병규·이장우·김응섭·서상춘·정석규·장상철 등 대지주, 금융자본가가 대거 참여하였다. 교풍회는 1918년 2월에 대구부민 가운데 효孝·성誠·미美·선善 등 4분야의 대표적인 사람(최현달·김찬수·서병조·서병원·도남이)에게 표창을 주기도 하였다.[18]

또한 이들은 대구부 협의회 회원이 되어 일제와 관련을 맺었다. 제1기(1914~1916)에 최만달崔萬達·정해학·이일우·서병조·서병규, 제2기(1916~1918)에 정해학·서병조·이일우·이종면李宗勉·박기돈朴基敦, 제3기(1918~1920)에 박기돈(보궐 이장우)·정해학·이병학·이종면·서병조 등이 선출되어 활동했다.

계몽운동에서 출발했던 부르주아층의 상반된 민족적 입장은 3.1운동을 거치면서 더욱 분명해졌다. 대구의 만세시위는 1919년 3월 8일, 10일에 두 차례 일어났는데, 대구 인근지역을 비롯해 경북 각 지역에 만세시위운동을 파급시키는 계기가 되었다. 이 운동은 2월 중순쯤부터 기독교계 인사를 중심으로 계획되었고, 계성학교 교사 백남채白南採가 중심이 되어 동료교사였던 이만집李萬執(목사), 김영서金永瑞, 김태식金台植 등과 모의하는 가운데 서울로부터 연락 임무를 띠고 대구에 온 이갑성李甲成이 이만집과 협의한 뒤에 본격화되었다. 그들은 주로 교회와 계성학교 학생들을 대상으로 하였다. 운동이 준비되던 와중인 3월 3일 천도교 대구교구장이면서 조선국권회복단 중앙총회의 회원인 홍주일洪宙一이, 또 8일에는 백남채가 일제에 의해 예비 검속되었다. 남성정교회 장로 김태련은 이만집에게 전달된 독립선언서를 자신의

18) 《每日申報》 1917년 2월 16일 〈矯風會 組織〉; 1917년 10월 11일 〈대구의 교풍회〉; 1917년 11월 8일 〈矯風會 實施〉; 1917년 12월 15일 〈靑年導率과 弊風의 矯正〉; 1918년 2월 15일 〈교풍회 표창〉.

집에서 등사판을 이용하여 등사하고 '대한 독립'이라고 쓴 큰 기와 태극기를 만들어 시위를 준비하였다. 이리하여 3월 8일 서문시장을 중심으로 대규모의 만세시위를 일으켰던 것이다.[19)]

이에 견주어 예속적 부르주아지는 3.1운동을 억제하고자 자제단自制團이라는 단체를 만들었다. 단장은 대구 지역 최고의 친일파이자, 대구성을 허물던 당시 경북관찰사였던 박중양이었고, 발기인은 이병학·이장우·정해학·이일우·정재학·한익동·김홍조·서경순·장상철·서철규·서병원·이영면李英勉 등이었다.[20)] 대체로 은행의 주주 또는 중역으로 참여한 인물이었으며, 또한 대부분 교풍회의 회원이었다.

2. 1920년대 부르주아 세력의 민족운동

1) 예속 부르주아지의 동향

1920년대 들어 일제는 이른바 '문화정치'를 실시하였다. 그 정책의 핵심은 민족 분할 통치였고, 그 일환으로 일제는 친일파를 다수 양성·이용하였다. 특히 지주, 자본가에 대해서는 노농계급과의 대립을 부각시켜 식민지배 체제 안으로 끌어들였다. 1910년대부터 이미 부분적으로 일제와 밀접한 관계를 맺으면서 그들의 사회경제적 지위를 유

19) 광복회대구경북연합지부, 《대구경북 항일독립운동사》, 1991. 대구지역의 만세시위는 다른 지역과 마찬가지로 도시에서 농촌으로 파급되었고, 주로 농민층이 주도하였다. 이를 계기로 운동은 경북 전역으로 확산되어 4월 중순까지는 거의 매일 시위가 발생하였다. 그리고 그 방법도 농촌으로 갈수록 폭력적인 형태로 나타났다. 慶尙北道 警察部, 《高等警察要史》, 1934 ; 《慶尙北道史(中)》 6장 2절 ; 金義煥, 〈大邱 三·一運動의 考察〉, 《大邱史學》 7·8, 1974.

20) 오미일, 앞의 책, 2002, 171쪽.

지하고 있었던 예속 부르주아지는 그나마 가지고 있던 민족적 성향조차도 점차 상실해갔다.

그들은 여전히 식민지 권력과 밀착하면서 사회경제적 기득권을 유지하였다. 가령 당시 조선인이 정치적 활동을 할 수 있었던 부협의회·도평의회·학교평의원회·중추원 등에서의 양상이 그러하였다. 특히 부협의회의 선출방식이 관선에서 민선으로 바뀌자 자본가층이 동요하였으며, 1923년 이후 선거에 대자본가들이 적극 참여하면서 후보가 난립하고 선거가 과열되는 모습도 보였다.21) 국권회복단 단원이었던 지주 서창규, 정용기는 부협의회에 적극 참여하였다. 부협의회에 참여했던 사람은 이장우·정해학·서병조·서기하·박병태朴炳兌 등이었고, 대개 이들이 학교평의원회에도 참여하였다.22)

동시에 그들은 일본인이 주도하던 상업회의소에 참여하였다. 이병학(부회두)·정재학·박기돈·이영면(특별의원)·이장우·서병조(특별의원)·장직상 등 대지주, 은행자본가들이 대부분이었다. 이 상업회의소에는 한익동韓翼東·서상현徐相鉉·서상일徐相日 등 미곡상과 배영덕裵永悳·허지許智 등 중소자본가도 참여하였다. 특히 장직상은 6대, 7대에 걸쳐 대구상업회의소의 회두로 선출되었는데, 당시 조선인이 지방 상업회의소의 회두가 된 것은 그가 유일하였다.

또한 그들은 나름의 조직도 결성하였다. 1920년 여름, '신사·실업가·자산가'들은 친목 도모, 사회에 대한 관심 제고 등을 목적으로 예월회例月會를 결성하였다. 그러나 목적과는 달리 명목적으로 매월 정기모임을 진행하면서 기생과 더불어 향연을 주로 하다가 지역 언론으

---

21) 姜東鎭, 《日帝의 韓國侵略政策史》, 한길사, 1980, 325~340쪽.

22) 제1기(1921~1924)에 정해봉, 박병태, 이종면, 이일우, 서병조 등이, 제2기(1924~1927)에 이선호, 이종면 등이, 제3기(1927~1930)에 이종면, 최순, 제4기(1930~1931)에 최순 등이 평의원으로 활동하였다.

로부터 호된 비판을 받아야 했다.

1920년대 들어서 전국적으로 부르주아 민족운동으로서 문화운동이 활발하게 전개되었다. 예속적 부르주아 세력은 문화운동이나 물산장려운동, 민립대학 설립운동에 부분적으로 관련을 맺었으나 적극적으로 나서지는 않았다. 하지만 문화운동을 이끌고 있던 부르주아 세력이 그들과 계급적·경제적 기반이 다르지 않다는 점에서 그 운동에 소극적으로 참여하거나 경제적으로 후원하기도 하였다. 대구청년회가 만들어지자 기부금을 내기도 하였고,[23] 1923년 대구의 유지 및 자본가들이 대구구락부大邱俱樂部를 결성하며, 그 회관으로 조양회관朝陽會館을 건립하자 서병조·이상악·서상일·김의균·장직상·한익동 등이 창립위원으로 참여하였다. 이와 같이 예속적 부르주아지는 부분적으로 부르주아 민족운동 세력과 연계를 이루어갔다.[24]

이처럼 예속적 부르주아지는 전반적으로 식민지 관변단체, 총독부 자문기구, 친목단체 등으로 그들의 사회경제적 지위를 유지하고, 필요에 따라서는 부르주아 민족운동 세력과 연계도 도모하였다. 이런 양면성은 한말 이래 일제의 경제침투 속에서 형성된 것이었다. 하지만 이들의 활동 폭은 점차 친일적인 형태로 좁아져 갔다. 특히 1930년대 후반 일본의 파시즘지배체제가 강화되고 침략전쟁을 위한 총동원체제 아래에서 그들은 여러 단체에 가담하여 활동하였다. 가령 서상돈의 아들 서병조는 중추원 참의, 부의장이 되었고, 국민총력조선연맹 이사, 흥아보국단 준비위원회 경북대표, 조선임전보국단 평의원 및 경북지부 상임 이사 등으로 활약하였으며, 장직상도 대체로 같은 단체에서 활동

23) 서병규(100원), 이병학(100원), 서병조(100원), 김홍조(10원) 등이 기부금을 납부하였다(《東亞日報》 1920년 5월 26일 〈大邱靑年會 發展〉).
24) 김일수, 앞의 글, 2000 참조.

하였다.[25]

2) 문화운동의 전개와 부르주아 세력의 분화

(1) 부르주아 민족운동의 전개

1920년대 초반 전국적으로 문화운동이 전개될 때, 대구의 부르주아 운동을 대표하던 사람은 서상일이었다. 그는 1910년대 국권회복단 활동으로 대구지역 부르주아 운동의 핵심으로 성장하였고, 《동아일보》 대구지국을 운영하면서 문화운동을 주도하였다. 그는 문화주의를 찬양하고 개조를 위한 부르주아층의 역할을 강조하였고, 청년들의 자아혁신自我革新, 자아독립自我獨立을 주장하였다. 자아 혁신은 곧 실력양성을 의미하는 것이었고, 청년이 주체가 되고 청년회가 문화운동의 중심기관이 되어야 한다는 것이었다. 그리고 이를 위한 지방청년회의 역할에 주목하였다. 지방청년회는 회원의 덕성 함양, 지식 계발과 청년의 인격 향상, 체육의 연달練達과 국민 원기 배양, 근검역작勤儉力作과 자작자급自作自給 정신 고취, 환난상구患難相救와 호상부조互相扶助 등의 활동방향을 제시하였다.[26]

대구의 문화운동을 핵심적으로 이끌던 것은 대구청년회였다. 이 회는 1920년 1월 최종철·남정구·백신칠·한규석·서만달 등이 발기인이 되어 조직되었다.[27] 대구청년회의 주류는 국내외에서 신학문을 수학한 신흥 지식인과 중소자본가였다. 그들은 청년회를 신사회 건설, 신문화 건설을 표방한 수양의 최고기관으로 설정하였고, 이를 위해 강연

25) 김도형 외, 《근대 대구·경북 49인》, 1999, 제5부 참조.
26) 이에 대해서는 金日洙, 앞의 글, 2001, 45~46쪽.
27) 《東亞日報》 1920년 5월 26일 〈대구청년회 발전〉 참조.

활동을 비롯하여 계몽 선전 활동과 교육 분야 지원 활동 등을 행하였다.[28] 시국 상황, 교육 진흥, 신생활 개선 등과 관련된 강연회를 수시로 개최하였고, 문예잡지 《이상촌》, 유년 잡지 《보步》의 발행을 추진하였다. 또한 대구지역에서 조선인이 설립한 사립학교(대성학관, 배영학원, 대구상업학교, 교남학원 등)를 후원하였으며, 민립대학 설립을 위한 조직에 발기인이나 대구지방부에 적극적으로 참여하였다. 또한 여타의 청년단체와 더불어 단연회斷煙會를 결성하고 당시 문화운동의 일환으로 추진된 물산장려운동에도 동참하여, 생산증식론에 기반을 둔 물산장려운동을 옹호하는 계몽활동을 전개하였다. 이는 실력양성론에 근거하여 전개된 문화운동의 단적인 모습을 보여주는 것이었고, 또한 한말 이래 그들이 추구하던 근대화 방안을 계승한 것이었다.[29]

그러나 대구청년회는 경북청년연합회 결성이 좌절된 이후 점차 침체되어 갔다. 서상일은 1921년 당시 회장 한익동과 협의하여, 경북청년회연합회 결성을 추진하였다. 곧 조선청년회연합회를 탈퇴하고 도道 단합의 경북청년회연합회를 결성하자는 것이었다. 1922년 5월 회장으로 선출된 서상일은 경북지역 22개 단체가 참여한 강습회에서 연합회 결성을 제의하였다. 그때 조선청년연합회를 중심으로 단결이 필요하다는 의견이 다수를 차지하면서 경북청년회연합회 결성은 무산되었는데, 그 결과 대구청년회도 침체되었던 것이다. 점차 부르주아 민족운동은 사회주의적 성향의 단체 활동에 견주어 저조해졌다.[30]

《동아일보》 대구지국도 부르주아 민족운동의 거점 역할을 하였다. 김성수는 《동아일보》 창간을 위해 전국을 순회하던 중, 대구에서는 한

28) 대구청년회의 활동에 대해서는 金日洙, 앞의 글, 2001, 54~61쪽 참조.
29) 박찬승, 《한국근대정치사상사연구》, 역사비평사, 1992 참조.
30) 金日洙, 앞의 글, 2001, 55~57쪽.

익동·서상일 등과 관련을 맺었다. 대구·경북의 부호였던 최준·이일우 등이 경성방직의 발기인으로 참여하였고, 최준은 《동아일보》 발기인 총회 및 창립총회에도 참석하였다. 처음 《동아일보》 대구지국은 한익동이 맡았으나 경북청년연합회의 추진이 좌절된 뒤, 1923년 7월 서상일이 대구지국을 인수하여 지국장으로 활동하였다.[31] 《동아일보》가 추진하던 문화운동이 서상일을 통하여 대구 지역에서 전개되었던 것이다.

서상일은 이미 1921년 조선인산업대회에서도 《동아일보》와 같은 입장을 취하였다. 그리고 지국 경영 뒤에는 《동아일보》를 통하여 대구부 당국이나 예속적 자본가를 비판하였다. 1923년 10월에는 대구부 당국이 추진하는 도시계획이 조선인과 일본인의 격차를 더욱 벌려 '일본의 대구'가 될 것이라고 비판하였고, 대구의 수해 대책에서도 대구부 예산을 수해 복구에 써야 한다고 주장하면서 이를 반대하는 부협의회, 곧 대자본가와 반대 입장을 취하였다.[32]

대구청년회는 이런 활동을 당시 대구의 다른 사회단체와 연대하여 행하기도 하였다. 특히 가장 역점을 둔 강연회는 여러 단체의 연합회의 이름으로 행하였는데, 여기에는 청년단체, 사회단체는 물론 종교계통의 청년회도 참여하였다. 물산장려운동, 서선수해대구구제동정회西鮮水害大邱救濟同情會, 암태도 소작쟁의 지원 등의 원호 활동에서도 그러하였다. 또한 1923년 6월에는 민립대학기성회 대구지방부가 만들어졌는데, 교육 진흥은 한말 이래 모든 자산가층이 동의하고 있었던 것이었으므로 대구지역 대부분의 부르주아 세력이 참여하였다. 집행위

31) 한익동 이후 최원택, 장홍식을 거쳐 서상일이 지국장이 되었으며, 1940년 폐간 때까지 계속 경영하였다.

32) 金日洙, 앞의 글, 2001, 50쪽.

원장 김의균(변호사), 집행위원 홍주일·남필우·서병조·정해붕·박기돈·한익동 등의 자산가를 비롯하여 정운해·김하정 등 사회주의 운동가, 유만겸 등의 관료 등이 참여하였으며, 감사위원은 서상일이었다. 정재학·이병학·장길상·이종면 등과 같은 상층 자본가, 곧 예속자본가를 제외한 여타 대구지역 사회운동 세력이 모두 참여하였다.[33)]

특히 사안에 따라서 대구청년회는 노농문제를 중심으로 활동하던 사회주의적 성향의 노동공제회 대구지회와도 연대하여 활동하였다. 노동공제회에 계몽운동 계열이 참여하였던 점, 그리하여 두 단체에 모두 참여한 사람이 다수였다는 점 등에서 연대활동이 가능하였다. 1920년 노동공제회 지회 창립 이후 줄곧 회장, 위원장을 지낸 박기돈朴基敦은 한말에 대구광문사, 대한협회 지회 등에 참여하였고, 또한 국채보상운동과 대구상무소 조직 등을 통해 일본 상인의 상권 침투에 대응했던 사람이었다. 그리고 한규석·서만달 등은 두 단체의 발기인이었고, 최익준·김구·최원택·이상훈·정운해·최윤동 등도 두 단체에 모두 참여하였다. 아직 부르주아 계열과 사회주의 계열이 명확하게 구분되지 않은 단계였으며, 민족문제를 둘러싼 지역 문제에서는 공통의 이해관계를 형성하고 있었기 때문에 이러한 연대가 가능하였던 것이다.

대구청년회의 침체 이후 부르주아 민족운동 진영에서는 사회주의 운동의 확대를 우려하고 이에 대한 대응책을 모색하였다. 그들은 부르주아 세력을 결집하기 위한 여러 조치를 취하는 과정에서 예속적 부르주아지와 결합하였다. 이미 이들은 예월회를 조직하여 '신사, 실업가, 자산가의 친목 도모'를 행하였고, 1923년 7월에는 대구구락부를 만들어 그 회관으로 조양회관을 건립한 바 있었다. 서상일·김의균·박

33) 金日洙, 앞의 글, 2001, 56쪽 ; ---, 〈일제강점기 대구노동공제회의 활동과 성격〉, 《大丘史學》 70, 2003, 90쪽.

기돈 등이 부르주아적 이해관계를 같이하던 장직상·이상악 등 상층의 예속적 자본가와 함께 조직한 것이었다. 그들은 대구구락부 기성회에서 "우리는 사회의 중추기관이 되어 민중 복리를 증진"하고, 또한 문화운동을 전개하자고 천명하였다. 대구청년회가 침체되자 청년회를 이어 문화운동의 중추기관으로 대구구락부를 구상하였던 것이다.[34]

이와 같이 1920년대 중반 무렵까지 대구에는 일제와 유착한 예속자본가(지주·대자본가), 문화운동을 주도하던 부르주아민족주의 계열(중소자본가·일부 대자본가), 그리고 사회주의 계열 등이 나뉘어져 있었고, 이들은 정세에 따라 다양하게 결합하였다. 특히 부르주아 계열은 사회주의 세력과의 대립 속에서 예속적인 자본가와도 계급적인 차원에서 결합하기도 하였으며, 민족문제를 둘러싸고는 사회주의 세력과 연대하기도 하였다. 이런 흐름 위에서 자치론이 등장한 다음에는 신간회 등을 통하여 사회주의 계열과도 연합하였다.

(2) 부르주아 세력의 분화와 신간회 운동

1920년대 들어 사회주의 계열의 민족운동도 매우 활발하게 전개되었다. 1910년대 식민 통치를 거치면서 노농계급이 성장하고, 이들의 대중운동이 확산된 것과 맥을 같이 한 것이다.[35] 그리고 1923~24년 이후 일본에 유학했던 지식인이 사상단체를 결성하면서 지역운동에서 주도권을 장악하기 시작하였다. 이는 부르주아 세력에도 큰 영향을 주었다.

34) 金日洙, 위의 글, 2001, 62~64쪽 참조.
35) 사회주의의 활동에 대해서는 김일수, 〈1920년대 경북지역 사회주의 운동〉, 《한국현대사와 사회주의》, 역사비평사, 2000 ; 허종, 〈1920년대 대구지역 사회주의 세력의 대중운동〉, 《대구사학》 71, 2003.

앞서 본 바와 같이, 부르주아 세력은 사회주의 운동에 대항하여 정치적 입장을 떠나 결집하기도 하였고, 사안에 따라서는 사회주의 세력과 결합하여 운동을 전개하기도 하였다. 이런 활동은 1920년대 중반에 들어서도 부분적으로 제기되었다. 가령 1925년에 만들어진 농촌사農村社는 정운해(서무), 서상일(영업), 서만달(편집) 등이 농촌 상황에 관한 조사연구, 강습 강연, 사업 장려 등을 통한 농촌개발을 목적으로 조직한 단체였다.[36] 이들은 대구청년회, 노동공제회에서 같이 활동했던 사람들이었다. 서상일·서만달 등은 상공업에 기반을 두고 있었으므로, 소작료 징수를 자본 축적의 기반으로 하고 있던 대지주층과는 농업 문제를 달리 보았던 것이다.

그러나 부르주아 민족운동 진영 내부에서는 1920년 중엽에 들면서 타협적인 자치운동이 제기되었다. 《동아일보》는 1923년 말부터 '민족적 기치하의 대단결', '민족적 중심세력의 결집', '중심세력이 될 만한 단체의 결성' 등을 주장하고 이로써 일정한 정치적 권리를 확보하자고 하면서 자치운동 분위기를 조성하였다. 김성수 등은 이를 위해 12월 하순에 연정회硏政會를 만들고자 하였다. 물론 이런 시도는 이루어지지 않았지만 그 파장은 매우 심각하였고, 이를 계기로 부르주아 민족운동 진영이 분화하였다.[37] 《동아일보》 대구지국을 경영하던 서상일은 줄곧 김성수·송진우 등과 관련을 맺고 있었던 점에서 자치론으로 흐르게 되었다.

자치운동이 실패한 뒤, 1920년대 후반에 들면서 부르주아 민족주의 계열의 문화운동은 조양동우회朝陽同友會를 통하여 계속되었다. 이때 대구구락부 회관의 이름을 조양회관으로 바꾸고, 사회적 중추기관으로

36) 오미일, 앞의 책, 2002, 342~343쪽 참조.
37) 박찬승, 앞의 책, 1992, 330~335쪽.

서의 조양동우회를 만들었던 것이다. 이 단체는 근검역행 장려, 단체 생활 훈련, 해방운동 고조 등을 목적으로 하면서, ① 생계 확립을 위하여 투쟁 역작力作함, ② 생권生權 확보를 위하여 일치 단결함, ③ 생영발양生榮發揚을 위하여 문화 창조함 등의 생계·생권·생영을 이루자는 강령을 내걸었다. 이는 개인의 자유·평등·해방을 바탕으로 민족 공존, 평등한 정치 보장, 나아가서는 인류공영을 추구한 것이었다. 이 강령 속에 이미 자치론의 논리가 스며들어 있었던 것이다.[38]

자치론을 반대하던 비타협적 부르주아세력은 사회주의 세력과 연대하여 신간회 대구지회를 조직하였다. 대구지회는 의열단 출신의 이경희가 지회설립 준비위원장(1927년 7월)과 초대 지회장(1927년 9월)이었고, 군자금모금사건에 관련되었던 최윤동이 초대 부회장 및 2대 지회장(1927년 12월)이었으며, 같은 사건에 연루되었던 송두환이 초대 서무부장, 초대 집행위원장(1929년 8월), 서만달이 검사위원장(1929년 8월)이 되었다. 대외적으로는 이들 비타협적 민족주의계열이 신간회를 대표하였으나, 김이용·장적우·허홍제·채충식 등의 사회주의 운동가들이 지회 설립 때부터 줄곧 출판부·정치문화부·선전부 등의 책임을 맡아 활동하였고, 이들의 영향력 아래에 있었던 대구청년동맹 간부들이 집행위원이나 중요 부서의 간사를 맡아 활동하고 있었다.[39]

대구 신간회에 참여한 민족주의계열 가운데는 부분적으로 일제의 관변 기구에서 활동했던 사람도 있었으나, 대부분 이와 무관한 부르주아 민족주의 계열이었다. 그들은 대개 1910~20년대 중반까지 비밀결

38) 金日洙, 앞의 글, 2001, 51~54쪽.

39) 이윤갑은 당시 경부지역의 지회의 구성과 활동을 세 가지 유형으로 나누었다. 이 가운데 대구지회는 비타협적 민족주의자와 사회주의자들(청년, 농민, 노동운동세력)이 협동하여 지회를 설립하였으나, 실질적으로는 사회주의 계열이 주도하였다(이윤갑, 〈일제하 경상북도 지역의 신간회 지회운동〉, 《東方學志》 123, 연세대 국학연구원, 2004 참조).

사운동에 참여한 경력이 있었다. 신간회 지회에는 예속적 부르주아 세력은 물론 민족개량주의적 자치론자도 배제되었다.

하지만 민족주의 좌파 계열에서는 1928년쯤부터 신간회의 합법적 온건노선으로는 민족해방을 기대하기 어렵다고 판단하고 새로운 'ㄱ당'이라는 새로운 단체를 만들었다. 'ㄱ당'은 1928년 4월 신간회 대구지회 간사인 노차갑·장택원·정태봉·문상직, 부산 신간회 간사인 이강희 등이 결성하였는데, 이들은 대개 1910년대 후반에서 1920년대 초반에 중국, 만주에서 무장투쟁단체에 가입하여 활동한 경력이 있었으며, 1920년대 중반부터 청년동맹이나 노동단체 등에서 활동하던 사람들이었다. 그들은 "민족운동은 금일 신간회나 근우회 같은 막연한 표면운동으로는 목적을 달성할 수 없으므로 소수라도 진정으로 활동하는 자로서 비밀결사를 조직하여 결사적 각오로 나아가야 한다"고 주장하였다.40)

한편 부르주아 민족주의 좌파와 우파는 민족적·정치적 차원에서 입장을 달리하는 측면이 있으면서도 경제적 측면에서는 이해관계를 같이하기도 하였다. 1927년 10월에 만들어진 경제연구회經濟硏究會에는 예속적 부르주아를 제외한 대다수의 자본가층이 참여하였다. 또 11월의 대구상공협회도 그러하였다. 조선인 경제의 부흥을 위한다는 목표 아래 포목상·미곡상·약종상·잡화상·중개업·양조업 등 전체 상공인의 28퍼센트나 참여하였다. 대구청년동맹에서는 경제연구회를 운동선을 혼란시키는 반동단체로 규정하였지만, 신간회는 대구상공협회의 활동에 협조적이었다. 부분적으로는 우려가 있다는 점을 경고하면서도 동시에 그 역할을 인정하고 결성을 지원하였던 것이다. 신간회의 재무담

40) 오미일, 앞의 책, 2002, 348~349쪽.

당이었던 백남채 등이 상공협회 평의원이었다. 아직 경제적 활동에서 정치적 입장과는 달리 부르주아민족주의 좌파, 우파의 조직적 분화 현상은 뚜렷하게 나타나지 않았던 것으로 보아도 좋을 것이다.[41]

하지만 부르주아 민족주의 우파는 줄곧 자치론을 견지하고 있었다. 자치운동은 1920년대 말에 사이토 총독이 재임한 이후 다시 일어났다. 이때 서상일은 1931년 3월에 〈합법운동과 비합법운동에 관한 사견私見〉을 작성하였다. 그는 당시 반제민족해방의 혁명전革命戰이 진행 중이고, 조선은 반제 민족운동의 역사적 과제를 지니고 있다고 하였다. 그런데 조선은 민족성, 역사성 등으로 이를 이룰 만한 힘이 없으므로 민족 역량을 키워야 하고, 이를 위해서는 합법운동이 필요하다고 하였다. 그리고 합법성을 획득하려면 대중의 압력이 필요 불가결하다고 하였다. 정치적 자유는 대중 압력의 증대에 의해 획득 가능하며, 대중의 압력이 가능한 운동은 국민운동이고, 국민운동은 지상운동地上運動, 곧 합법운동이라고 하였다. 그 일환으로 그는 조선 안에 조선의회를 별도로 설립하여 자치권을 획득해야 한다고 하였고, 특히 식민국가는 자치권, 곧 의회 개설로 언론·출판·집회·결사의 자유라는 기본권과 안전한 정치적 자유, 민족적 동권 보장 등을 얻고, 나아가 그 경험을 토대로 하여 완전 또는 절대적 해방으로 나아갈 수 있을 것이라고 하였다.[42]

* * *

1910년 이전, 지주, 상인층은 계몽운동을 전개하였다. 이들은 경제 활동에서는 봉건 권력이나 일본 상인과 결합하여 더욱 많은 부를 축

41) 오미일, 위의 책, 2002, 354쪽.
42) 金日洙, 앞의 글, 2001, 92~114쪽.

적하였지만, 토착 상권을 둘러싸고 일본 상인과 대립하기도 하였고, 계몽운동을 통하여 민지개발과 실력양성을 주장하기도 하였다. 외래 자본에 대해서는 양면적 입장을 보였지만, 그래도 아직은 내부의 차별성이 잘 드러나지 않았다.

하지만 부르주아층은 1910년대 들어서 정치적 입장과 관련해서 점차 분화하여 갔다. 이는 계몽운동의 내적 분화, 특히 계몽운동이 가지는 실력양성운동의 한계점이 지적되고 무력항쟁론이 제기되어 의병계열과 결합하는 경향이 강화되던 변화 속에서 일어난 것이었다. 대구지역의 부르주아층은 군자금 모집을 주목적으로 국권회복단을 만들고, 이를 기반으로 국내외 의병 계열과 합하여 대한광복회에 참여하기도 하였다. 그리고 그들은 조직의 연락과 거점으로 상업 조직을 활용하였다. 이에 비해 대지주, 대부호는 일제에 점차 예속되면서 그들의 경제적 지위를 유지하였고, 이들은 오히려 무장활동의 약탈 대상이 되었다.

1920년대 들어 이들의 분화는 좀 더 명확해졌다. 우선 예속적 부르주아지는 일제의 권력기구에 직간접으로 참여하면서 사실상 민족운동에서 떨어져 나갔다. 이에 견주어 민족적 입장을 견지하던 부르주아층은 1920년대 초반 대구청년회, 《동아일보》 대구지국을 중심으로 문화운동을 전개하였다. 그러나 점차 사회주의 운동이 활발해지고 부르주아 운동은 침체되어 갔다. 1924년 전후 전국적으로 자치운동이 제기되고, 서상일 등 부르주아 중심세력이 이에 기울어지자 부르주아 진영이 분화하였다. 민족주의 좌파 계열은 사회주의 세력과 연합하여 신간회 지회를 만들었다. 물론 이 지회는 표면적으로는 부르주아 세력이 대표하였으나 실질적으로는 사회주의 세력이 주도하였다. 1920년대 후반, 신간회에 참여했던 민족주의 좌파계열은 신간회의 합법적 노선을 비판하면서 'ㄱ당'을 만들었고, 반면 민족주의 우파 계열은 서상일에 의해서 제기되었듯이 합법운동, 자치운동으로 급속하게 선회하였다.

이와 같이 부르주아층의 분화와 이에 따른 운동은 언제나 일관되게 확고한 것은 아니었다. 사회주의 운동의 확산에 대항하고자 일제에 예속 여부를 떠나 부르주아층이 결합하기도 하였고, 또는 지주제, 농업 문제를 둘러싸고는 상인층과 지주층의 입장이 다르기도 하였다. 때로는 사안에 따라 사회주의 세력에 동조하여 그들의 조직에 참여하기도 하였다. 그러나 1920년대 후반 사회주의 운동, 노농운동이 더욱 확산되면서 부르주아층의 입지가 점차 축소되었으며, 신간회 해소 이후 일제의 파쇼적 식민지배가 강화되면서 그들의 민족운동상의 위치는 차츰 희미해졌다.

이상과 같은 대구지역 부르주아 세력의 민족운동은 전체적으로는 서울을 중심으로 전개된 부르주아층의 동향과 크게 다르지 않았다. 이는 근대적 상공업 도시를 배경으로 그 운동이 전개되었기 때문이었을 것이다. 이런 점은 유교적 전통, 동족적 기반이 강하고, 또한 도시화와 상공업이 덜 발달한 농촌지역의 민족운동과는 구별된다.

〈표 5〉 한말, 일제하 대구지역 부르주아운동 주도층

	사회·경제 활동	1910년 이전	1910년대	1920년대 이후
郭杜祥	前同敦寧	국채, 협회		
郭振灤	중외지국장			신간(재무),부협(29~35), 학평(30~35)
權泰星				대청(산업, 22)
權憲吉				대청(평의원, 21~22)
金觀濟	한약방		대동	만주망명 · 상해임정
金光濟	문경군수	광문, 국채, 협회		
金 垢	大成學館長, 대구교육자회 위원(22), 달성교회전도사 달성기독교회장		노동	대청(평의원, 22)
金炳淳	前郡守, 농공은행이사	국채, 협회		
金思容		교남	대동, 국권	의열단
金思一	지주			구락
金成國				신간(27), 大邱高普盟休學父兄會
金昇默				대청(사회, 22), 사회사업연구회 임시서기(22), 대구경제연구회 준비위원(27)
金完燮	변호사			신간(27~29), 부협(31~35), 학평(31~39)
金潤聲	瓦工場(10)			대청(평의원, 22)
金應燮	변호사	교남	국권	
金宜均	변호사, 喜道普通學校長, 喜瑗順道學校長			구락
金在明	농업			의용단 사건(22), 신간(27)
金在烈	농업	친목	국권, 대구권총 사건	
金在煥	朝鮮酒造 중역, 대구은행이사, 경상농공은행 중역			구락
金鎭萬	무직	친목	대구권총	

			사건	
金兌鍊	금융업		3.1운동, YMCA 이사장	신간(27)
金　爀				신간(상무간사29, 중앙집행위원)
金華植		국채(경북회장)		
南廷九				대청(발기인, 부회장, 평의장), 奉化青年會長
南亨祐	중국 망명	친목, 교남	대동, 국권	임정법무차장
朴基敦	前중추원의관, 상무의장(10), 부협(16), 大同貿易, 대구은행 주주, 晦山출판소, 普惠藥房, 제지공장	국채, 협회	노동	구락
박상진	상덕태상회		국권, 광복	
朴重華			대동, 국권, 노동, 청년학우회	
朴昌根				대청(평의원, 21), 학평(30~31), 부협(31~35)
朴海敦				신간, 조선인산업대회 대구대표, 조선청년회연합회 집행위원
裵天澤			대동	만주망명 · 서로군정서 · 정의부
白南埰	大韓煉瓦			구락
白東熙	잡화상, 토지중개업, 곡물상			대청(평의원,21~22)
徐基夏	壽昌校長, 포목상조합전무(21), 부협(23~26)	국채, 협회		
徐萬達	원예농업		노동	대청(발기인), 신간(조사, 27), 농촌사
徐丙龍	대구은행 부지배인	친목	국권	
徐丙五	前主事, 농공은행전무	국채, 광문		
徐炳玉				대청(평의원, 22)
徐丙元	朝陽無盡 중역			구락
徐炳一				대청(운동, 22), 암살음모단 사건

徐丙朝	경상농공은행 중역, 대구전기 감사, 계림농림 중역, 조양무진 회장, 사상돈 아들			구락
徐相燉	視察, 상무의원, 대구농공은행 감사	국채, 광문		
徐相龍	前觀察使, 지주	국채, 협회		
徐相敏	前參奉, 지주	국채, 협회		
徐相日	太弓商會, 상무의원(15), 대구곡물신탁이사(21), 대구운송감사(22), 조선물산(23)·대구미곡거래소 회원(31), 대구산업금융감사역(31), 경북상공상무(37)	친목, 교남	대동, 국권	대청(총무, 회장), 상업(의원, 23), 구락(위원), 동아(지국장, 23~ 40)
徐相夏	前奉常寺 提調, 鮮南銀行 중역	국채, 협회		
徐昌圭	지주, 태궁상회, 백산상회, 고리대업, 大邱營産組合이사	친목	국권	구락(위원)
徐喆圭	지주			구락
孫德鳳	변호사		노동	대청(문예, 21), 법학강습소 경영주
宋箕贊	동아 기자		노동	신간(조사, 27)
宋斗煥	모피, 鹽·繭販賣業			신간(서무, 조직선전, 총무, 중앙집행위원)
申相泰	대구은행서기, 곡물상	친목	대동, 국권	대학(발기인)
梁圭植	금융업, 三共肥料店			대청(평의원, 21~22), 신간, 상공
梁大卿	변호사			구락
呂奎鎭	조선지국 기자			신간(27)
尹相泰	백산상회 주주		대동, 국권	
尹成垣	前 대구판관	국채(경북부회장)		

尹昌基	원흥상회 고용인	친목	국권, 간친	
尹洪烈	동아 기자			구락
李敬萬	야소교부속학교 교사			독립공채모집(20), 신간(27)
李慶熙		교남, 신민회, 의열단	대동, 노동	신간(회장, 27)
李相麟	대구은행 전무			구락
李相岳	大邱煉瓦工場 고려요업, 萬鏡館, 조선양조사장, 도양염직 대표, 조양무진 중역 대구산업조합장. 이일우 아들			구락
李相定	李時雨의 장남			대청(발기인), 勇進團 위원장
李相和	동아 기자 조선 경북지사장			신간(출판, 27), 카프
李相薰			노동	대청(평의원, 21)
李宣鎬	경일은행 전무(20), 山務內金庫製造 사장(24)			구락
李始榮	전당업	친목	국권, 간친, 중국망명	
李永局			국권	
李愚震	경북산업(19), 興亞商會, 금융업, 大同會社 주주			대청(운동, 총무, 21~22), 조선인산업대회 발기인, 학평(27~30), 상업(상무위원)
李膺福	公湖商會(정미업 23), 共福商店(온돌개량·정미)			대청(서무, 사회,22)
李一雨	상무 의원, 협원(14)	국채, 협회		
李宗勉	부협(16~20), 대구은행 설립위원(13), 대동회사 주주(20)	국채, 협회		
張仁煥	조선 특파원		東京正則英語學校 재학중 조선청년	신간(선전, 회장 29), 조선청년회연합회 집행위원, 교육개선기성회 창립위원(21), 조선민흥회 준비위원

			독립단·2.8독립선언	
張稷相	대구은행, 경일은행 중역, 대구상공은행 감사, 왜관금융창고 사장			구락
鄭圭鈺	前承旨, 농공은행 이사	국채, 광문		
鄭鳳鎭	지주, 중개업, 제지공장			구락
鄭舜永		친목	국권, 광복	
鄭雲馹	전당업	친목	국권, 대구권총사건, 광복	
鄭在悳	社稷署令, 경기전령	국채, 협회		
鄭在學	開寧郡守(08), 지방위원, 경상 농공은행 감사(08), 대구은행 대표(13)	국채, 협회		
丁鶴俊				대청(평의원, 22)
曺肯燮			국권	
車性鎬				대청(평의원, 22)
崔元澤	동아 기자		노동	대청(평의원, 21~22),正午會
崔允東	백산상회 주주		국권, 노동	신간(부회장, 27)
崔益俊			노동, 동경조선유학생학우회	대청(교육, 22), 신간(정치문화, 27)
崔鍾撤	代書業, 賣藥尙			대청(발기인), 조선청년회연합회
崔 浚	대지주		국권, 광복	
崔海鍾	동아 기자			대청(문예, 편집, 서무, 21~22)
韓翼東	곡물상(韓一商店,미곡거래소 회원),大東會社 주주(20)			대청(회장, 21), 구락(위원), 自制團 발기인, 매일신보 지국장, 남선경제일보 사장, 부협(20~31), 도평, 상업(의원)

許武烈	허무열정미소			신간(총무 29)
許秉律				상해임정 소속 폭탄암살음모사건(20), 신간(27)
許弘濟				신간(선전 27), 왜관청년회(21), 大邱第四青年會(23)
洪宙一	태궁상회 점원, 상무 의원	친목	천도교교구장, 국권, 대구권총사건(15)	

비고 : '간친' : 강유원간친회, '광문' : 대동광문회, '광복' : 대한광복회, '교남' : 교남교육회, '구락' : 대구구락부, '국권' : 조선국권회복단, '국채' : 국채보상운동, '노동' : 대구노동공제회, '대동' : 대동청년단, '대청' : 대구청년회, '대학' : 민립대학설립운동, '동아' : 《동아일보》, '부협' : 부협의회. '상공' : 대구상공협회, '상무' : 대구상무소, '상업' : 대구상업회의소, '신간' : 신간회 대구지회, '조선' : 《조선일보》, '중외' : 《중외일보》, '친목' : 달성친목회, '학평' : 학교평의회, '협회' : 대한협회 대구지회.

제3부

의병항쟁과 농민운동

조선 후기 이래 상품화폐 경제가 발전하고, 이에 따라 사회체제 전반에 큰 변화가 일어났다. 더욱이 농촌사회에서는 농민층 분화가 진전되고, 몰락 농민층의 불만과 항쟁이 전국적으로 퍼졌다. 농민층의 불만과 새로운 사회에 대한 바램은《정감록鄭鑑錄》, 미륵신앙 같은 참언讖言, 예언사상과도 결합하였고, 또한 동학東學으로 모여들었다. 이를 배경으로 경북의 동해안과 북부 지역을 중심으로 대규모의 민중항쟁인 이필제 난이 일어났다.

경북지방은 1862년 농민항쟁의 중심지였다. 개항 뒤에는 성주·함창·예천에서, 또 1894년 농민전쟁 기간에는 봉화·안동·용궁·함창·상주·선산·개령·금산·성주 등지에서 일어났으며, 그 이후 대한제국기에도 선산(1906)과 고령(1907)에서도 일어났다. 이 지역은 대체로 미곡이나 면화농업을 통하여 상업적 농업과 유통경제가 발달하고 이로 말미암은 농민층 분화가 빠르게 진전된 곳이었다. 농민층은 그들의 성장을 저해하는 모든 세력, 곧 지주와 봉건지배층, 개항 뒤의 제국주의 세력, 그리고 이에 기생한 매판세력에 대해 항쟁하였다.

한편 화적火賊이나 활빈당活貧黨 같은 무장농민군의 항쟁도 치열하게 일어났다. 산간을 낀 경북지역은 활빈당의 중요 근거지였다. 한 부대가 청도·언양·경주의 운문령을 근거로 활동하였고, 또 다른 부대는 소백산맥을 끼고 전라도, 경남, 경북의 김산·성주 등지에 출몰하였다. 이들은 미곡수출 반대, 외국상인 통제, 조세제도

개혁, 지주적 토지소유 철폐와 균전제 시행, 이권침탈 반대 등을 주장하였다. 양반·부호가나 관아·사찰·장시, 그리고 외국인(일본인)을 공격하였으며, 탈취한 재화는 빈민에게 나누어주어 '활빈' 이념을 추구하였다.

농민층의 항쟁은 제국주의 세력의 내륙 침투에 따라 의병항쟁으로 발전하였다. 초창기 의병은 보수적 유생층이 선도하였지만, 점차 민중층이 주도하였다. 안동에서 갑오개혁을 반대한 의병(1894)이 처음 일어난 뒤, 단발령(1895), 을사늑약(1905)을 거치면서 전국적으로 확대되었다. 경북지방에서 화적, 활빈당 조직이 의병으로 전환하였고, 또 평민의병장 신돌석申乭石이 동해안 연안과 태백산맥 지역에서 활동하였다. 신돌석의 항쟁은 의병의 성격이 민중항쟁으로 전환한 대표적인 경우였다.

농민항쟁의 전통은 3.1운동을 거쳐 1920년대 농민운동으로 발전하였다. 경북은 주로 한전旱田 농업지대였고, 개항 뒤 수전 지대의 농민들이 먼저 몰락한 것에 견주어 한전 지대의 농민은 일제의 토지조사사업과 산미증식계획을 거치면서 광범하게 몰락하였다. 경북의 농민운동은 이런 점에서 매우 치열하였다. 소작농민층의 소작권, 지세 문제로 촉발된 소작쟁의는 점차 소빈농층의 토지 소유권 요구로 옮겨 갔다. 농민운동은 새로운 사회주의 이념과 결합되어 전개되었으며, 당시의 농업 모순이 일제의 식민지배 구조의 일환이었던 점에서 농민운동은 민족운동의 일환이었다.

제1장 민중의식의 성장과 이필제 난

19세기에 들어 농촌사회에서 농민층 분화가 급속하게 진행되면서 요호·부호층이 성장한 반면 소빈농으로 몰락하는 농민들이 매우 많았다. 몰락농민층은 농촌에서는 소작 농민으로, 또는 임노동층이 되었고, 농촌에서 떨어져 나온 유민층은 도시로 흘러들어 빈민층을 형성하였다. 유민들 가운데는 산속에 들어가 화적火賊이 되기도 하였다. 몰락 농민층의 봉건사회 체제에 대한 불만은 높아갔다.

농민층의 불만은 미륵신앙이나 《정감록》 같은 예언사상으로 표출되기도 하였지만, 마침내는 집단적인 힘으로 저항하였다. 몰락한 농민층의 반봉건항쟁이 치열하게 일어났던 것이다. 농촌에서는 자신들을 몰락으로 몰아넣은 봉건세력에 항쟁한 '민란'을 일으켰고, 심지어 작변作變, 변란變亂 등의 병란兵亂도 일으켰다. 19세기는 바로 '민란의 시대'였던 것이다. 1871년 영해에서 일어난 이필제李弼濟의 항쟁은 대표적인 민중항쟁이었다. 이 항쟁은 민중층의 변혁 요구를 담은 동학과 연관되었다.

1. 민중의식과 이단사상

1) 향촌 사회의 동요와 향전鄕戰

1860년대의 조선은 중세 체제의 위기에 직면하였다. 밖으로는 서양

세력의 침략으로, 안으로는 광범한 농민층의 항쟁으로 왕조체제가 파탄의 위기에 처해 있었던 것이다. 이러한 사회변화와 체제위기는 향촌사회까지 파급되었다. 새로 성장한 요호층은 구래의 향권에 도전하기도 하였고, 몰락한 농민층은 힘으로 지배층에 저항하였다. 향촌 지배층은 성장하는 세력의 향권 도전에 대해서도, 또한 농민항쟁에 대해서도 여러 대응책을 마련하여 예전부터의 지배권을 유지하고자 하였다.

1840년, 영해에서 일어난 향전鄕戰은 이런 변화 속에서 일어났다. 조선 후기의 사회경제적 변화는 향촌사회의 지배권에도 영향을 미쳤다. 특히 18세기 이후에는 사족 중심의 향촌지배체제가 동요되면서 재지사족在地士族의 영향력이 줄어들고 점차 수령의 권한이 강화되었으며, 이런 와중에 부를 축적하고 새로이 신분을 상승한 세력〔신향新鄕〕들이 향청을 장악하게 되었다. 또한 지위를 향상시킨 평민들도 경제적 이익을 위하여 사족들이 꺼리는 면리임직面里任職을 맡으면서 사족의 향촌 지배력을 약화시키고, 자신들의 이해관계에 맞추어 향촌질서를 재편하고자 하였다. 이에 새로이 등장한 신향이 기존의 양반층〔舊鄕〕과 향촌사회의 주도권을 놓고 향전을 벌이게 되었던 것이다.

영해는 도호부都護府로, 인근의 영덕·영양·평해·울진보다 월등하게 사족이 번성하였다. 주위에 제법 농경지가 발달하였고, 이를 근거로 한 지주 경영이 가능하였기 때문이었을 것이다. 영해의 향전은 1840년에 일어났던 것이다.[1] 영해의 양반 가문으로는 영양英陽 남씨, 대흥

1) 張泳敏, 〈1840年 寧海 鄕戰과 그 背景에 관한 小考〉, 《忠南史學》 2, 1987. 영해에 견주어 울진, 평해 지역은 농토도 적고 척박하여, 토반土班이 그 명맥을 유지할 수는 있었으나 거대 사족층이나 지주층이 형성되기 힘든 지역이었던 것 같다. 양란 직후 평해 사족들의 경제력은 곤궁하여 학문에 전념할 수 없었고, 사족끼리의 세력 결집도 이루어지지 않았다. 평해의 양반들은 점차 쇠퇴하여 향청鄕廳과 향안鄕案을 자신들의 의도대로 운영할 수 없었고, 향리세력을 통제하지도 못하였다.

大興 백씨, 안동安東 권씨, 재령載寧 이씨, 무안務安 박씨 등으로 당색으로는 모두 남인이었다. 여기에 견주어 영해의 신반은 유력 가문의 서얼 출신이었다. 이들은 노론으로서 주자와 송시열을 봉향하는 인계서원仁溪書院을 설립하여 자신들의 세력 거점으로 삼았으며, 일부는 서얼허통庶孼許通 이후 소수이지만 중앙 정계에도 진출하였다. 그러나 그들은 여전히 향촌사회에서는 인정받지 못하였다.

신향들은 1839년 부사가 새로 부임하자 그를 이용하여 향교의 교임校任을 획득하였다. 그러자 구향들이 반발하면서 일대 대립이 일어났다. 신향의 향권 장악 기도는 성사되지 못하고 끝났다. 그 뒤 대원군의 서원 철폐령으로 인계서원이 훼철되면서 신향은 그 근거지를 잃게 되었다. 봉건적인 신분 관습, 서원 철폐 등으로 불만을 가진 이들 신향들은 동학東學이 이곳에 전래되자 이를 받아들이게 되었다.

2) 민중의식과 이단 사상 : 《정감록》과 동학

19세기 중엽 이후 조선은 서구 자본주의의 직접적인 침략은 받지 않았으나 서양세력의 침공에 대한 위기의식이 고조되고 있었다. 특히 1860년 영불 연합군의 북경北京 함락에 이어 병인양요, 신미양요가 일어나자 엄청난 위기의식과 혼란 속에 휩싸였다. 이미 경험하고 있던 농민층의 몰락, 체제 파탄과 더불어 서양세력의 침략이라는 위기감 속에서 《정감록》과 같은 이단사상이 급속히 확산되었다.

《정감록》은 풍수지리사상에 입각하여 조선의 운명을 예언한 책이었다.[2] 조선왕조는 3백~5백 년 동안 유지되다가 멸망하는데, 이때 여러

2) 정감록에 대해서는 우윤, 〈19세기 민중운동과 민중사상〉, 《역사비평》 2, 1988 참조.

가지 병란과 재해가 일어나며, 정鄭씨 성을 가진 진인眞人이 해도海島에서 출현하여 난국을 수습하고 새 왕조를 계룡산에 세운다는 것이었다. 이때 난국을 피하려면 십승지十勝地에 들어가야 하는데,3) "후세에 만약 지각있는 자가 십승지에 먼저 들어가면 가난한 사람은 살고 부자는 죽으리라"고 하여 민중만이 살아남을 수 있다고 하였다. 십승지는 병란과 재해를 피하여 몸을 보호하는 피난처이면서 동시에 민중들이 평등한 이상사회를 건설하기 위한 곳이었다. 홍경래 난을 비롯한 많은 병란에서 《정감록》에 의거하여 난을 일으키고 민중을 동원할 수 있었던 것도 이런 구조에서 가능하였다.

특히 《정감록》에는 "신년申年 봄 삼월에 인천·부천 사이에 밤에 배 천 척이 정박하고, 안성·죽산 사이에 시체가 산처럼 쌓이며, 여주·광주 사이에 사람의 내왕이 영영 끊어지고, 수성隋城[수원]·당성唐城[한양] 사이에 흐르는 피가 내를 이루며, 한강 남쪽 1백 리에 닭과 개의 소리가 나지 않고, 사람의 내왕이 영원히 끊어질 것이다"라고 하여,4) 외침에 따른 끔찍한 전화戰禍를 묘사하였다.

《정감록》은 왕조의 멸망을 예언하는 참위서讖緯書로, 난세관과 말세관이 결합되어 있었다. 임진, 병자의 두 전란에 대한 공포감과 그런 전란으로부터의 도피, 그리고 조선 왕조에 대한 불만과 서양의 침공이라는 대내외적 위기의식, 전염병의 유행에 따른 불안감·공포감 등이

3) 《정감록》의 〈감결鑑訣〉은 정공鄭公, 이심李沁, 이연李淵이 대화한 기록으로, 여기에서 거론한 십승지는 ① 풍기 차암 금계촌, ② 화산(:안동) 소령 옛터, ③ 보은 속리산 사증항 근처, ④ 운봉 행촌, ⑤ 예천 금당실, ⑥ 공주 계룡산 유구·마곡 두 물줄기 사이, ⑦ 영월 정동 상류, ⑧ 무주 무봉산 북동 곁의 상동, ⑨ 부안 호암 아래쪽, ⑩ 합천 가양산 만수동 등이었다. 한편, 울진 출신의 남사고南師古(호 경암敬菴, 격암格菴)도 이미 비결을 지은 바 있었는데, 그도 《정감록》에서 거론하는 동일한 장소를 10승지로 정리하였다.

4) 범우사 편집부, 《鄭鑑錄秘訣》(범우문고 158), 1997, 12~13쪽.

결합되어 왕조에 대한 부정, 이상사회에 대한 동경이 현실사회에 나타났던 것이다. 이러한 이단사상의 만연은 민중층이 봉건지배층의 지배이데올로기에 대항하여 민중세계의 독자적인 이념을 마련해 가고 있었음을 의미하는 것이었다.

이 시기에 나타난 대표적인 이단사상이 동학東學이었다. 최제우가 창시한 동학은 봉건적 위기뿐만 아니라 구미의 침략에 대한 위기감의 산물이었다. 동학은 먼저 서학의 만연, 곧 서양의 침략에 대한 반대의 의미를 담고 있었다. 특히 1860년 북경 함락을 큰 충격으로 받아들였다. "하원갑 경신년(1860)의 전해오는 세상 말이 요망한 서양 적이 중국을 침범해서"라고 하면서,[5] "서양은 싸워서 승리를 취하니 이루지 못하는 것이 없고, 천하를 진멸하니 역시 순망지탄脣亡之歎이 아닐 수 없다. 보국안민의 계책을 장차 어떻게 세울 것인가."라고 하면서 보국안민輔國安民을 주장하였다.[6] 그리하여 그 이름도 "동東에서 나서 동에서 받았으니, 도道는 비록 천도天道이나 학學은 동학東學이다"라고 하여,[7] 서학에 대한 반대의 의미를 담고 있었다.

그리하여 동학에서는 새로운 사회로의 개벽開闢을 주장하였다. 1860년 최제우는 강령降靈에 의해 하늘로부터 도를 받아 '만고 없는 무극대도無極大道'를 깨닫고 득도하였다. 동학에서는 이 이후를 새로운 세계, 곧 후천後天이라고 하였다. 최제우는 "유도儒道 불도佛道 누천년에 운이 역시 다했던가"라고 하고,[8] "아서라, 이 세상은 요순지치堯舜之治라도 부족시不足施이오, 공맹지덕孔孟之德이라도 부족언不足言"이라

5) 《용담유사》, 〈권학가〉〔《東學思想資料集(壹)》, 135쪽〕.
6) 《東經大全》, 〈布德文〉 "西洋戰勝 功取無事不成 而天下盡滅 亦不無脣亡之歎 輔國安民計將安出"〔《東學思想資料集(壹)》, 9쪽〕.
7) 《東經大全》, 〈論學文〉〔《東學思想資料集(壹)》, 14쪽〕.
8) 《용담유사》, 〈교훈가〉〔《東學思想資料集(壹)》, 64~65쪽〕.

고 하여,[9] 종래의 유교나 불교가 더 이상 소용없음을 지적하였다. 물론 그는 이 새로운 후천이 오랜 기간에 걸쳐 '무위이화無爲而化'로써 달성되는 것이지만, 별도의 세상이 있는 것이 아니라 이 지상에 건설해야 한다는 '지상천국地上天國'을 주장하였다.

동학은 현실에 불만을 가진 민중들에게 급속하게 확산되었다. 민중들은 초월적인 능력을 가진 진인眞人(또는 이인理人)이 하늘의 명을 받아 이 세상에 출현하여 자신들의 질곡을 풀어 줄 것으로 소망하였다. 민중들은 최제우가 바로 이 진인이라고 생각하였던 것이다. 최제우는 점복으로 과거와 미래를 알고, 주문과 부적으로 병을 고치며, 재앙을 물리칠 수 있는 잡술을 행하였으며, 신이 내리면 손에 목검을 잡고 공중에 뛰어 올라 오르내리면서 검무劍舞를 추었다. 특히 하늘의 분부대로 그린 영부靈符는 사람을 질병으로부터 구제해 주는 만병회춘萬病回春의 불사약不死藥으로, 부적을 태워 마시면 어떤 질병도 이길 수 있다고 하였다. 이 부적의 형상은 궁궁弓弓 또는 궁을弓乙로, 이미 《정감록》을 통해 민중들에게 익숙한 논리였다. 새로운 세상과 이를 건설한 진인을 바라던 민중층이 동학을 믿게 된 것은 당연한 결과였다.

동학은 민중의 호응 아래 최제우가 포교를 시작한 지 1년도 되지 않아 경주를 중심으로 한 경상도 일대로 퍼져나갔다. 이에 교인들의 체계적인 수련을 강조하면서 증가하는 교인들을 관리하기 위한 조직 정비에 나섰다.[10] 특히 1862년 삼남지역의 농민항쟁 이후 항쟁의 주도세력을 비롯한 많은 혁신적인 지식인이 동학조직에 대거 들어왔던 것으로 보인다. 최제우는 이런 사람들을 "동학의 이름을 빌어 불미한

9) 《용담유사》, 〈몽듕노소문답가〉〔《東學思想資料集(壹)》, 113쪽〕.

10) 동학의 조직정비 과정에 대해서는 朴孟洙, 〈海月 崔時亨의 初期行跡과 思想〉, 《淸溪史學》 3, 1986 ; ——, 〈동학의 교단조직과 지도체제의 변천〉, 《1894년 농민전쟁연구(3)》, 역사비평사, 1993 참조.

일을 달게 듣고 모아서 내는 자", 또는 '난도난법亂道亂法하는 자' 등으로 표현하고 이들을 경계하였다. 동학의 조직정비는 이런 점에서도 필요하였던 것이다. 1862년 12월 말 접제接制를 실시하여, 다수의 교도가 있는 지역에 관리책임자로서 접주接主를 두고, 대략 40~50명의 교도들을 관장하게 하였다. 최제우에 의해 임명된 접주는 15개 고을 16명이었다. 경주·영해·청하·안동·영양·영덕 등 경북지역이 대부분이었다. 접주가 설치되지 않은 지역인 흥해·조령·문경·현풍·평해 등지에도 이미 다수의 교도들이 있었다. 평해와 인근인 영해·영덕 등지에 이미 동학의 조직이 존재하였던 것이다. 특히 영해는 일찍부터 동학이 들어온 곳으로, 1862년 최제우는 강도소講道所를 설치하고 박하선朴夏善을 접주로 임명하였다. 1863년 6월쯤에 최제우는 최시형崔時亨을 북도중주인北道中主人에 임명하여 경상도 북부지방의 포교와 교인관리를 전담하게 하였다.

맹렬하게 조직을 확장하던 동학은 결국 정부에 의해 '좌도左道'로 지목되었고, 최제우는 1863년 12월 혹세무민惑世誣民, 평세사란平世思亂한다는 죄명으로 체포되었다. 이후 동학의 조직은 최시형이 주도하게 되었다.[11] 최시형은 먼저 옥중에 있던 최제우의 뒷바라지에 힘썼다. 최제우와 함께 체포된 20여 명의 교인이 주로 경주와 그 남쪽 지역의

11) 최시형이 최제우가 생존했을 때 도통을 전수 받았다고 하나, 최시형은 당시 그렇게 뚜렷한 존재가 아니었다. 최제우가 체포되었을 때 동학교문의 지도세력이 모두 체포되어 지도체제의 공백이 생기게 되었고, 최시형은 이를 수습하는 과정에서 중심인물로 부상하였던 것이다. 도통 전수 사실은 최제우 사후에 다시 고쳐 기록한 것으로 보인다. 주로 〈本教歷史〉, 《天道教會月報》 6, 1911년 3월호 이후, 곧 최시형 중심의 지도체제가 확고해진 시기의 사서에서 최시형의 도통 전수 내용이 기록되어 있고, 이전의 기록 가운데는 《도원기서道源記書》에서만 그렇게 기술되고 있다. 따라서 1863년 7월 무렵 최시형이 '북도중주인'으로 임명되었다는 기록도 신빙성이 없다고 한다. 이런 점은 박맹수, 위의 글, 1986 참조.

사람이었다면, 옥바라지에 나선 교인들은 대개 경북 북부지역 출신이었다. 영덕의 유상호劉尙浩는 전錢 백여百餘 금金을 마련하여 대구감영에 들여보냈으며, 영덕의 접주 오명철吳明哲을 비롯한 구정원具正元, 전성문全聖文, 영해의 접주 박하선 등이 같이 힘을 모아 육백 금을 염출하였고, 또 울진접과 평해접이 힘을 합쳐 삼백오십 금을 내었다.12)

그러나 최시형은 최제우의 문초과정에서 자신의 이름이 드러난 사실을 알고 대구를 떠나 최제우의 처형(1864년 3월 10일) 이후에도 나타나지 못하였다. 최시형은 안동의 교인, 영덕의 강수姜洙(강시원), 다시 영해의 교인 집에 머문 뒤에 평해의 황주일黃周一의 집에서 장기간 머물렀다. 그리고 다음 해 영양 용화동龍化洞으로 옮겼는데, 이때 최제우의 유족이 찾아와 같이 지냈다. 이들이 용화동에 있을 때 교인들이 모이기 시작하였다. 1866년 10월 28일 최제우의 탄신일에 모인 교인들과 앞으로 최제우의 조난일遭難日(3월 10일)과 탄신일에 함께 제사를 지내기로 하였으며, 그 비용을 마련하고자 계를 조직하였다. 이로써 울진·평해·영해 등을 포함한 경북 북부지역의 동학 조직이 재건되었던 것이다. 이때 영덕·영해·영양 지방 교인들의 노력이 중요한 역할을 담당하였다.13)

동학의 조직 재건 및 확산은 무엇보다도 최시형의 적극적인 포교활동이 있었기 때문에 가능하였다. 특히 최시형의 탁월한 계급 타파가 큰 호응을 얻었을 것이다. 최시형은 어린 시절 체계적인 수학의 기회를 갖지 못했지만 동학의 주문을 외며 수련하였다. 그러면서도 그는 최제우의 '시천주侍天主' 사상을 계승하여 이를 '사인여천事人如天' 사상으로 발전시켰으며, 특히 봉건적인 신분차별 철폐를 주장하였다.

12) 박맹수, 앞의 글, 1993.
13) 박맹수, 위의 글, 1993.

"사람은 곧 하늘[人乃天]이라. 고로 인人은 평등하여 차별이 없나니, 사람이 인위人爲로써 귀천貴賤을 분分함은 천天에 위違함이니, 오도인吾道人은 일체 귀천의 차별을 철폐하여 선사先師의 지志를 부副함으로써 위주爲主하기를 망望하노라."고 하였으며, 또 "자금自今으로 오도인은 적서嫡庶의 별別을 유有치 물勿하고 대동평등大同平等의 의義를 실준實遵하라"고 하였다.[14] 물론 이 논리는 체계화하지 않은 형태였지만, 계급을 부정하고 평등을 주장하였던 점에서 많은 민중의 지지를 받았던 것임에 틀림없다.

2. 이필제 난의 전개

1) 이필제의 변란 도모

사회 변동 과정에서 양산된 몰락 양반 사이에 기존 사회에 대한 비판의식이 확산되었다. 한유寒儒·빈사貧士 가운데에는 향촌사회에서 저항하기도 하였지만, 일부는 향촌사회를 떠나 화적이 되거나 유민이 되어 각지를 떠돌아다녔다. 그들은 이 과정에서 동지를 규합하고 작변, 또는 변란을 일으켰다. 변란으로써 그들은 조선왕조를 부정하고 국가기구 전체를 전복, 장악하려고 하였다. 이 경우에는 《정감록》과 같은 이단사상이 동원되기도 하였으며, 고을 단위를 벗어나 지역 사이에 연계된 조직을 가지기도 하였다. 19세기 중엽 이런 변란을 대표하던 것이 바로 이필제의 난이었다.[15] 여기에는 경북 동해안 지역에 따라 퍼

14) 朴寅浩, 《天道敎書》, 天道敎中央總部, 1921, 27쪽.
15) 이필제 난에 대해서는 金義煥, 〈辛未年(1871) 李弼濟亂〉, 《傳統時代의 民衆運動

져 있던 새로운 민중이념이었던 동학이 동원되었다.

이필제는 홍주 출신으로 본래 이름이 이근수李根洙였다. 당시의 의금부에서는 그를 이렇게 설명했다.

> (이필제는) 본래 영한獰悍[:성질이 모질고 사나움]한 성품으로 평소 흉역凶逆을 도모하고자 하는 마음을 키워, 호남과 영남에 출몰하여 도당을 불러 모으고 참위讖緯를 빙자하여 민심을 선동하였다. 주무綢繆하는 바는 와언訛言을 일으키고 비방誹謗하는 말을 만드는 것이고, 가슴에 품은 것이라고는 칭병소란稱兵召亂하는 것이다. 작변이 한두 번에 그친 것이 아니라, 진천鎭川·진주晋州·영해寧海 등지에서 그러하였다. 몸을 바꾸는 것을 천억千億 번 하고, 그 이름도 명숙明淑, 성칠成七, 제발濟發이니 ……[16]

곧 이필제는 참위와 와언을 동원하여 민심을 선동하여, 1869년에서 1871년에 걸쳐 진천·진주·영해·문경 등 네 곳에서 연속적으로 변란을 기도하고 일으켰으며, 또 때에 따라 여러 차례 이름도 바꾸었다.[17] 진천과 진주에서는 모의 단계의 작변 수준이었고, 영해와 문경에서는 군사를 모아 무력으로 난을 일으킨 병란 성격의 변란變亂이었다.

이필제는 몰락 양반으로 현실에 불만을 가진 지식인이었다. 그는 "나 역시 일화중물一化中物인데, 어찌 충역忠逆의 구분을 모르겠는가. 어려서부터 책을 읽어서 스스로 부자와 군신의 의를 알고 있다."고 하

(下)》, 1982 ; 尹大遠, 〈李弼濟亂의 研究〉, 《韓國史論》 16, 1987 ; 張泳敏, 〈1871年 寧海 東學亂〉, 《韓國學報》 47, 1987 참조.

16) 《高宗實錄》 권8 고종 8(1871)년 辛未 12월 23일.

17) 이근수라는 이름을 처음 "필제弼濟로 고쳤고, 그 뒤 급제할 때에는 이홍李弘으로 행세하였으며, 다시 주지문朱趾文으로 바꾸었다. 문경 관정官廷에 처음에는 진명숙秦明肅으로 고했다가 곧 이필제로 납고納告"하였다(《左捕廳謄錄》 16책, 辛未 8월 29일 李弼濟供招, 《捕盜廳謄錄》下, 569쪽). 그리고 진주 등지에서는 주성칠朱成七, 주성필朱性必로, 또 영해에서는 이제발李濟發으로도 사용하였다.

였고, 따라서 자신의 난은 오직 나라를 위한 충성에서 나온 것이라 하였다.[18)]

이필제는 1859년(철종 10년) 영천에 편배編配된 바 있었다. 명확한 이유는 알 수 없으나 아마도 현실 변혁의 이념과 관련되었을 것이다. 관에서는 이를 "기취편재欺取騙財", 곧 부호들을 속여 재산을 편취하려 했다고 하였다. 유배에서 풀려 진천으로 돌아온 이필제는 곧 변란을 준비하였다. 그 과정에서 그는 귀양 갔던 곳에서 경험했던 신기한 일을 이야기하였다.

> 나의 적거謫居(진술자는 풍기豊基라고 함) 때 이곳에 전에 허야옹許野翁이라는 사람이 있었는데, 몇 해 전에 죽으면서 그 처자에게 글을 남겨 말하길, 이후에 이필제라는 이름을 가진 사람이 오면 이 글을 전하라고 했다고 한다. 그 글에 이르기를, '풍기는 승지勝地로 제일지第一地, 제이지, 제삼지가 있어, 하도성河圖星으로 집을 지으면 삼재三災가 불침不侵하여 영원히 편안할 것이다'라 하고, 또 말하기를 '필제의 필弼자는 궁궁弓弓'이며, 또 말하기를 '필제는 을유乙酉생인 까닭에 을을乙乙이 되어, 임진송송지설壬辰松松之說에 방불彷佛하며', 또한 '선생이 있어 역시 필제를 도울 것이니 곧 이용현李用玄이다'라고 하였다.[19)]

궁궁, 을을, 승지, 송송지설 등은 모두 《정감록》에 나오는 것이며, 궁궁, 을을은 동학에서도 차용한 것이었다. 난이 일어나면 가장 좋은 보신처가 '궁궁을을지간弓弓乙乙之間'으로, 궁궁은 약弱자의 파자破字로

18) 《辛未逆賊弼濟·岐鉉等鞫案》, 同治 10(1871)년 12월 22일 이필제 공초(《推案及鞫案》 29, 418쪽). 문경작변으로 같이 붙잡혔던 정기현鄭岐鉉도 사족의 후손으로 유업儒業에 종사한 사람이었고, 특히 문경작변은 유회儒會를 가장하여 난을 일으킬 계획이었다(《推案及鞫案》 29, 414~415쪽).

19) 《右捕廳謄錄》 24책, 己巳 4월 朴會震供招〔《捕盜廳謄錄(中)》, 737쪽〕.

난세를 당하면 강자는 죽고 숨어 사는 약자는 살아남는다는 점과, 명나라의 장수 이여송李如松의 송에서 유래된 '임진송송'을 거론하여 피난할 송자지松字地를 거론하였다. 이필제는 자신의 이름과 출생년을 《정감록》의 내용과 연결 지어 변란의 정당성을 확보하고자 하였던 것이다.

그리하여 이필제는 김낙균金洛均, 심홍택沈弘澤, 양주동梁柱東 등과 공주·천안·진천 등지를 돌면서 '제세안민濟世安民'을 내세우고 난을 준비하였다. 그들은 먼저 "근래 풍설이 소요한데 대국의 흑귀자黑鬼子가 출래出來한다는 말이 있으며, 또 서양세력이 연합하여 우리나라를 침략한다고 한다"는 불안, 위기의식을 거론하고,[20] "이 일은 우리가 알 바가 아니나 국가에 불안한 일이 있다면 마음을 같이한 사람들이 무리를 모아 거의擧義하여 국가를 보존한다면 자연 공功이 있을 것이다"라고 하였다. 그리하여 국가의 불안을 없애기 위해 "중원을 북벌"하자고 하였고, "중국을 정벌하고자 하면 먼저 아국我國을 움직인 연후에 그 병兵을 얻을 수 있다"고 하여, 우선 조선왕조를 공격할 것을 목표로 삼았다.[21]

이 변란계획은 1869년 4월 김낙균의 당숙인 김병립金炳立의 고변告變으로 발각되어 실패하였다. 이필제, 김낙균은 도망쳤고, 나머지 관련자는 체포되어 일부는 심문과정에서 물고物故 당하였으며, 일부는 풀려났다. 이를 조사한 포도청에서는 아래와 같이 판단하였다.

> 그 실은 모두 이홍李泓(이필제)의 간교한 말에서 나온 것으로 재산을 속이고 사람을 속이려는 것이었다. 애통하게도 그 홍적泓

20) 《右捕廳謄錄》 24책, 己巳 4월 梁柱東 공초〔《捕盜廳謄錄(中)》, 735쪽〕.
21) 《右捕廳謄錄》 24책, 己巳 4월 金炳繪 三招〔《捕盜廳謄錄(中)》, 741~742쪽〕.

賊은 도적의 성질로 흉패凶悖하고 능히 문자를 해득하였으며, 겸하여 구변口辯이 좋아 영남과 호서 사이에서 왔다 갔다 하면서 처음에는 문담文談으로 서로 얼굴을 익히고, 계속하여 부언浮言·참설讖說로 사람의 마음을 움직여, 나라를 위하고 정의를 일으킨다고 가장하고 허다한 흉설로 사람들을 현혹 …… 계책이 중원中原에 있으니 우리나라에는 해가 없다는 등의 허다한 흉설로 믿음을 얻고, 다른 사람들로 하여금 재산을 덜어 도와주는 자도 있으니……22)

도망친 이필제는 그해 12월 진주일대를 무대로 두 번째 변란을 기도했다. 이필제는 진천에서 실패한 뒤 주성칠, 주성필 등으로 이름을 바꾸었다. 그리고는 선산을 거쳐 거창으로 가서 이미 알고 있던 양영렬楊永烈과 그의 소개로 알게 된 정만식鄭晩植, 성하첨成夏瞻 등과 결합하였다. 정만식 등은 이미 1865년 무렵부터 《정감록》에 근거하여 변란을 계획하고 있었다. 정만식은 "민정의 황급함을 보고 장차 대사를 일으켜 만민을 구하고자 제주와 울릉도 등지에 들어가 방략을 경영"하려 하였으며, 성하첨 역시 병법과 술수에 능통한 인물이었다.23)

그들은 "약소잔군弱小殘軍이 먼저 해도海島에 들어가서 그곳을 공략하고, 점차 취당聚黨하여 세를 키운 다음 읍에 들어가 한편으로는 어사출도御使出道하며, 한편으로는 성지城池를 도함屠陷하여 군기와 전곡

22) 《右捕廳謄錄》 24책, 己巳 4월, 跋辭(《捕盜廳謄錄(中)》, 743쪽). 조정에서도 이에 의거하여 "선동에 뜻을 두고 참서讖書에 가탁假託하여 광혹誑惑(:속이고 미혹하게 함)을 계획하여 사람을 속여 재산을 편취騙取하려고 한 것"(《日省錄》, 고종 6년(1869) 4월 21일)이라고 판단하였다.

23) 윤대원, 앞의 글, 1987, 154~157쪽. "정필귀鄭必貴가 승산升山에서 태어나니 계미생이다. 신장은 8척이고 배에는 칠성七星이 있으며 손바닥에는 이문異紋이 있다. 만약 이런 사람을 만나면 너는 연나라의 현인 곽귀가 될 것이다.", 또는 "만식의 장문掌紋은 비록 불분명하나 배에는 흑지黑痣가 있고, 그의 아명이 필귀이다"(《慶尙監營啓錄》 庚午 6월 5일 楊聖仲 三推) 등과 같은 신비한 점들을 열거하였다.

을 취한다. 관장이 순종하면 그대로 두고, 그렇지 않으면 살해한 다음 육지로 나가 성을 공격한 뒤에 장구대진長驅大進하여 곧장 경성으로 향할 계획"을 세우고 먼저 남해를 치자고 하였다.[24] 그러나 이들이 남해 죽도로 건너가다가 그 배에 장교 한 사람이 동승하게 되자 탄로 날 것을 염려하여 모두 배에서 내림으로써 수포로 돌아가고 말았다. 섬을 근거로 육지를 다시 공격하고자 했던 점은 또한 《정감록》에서의 '해도진인海島眞人'과 무관하지 않았다.

남해거사에 실패한 이필제 등은 이듬해(1870년) 2월 28일, 또 다시 덕산의 정홍철鄭弘哲 집에서 진주, 통영 등지를 공략할 것을 의논하였다. 이들은 선산·진주·거창 등지의 인물들에게 《정감록》의 내용이나 또는 토호 무단 등과 같은 사회 모순을 거론하여 자금과 장정들을 모으려고 하였다. 이때 이필제는 자기의 뜻이 중원에 있으며, 조선은 장차 동서남북 네 개의 제후국으로 나누어질 것이라고 하면서, 당시의 정세를 다음과 같이 보고 변란을 기도했다.

> 지금의 시세는 양요洋擾가 자주 있고, 북의 오랑캐가 아침저녁으로 강을 건너올 우려가 있으며, 왜구倭寇가 엿보는 조짐이 있고, 해도海島에는 또한 도적이 많으니 나라의 형편이 산 넘어 산이다. …… 만약 지금 한 곳에서 병사를 일으키면 사방에서 봉기하고 곳곳에 전기戰氣가 있어서 온 나라가 삼분사열三分四裂되어 북우北擾를 막기 어려우며, 여러 명의 정씨鄭氏들이 함께 나타나는 것을 역시 저지하기 어려우므로, 마땅히 나로서는 의병으로 해도에 들어가 안安을 도모할 것인즉 집과 나라를 함께 건지는 것이라 할 수 있다.[25]

24) 《慶尙監營啓錄》 庚午 6월 16일 楊永烈 再招.
25) 《慶尙監營啓錄》 庚午 6월 14일 楊永烈 供招.

곧 서양의 침략, 일본의 침략, 그리고 1862년 농민항쟁 이후 민중층의 동향과 국내에서의 화적 활동 등을 거론하고, 이런 위기에서 나라와 가정을 지키자는 것이었다. 이를 위해서 먼저 정권을 탈취하고, 그 다음 북벌을 행한다는 것이었다. 그러나 이 계획도 밀고로 실패하였고, 이필제는 다시 영해로 도망쳤다.

2) 영해변란의 전개

진주작변 실패 뒤, 이필제는 다시 영해에서 난을 일으켰다. 진주작변 뒤 이제발李濟發로 이름을 바꾼 이필제는 진천작변 때의 동모자였던 김낙균金洛均 등과 다시 결합하고, 이에 최제우의 신원운동伸寃運動을 내세우며 동학교도를 동원하였다.

이필제는 먼저 1870년 11월에 이수용李秀用을 찾아갔다. 이수용은 이미 이필제가 1866년 영해로 피신했을 때 문명文名을 듣고 서로 교제했던 사람이었다. 이수용과 만날 때 진천작변의 동료였던 김낙균도 참여하였다. 이필제는 동학교도였던 이수용과 함께 동학교도를 이용하여 변란을 일으킬 것을 모의하였다. 동모자를 규합하던 이필제는 참가자들에게는 이인異人으로 인식되어 있었다. 변란의 모의과정에 울진의 남두병南斗柄도 참여하였다. 남두병은 남칠서南七瑞로, 울진 금매리金梅里 출신이었다. 이필제를 이미 알고 있던 남두병은 1871년 1월 이필제를 방문하여 모의에 가담하였던 것 같다. 그는 자신의 행동을 "유자儒者의 본분에서 나온 것"이라고 말한 것처럼 곧 현실에 불만을 품은 지식인이었다.[26]

26) 《嶠南公積》, 38쪽. 《嶠南公蹟》에 대해서는 朴孟洙, 〈嶠南公蹟 解題〉, 《韓國史學》 10, 한국정신문화연구원, 1989 참조. 《嶠南公蹟》은 이 책의 영인본을 이용하였다.

한편으로 이필제는 영해지역의 동학교도들을 포섭하였다. 《도원기서道源記書》에서는 "(이필제는) 곧 목천牧川의 난적亂賊으로 …… 이름을 바꾸고 도주하여 영해에 숨어 있었는데, 그 본심을 감추고 도인道人으로 가탁假托하여 배도背道의 무리 가운데 들어가 애당愛黨의 근원을 탐지하고 사람들을 빼어내서 무리를 모아서는 날마다 역리逆理의 마음을 가졌다"고 하였다.[27] 또 "필제는 본시 목천의 난도로 본성 이李를 정鄭이라 바꾸고 동해의 바닷가에 숨어 있으면서 도인道人의 애당愛黨함을 듣고 불측지심不測之心을 품은 도배徒輩를 소취嘯聚하여 도인이라 가칭하고 해도역리害道逆理의 일을 감행하였더라"고 하였던 바와 같이,[28] 동학 교인으로 자처한 이필제가 동학 조직에 참여했던 것으로 보인다.[29] 1894년 농민전쟁 이전 호남의 혁신적인 인사들이 동학의 조직에 들어가 교인이 되었던 것과 비슷한 현상이라 할 것이다.

그리하여 이필제는 먼저 1870년 10월 즈음에 영양 용화동 상죽현上竹峴에 피신해 있던 최시형을 설득하여 가담시켰다. 물론 1930년대 편찬된 천도교의 공식적인 사서에서는 이를 부정하고 있다. 이필제가 최시형에게 사람을 보내 여러 차례 교조 신원을 위한 계획을 설명하면서 참여할 것을 권했지만, 최시형이 완곡히 거절하고 참여하지 않았다는 것이다.

> 이필李弼이라 하는 사람이 있으니 문경聞慶생이라. 일찍 도道에 들어 포덕布德에 종사하다가 대신사大神師[최제우] 참형을 당한 뒤에 지목을 피하여 영월 지방에 방랑하더니, 신사神師[최시형]가 영동嶺東에 은거하였다는 소문을 듣고 동군同郡 도인道人 이인언李仁

27) 《道源記書》, 211~212쪽.
28) 《天道敎會史草稿》(《東學思想資料集(壹)》, 415쪽).
29) 《嶠南公蹟》, 127쪽에서도 이필제를 "동학여당東學餘黨"이라고 파악하고 있다.

彦을 보내어 신사에 고하여 말하기를, "소생은 일찍 계해년(1863)에 용담장석龍潭丈席에서 도를 받고 돌아와 포덕에 종사하다가 지목을 피하여 지리산에 은거하였더니, 왕년에 대신사께서 대구에서 조난하였다는 말을 듣고 분원忿怨을 이기지 못하여 기필코 원을 펴보고자 하였지만 아직 기회를 얻지 못하여 이류도금彌留到今하였사오니, 원컨대 선생은 좋은 방침과 좋은 지도를 내리어 주소서" 하거늘, 신사가 생각하여 본즉 용담문도龍潭門徒 가운데 그러한 인물이 있었던 것이 기억되지 않는지라 다만 좋은 말로 효유曉喩하여 보내시다.[30]

최제우-최시형으로 이어지는 도통에서 최시형을 중심에 놓고 기술하면서 이필제와의 관련을 부정하였던 것으로 보인다.[31]

그러나 최시형의 초기 활동을 기록한 《도원기서》나 당시 변란의 기술한 정부 측의 기록인 《교남공적嶠南公蹟》 등에서는 최시형이 변란에 적극적으로 가담한 것으로 적고 있다. 이필제는 먼저 최시형에게 이인언李仁彦을 보내 '교조신원'의 뜻을 전하고 동참할 것을 권하였다. 곧 이필제는 도를 받은 뒤 지리산에 들어가 있었던 까닭으로 최제우의 죽음을 모르고 있다가 산에서 이제 나와 이를 알았으므로 최제우의 죽음을 신원하자는 것이었다. 그러나 처음에 최시형은 그 일이 사리에 맞지 않고 성사될 수 없는 일이라고 반대하였다. 그 뒤 이인언과 박사헌朴士憲 등 영해지역의 동학지도자들이 최시형을 4, 5차례 방문하

30) 《천도교창건사》 2편, 11쪽. 물론 한편으로는 이필제가 "문경의 도적이었다가 최제우의 인격에 감복하여 최제우를 따르기로 하고 그 뒤 비밀히 경주에 와서 최제우로부터 도를 받고 돌아갔다"고 하여 동학과 관련이 있을 가능성도 적고 있다.

31) 吳知泳, 《東學史》, 영창서관, 1940, 48~49쪽에서도 동일하게 기술하고 있다. 문경생인 이필(李弼, 이필제)은 신장이 7척이요 눈에 적색 광채를 띠고 있었고, 음성이 우뢰와 같아 매우 위험한 인물이므로, 최시형이 면회하고는 시운을 이야기하면서 후일을 기약하자고 하였는데, 이필이 문경으로 돌아가 사사로이 교도를 모아 난을 일으켰다는 것이다.

여 설득하였다. 결국 다음 해 2월 최시형이 영해로 가서 이필제를 만나게 되었다. 이때 이필제는 최시형을 보고 아래처럼 다소 위압적인 태도를 보였다.

> 노형, 어찌 이리 늦게 왔소. …… 단군의 영靈이 다시 세상에 나와 하루에도 아홉 번을 변하니, 이것이 바로 나요. 나는 한 번 선생의 수치를 씻고, 한 번 창생蒼生의 재앙을 구하며, 이어 중국에 창업創業할 뜻을 가지고 있소. 이 일을 여기에서 일으켜야 하는 것은 선생이 말한 동쪽에서 났고, 동쪽에서 받았으니 그 도를 동학이라 하였고, 동이라는 것은 동쪽에서 일어난다는 것인 고로 영해까지 왔고, 이것이 우리의 동해東海라. …… 3월 10일이 선생께서 욕을 당한 날이므로 그날에 거사하겠소. 다시 다른 말 하지 말고 이를 따르시오.

이에 최시형도 이필제가 범상한 인물이 아니라는 점을 인정하고, 며칠 지내면서 관찰해 보고는 결국 교조신원이라는 명분에 동의하여 참가하기로 결정하였다.32)

최시형의 가담 이후 동학교인의 참가자가 증가하였다. 주모자인 강사원姜士元[강시원, 강수], 김진균金震均[여러 정황으로 보아 김낙균과 동일인], 박영관朴永琯 등이 모두 동학의 교도였다. 난에 참여했던 교도들은 영해를 비롯하여 경주·상주·안동·영덕·영양·울진 등지 출신으로, 이곳들은 일찍이 최제우가 접주를 설치했던 곳이자, 최제우의 옥중 뒷바라지를 했던 지역이었다. 특히 영해의 동학교인 가운데는 1840년에 일어났던 영해의 향전을 일으켰던 신향들이 다수 있었다.

32) 《道源記書》, 212~218쪽. 이런 점에서 천도교 교단에서는 영해 이필제난을 동학의 교조신원운동이라고 규정하고 있다. 동학 조직 안에서 이필제가 최시형보다 더 강하고 영향력이 있었다고 하였다(박맹수, 앞의 글, 1996).

"신향배新鄕輩는 모두 동학의 여당餘黨이다" 또는 "영해 신향배는 동학에 물들어 있다"고 한 바와 같이, 신향 세력은 현실에 대한 불만, 향전에서의 패배 등으로 동학을 믿게 되었고, 혈연적 기반을 중심으로 참여하였던 것으로 보인다.[33]

그리하여 현실변혁을 꿈꾸는 몰락 지식인과 동학의 조직이 결합하여 1871년 3월 10일에 변란을 일으키게 되었다.[34] 이날은 바로 최제우가 처형된 날이었다. 그들은 먼저 영해 박영관의 집에 집결하였다. 대략 5백~6백 명 정도였다. 황혼녘에 소를 잡아 제물을 마련하여 형제봉에 올라가 이필제의 주도 아래 하늘에 제사를 지냈으며, 김진균이 축문을 읽었다. 강사원, 박영관, 최경오崔景五[곧 최시형], 전영규全永奎, 전인철全仁哲 등 주요 참가자 46명의 명단을 따로 작성하였으며, 별무사別武士, 중군中軍, 선봉先鋒을 임명하고 차첩差帖을 주었다. 참여했던 사람들도 구분하여 일반 평민은 홍紅, 동학교도는 청靑으로 군호軍號를 정하였다.

드디어 이필제 등은 머리에 유건儒巾을 쓰고 선비의 무리로 위장하고는 죽창과 조총을 들고 동헌으로 쳐들어갔다. 먼저 군기고에 가서 무기들을 탈취하고, 이어서 부사를 포박하여 부정부패를 추궁하였다. 부사는 생일잔치에 대소 민인을 초치하여 떡국 한 사발에 30금을 받을 정도로 수탈을 자행했던 사람이었다. 부사는 난을 당하여 개구멍으로 도망하려다가 붙잡혔다. 부사가 항거하자 김진균, 강사원 등이 칼로 쳐서 죽이고 부사의 인부印符를 탈취하였다. 난민은 객사를 지으려고 쌓아둔 목재와 관아 담장에 불도 질렀다.

33) 張泳敏, 앞의 글, 1987, 111~117쪽. 이런 점에서 장영민은 이필제 난에 향촌사회 신분상승운동의 측면이 있다고 분석하였다.

34) 난의 전개과정에 대해서는 《교남공적》을 중심으로, 윤대원, 앞의 글, 1987 ; 장영민, 앞의 글, 1987 등을 참조하였다.

난민들은 다음 날 오후까지 영해부에 머물렀다. 읍민을 위무하는 격문을 내는 한편, 탈취한 돈 140냥을 나누어주며 읍민들을 위로하였다. 그러나 대부분의 읍민들은 산으로 도망을 갔다. 영덕, 영양, 평해 등지를 공격하고 곧장 경성으로 직향하려던 계획은 실현될 수 없었다. 결국 안동부사 박제관朴齊寬이 영해안핵사寧海按覈使로 임명되어 진격해오자 이들은 일월산으로 퇴각하였다. 일월산에 들어간 인원은 30여 명 정도였고, 그 뒤 문경의 조령鳥嶺에서 다시 한 번 변란을 일으키게 되었다.[35] 그러나 이마저도 실패하고 결국 체포되어 처형되었다.

* * *

19세기는 변란의 시기였다. 지주경영과 봉건 수탈로 말미암아 몰락한 농민층은 그들의 불만을 새로운 사회를 염원하는 예언사상에 의탁하기도 하였고, 때로는 집단적인 무력 농민항쟁으로 표출하기도 하였다. 특히 전자의 경우에는 '새로운 시대의 지도자'인 '진인'이 출현하였다. 경상도 북부 지역에서 일어난 이필제의 난도 이런 것이었다.

이 난은 몰락 지식인이었던 이필제가 《정감록》과 같은 예언서에 의거하여 당시 민중층의 반봉건의식을 수렴하고, 동학의 조직을 이용하여 일으킨 변란이었다. 이 난이 크게 호응을 얻고 동학이 활용될 수 있었던 것은 최제우의 처형 뒤 최시형의 포교가 경상도 중북부 지역을 중심으로 널리 이루어졌던 배경이 있었기 때문이다.

이필제 난의 중심지는 영해였다. 영해는 동해안의 경제적, 정치적 중심지였으며, 지주가 다수 존재하여 역으로 농민층의 불만도 높았고, 또 향전과 같은 신분 대립이 격심했던 곳이었다. 그런 점에서 영해는

35) 윤대원, 위의 글, 1987.

인근 다른 지역에 견주어 동학 조직도 단단했다. 그리고 다수의 신향 세력도 가담하였다. 당시 사회경제적 조건에서 울진도 영해와 크게 다르지 않았다. 물론 영해에 견주어 지주층의 존재는 미약하였지만, 평해와 울진의 인사들도 영해 이필제의 난에 참여하였던 것이다.

제2장 농민항쟁과 의병 : 동북부 동해안 지역

청일전쟁 이후 일본은 조선을 독점적으로 지배하였고, 정치·경제적 예속화가 급속하게 진행되었다. 마침내 러일전쟁 뒤 한국은 '보호국'으로 전락하였다. 이 과정에서 농민층은 광범위하게 몰락했고, 몰락 농민층은 일본 제국주의 침탈과 봉건 수탈에 대해 항쟁하였다. 농민항쟁은 1894년 농민전쟁에서 그 극을 이루었지만, 그 이후에도 소규모로 일어났다. 이 항쟁들은 지역에 따라 의병항쟁으로 전환하기도 하였다.

의병은 일제의 정치적 침탈로 말미암아 촉발되었다. 1894년 청일전쟁 직전의 경복궁 점거와 친일적 갑오개혁 정권의 개혁 사업, 을미사변과 단발령, 그리고 러일전쟁 이후 을사늑약으로 말미암은 국권침탈 등이 각각 그 계기가 되었다. 의병항쟁에는 일본의 정치 침탈을 반대하던 다양한 세력이 참여하였다. 초창기에는 척사 유생들이 중요한 역할을 담당하였다. 1905년의 보호국화 이후에는 국권회복 차원의 의병항쟁이 일어났다. 일제의 침략이 강화되고 의병항쟁이 발전하면서 점차 계급적인 제한성을 지녔던 보수적 유생층은 탈락하였으며, 1904년 이후에는 의병의 주체로서 민중층이 자립하게 되었다. 이런 의병항쟁의 성격 전환이 가장 잘 드러난 곳이 영해·울진 등 지역이었고, 그 의병장은 신돌석이었다.[1)]

---

1) 김도형, 〈한말 의병전쟁의 민중적 성격〉, 《한국민족주의론(III)》, 창작과비평사, 1985 ; 박성수, 《독립운동사연구》, 창작과비평사, 1980 ; 조동걸, 《한말의병전

의병항쟁은 차츰 일제의 폭력적인 탄압으로 국내 활동이 어려워졌다. 소규모의 게릴라 전술로 이에 대응하였지만 크게 소용이 없었다. 마침내 일제의 무력으로 진압되었다. 의병의 일부는 이를 피해 국외에 이동하여 새로운 길을 찾았다. 이때 의병은 국내의 계몽운동과 연결되기도 하였다. 여기에서는 이런 의병 항쟁의 변화 과정을 울진 지역을 중심으로 한 동해안 지역을 통해 살펴보고자 한다.

1. 울진지역 농어민의 항쟁과 의병

의병항쟁의 동력은 몰락한 농민층이었다. 정부의 봉건적 수탈로 몰락한 농민층이 농촌에서 민란을 일으켰고, 이는 자연스럽게 의병으로 이어졌다. 더욱이 동해안 지역에는 일본의 어업침탈이 자행되면서 이에 대한 불만이 의병항쟁으로 이어졌다.

1) 농민항쟁의 전개와 의병

조선 후기 이래 일상화된 농민항쟁은 대한제국기에 들어서도 전국적으로 일어났다. 울진 등의 동해안 지역에서도 마찬가지였다. 개항 뒤의 통상무역이 종래의 봉건적인 수탈을 더욱 조장하였기 때문이었다. 울진에서는 먼저 1899~1900년에 전호기田鎬基를 중심으로 한 농

쟁》, 독립기념관, 1989 ; 조동걸, 〈의병운동의 한국민족주의상의 위치(상·하)〉, 《한국민족주의 성립과 독립운동사연구》, 지식산업사, 1989 ; 한국민족운동사연구회 편, 《의병전쟁연구(상)》, 지식산업사, 1990 등 참조.

민운동이 일어났다. 1899년 10월에 새로 부임한 울진군수 김용규金容圭는 염민鹽民에게 돈을 거두고, 요민饒民에게 관아 수리금을 걷는 등 수탈하였다. 그러자 군민 수십 명이 내부와 농상공부에 호소하였다.[2] 이듬해 9월에는 주상문朱尙文 등이 전 군수가 억지로 빼앗은 공전 외획분外劃分을 환수해 줄 것을 법부에 호소하였다.[3] 이런 수탈은 김용규가 나주에서 상납금 체용替用으로 군수직을 매득하였기 때문에 조속한 시일 안에 이를 보충하려고 한 것으로, 군수는 강제로 모은 금액을 해안과 산촌에 숨겼다. 이를 안 전호기는 민중을 동원하여 관아를 점거하고 장정을 파견하여 선편으로 운반하려던 금액을 현내동縣內洞에서 압수하고, 서울로 옮겨가던 돈은 두천리에서 빼앗았다. 군수는 일반민에게 수지 명세를 공개하고 강징한 것을 반납하여 축출은 면할 수 있었다.[4]

또한 1900년 11월 무렵에는 조종국趙鍾國이 군민을 모아 난을 일으켰다.[5] 1902년에도 울진군민들은 군수가 부민들에게 각종 명목으로 수탈을 하였으므로 이를 도로 찾게 해달라고 내부에 호소하기도 하였는데, 그 구체적인 사실들은 알 수 없다.[6]

1902년 12월에도 대규모의 농민항쟁이 일어났다. 이때의 농민항쟁은 정부의 양전지계사업과 관련된 것이었다. 대한제국은 조세제도의 문란을 막고, 토지소유권자의 소유권을 명확히 하여 국가재정을 확충

---

2) 《皇城新聞》 1899년 10월 25일 〈金倅虐政〉; 11월 3일 〈嗟乎金民〉; 11월 22일 〈何事上京〉; 11월 24일 〈金倅發明〉. 군수 김용규는 군민과 재판을 하고자 올라와 모대관을 만나 해결을 위한 청탁도 했던 것으로 보인다. 《蔚珍郡誌》, 507~508쪽에 전호기가 일정계一正契라는 단체를 만들어 군수의 군정 불찰 책임을 추궁하고 관속의 횡포에서 군민을 보호하였다고 하였는데, 아마 이때인 것으로 보인다.

3) 《皇城新聞》 1900년 9월 6일 〈蔚珍民訴〉.

4) 《司法禀報(乙)》 26. 1900년 울진군수 李圭穆 보고. 전호기 등은 서울에 사람을 보내어 군수면직 청원운동을 전개하기도 하였다.

5) 《皇城新聞》 1900년 11월 6일 〈蔚珍郡守 李圭穆의 공고〉.

6) 《皇城新聞》 1902년 3월 25일 〈訴推見奪〉.

하고자 이 사업을 실시하였는데, 이 사업과 관련해서 농민층의 불만이 나타났던 것이다. 농민층은 사업이 구래의 지주층의 기득권, 소유권을 그대로 인정한 점을 문제로 여겼지만, 특히 사업과정에서 발생하는 여러 폐단에 불만이었다. 이 사업과 관련해서는 충청도 정산에서 지계발행의 계금契金 수납, 간성에서 양전비용을 남용한 것 등과 관련하여 항쟁이 일어났다.[7]

울진의 항쟁도 양전지계사업 과정에서 일어난 군수의 탐학이 원인이었다. 당시 군수 허후許逅는 1902년 4월에 성진항의 경무관에서 울진군수로 부임하였는데, 그는 강원도의 지계감리를 겸하였다. 강원도의 지계사업은 울진, 춘천부터 시작되었고, 지계아문에서는 8월 15일(음)까지 구권舊券과 관계官契를 교환하도록 하였다.[8] 이 기회를 이용하여 군수가 갖가지 부정 수탈을 행하였던 것이다. 당시의 신문은 다음과 같이 보도하였다.

> 울진군수 허후許逅씨가 지계감리로 겸사 시무한 지 얼마에 민요民擾가 일어나 면관된지라. 평해군수 장영환張永煥이 사관査官으로 울진에 가서 각 면 해사인解事人을 초치招致 사문査問한즉, 그 답변에 우리 군수가 내려온 이후로 그 정치를 하는 것이 전錢이요, 관장하는 것은 욕심이라. 불효했다고 하여 늑토勒土하고, 잡기를 금하고 친족으로부터 징수하며, 방축궤결防築潰缺은 농가의 예라고 하여 고치지 않고, 떠내려온 나무를 주으면 봉산封山의 물건이라 하고 빼앗으며, 상민을 위협하고 평민에 해를 주니, 무릇 탐장한 돈이 5~6천 냥에 이르렀다. 사환社還은 국곡國穀인데, 매석 24냥씩 가을을 기다려 독봉督捧하고, 양지量地 일관一款은 장정章

7) 金度亨, 《大韓帝國期의 政治思想研究》, 지식산업사, 1994, 354~355쪽. 특히 정산의 항쟁에 참여했던 일부 사람들은 의병에 참여하였다.
8) 《皇城新聞》 1902년 4월 16일 〈敍任相換〉; 4월 17일 〈地契監理〉; 9월 2일 〈現今地契事務를實施於江原道ᄒᆞ야〉.

程에 나타난 뜻이 휼민恤民 균세均稅인데, 토지의 옥척沃瘠을 헤아리지 않고 오직 가하여 집복執卜하는 것만 알고, 임의로 월권하면서, 내가 감리監理이므로 백성의 생살生殺이 나의 손에 있다고 하였다. 이런 고로 전율을 느끼고 정이 위로 통하지 않으니, 모두 모여 억울함을 펴다가 결국 중소衆騷에 이르게 되었다고 함.[9)]

그리하여 장군익張君益, 윤진표尹晉杓, 전재윤田在允, 전성조田聖祖, 김성오金聲五 등은 1902년 8월 18일 관아에 쳐들어가 군수 앞에서 성토문을 낭독하고 군수를 구타, 축출하였다.[10)]

울진지역에서는 1905년 이후에도 농민항쟁이 계속되었다. 특히 이 농민항쟁은 의병전쟁으로 발전되는 특징을 보였다. 이때 농민항쟁에서 가장 중요하게 거론된 문제는 바로 조세수취와 관련된 것으로, 이것 또한 일제가 행한 화폐정리사업과 연관되어 더욱 복잡한 양상을 띠었다.[11)] 울진에서의 의병투쟁도 이 문제를 거론하였고, 균세를 요구하는 농민 저항이 의병투쟁으로 발전하였다.

1906년 말에는 읍내에 의병 300여 명이 돌입하여 군기를 탈취·방화하고, 상납할 엽전을 소각하는 등의 활동을 전개하였고, 또 1907년 초에도 의병 40~50여 명이 읍내에 돌입하여 경시분파소警視分派所와 우편취급소郵便取扱所 물건을 파괴·소각하였다. 의병의 활동은 울진과 평해를 관장하는 세무주사 원경상元敬常의 납세부정으로 말미암아 더

9) 《皇城新聞》 1902년 12월 9일 〈蔚郡民擾〉.

10) 《司法禀報(乙)》 36, 1902년 12월 2일 강원도재판소 판사 金禎根 보고. 이 사건으로 통문을 전달한 윤진표는 태형 60대 징역 1년에 처해졌고, 김성오, 전재윤, 전성조는 방송하였다. 이 보고서에서는 민소 소두를 張君益으로 적고 있다. 《울진군지》, 1984에는 "장익겸의 민중운동"으로 소개되어 있으나, 이름(한자)에 다소 차이가 있으며, 장익겸이 장군익으로 보인다.

11) 金惠貞, 〈舊韓末 日帝의 葉錢整理와 韓國民의 均稅運動〉, 《東亞研究》 17, 서강대학교 동아연구소, 1989 참조.

욱 고조되었다. 세무주사 원경상이 민간에서 엽전으로 강제 징수하여 신화로 교환 납부함으로써 이익을 챙기고 있었기 때문이었다. 바로 엽전 유통 지방과 백동화 유통 지방 사이의 결가結價 불균등 현상이 의병항쟁의 계기가 되기도 했던 것이다.

1907년 가을에도 조세 문제로 항쟁이 일어났다. 울진에서는 결세를 1년 전(혹은 반년 전)에 선납先納하는 관행이 있었는데, 결세를 인하하기로 하자 주민들은 이미 납부한 결세의 환급을 요구하면서 항쟁을 일으켰던 것이다. 장석태張錫泰·전배근田培根·장진수張鎭守·최경호崔慶鎬 등이 주동자였다. 이들은 1907년 4월 30일 통문을 각 면·동에 보내 수백 명의 농민을 읍으로 모아 집회를 열었고, 7월 9일에서 11일에 걸쳐 세무분서를 파괴하고 주사를 살해한다고 위협하면서 결세의 반환을 요구하였다. 이후 장석태, 전배근, 장진수 등은 곧바로 의병에 투신하였다. 의병전쟁의 분위기 속에서 지세 문제에서 비롯된 농민층의 항쟁이 의병투쟁으로 확대되었던 것이다.12)

2) 어민의 항일의식과 의병

울진을 비롯한 동해안은 일본의 어업침탈이 일찍부터 일어나던 지역이었다. 때문에 일반 농어민의 반일의식이 꽤 높았다. 1883년 〈재조

12) 이들은 1905년 12월, 이미 이강년 의병과 연결되어 의병진에 참여하기도 하였다(《蔚珍郡誌》, 1984, 487~489쪽). 결세 반대운동 및 이들의 의병 전환에 대해서는 度支部, 《指令及報告》(규18018), 16책, 울진군 張錫泰·田培根·張鎭守 등의 〈청원서〉, 광무11년(1907) 5월 ; 6책, 강릉세무울진분서 주사 元敬常의 〈보고서 제6호〉, 광무11년 7월 10일 ; 14책, 울진군수 尹榮兌의 〈보고서 제8호〉, 광무11년 7월 13일 ; 6책, 울진세무분서 세무주사 元敬常의 〈보고서 제7호〉 융희원년(1907) 8월 21일 ; 이영호, 〈1894~1910년 地稅制度 연구〉, 서울대학교 국사학과 박사학위논문, 1992, 208~209쪽 등 참조.

선국일본인민통상장정在朝鮮國日本人民通商章程〉과 1889년의 〈조일통어장정朝日通漁章程〉이 체결됨으로써 일본 어민의 조선연해 출어가 합법적인 보장을 받게 되었으며, 이후 동해안 지역에서 일본 어민의 어로활동이 더욱 활발해졌다. 일본 어민들은 훨씬 뛰어난 어로기술이나 시설을 앞세우고 조선 연해에 몰려들었다. 특히 근대적 잠수기를 이용하여 미역과 전복, 해삼 등을 채취하던 잠수기 어업은 남해안과 동해안 어민들에게 큰 타격을 주었다.

민용호 의병이 활동하던 시기의 울진 의병 활동은 어민들의 어업침탈에 대한 불만을 수렴하였다. 울진에서는 주병헌朱秉憲·전치일田穉一이 이성린李聖麟·안용철安龍轍·장병하張秉厦·최재린崔在麟·박춘근朴春根 등과 더불어 울진에 유진소留鎭所를 설치하고,[13] 주병헌을 유진장으로 추대하였다. 또 평해에서는 향인들 중심으로 유진장 장필한張弼漢과 막료 황경희黃景禧, 안위安瑋, 정수鄭洙 등이 유진소를 조직하였다.

주병헌 등 울진유진소의 의병 부대는 1896년 3월 12일, 죽변에 들어온 일본인 15명을 사살하였다.[14] 이 사건을 항의한 일본 공사의 공문에는 울진 의병 300명의 일본 어민 습격을 아래와 같이 서술하고 있다.

> 우리나라[일본] 나가사키현長崎縣 평민 쓰치하시 사쿠마土橋佐久馬 외 23명이 지난달 3월 13일 귀국 강원도江原道 울진군蔚珍郡 죽변만竹邊灣에서 조난되었습니다. 이를 조사하고자 출장명령을 받은 순사 이소무라 다케쓰네磯村武經가 군함 조해호鳥海號를 타고 3월 22일 죽변만에 도착하여, 부산釜山에서 데리고 간 조난생존자 가

13) 강원도 항일독립운동편찬위원회, 《江原道 抗日獨立運動史》, 광복회강원도지부, 1991, 65쪽.

14) 《蔚珍郡誌》, 1984에는 1월 5일(음)에 중군장 최재린이 경무기를 휴대하고 죽변에 들어온 일본 어부를 포군 50명을 인솔하고 죽변 죽림 속에 숨어서 기다리다가 사살하였다고 하였다. 인용한 기록과 날짜는 상이하다.

운데 한 사람인 야마무라 산타로山村三太郎의 인도와 우리 해군대군의관海軍大軍醫官 미야카와 헤이이치宮川兵市 등의 도움을 받아 귀국 순검巡檢 최경수崔敬壽를 입회하여 피해상황을 조사하였습니다. …… 상기 쓰치하시가 무라야마 다이치村上多市 외 22명과 함께 잠수기계선潛水機械船 2척, 소형선 1척에 승선하여 지난 3월 6일 부산포를 출발, 동월 12일 강원도 울진군 죽변만에 도착하였습니다. 다음 날 13일 죽변동에 상륙하여 동洞 책임자의 허락을 받아 죽변만 변룡추갑邊龍啾岬에 가건물을 짓고 쌀·소금·장작 등을 땅으로 옮기려 할 때 갑자기 가건물 뒤편 대나무밭 쪽에서 곤봉·창·총 등을 가진 300명 정도의 폭도의 습격을 받았습니다. 마침내 쓰치하시 사쿠마 이하 별지에 기재한 15명은 폭도들에 의하여 피살되었고, 야마무라 산타로 이하 9명은 옷을 입은 채 바다에 뛰어들어 앞바다에 정박한 기계선으로 헤엄쳐가 간신히 부산포까지 피해온 실정이었습니다. 그리고 지난날에 전기 어민들이 지어놓은 가건물에서 쓰치하시 이하의 14명 시체를 발굴하여 미야카와 대군의관이 이를 검시하였는데 누구 할 것 없이 총상·자상·절상·구타상 등을 당해 눈으로 볼 수 없는 처참한 상태이었습니다. …… 또 최崔 순검 입회 아래 죽변동 인가를 검색하였는데 집집마다 상기한 어부들이 조난 당시 가지고 있던 물품 및 선박과 가건물을 파괴하여 땔감으로 한 것을 발견하였습니다.[15)]

이 사건으로 일본은 1월 30일 군함 1척을 죽변 앞바다에 파견해 해안을 봉쇄하고 함포를 발사하며 부대를 상륙시켰다. 주민은 피난을 갔지만 후당동後塘洞에서 전복기, 주계조, 전정기, 강국한, 전연심, 전영식 등 6명을 잡아가고, 사체를 탐색 발굴하여 군함에 싣고 돌아갔다.[16)]

15) 〈蔚珍地方에서의 日本人 十五名 被殺事件에 대한 眞相糾明과 加害者 嚴罰 要求〉, 《駐韓日本公使館記錄》 9, 1896년 4월 4일(국사편찬위원회, 1989) ; 〈蔚珍地方 日人土橋等 十五名 被殺狀況 調査結果와 加害者 拿懲要求〉, 《구한국외교문서(3)》 日案(3), #3998 ; 《內部來去文》 8책, 1896년 4월 6일. 외부대신 이완용 → 내부대신 박정양에도 동일한 내용이 있음.

16) 《蔚珍郡誌》, 제29편 叢談(민중운동), 1984, 474쪽.

농어민의 반일의식은 러일전쟁을 겪으면서 확산되었다. 울진 앞바다가 바로 러일전쟁 당시의 전장戰場이었다. 1905년 5월 28일에는 울진의 고포姑浦 앞바다에서 일본 군함 2척과 러시아 군함 1척이 서로 싸웠는데, 그 싸움으로 마을 사람들이 모두 피난하여 마을이 완전히 비었으며, 파도에 밀려온 수뢰포 하나를 이상한 물건이라고 서로 가지려고 싸우다가 그만 폭발하는 바람에 죽은 사람이 35명이나 되었다.[17] 그리고 일본군인 10여 명이 근남면, 근북면 바닷가 수십 군데에 횟가루로 표시를 하고 깃발을 세우고는 이를 뽑아버리면 일본의 형벌로 다스리겠다고 하면서, "이 땅이 우리 땅이니 너희들이 관여할 것이 아니다"라고 하였다.[18] 심지어 근북면 죽변포의 망루에 머물던 일본군이 철수한 이후에도 일본 상민이 나타나 이를 매득하였다며 차지하기도 하였다.[19] 이런 일본의 침략을 직접 겪으면서 주민들의 반일의식은 높아질 수밖에 없었다.

또한 일본의 어업침탈은 러일전쟁을 계기로 한반도 연해의 모든 어장으로까지 확대되었다. 통감부정치가 시작된 뒤로는 통감부 관리를 일본에 파견하여 일본 어민들의 단체적 이주를 장려함으로써 1910년 이전에 이미 약 5천 명의 일본 어민들이 이주해 왔다. 이에 따라 이들과 이들의 이주로부터 피해를 입게 된 조선 어민들 사이에 분쟁이 도처에서 발생하였다. 1904년 4월 21일 영덕군 남면 원척리 어민 김갑중이 바다에 나가 고기잡이를 하다가 일본어선을 만나 어물漁物을 빼앗기고 상해를 당하였다. 그 다음 날 일본어선 3척이 본진本津에 들어오자 두민頭民 최경칠, 박성근, 우명구 등이 이들을 공격하다가 오

17) 《皇城新聞》 1905년 6월 15일 〈蔚珍慘報〉.
18) 《皇城新聞》 1905년 6월 21일 〈울진군보〉.
19) 《大韓每日申報》 1906년 2월 24일 〈望樓買得〉.

히려 무장한 일인들로부터 큰 피해를 입은 사건이 발생하였다.[20] 동해안 지역에 형성된 일본의 침략과 이에 대한 반일의식은 바로 의병항쟁으로 연결되었다.

2. 동해안 지역 의병의 민중적 성격

1) 초기 의병의 발발과 민용호 의병

1894년 농민전쟁을 무력으로 탄압한 일본은 이를 계기로 침략을 더욱 노골화하였다. 그들은 대규모 군대를 파견하여 경복궁을 강제 점령하고 친일적인 갑오개혁 정권을 세웠다(1894년 7월). 일본의 침략과 친일 정권의 개혁에 대해서는 많은 계열의 사람들이 불만을 품고 있었다. 특히 지방의 보수 유생층이 그러하였다. 그들은 유교사회를 유지하고자 1894년 농민전쟁 당시에도 민보군民堡軍, 수성군守城軍의 이름으로 농민군을 토벌하였다. 갑오개혁에서 과거제를 없애고, 신분제를 철폐한 것 자체가 유생층의 존재에 대한 위기감을 가져다주었다. 일본군이 경복궁을 점령하자 바로 안동에서 유생 서상철徐相轍이 일본의 만행을 비판하고 봉기하였다(1894년 8월. 김상기 논문에서는 7월).[21] 그리고 곧이어 을미사변과 단발령 실시 이후에 전국적으로 퍼졌다.

이때 갑오 농민군 잔여세력도 반외세 운동을 전개하고 있었다. 서

20) 《各司謄錄》 16, 광무 8년(1904) 7월 4일(경상도편 6, 682쪽) ; 《皇城新聞》 1904년 7월 18일 〈日漁暴行〉.

21) 박종근, 《청일전쟁과 조선》, 박영재 역, 일조각, 1989, 200~211쪽 ; 김상기, 〈조선말 갑오의병전쟁의 전개와 성격〉, 《한국민족운동사연구》 3, 한국민족운동사학회, 1989, 46~53쪽.

부 경남(진주·하동), 전남(순천·여수·장흥), 강원도, 평안도, 황해도 등 농민전쟁이 일어났던 주변 지역이었다. 을미사변이 일어나기 전인 1895년 9월 평안도의 상원에서 전 군수 김원교金元喬가 의병 부대를 조직하고 상원 관아를 부수고 황해도의 장수산에 들어가 항쟁하였는데, 이때 부근의 농민군 잔여세력들이 대거 참여하였다. 그들은 갑오개혁이 '개화가 아니라 역적들이 매국한 것이고 왜놈들이 멸국滅國시킨 것'이라 주장하였다.[22)]

유생층은 반침략, 반개화파의 기치를 내걸고, 갑오개혁에 대한 민중의 불만을 부분적으로 수렴하면서 개화파 정권에 대한 정치투쟁을 전개하였다. 유생층은 민중층 사이에 광범하게 형성되어 있던 반외세 분위기를 이용하여 유교적인 대의를 강조하기도 하였고, 임전賃錢을 주고 농민층을 고용하기도 하였다. 민중층의 경우 농민전쟁의 연속선 위에서 자연스럽게 이에 참여하였다.[23)] 이 민중층은 주로 농민층과 포수들이었다. 이들 가운데는 "동비東匪의 나머지 당이 얼굴을 바꾸어 따르는 자가 반이나 되었다"라고 하였던 것처럼 농민전쟁에 참여하였던 농민들도 있었고, 또는 농민전쟁 당시 농민군을 토벌하던 포수들도 있었다.

그러나 초기의 의병전은 오래가지 못했다. 무력이 우세한 일본군에 의해 의병이 진압되거나, 또는 아관파천으로 친일정권이 붕괴된 뒤 정부의 적극적인 선유활동으로 부대를 해산한 유생의병장이 늘어났기

22) 북한의 연구에서는 '반일의병투쟁의 시작'이라는 제목 아래 농민전쟁 이후의 농민무장대의 활동에서 의병이 시작된 것으로 지적하고, 이에 고무된 유생들도 애국적인 의분에서 반일투쟁에 나섰다고 하면서 그 예로 김원교를 들고 있다(사회과학원 력사연구소, 《조선전사》 14, 과학백과사전종합출판사, 1980, 24~27쪽).

23) 이영호, 〈갑오농민전쟁 이후 동학농민의 동향과 민족운동〉, 《역사와 현실》 3, 한국역사연구회, 1990.

때문이다.

동해안 일원에 일어난 의병을 대표한 부대는 강릉의 민용호 부대였다.[24] 1895년 11월 하순(음) 단발령이 내려진 직후 민용호는 원주에서 이병채李秉埰·송형순宋炯淳·안성호安聖鎬 등과 함께 민병을 모집하여 거의擧義하였다. 그러나 원주에서는 이미 안승우, 이춘영을 중심으로 지평의병砥平義兵이 활동하고 있었고, 인근의 춘천에서도 이소응 부대가 관찰사를 처단하는 등 기세를 올리고 있었다. 이에 민용호는 강릉으로 이동하여 의병활동을 전개하였다.

민용호는 먼저 강릉의 토착세력을 흡수하여 의진에 편입시키고, 1896년 3월 초순 원산 공략에 나설 때까지 한 달 남짓 주변의 세력을 규합하며 의병을 모집하여 전력 증강에 노력하였다. 2월에는 남북 각지로 의병을 모집하려는 소모사召募使를 파견하여 '북으로는 함남, 남으로는 영남'에 이르기까지 많은 호응을 얻었다. 곧 민용호는 오영도총독五營都摠督 권익현을 북각읍소모사北各邑召募士로 임명하여 양양·간성·고성·통천·흡곡·안변 등 6읍의 군사를, 권명수權明洙를 영외북각읍소모사嶺外北各邑召募士로 임명하여 인제·양구·화천·회양·평강·김화·금성 등 7읍의 군사를 모집하였다. 이경환李景煥과 김윤희金允熙는 정선·삼척·울진·평해·흥해 등 5읍의 소모사가 되어 각각 의병을 모았다.[25] 이에 울진 지역의 많은 사람들이 강릉의병에 참여하게 되었다.

강원도, 함경도 관동지역에서 군사를 모으는 동안에도 강릉의병은 해안으로 들어온 일본인 정탐을 처단하기도 하였으며, 이어서 유진장留陣將 이병채와 수성장守城將 민동식閔東植만 남겨둔 채 1896년 3월 2

24) 민용호 의병부대의 활동상에 대해서는 《關東倡義錄》; 朴敏泳, 《大韓帝國期 義兵研究》, 한울아카데미, 1998 등을 참조하여 정리하였다.

25) 《關東倡義錄》, 19쪽.

일, 원산 공략에 나섰다. 당시 원산은 동해안 유일의 개항장으로, 일본의 조선 북부지역 침략의 본거지였다. 의병부대는 3월 19일(음 2월 6일) 일시에 공격하였으나 우세한 화력으로 무장한 일본군의 공격으로 패주하였다. 부대는 강릉으로 돌아온 뒤 강릉을 거점으로 동해안을 따라 남북 연안 일대를 활동영역으로 계속 항전하였다. 정부의 의병 해산도 거부하였다.

하지만 강릉의병은 지속되는 전투로 말미암아 전력이 약화되고 사기마저 저하되어 갔다. 또한 장마철까지 겹쳐 의병 활동에 큰 지장을 받았다. 경북 울진까지 퇴각한 민용호는 8월 초순 북상을 결심하고 포고문을 발표하였다.[26] 경북 울진에서 출발한 강릉의병은 관군의 집요한 추격에 핍박을 당하면서도 계속 북진하여 10월 5일 압록강을 건너 백두산 아래에서 거의한 이후 10여 개월 만에 의병을 해산하였다.

2) 러일전쟁 뒤의 재기 : 민중 의병으로의 전환

(1) 신돌석 의병의 활동

1896년 10월 이후 사라졌던 의병전쟁은 러일전쟁을 계기로 재기하였다. 동해안 지역의 의병은 점차 민중층이 주도하는 의병으로 전환하기 시작하였다. 초기 의병 해산 뒤에 활빈당, 화적 같은 무장농민군의 활동이 자연스럽게 의병으로 합류하였기 때문이었다. 의병 부대의 해산 이후에 민중들은 대개 '토비土匪' 곧 화적으로 전환하였고, 이들 가운데는 분명한 이념을 가진 활빈당活貧黨으로도 발전하였다. 이들은 민중 차원의 반제·반봉건 투쟁을 계속하다가 이때에 이르러 의병으로

26) 《關東倡義錄》, 61~62쪽.

전신하였던 것이다. "근일의 소위 의병은 화적이 이름을 바꾼 것" 또는 "의병이라 빙자하여 화적의 명칭을 엄호"한다는 현상들이 빈번하게 지적되었다. 경상도의 의병부대 가운데는 활빈당을 계승하고 있음을 분명하게 내세운 경우도 있었다.[27]

그리하여 이른바 '평민의병장'의 출현하였고, 그 대표적인 의병장이 '태백산의 호랑이'라 불리던 신돌석申乭石이었다.[28] 물론 아직은 유생 의병장이 많았지만, 이들의 주도권은 점차 약화되었고,[29] 그렇지 않으면 유생이라도 척사론적인 사고를 벗어나 이권 침탈, 내정 간섭 등과 같은 구체적인 침략상을 지적하며, 국권을 빼앗겼다는 의식을 갖게 되었다. 더욱이 1907년 군대해산 이후 의병항쟁은 해산 군인들의 참여로 한 단계 더 발전하였다. 화승총, 죽창 등의 빈약한 무기로만 싸우던 의병진에 새로운 무기를 공급하면서 의병 훈련도 담당하여, 의병의 전투력이 크게 향상되었다.

또한 군대해산 이후 의병에는 제국주의 침탈을 받던 전 민중층이 참여하였다. 의병을 토벌하러 나온 일본군·헌병보조원·자위단 등의 전곡錢穀 토색과 마을 방화 등으로 피해를 입은 농민층이 의병에 참여하였다. 이런 농민들 가운데는 "낮에는 집에서 수확하고 밤에는 무리를 지어 활동"하는 경우도 있었다. 또 포수들도 1907년 9월의 '총포

---

27) 김도형, 앞의 글, 1985, 141쪽.

28) 역사문제연구소 민중생활사 연구모임, 〈평민의병장 신돌석의 전적지를 찾아서〉, 《역사비평》 2, 역사문제연구소, 1988 ; 김정미, 〈한말 경상도 영해지방의 의병전쟁〉, 《대구사학》 42, 대구사학회, 1991.

29) 당시 대표적 유생의병장이었던 최익현은 임병찬 등과 1906년 6월 전라도 태인에서 자신의 문하생을 중심으로 의병을 조직하였는데, 각 군에서 호응한 1,000명 정도의 병력을 가지고도 "진위대와 싸우는 것은 곧 우리가 우리를 치는 것이니 어찌 차마 할 수 있겠는가"라고 하면서 싸움 한 번 하지 못하고 패배하였다. 민종식도 홍주성을 점령하고는 기세를 올렸으나 유생 지도부의 투항으로 패배하였다. 그 뒤에 일어난 기우만, 백낙구 등의 유생들도 마찬가지였다.

및 화약 단속법'의 제정으로 생업을 잃게 되면서 대거 의병에 참여하였다. 그 밖에 노동자들의 의병참여가 활발하여, 직산 금광의 노동자들이 집단적으로 의병에 참여하기도 하였다. 의병이 전 민중층으로 확산되면서 활동지역도 1907년 이후 서울을 중심으로 전국으로 확대되었다. 점차 의병전쟁은 소규모 부대의 게릴라 전술로 전개되었다. 의병전쟁이 최고조에 도달한 1908~1909년의 2년 동안 전쟁의 양상은 주로 게릴라 전술에 따른 것이었다.

영해를 중심으로 의병 활동을 전개하던 신돌석 부대는 동해안 연안과 태백산맥 일원에서 활동하였다. 신돌석은 1906년 4월 의병부대를 결성하여 1908년 10월까지 항일투쟁을 전개하였다. 신돌석 의병부대는 영해·영양·평해를 중심으로 활동하면서, 강원도 울진·삼척·양구, 경상도 안동·청송·진보, 충청북도까지 활동영역을 넓혔다.

신돌석은 처음 경상도 동북부지방과 강원도 남부 해안지방을 근거지로 활동하였다. 주로 행정관아와 왜군수倭郡守라 불리는 친일적인 개화파 관리들을 공격하였다. 영양·청송·울진·영해·영덕 등지를 차례로 공격하여 관아를 파괴하고 군기를 획득하였으며, 군수와 기타 관속들의 죄를 추궁하였다. 이와 아울러 군수품 마련을 위해 부호, 양반가에 대해서도 공격했다. 의병의 군수품은 주로 양반, 부호, 관아 등을 습격하여 마련하였고, 일반 농민들에게는 피해가 되지 않도록 물자를 구입하면 그 값을 지불하였다.

일월산을 근거로 한 신돌석 의병의 활동이 청송, 영해, 울진 등으로 퍼지자 정부에서 대구진위대의 2백 명을 영덕으로, 원주진위대의 1백 명을 남진시켰다. 양 진위대는 평해 부근에서 신돌석 의진 1천여 명을 협공하였다. 의병부대를 쫓아내기는 하였지만 신돌석의 체포에는 실패하였다.[30]

영해로 돌아온 신돌석은 영해군수의 죄상을 알리는 방榜을 마을마다 붙이고 읍내를 공격하였다. 군수가 의병활동의 대의大義를 무시하고 병정을 청하여 의병을 토벌하려고 한 점, 왜학倭學을 설치하여 부도不道에 빠지게 한 점 등을 거론하면서 이를 징벌한다는 것이었다. 그리고 7월 3일에는 다시 영덕관아를 공격하여 군수를 끌어내어 죄상을 따지고, 각 공해公廨를 부수고 군물軍物을 압수하였다. 또한 삼공형三公兄을 붙잡아 진중으로 끌고 갔다. 의병활동이 일본의 침략에 대한 항쟁이면서 동시에 농민층을 수탈하던 군수, 이서, 양반, 부호 등에 대한 항쟁임을 잘 보여주는 것이었다.

신돌석 부대는 1907년이 되면서 일월산을 근거로 영양, 울진, 평해, 영해 등지에서 활동하였다.[31] 6·7월 즈음부터 일제와 대한제국 정부는 의병 진압을 강화하였다. 1907년 7월 이후 통감부는 의병진압을 위해 일본군과 헌병을 증강시켜 전국 여러 요소에 배치하였다. 신돌석 의진이 활동하였던 지역에도 경상북도 경무서 관할 아래 안동분서와 영해분서를 두었으며, 안동분서 아래에 청송분파소와 진보분파소를, 영해분서 아래에 영양분파소·영덕분파소·청하분파소를 배치하였고, 또 강원도 경무소 관할 아래에 울진분서를 두었으며, 울진분서 관할 아래 삼척분파소, 평해분파소가 배치되었다. 분서에는 18명, 분파소에는 4명의 경찰이 각각 주둔하였다. 때문에 신돌석 부대도 활동이 점차 위축되어 갔다.

이 같은 상황을 타개하고자 1907년 11월 이후 의병부대 사이에 연합작전을 모색하였다. 신돌석 부대는 경상도·충청도·강원도 접경지역에서 활동하던 이강년 부대와 연합하여 활동하였다. 이후 일본군의 토

30) 《皇城新聞》 광무 10(1906)년 6월 30일 〈平海義兵〉.
31) 《皇城新聞》 광무 11(1907)년 2월 7일 〈三郡匪徒〉.

벌이 더욱 강해지면서, 12월 말에 이르기까지 경북 전역에서 의병을 색출하고 토벌하였다. 신돌석은 이를 피해 부대를 평해로 이동하여 산간에 잠적한 상태로 간간이 소규모 의병항쟁을 전개하였다.

의병의 연합은 전국적으로도 일어났다. 곧 13도연합의진의 결성이었다. 신돌석 부대도 12월 하순쯤 전국연합의병부대에 가담하려고 양구군에 도착하였는데, 연합의병부대에 참가하지 않고 되돌아왔다. 처음 계획 단계에서 신돌석은 연합부대의 교남창의대장嶠南倡義大將에 임명되었으나, 부대가 서울을 진공하기 위해 집결한 경기도 양주까지 가지 못해 그 조직에서도 빠지게 되었다.[32)]

일본군의 토벌이 더 심해지자 의병들은 대규모 부대의 불리함을 깨닫고 소규모 부대 중심의 게릴라식 투쟁으로 전환하였다. 신돌석 부대도 영해·평해 지방을 근거지로 하면서 영양·진보·울진 방면까지 진출하였다. 이런 활동은 1908년 7월까지 영해, 평해, 진보 등지에서 계속되었다. 이때에는 지방행정기구 등에 대한 공격은 거의 없고 부호, 양반가에 대한 공격을 폭넓게 전개하였다.

계속된 전투로 총기와 화약 등이 결핍되고, 전투인력에서 피해를 받은 신돌석 부대는 소규모 병력만으로 명맥을 유지하면서 영양·평해 등지에 머물렀다. 이 신돌석 부대가 마지막 투쟁을 전개한 곳이 울진이었다. 10월 17일 의병진은 울진군 서남쪽 약 60리 지점에서 울진군 분견소 헌병대와 전투를 벌였던 것이다. 의병 약 50명이 전투를 벌여 1명이 사망하였다.[33)] 그러나 이후 더 이상의 활동을 하지 못하고 11

32) 愼鏞廈, 〈全國「十三道倡義大陣所」의 聯合義兵運動〉, 《한국독립운동사연구》 1, 독립기념관 한국독립운동사연구소, 1987 참조. 신돌석이 돌아온 이유는 알 수 없다. 흔히 종전의 연구에서는 신돌석이 신분상 평민이었으므로, 양반 중심의 연합의병부대에서 제외하였다고 하였다. 물론 그 근거는 확실하지 않다.

33) 《大韓每日申報》 1908년 10월 31일.

월 중순 무렵 해산하고 말았다. 일본군의 토벌 강화와 전투력의 열세, 또 한인들로 구성된 헌병보조원의 활동, 일본의 의병 귀순책에 따른 의병의 이탈 급증 등으로 의병활동은 그 막을 내리게 되었던 것이다.

(3) 소규모 의병부대의 활동과 울진

신돌석 부대 밖의 다른 의병부대도 활동하였다. 성익현成益賢은 춘천부 관군의 초장哨長이었으나 1896년 1월 유학자 이소응李昭應이 춘천의병을 일으킬 때 여기에 합세하여 춘천의병의 핵심인물로 활동하였다. 이때 성익현은 춘천분견소의 일부 군인과 포수 약 4백 명을 의병대열에 참여시킴으로써 의병의 세력 확장에 크게 공헌하였다.[34] 이후 춘천의병이 무너지자 성익현은 잔여 부하 5백여 명을 거느리고 동해안으로 진출하여 민용호 강릉의병과 합세하여 활동하였다.

성익현은 1907년 군대해산 이후 울진을 비롯한 경북 동해안 일대에서 활발한 항일전을 벌였다. 그는 스스로 '관동총독', 또는 '관동창의대장'이라 칭하였다.[35] 말이나 가마를 타거나 혹은 도보로 의병진의 선두에 서서 칼을 차고 이를 지휘하면서 삼척·울진·평해 군내를 횡행하며 일본인 경찰관을 습격하고 이들을 살해하였다. 그리고 강원도 산

34) 李求鎔, 〈江原道地方의 義兵抗爭〉, 《江原義兵運動史》, 江原大出版部, 1987, 88쪽. 성익현은 成益鉉, 成益賢, 成益顯 등으로 표기되어 있고, 또 각 자료마다 성익현의 출신에 대해서도 다르게 기록되어 있다. "걸식의 일종인 과객"(《폭도사편집자료》; 《獨立運動史資料集》 3, 義兵抗爭史 資料集, 574쪽), 또는 "춘천군의 양반"(《폭도사편집자료》; 《獨立運動史資料集》 3, 609쪽) 등으로 되어있다. 《暴徒に關る編冊》에는 춘천 출신이며 연령은 1907년 당시 54세이며, 체격은 위대偉大하며 백발白髮을 길렀고, 인품은 매우 높았다고 기록하였다(《暴徒に關する編冊》, 大秘發 제1391호, 1907년 12월 30일; 《韓國獨立運動史》 資料 8, 363~364쪽).

35) 앞서 본 민용호가 1895년 11월 의병을 일으키면서 '관동창의소'라 일컬었는데, 그 부대에서 활동했던 성익현은 민용호 의병부대를 계승한다는 의식이 깔려 있음을 볼 수 있다.

간의 지형을 이용한 게릴라식 전술로 일본군의 토벌에 쉽게 진압되지 않았다.[36)]

성익현의 뒤를 이어 의병진을 이끈 사람은 정경태였다.[37)] 정경태는 강원도 춘천군 군내면郡內面 수림계水臨溪에서 농사를 지으며 살았으며, 1911년 당시 34세였다. 그는 1907년 7월 23일(음) 성익현 부대에 참여하여 도총장都總將·중군장中軍將을 맡아 활동하였는데, 1908년 5월(음) 성익현이 북간도로 떠나자 스스로 '관동창의대장關東倡義大將'이라 칭하며 강원도 울진·삼척·평해 및 경상북도 봉화·영양·안동에서 의병활동을 계속하였다.

각지의 의병활동이 크게 위축된 이후 의병진을 이끌게 된 정경태는 30~40명의 소규모 의병을 이끌고 게릴라식 전술로써 일본군을 크게 괴롭혔다. 그러나 대규모 의병부대가 사라지고 일본군의 의병진압도 더욱 강력해진 상황에서 지속적으로 활동을 하는 데에는 많은 어려움이 있었다. 또한 귀순, 밀정 활동 등 일반 민의 반의병적 활동의 증가로 의병활동이 더욱 힘들게 되었다. 때문에 정경태는 반의병적 활동에 앞장선 사람들을 징계하는 활동을 많이 전개했다. 이렇게 어려운 상황에서도 정경태는 창의의 명분을 제시하고 일본의 부당함을 호소하는 회문回文과 백성들, 특히 단발을 반대하는 유생들까지 의병부대에 들어올 것을 요구하는 전령傳令을 울진경찰서장과 각 면에 발송하였다. 그 원문은 다음과 같다.

36) 《폭도사편집자료》(《獨立運動史資料集》 3, 義兵抗爭史 資料集, 609쪽).

37) 의병투쟁 관련 사료에 따르면 정경태에 대한 기록에 다소 차이가 있다. 성명의 한자표기는 鄭敬台, 鄭敬泰 등으로 나타난다. 대구 출생이라고 기록한 자료도 있고, 춘천군 출신으로 강릉군 강릉읍 동문 안에서 주막을 경영하던 자라고 하기도 하였다. 그리고 대한제국의 군인이었다[《폭도사편집자료》(《獨立運動史資料集》 3, 575쪽 ; 609쪽)].

생각건대, 천지를 다하고 만고에 걸쳐 변할 수 없는 것은 임금이 임금답고, 신하가 신하답게 하는 상경常經이며, 오랑캐가 오랑캐이고 중화가 중화인 대의大義이다. 지금 저 일본은 일종의 오랑캐의 우두머리로 우리 국모를 잔해殘害하고 우리 군왕을 강제로 칼로 찔렀으니, 슬프다. 저 독이 있는 창과 흉악한 칼로 이르지 않은 것이 없는 지경이 되었다. 대저 우리 옳음을 잡고 있는 자는 누가 눈물을 삼키지 않으랴. 분함을 품고 피를 토하여 바다 하늘에 무지개를 만들었다. 만 번 죽을 계책에서 나온 것이 지금의 거의이니, 군사를 모으는 날에 부르지 않아도 오는 자는 마땅히 상을 주어야 하고, 불러도 오지 않는 자는 마땅히 벌을 줄 것이다. 임금 덕에 먹고 입는 자가 오랑캐의 무리에 들어가 평일에 단발을 한 자는 그 죄를 가히 논할 것도 없다. 소위 수구守舊하는 자가 강제로 머리를 깎이면서 의병에 들어오지 않는 자는 역시 평일에 단발을 한 자보다 뛰어나지 않으니 격문을 발한 지 10일 이내에 진소陣所에 들지 않으면 마땅히 군율에 의거하여 시행할 것이다. 이것을 다 알지어다.[38]

즉, 정경태는 창의의 명분으로 주자학적 화이관부터 국모시해, 단발령 등을 모두 열거하면서 백성의 의병투신을 정당화했다. 그리고 '창의대진행차소倡義大陣行次所', '창의대장소倡義大將所', '창의대진소倡義大陣所' 명의로 원북면 면장 장맹선張孟善, 상하군上下郡의 각 면장에게 각각 '전령'을 보내 화약·와철臥鐵 등 군수품을 각 지역에 분배하여 거두어 낼 것을 요구하고, 그것을 지키지 않을 경우 해당 동리의 존두尊頭를 군율에 따라 처단할 것이라고 했다.[39] 이로써 정경태는 점차 소규모로 '화적화火賊化'하는 의병들의 사기를 높이고, 또한 부대원들

38) 《한국독립운동사》 자료 14, 의병 편 Ⅶ.
39) 《暴徒に關する編冊》 江警秘 제311호, 1909년 5월 12일(《韓國獨立運動史》 資料 14, 285~287쪽).

에게는 자신이 이끄는 의병이 '의병부대'로서 올바르다는 점을 인식하게 하였다. 정경태는 결국 일본군에 잡혀 사형된 것으로 보인다.

울진 지역은 지형적으로 험한 산지를 끼고 있었던 점에서 소규모 게릴라식의 의병활동에 적합한 곳이었다. 이런 점에서 의병의 전술 변화에서도 매우 중요한 역할을 담당하였다. 1907년 8월 이후 약 2~3년 동안 울진에서 활동한 신돌석·성익현·정경태의 의병활동에 많은 울진 출신 인사들이 활약하였는데, 일제의 기록에는 많은 농민 출신 의병의 활동도 나타나고 있다. 의병 구성의 다양성을 볼 수 있는 대목이다.

박춘근朴春根은 울진군 서면西面 봉전동鳳田洞에서 농사를 짓고 살았다. 1907년 이후 정경태의 휘하에 들어가 1907년 8월의 울진군 읍내 습격과 평해군 경무분파소 습격, 같은 10월 울진군 경무서 공격 등에 활발하게 참여했다. 물론 부호가를 대상으로 한 군자금 및 군수품 모집에도 힘을 기울였다. 울진군 원남면遠南面 매화리梅花里에 침입하여 그 부근 금답동金畓洞에 거주하는 이사집李士集을 잡아 그의 아내 김사동金沙洞에게 돈 40원을 받아냈다. 또한 일본이 조선을 강점한 이후에도 활동을 계속하여 1911년 12월 29일 울진군 원북면遠北面 상원당동上元塘洞에 사는 지인풍池寅豊에게 강요하여 돈 19원, 백미 4두, 담배 2파, 건시 3백 개를 빼앗았고, 동면東面 두천동斗川洞의 어느 집에 들어가 주인 아내 임성녀林姓女로부터 '서양목 1필, 광목 2필과 돈 20원을 지불한다'는 증표 1매를 받아내기도 했다.[40)]

백수영은 울진군 서면 후곡동後谷洞의 농민이었다. 그는 일찍 정경태의 휘하에서 의병활동을 한 것으로 보인다. 그가 1911년 5월 20일 총기·곤봉 등을 휴대하고 강원도 삼척군 원덕면遠德面 빙동氷洞 권태

40) 《독립운동사자료집》 별집 1, 의병항쟁 재판기록, 283~285쪽.

정權泰鼎 집에 침입하여, "의병장 정경태의 은혜를 잊고서 그 소재를 관헌에게 밀고하여 체포되게 하였다"는 이유로 총살하고 재물을 빼앗은 사실이 있었다. 또한 그는 일제강점 이후에도 지속적으로 의병저항을 하고자 군자금 마련에 힘을 다하였다. 그는 1911년 10월 7일 강원도 삼척군 상군면上郡面 대흥동大興洞 장석범張錫範의 집에 침입하여 의병저항에 필요한 "군자금으로 엽전 150냥을 내겠다"는 증표를 받아냈다. 이 밖에도 그는 강원도 삼척군 원덕면 빙동의 심내덕沈乃德으로부터 돈 30원과 베 3필을, 1911년 10월 20일 강원도 울진군 근남면近南面 유홍종劉洪鍾에게도 돈을 요구해 상해를 입히는 등 의병 군자금을 마련하고자 지역의 부유한 집들을 압박하였다.[41]

이동하李東夏는 울진군 원북면 중리中里 출신으로 1909년 4월쯤부터 경상북도에서 활약하던 정경태의 휘하에서 의병활동을 하였다. 특히 그는 정경태의 명을 받아 당시 친일적인 활동을 하던 인물들을 제거하는 데 앞장섰다. 1909년 5월 17일 4~5명의 동료와 더불어 경상북도 봉화군 소천면小川面 승부리承夫里 권재룡權載龍의 집을 불태웠으며, 같은 달 20일에는 같은 승부리에 사는 김형규金炯奎의 집에 들어가 양돈 한 마리를 탈취하기도 하였다.[42]

한편 신돌석·성익현·정경태의 의병활동에 참여했다가 귀순한 사람들도 많았다. 의병활동을 지속할 수 없는 상황에서 비록 귀순하였지만, 그들도 분명 항일정신에 입각해 항일투쟁을 전개한 의병이었음은 분명하다. 먼저 《폭도에 관한 편책(暴徒に關する編冊)》이라는 일본군의 기록에 실려 있는 귀순자 가운데 울진, 평해 지역의 사람들로서 그 활동상을 조금이나마 알 수 있는 사람들을 살펴보면 다음과 같다.

41) 위의 책, 287~289쪽.
42) 위의 책, 289~290쪽.

김재천金在千 :

31세로 평해군 공리면工里面 성저城底에 거주하였다. 그는 1907년 음력 7월 29일 울진군 범편리凡便里에 거주하는 박가朴哥에게 유인되어 성익현 의병진에 들어가 삼척 등지에 활동하다가 11월 2일 귀가하여 귀순하였다.43)

이선이李宣伊 :

43세로 평해군 근북면近北面 상다천동上茶川洞에 살았다. 1907년 음력 11월 16일 읍저邑底에 사는 이흥보李興甫와 상제천上祭川에 사는 김양선金陽先에게 유인되어 비량리飛良里 황별감黃別監 집에 가서 조총 1자루를 빼앗아 무장하고, 20일 영양군 공덕동公德洞으로 이동하여 유숙하였다. 28일 신돌석 의병부대를 따라 영양읍에 들어갔다가 수비대의 공격을 받아 총을 들고 집으로 돌아와 잠복하였다. 12월 초 안동군 거주 이춘양李春陽이 무리를 이끌고 와 총을 빼앗아 가고, 그 뒤 귀순하였다.44)

김상일金相一 :

32세의 나이로 울진군 서면 삼근동三斥洞에 거주하였으며, 도포장都砲將 경력이 있었다. 1907년 9월 10일 정경태의 부하가 되어 울진·삼척의 각 군을 도포장都砲將으로 횡행하여 관헌에게 항의하고 부호의 재산을 빼앗으며, 또 울진 주재의 일인 순사를 살해하려다가 이루지 못한 적도 있었다. 1908년 4월 25일 정경태의 지휘 아래 삼척군 오십천 등지에서 활동하다가 1908년 5월 25일 일본 병사와 접전 끝에 패주하여 돌아왔다가 귀순하였다.45)

울진지역에 의병이 활발해지면서 행정이 마비되고 부호들은 피난갔다. 그러나 의병과 일반 주민 사이에는 긴밀한 협조 관계가 유지되

43) 《暴徒に關する編册》, 報告書 제5호, 1908년 2월 9일(《韓國獨立運動史》 資料 9, 53쪽).
44) 《暴徒に關する編册》, 報告書 제6호, 1908년 2월 12일(《韓國獨立運動史》 資料 9, 55~56쪽).
45) 《暴徒に關する編册》, 江警秘 제267호, 1908년 11월 12일(《韓國獨立運動史》 資料 12, 447~448쪽).

었다. 신돌석 부대의 활동이 막바지에 이르렀을 때 당시 울진지역에 관한 몇 개의 보고는 당시의 사정을 잘 보여주고 있다. 1907년 12월 30일자 영해경무분서 보고에는 "평해 지방은 목하 무정부 상태며, 관리는 본년 6월 이래 봉급을 받지 못하고 징세도 행해지지 않는다. 또한 일상 폭도들의 강청, 약탈을 입어 관민이 다 도탄에 고생하는 정황이다."라고 하였다.[46] 또 다른 일본 군경의 보고에서도 이런 점을 확인할 수 있다.

> 울진은 폭도로 말미암아 군아·우편취급소·경무분서 및 기타 큰 건물 및 민가의 반 이상이 소각되어 도저히 다수 군대의 영사營舍는 물론 경찰분서의 가옥에 충용할 만한 것이 없다. 그리하여 부득이 울진부근의 옥계리라고 칭하는 곳의 민가를 수비대의 영사 및 경찰분서에 충용하여, 목하 분서사무 개시 준비 중이라고 한다. 그리고 울진 부근에는 폭도가 집합하여 월동하고 있으므로 근일近日에 토벌 예정이다. 동지同地의 우편취급소는 아직 피난 중에 있어 사무개시에 이르지 못하였으므로 모든 서류 등은 울진 옆에 있는 죽변만에 시시時時로 편선便船에 탁托하고 있다고 한다.[47]
>
> 6월 18일 강원도 평해군 원서면 하조금동에 적도賊徒 10여 명이 내습했다는 보고에 접하여, 평해 헌병분견소 상등병 6명이 순사 2명과 같이 동지同地에 출장하였다. 그러나 이미 적도는 식물食物을 강구強求하고 어디론가 퇴주退走한 뒤여서 그 부근을 수색하였으나 얻은 것이 없다. 또 해당지방 부근의 주민들은 후난後難을 두려워하여 적정賊情에 대하여 고하는 일을 꺼려하였다.[48]

일본 측의 기록이라는 점을 감안한다면, 의병 투쟁은 전적으로 농

46) 《한국독립운동사》 의병편 1, 363~364쪽.
47) 위의 책, 537~538쪽. 1908년 1월 7일 울진경무분서 보고.
48) 위의 책, 430쪽. 1908년 7월 2일 한국주차헌병대 보고.

민, 민충층의 연관 속에서 이루어지고 있었던 것이다. 의병의 민중적 성격 속에서 그러하였다.[49]

3. 근거지 이동과 독립전쟁으로 발전

1) 의병의 근거지 이동과 울진지역

의병의 반일투쟁이 산악지대를 근거로 한 소부대 활동을 중심으로 장기전에 돌입하게 되자 일제는 의병을 완전히 제거하고자 이른바 '남한대토벌'을 단행하였다. 한국을 완전히 식민지화하려면 의병을 그대로 두고는 불가능하였기 때문이었다. 일제의 대토벌은 1909년 9월부터 약 2개월 동안 대규모의 병력을 동원하여 닥치는 대로 살상·방화·약탈·폭행 등을 행한 야만적인 살육전이었다. 일본군의 토벌은 의병이 가장 활발하게 전개되던 전라남북도, 특히 전남을 대상으로 실시되었으며, 뒤이어 경상도의 일월산, 황해도에서도 실시되었다. 전라도가 중시된 까닭은 호남지방의 확보가 쌀·면화의 식량과 원료를 공급하는 식민지적 농업구조의 재편을 가능하게 하였기 때문이었다. 2개월 동안의 토벌로 사살 또는 체포된 의병 수는 의병장 103명, 의병대원 4,138명이었으며, 체포된 의병장은 대개 강도·살인죄로 처형되었고, 나머지 의병들은 일제의 조선침략을 위해 도로공사에 동원되었다.

일제의 토벌 뒤에 의병 활동은 더욱 분산화, 소규모화하였다. 활동지역도 황해, 경북, 강원 등의 산간지역으로 옮겨 갔다. 수십 명이 한

49) 김도형, 앞의 글, 1985.

단위가 되어 게릴라전을 전개하여 일본 군대를 유린하기도 하였고, 적의 강한 반격을 받을 때는 민중 속으로 자취를 감추기도 하였으며, 적의 허점에 대해서는 다른 부대와 연합하여 집중적인 공격을 가하기도 하였다. 경기·황해도의 이진룡·연기우·강기동姜基東 등을 위시하여 강원·함남 등지의 채응언, 소백산 일원의 김상태金尙台·정경태鄭敬泰 등이 대표적인 부대였다.

그러면서 의병은 점차 일본군의 토벌을 피해 요동지방이나 간도, 연해주로 이동하였다. 국내 의병전쟁에서 국외 무장 항쟁으로 형태 전환이 일어났던 것이다. 국외에 근거지를 마련하여 장기적으로 조직적인 무장 항쟁을 모색하는 움직임은 그 전에 이미 제기되고 있었다. 13도 연합의병부대 조직 당시에도 유생의병장 유인석은 연합의병의 무모성을 지적하면서 '북변지계北邊之計'에 의한 지구전을 해야 한다고 주장하였다. 그는 "지금 의병봉기의 묘는 지구전에 있고, 지구전을 하려면 근거지를 마련해야 한다"고 하면서, 그 근거지로 백두산 일대를 지적하였다. 백두산의 지리적 조건과 간도 지방의 물적·인적인 조건, 그리고 주변의 노령, 함경도의 활발한 의병 활동 등에서 그러하다는 것이었다.50)

국내의 의병 부대 가운데 홍범도는 1909년 여름 북간도를 거쳐 1910년 봄에 연해주로 이동하였고, 그 밖의 여러 곳의 의병진도 비슷한 시기에 이동하였다. 이동 뒤 각 의병은 독자적으로 부대를 유지하기도 하였지만, 연해주의 의병과 연합하여 활동하였다. '병합' 전후에 이곳에서 활동하던 의병들은 13도의군十三道義軍을 조직하고, 유인석을 도총재로 추대하였다.

---

50) 《毅菴集》 권25, 〈與諸陣別紙〉. 이에 대해서는 김도형, 〈한국근대 재야지배세력의 민족문제 인식과 대응〉, 《역사와 현실》 1, 1989, 73~74쪽.

이런 독립전쟁으로의 발전은 당시 국외에서 일어나던 계몽운동 계열의 독립군기지건설과 연결되는 것이기도 하였다.51) 가령 성명회聲明會나 권업회勸業會는 유인석을 중심으로 한 의병 계열과 헤이그밀사 이후 이곳에서 교육, 산업 활동을 전개하던 이상설李相卨 등 계몽운동 계열의 연합으로 만들어졌다.52) 1910년대 국외에서 전개되던 무장항쟁은 바로 이런 발전의 결과였던 것이다. 한말 의병전쟁의 자연발생적, 지역고립적 한계가 일정하게 극복되고 있었던 것이다.

울진지역에서는 신돌석 의병이 해산된 뒤에 그 규모가 더욱더 작아졌다. 앞에서 본 정경태 의병이 소백산 지역을 중심으로 소규모로 남아 1910년 무렵 한일병합 이후까지도 활동하였으나, 일제의 토벌 앞에 대체로 부대를 해산하지 않을 수 없었다. 그 가운데 일부는 활동무대를 국외 만주, 간도 지역으로 옮기면서 본격적인 독립전쟁으로 발전하였다.

먼저 성익현은 1908년 5월쯤 의병진을 떠나 북간도로 건너가 활동한 것으로 보인다. 북간도는 성익현이 참여했던 민용호 의병부대가 북상하여 독립군 활동을 전개하고 있었던 점과 연결되었다. 정경태의 진술에 따르면, 1909년 7월 20일경(음력) 북간도 보태산普泰山에서 청국 서간도에 거주하는 이범윤李範允·정해산鄭海山과 이명선李明先, 민영호閔泳浩, 성익현成益鉉, 문우오文宇五, 조태현趙泰鉉, 조의경趙宜敬, 김국원金國源, 정해일鄭海日, 성명 미상의 청국인 2명 등이 합하여 국권회복을 위하여 상의할 무렵 성익현이 그곳에 참가했다는 것이다.53) 이와

51) 강만길, 〈신채호의 영웅·국민·민중주의〉, 《신채호의 사상과 민족독립운동》, 형설출판사, 1986 ; 신용하, 〈신민회의 독립군기지 창건운동〉, 《한국문화》 4, 서울대학교 한국문화연구소, 1983 ; ---, 〈신채호의 민족독립운동론의 특징〉, 《신채호의 사상과 민족독립운동》, 형설출판사, 1986.

52) 윤병석, 《이상설전》, 일조각, 1984, 제11, 12장.

53) 《독립운동사자료집》 별집1, 의병항쟁 재판기록, 271쪽.

같이 성익현은 국내 의병활동에 많은 어려움이 닥치자 국외 활동을 모색하는 한편, 국외 독립군 활동과 국내 의병활동의 통일전선 형성에 노력했던 것이다.

울진지역의 의병 중군장이었던 최경호는 가족을 이끌고 만주 임강현臨江縣에 이주하여 함경도 출신의 홍범도와 같이 독립군을 조직하고 활동하였으며, 신흥무관학교에서 수학하였다.[54] 또 이동 경로는 알 수 없지만 신돌석 의병부대 아래에서 활동하던 기성면의 원세찬元世燦, 원세우元世遇, 원세명元世明, 원세우元世佑의 집안 사촌형제들은 뒤에 서간도로 망명하여 이시영 밑에서 독립군에 종사하였다.[55] 역시 신돌석의 부하였던 남충호南忠鎬도 북간도로 망명하여 독립군에서 활동하였다.[56]

2) 계몽운동과의 결합

의병들이 일본의 대대적인 무력탄압을 피해 국외 만주지역으로 근거지를 이동하여 독립전쟁을 추진하고 있을 때, 계몽운동에 참여했던 사람들 가운데 일부도 이에 동참하였다. 주지하듯이, 계몽운동 역시 일제에 의한 보호국화를 국권상실로 인식하고, 국권회복을 위한 운동으로 전개되었다. 그러나 계몽운동에서는 의병과 같은 무장투쟁을 반대하고, 학교 설립, 신문·잡지의 발간, 산업 진흥 등으로 경제적·문화적 실력을 양성하여 자강을 이루어 스스로 강자가 되는 것이 국권을 회복하는 길이라고 주장하였다.

54) 《蔚珍郡誌》, 1984, 494쪽.
55) 위의 책, 488쪽.
56) 위의 책, 495쪽.

정치활동에 많은 제약이 주어져 있는 상황에서 계몽운동은 학교 설립을 통한 교육운동과 계몽활동을 중심적인 과제로 추구하였다. 앞 장에서 본 바와 같이 경북 지역에서도 활발하게 계몽운동이 일어났고, 곳곳에 학교가 세워졌다. 대구에서는 국채보상운동을 조직적으로 시작하였다.

울진에서도 사립학교들이 세워졌다. 학교 설립의 중심인물은 주진수朱鎭洙와 황만영黃萬英이었다. 계몽운동에 참여한 주진수는 강연으로 민중들을 설득하는 탁월한 능력을 가진 사람이었다. 그는 강원도 인사들이 만든 관동학회關東學會와 관련을 가지면서 1907년 10월에 원남면 매화리에 만흥학교를 설립하였고, 기성면 사동의 황만영은 주진수와 의론하여 대흥학교를 설립하였다.[57)]

일제에 의해 나라가 점차 망해가자 계몽운동 내부에서 운동론에 대한 반성이 제기되었고, 새로운 방안이 모색되었다. 여전히 교육과 산업발전을 통한 실력양성론을 주장하던 사람들이 그 운동노선을 견지하였다면, 일부의 사람들은 계몽운동에서 견지하던 합법운동, 실력양성운동에 대해 비판을 제기하였다. 이에 국외 무장투쟁을 지향하였고, 이를 위한 독립군 기지건설로 나아갔다. 이를 위해 그들은 부정적이었던 의병관을 벗어나 의병활동에 참여하였던 사람들과 연합하게 되었다. 곧 신민회 '좌파'들로, 이들은 지방에 있던 진보적인 유림세력과 결합하여 만주에 독립군기지를 건설하고자 하였다. 앞서 본 안동 유림의 만주 이주가 그런 것이었고, 이 대열에 울진의 주진수도 주도자로 참여하였다.

신민회의 총감독이었던 양기탁梁起鐸의 주도로, 1910년 9월 초에 이

57) 위의 책, 424쪽.

동녕李東寧·이회영李會榮·장유순張裕淳·이관직李觀植 등이 백지장수로 가장하고 남만주 일대에 기지 후보지를 물색하고자 서울을 출발하였으며, 또 울진의 주진수도 만주로 떠났다. 만주를 답사했던 사람들이 돌아온 뒤, 12월 중순 양기탁의 집에 모인 안태국, 주진수, 이승훈, 김구, 이동녕, 김도희 등은 서간도의 통화현通化縣에 토지를 구입하여 독립군 기지 건설 및 무관학교 설립을 결의하고, 각 도를 나누어 맡았다. 경기도와 삼남은 양기탁, 황해도는 김구, 평안남도는 안태국, 평안북도는 이승훈, 그리고 강원도는 주진수가 담당(*당시 울진은 강원도)하였다. 각 지역을 맡은 사람들은 비밀리에 국외로 이주할 사람들을 모집하면서 또한 기지를 건설하기 위한 자금도 모집하였다.

강원도를 담당했던 주진수는 먼저 황만영 편에 경상도 안동의 이상룡·김동삼·유인식·김대락 등을 이 계획에 동참시켰다. 이들은 안동에서 대한협회의 지회 활동을 전개하면서 협동학교協同學校라는 학교를 설립하여 교육운동을 전개하던 사람들이었다.[58] 그리고 주진수와 황만영은 자신들의 가산을 모두 정리하여 이주를 준비하였다. 황만영이 1910년 12월에 김대락과 함께 먼저 떠나고, 곧이어 주진수, 이상룡 등이 1911년 1월에 걸쳐 서간도로 건너갔다. 유가현 삼원보에 도착한 이들은 토지개간과 농업경영을 위한 경제자립 단체로 먼저 경학사耕學社를 만들고, 이어 군인 양성기관으로 신흥강습소新興講習所를 창설하였다. 이 강습소는 뒤에 신흥무관학교新興武官學校로 바뀌었다.

이 계획에 따라 울진 의병에 참여했던 사람들 가운데 일부도 국외 독립군 기지건설에 참여했다. 평해의 직산리直山里에 있던 이희영李曦榮

58) 조동걸, 〈안동 유림의 도만경위와 독립운동사상의 위치〉, 《대구사학》 15·16, 대구사학회, 1978 ; 김희곤, 〈안동 협동학교의 독립운동〉, 《조동걸정년기념논총(Ⅱ) : 한국민족운동사연구》, 나남, 1997.

집안이 그러하였다. 이들은 자작 겸 소작농으로 경제적으로 넉넉한 편은 아니었으며, 어업을 같이 영위하였다. 이희영은 신돌석 의병부대에 가담하였다. 그러나 의병이 진압되면서 이곳에 그대로 살기 힘들었던 이희영은 평소 친하게 지내던 주진수의 권유로 만주로 이주하게 되었다. 먼저 이희영(4남) 일가가 1911년 11월에, 다음 2년 뒤에 호영(顥榮, 2남), 보영(寶榮, 3남), 선영(善榮, 5남) 일가가, 그리고 1915년에 태영(泰榮, 장남) 일가 모두가 이주하였다. 이들 가운데 이규동李圭東은 신흥무관학교를 졸업하였다.[59)]

국내에서 각기 전개되던 의병전쟁계열과 계몽운동계열이 독립전쟁, 무장항쟁이라는 방안에 의해 민족운동으로 결합되고 있었던 것이다. 의병 자체의 근거지 이동이라는 측면과 의병활동에 동정적, 찬동적인 생각을 가지고 있는 일부의 계몽운동론자들의 결합이었던 것이다.[60)]

* * *

1895년 단발령을 계기로 전국적으로 확대된 초기 의병은 척사론적인 유생층이 주도하였다. 그러나 의병의 무력 원천이 포수, 몰락 농민층, 소상인층, 유민, 화적, 그리고 뒤에는 해산 군인 등으로 명확해지면서 의병항쟁은 민중운동으로 발전되어 갔다. 따라서 의병항쟁은 각 지역의 농민 몰락, 농민항쟁과 연관을 맺었고, 반침략적 운동이면서 동시에 반봉건 운동의 성격을 띠었다. 울진지역을 중심으로 하는 동해안 지역의 의병항쟁도 그러하였다.

59) 朴永錫, 〈日帝下 在滿韓國流移民 新村落形成-蔚珍 慶州李氏 一家의 移住事例〉, 《韓民族獨立運動史研究》, 一潮閣, 1982 참조.

60) 만주로 이주했던 황만영黃萬英은 성익현 의병부대에 엽전 800냥을 기부하기도 하였다(위의 책 ; 《울진군지》, 1984, 488쪽).

이곳에서도 향반의 척사론적 의식이 있었지만, 민중층의 항쟁이 의병으로 결집될 수 있는 여러 조건들이 있었다. 정부의 양전지계사업, 그리고 일본의 화폐정리사업 등으로 말미암은 농민층의 불만이 농민항쟁으로 터져 나왔고, 이 항쟁은 곧 의병항쟁 속으로 결합되어 갔다. 또한 울진은 일본의 어업침탈 지역이었고, 또 러일전쟁 당시에는 러시아 함대를 방어하기 위한 일본의 각종 군사 시설이 구축된 지역이었으므로, 일본의 침탈에 대한 주민들의 저항의식도 굉장히 높았다. 이런 사회경제적 조건 속에서 가장 대표적인 '평민의병장' 신돌석 의병부대가 출현하였고, 울진 지역은 의병활동 중심지의 하나가 되었다. 동해안 지역은 의병항쟁의 일반적인 특징을 그대로 보이면서 특히 의병의 민중적 성격을 매우 잘 드러내었다.

또한 일제의 침략이 강제병합 단계에 들어가면서 국내의 민족운동은 노선의 전환을 모색하였다. 의병은 무력 탄압을 피해 국외 만주, 노령으로 이동하였고, 계몽운동 진영도 분화를 거듭하면서 무력항쟁 노선으로 합류되어 갔다. 울진 지역의 의병도 그런 전환에 동참하였으며, 부분적으로는 계몽운동과 결합하여 국외로 이동하였다.

한편 국내에 잔류했던 민족운동 세력은 3.1운동으로 결집하였고, 이후 울진청년회, 신간회 등으로 발전하였다. 또 새로운 사상과 결합한 농민운동은 적색농민조합운동으로 발전하였으며, 조선공산당 재건운동의 일환으로 울진공작당이 조직되기도 하였다. 사회주의 청년들은 창유계暢幽契를 조직하여 활동하기도 하였다. 1920~30년대 사회주의 운동가이자 민족문화연구가 최익한崔益翰과 그의 아들 최재소崔在韶·최학소崔學韶가 대표적인 사람들이었다.

제3장 1920년대 농민운동의 발전

일제 강점기에 전개된 농민운동은 민족해방운동의 일환으로서 매우 중요한 위치를 차지하였다. 민족해방운동이 궁극적으로 지향했던 새로운 국가건설은 농업·농민 문제에서 제기된 봉건 구조를 청산하지 않으면 안 되었기 때문이었다. 그러나 농업문제, 농민운동은 단순한 경제적·계급적 측면에서만 해결될 수 있는 것은 아니었고, 당시의 농업구조를 결정하고 있던 일본제국주의와 자본주의 구조 속에서 접근해야 했다. 따라서 농민운동은 필연적으로 일제의 수탈 체제에 대한 민족적·정치적 성격을 지니게 되었다.

농민운동은 민족해방운동의 발전과정에 더불어 단계적으로 발전했다. 농민운동은 소작쟁의로 출발해서 점차 반제·반봉건의 민족해방, 민족혁명의 정치운동으로 발전하였다. 더욱이 농민운동은 궁극적으로 토지 혁명을 가장 핵심 과제로 인식하는 단계로 이어졌다. 이는 사회주의 진영의 운동방략과 밀접하게 연결되었고, 1925년 조선공산당의 창립과 1928년의 〈12월테제〉를 계기로 각각 변화, 발전하였다.[1]

---

1) 일제시대 농민운동에 대한 연구사적 정리는 지수걸, 〈식민지시대 農民運動硏究의 현황과 과제〉, 《한국근대농촌사회와 농민운동》, 열음사, 1988 ; 역사문제연구소 민족해방운동사 연구반, 《쟁점과 과제 – 민족해방운동사》, 역사비평사, 1990, 11장 〈농민운동〉 참조. 1920년 농민운동의 단계적 발전에 대해서는 몇 가지 견해가 있다. 일찍이 북한의 허장만은 ① 소작인조합의 출현과 소작쟁의의 활발한 전개(1920~25), ② 소작인 조합들의 농민조합으로의 개편, 소작쟁의의 확대발전(1926~28), ③ 농민들의 혁명적 진출의 강화와 혁명적 농민조합들의 출현(1929~31)으로 나누면서, 1925년 조선공산당의 창당을 강조하였

농민운동은 각 지역 농촌의 사회구조 위에서 전개되었던 점에서 식민지 농업정책이 철저하게 관철되는 가운데[2] 농업경영지대에 따라 차이가 났다. 또 지주 경영과 관련해서도 동양척식회사를 비롯한 일본인 지주의 수탈이 가혹했던 지역도 있었고, 한국인 대지주가 존재했던 지역도 있었으며, 식민지 권력기구와 지주층의 개량적인 대응이 농민층의 요구를 압도하던 지역도 있었다.

각 지역의 농민운동은 지역 단위의 청년운동, 노동운동, 신간회운동 등 여타 사회운동의 노선과도 밀접한 관련을 맺고 있었다. 전국적인 농민운동 지도 단체의 출현으로 그 운동은 질적으로 변화, 발전되었으며, 1925년 조선공산당의 창립은 농민운동이 전환하는 중요한 전기가 되었다. 이를 계기로 농민운동은 전·후기로 나눌 수 있는데, 각 시기 농민운동의 조직적 변화와 각 군 단위의 농민운동의 전개, 전국 단위의 사회운동과 각 지역 단위의 선진적인 활동 경향, 1920년대에 아직 완전하게 극복하지 못하고 있었던 파벌적인 경향 등을 살펴보고자 한다.[3]

고, 그 이전에도 1923년의 전환기를 지적하였다(《1920년대 농민운동의 발전》, 조선로동당출판사, 1964). 아사다淺田喬二도 ① 태동기(1920~25), ② 고양기(1926~35)로 나누고, 고양기를 다시 1단계의 합법적인 운동형태(1926~29), 2단계의 지하 운동형태(1930~35)로 구분하였다(《日本帝國主義下の民族革命運動》, 未來社, 1973). 이에 견주어 오와大和和明는 순천군의 사례연구를 기초로 1920년대 전반기의 소작쟁의를 바로 항일운동으로 규정하는 것을 비판하고, 발전과정에서도 1924년 4월 조선노농총연맹 성립을 중요한 계기로 파악하였다(〈1920년대 전반기의 조선농민운동〉, 《歷史學硏究》 502, 歷史學硏究會, 1982 ; 《抗日農民運動硏究》, 동녘, 1984). 그리고 김용섭은 ① 조선노동공제의 결성과 농민운동 지도, ② 조선노농총동맹의 조직, ③ 조선공산당의 창당과 농민총동맹의 결성, ④ 혁명적 농민조합운동 등 4단계로 구분하였다(〈日帝强占期의 農業問題와 그 打開方案〉, 《東方學志》 73, 1991).

2) 李潤甲, 〈韓國近代의 商業的農業 硏究-慶尙北道地域의 農業變動을 중심으로-〉, 연세대학교 사학과 박사학위논문, 1993 참조.

3) 1920년대 경북지역의 농민운동에 대해서는 이윤갑, 〈1920년대 경북지역 농촌사회의 변동과 농민운동〉, 《한국사연구》 113, 한국사연구회, 2001 참조.

1. 1920년대 전반기 경북의 농민운동

1) 농민운동 단체의 발전

1920년대의 농민운동은 전근대 농민항쟁의 특징이었던 지역분산적, 자연발생적인 속성을 극복하였다. 3.1운동을 거치면서 민중층의 계급의식이 성장하고, 또한 새로운 사회주의 사상이 결합하면서 민족해방운동에 대한 명확한 전망을 가진 전국 단위의 통일조직이 생겨났다. 1920년대 전반기 농민운동을 지도하던 조직은 조선노동공제회와 조선노농총동맹이 대표적이었다.

(1) 조선노동공제회 지회의 활동

조선노동공제회는 1920년 4월에 창립되었다. 전국 규모로 조직된 근대 노동단체였다.[4] 그들은 "노동이 신성하고 노동자가 존귀하다"고 보고, 노동자에게도 명예·황금·안락을 주는 것이 하늘의 뜻이라고 전제하였다. 그러나 당시의 노동자들은 "자녀를 교육치 못하고, 직업도 보장치 못하고, 질병과 재난災難을 구제치 못하여, 다만 사환使喚과 천대로 타他를 위하여 양잠養蠶하였고, 타他를 위하여 석공石工" 하였던 자신들의 처지를 스스로 반성하였다. 그리하여 당시 사회 변화에 따라 노동자들도 "자조自助와 자존自尊을, 자각自覺과 자고自高"를 알게 되었

4) 愼鏞廈, 〈朝鮮勞動共濟會의 창립과 勞動運動〉, 《韓國近代社會史研究》, 일지사, 1987 ; 朴愛琳, 〈朝鮮勞動共濟會의 活動과 理念〉, 연세대학교 사학과 석사학위논문, 1992.

고, 또 자신들의 노력이 다른 사람에게 빼앗기지 않고 자신들의 의식衣食이나 행복을 다른 사람에게 의뢰하지 않고 자신들 스스로에게 구하는 것이 또한 하늘의 뜻이며, 정로正路라고 하였다. 이런 인식에서 만들어진 노동공제회는 "조선노동사회를 개선"하고자 하였고, 이를 위해 지식 계발, 품성 향상, 저축 장려, 위생 장려, 환난구제患難救濟, 직업 소개, 일반 노동 상황 조사연구 등을 행하려고 했다.[5)]

그러나 노동공제회는 명확한 계급의식에 입각한 노동운동은 아니었다. 주로는 노동자 교육, 경제, 위생 등 경제 및 생활상의 향상을 지향하였다. 목표가 추상적·관념적이었던 점은 당시 노농운동의 수준과 노동공제회 구성원의 이념을 반영하는 것이었다. 노동공제회에는 사회주의 지식인, 노동자를 비롯하여 부르주아 지식인까지 망라되어 있었다.[6)]

노동공제회에 참여한 사회주의 이론가들은 당시에 성행하던 사회진화론적 사고를 비판하였다. 우승열패·약육강식을 정의로 삼았던 정복주의와 식민지 정책을 반대하고, 인류의 진정한 평화세계와 복지사회를 이루기 위해서는 정복민족과 피정복민족이 없는 세계, 특권 계급과 노예 계급이 없는 사회를 이루어야 한다고 하였다. 당시의 조선 노동자 및 농민대중은 민족적·계급적으로 이중의 압박과 착취의 대상이 되고 있으므로, 민족적·계급적 해방이 될 때까지 전투에 임하는 태도로 생활하자고 하였다.[7)] 이런 경향은 사회주의 세력이 지도부를 장악

5) 朴重華, 〈朝鮮勞動共濟會主旨〉, 《共濟》 1, 1920, 167~170쪽 ; 《東亞日報》(이하 《東亞》) 1920년 4월 17일 〈朝鮮勞働共濟會에 對하야-勞働의 文化價値를 論함-〉. 《東亞》에서는 노동자 단체가 출현한 것은 당시 사회의 조류였던 '해방'의 결과이고, 자본도 노동의 결과이며, 노동은 문화의 원동력이라고 하여 《동아일보》에서 지향하는 문화주의와 관련됨도 언급하였다.
6) 愼鏞廈, 앞의 글, 1987, 356~358쪽.
7) 이 선언문과 함께 통과된 강령은 '① 인권의 자유평등과 민족적 차별의 철폐

하면서 더욱 강해졌다.

노동공제회는 이름에 제시한 바와 같이 노동문제, 노동운동을 지도하는 조직이었다. 하지만 농민운동도 주요한 운동 영역으로 설정하였다. "우리 조선은 국정國情이 다르고 경우가 다르니까 임은노동자賃銀勞動者 문제보다 소작인 문제가 더욱 초미焦尾의 급무急務가 아닌가"라고 하면서, 소작인이 살아갈 길도 지도해야 한다고 하였다.8) 1922년 4월, 노동공제회 제3회 대회 이후 전국적으로 지방에 지회가 조직되었는데, 지회에서는 농업문제, 소작문제를 집중적으로 제기하였고,9) 7월에는 "소작인은 단결하라"고 선언하였다.10)

경북지역에서는 대구·안동·경주·감포·포항·영주(풍기) 등지에 노동공제회 지회가 설치되었다. 대구지회는 1920년 5월 27일에 발기회를 거쳐 6월 6일에 창립되었다.11) 박기돈朴基敦(회장), 허백許伯(총간사), 이윤李潤(의사장) 등이 초기의 중심 인물이었다. 대개 한말 이래 계몽운동에 참여했던 인사들이었다. 여기에 새로운 이념을 지닌 청년, 신지식층이 참여하였다.12) 그들은 강연회,13) 야학 등을 행하면서 새로

를 기함, ② 식민지 교육의 지양과 대중문화의 발전을 기함, ③ 노동자의 기술양성과 직업소개를 기함, ④ 각종 노예의 해방과 상호부조를 기함'이었다(高順欽, 〈朝鮮勞動共濟會 創業의 動機와 顚末〉; 愼鏞廈, 앞의 글, 1987, 363~364쪽).

8) 申伯雨, 〈小作人組合論〉, 《共濟》 2, 1920, 39쪽.

9) 각 지회의 활동에 대해서는 愼鏞廈, 앞의 글, 1987, 435~445쪽 참조.

10) 《東亞》 1922년 7월 31일~8월 3일 〈소작인 문제에 대하야(1~4)〉 '조선노동공제회의 선언'으로 소개되어 있다.

11) 《東亞》 1920년 5월 31일 〈노동공제회 발기〉; 6월 17일 〈대구노동공제회〉. 이에 대해서는 김일수, 〈일제강점기 대구노동공제회의 활동과 성격〉, 《대구사학》 70, 2003 참조.

12) 회장 박기돈朴基敦은 매우 흥미 있는 인물이다. 그는 한말 양지아문量地衙門 양무위원量務委員, 상공학교商工學校 교관을 지낸 후, 대구에서 목재소, 제약회사, 제지공장, 이발소 등의 기업활동과 대구상무소장大邱商務所長을 지냈으며, 대한협회 대구지회에 관여하였다. 일제 강점 이후에는 일본인과 합해 만들어진 상업회의소에도 관여하였으며, 학교를 경영하기도 하였다(《大邱商議뉴스》, 〈大邱財

운 이념을 선전하였고, 무산노동계급을 위한 소비조합 설립,[14] 노동자 조직 결성 지원과 지도[15] 등도 행하였다.

안동지회는 1920년 9월 7일 설립 준비회를 거쳐 9월 23일에 조직되었다.[16] 1921년 당시 회원수가 1천 4백여 명, 의연금이 약 5천여 원 정도로 대규모였다.[17] 안동지회에도 여러 계통의 사람들이 참여하였다. 한말의 계몽운동을 거쳐 민족주의 색채를 띠고 있던 유인식柳寅植을 비롯하여,[18] 류주희柳周熙·이운호李雲鎬·김남수金南洙 등 안동청년회 회원들이 주도하였다.[19] 강연회 이외의 구체적인 활동은 알 수 없으나, 지회는 1920년대 안동지방 노농운동 발전에 기초가 되었던 것으로 보인다.

서울의 조선노동공제회는 사회주의 계열의 파벌투쟁으로 얼마 지나지 않아 분열되었다. 1922년 10월, 차금봉 등 서울청년회계는 노동공제회를 그대로 유지한 것과 달리, 윤덕병 등 북성회계는 조선노동연맹회를 조직하였다. 이런 분열 이후에도 대구지회는 '노동공제회' 이름을 그대로 사용하였다. 1923년 2월 제4회 정기총회에서 명칭을 '대구

界先覺者들〉 朴基敦 편, 1982~83).

13) 《東亞》 1922년 3월 3일 〈노동지회 강연〉.
崔益俊은 〈경제사상의 변천〉을, 鄭雲海는 〈생존권의 요구〉 등을 행하였다.

14) 《東亞》 1922년 2월 11일 〈소비조합 창립〉.

15) 《東亞》 1922년 3월 8일 〈토목공려 창립〉.

16) 《東亞》 1920년 9월 17일 〈공제회지회 설립 준비〉 ; 9월 21일 〈노동공제 안동지회〉.

17) 《東亞》 1921년 7월 22일 〈노동공제 정기총회〉.

18) 유인식은 안동지방의 전통적인 유생 출신이었으나, 한말 유교의 폐단을 인식하고 서양사상의 수용을 주장하면서 대한협회 안동지회를 설립하고 협동학교를 세워 교육운동을 전개하였다. 그리고 이 이후에도 민립대학기성회에 참여하였고, 신간회 안동지회의 회장으로 활동하였다(《東山文稿》, 〈年譜〉). 이 책 제1부 및 제2부 참조.

19) 이에 대해서는 강정숙, 〈일제하 안동지방 농민운동에 관한 연구〉, 《한국근대 농촌사회와 농민운동》, 열음사, 1988, 358~360쪽.

노동공제회'로 개정하면서 회장제를 위원제로 바꾸고, 박기돈을 위원장으로 선출하였으며, 최익준崔益俊·정운해鄭雲海 등 핵심 활동가들을 위원으로 선정하였다.[20] 특히 노동운동과 관련된 핵심적인 인물은 정운해였다. 대구지역은 말할 것도 없고, 경상도지역 노동운동의 지도적인 위치에서 노동운동을 지도하던 사람이었다. 이들의 활동은 주로 후술하게 될 달성군의 농민운동과 연결되었다.

(2) 조선 노농총동맹의 결성과 한계

노동공제회 활동을 거치면서 전국적인 단일 노농운동 조직의 필요성이 제기되었다. 이 결성 과정에 대구의 정운해·최원택 등이 중심적으로 활약하였다. 정운해는 서정희·김종범 등과 더불어 1924년 1월 10일~13일 진주에서 60여 개 단체가 모여 열린 경남도노농운동자 간친회를 주도하였다. 이때 남선南鮮 각 지방 단체를 우선 단결하자는 취지로 남조선노농동맹南朝鮮勞農同盟을 조직하기로 하였다. 대구지역에서는 대구노동공제회의 지도를 받는 상미회尙微會, 달성가창면소작조합, 달성성서면소작조합, 달성옥포면소작조합, 대구인쇄직공조합 등이 발기회에 참여하였다.[21]

이 일환으로 1924년 3월 4일부터 3일 동안 광주에서 전라도노농연맹을 만들고,[22] 곧이어 대구에서 '적색노동기' 아래 남선노농동맹南鮮勞農同盟을 결성하였다.[23] 중앙상무집행위원 14명 가운데 한규석

20) 《東亞》 1923년 2월 7일 〈노동공제 총회〉.
21) 《東亞》 1924년 1월 19일 〈16여개 단체가 노농동맹을 발기〉; 1월 22일 〈남선노농동맹〉.
22) 《東亞》 1924년 3월 8일 〈광주에도 노농연맹 창립회〉.
23) 《東亞》 1924년 3월 11일 〈적색노동기 하에 운집한 노농대표, 대구에 열린 남선노농동맹〉.

韓圭錫·정운해鄭雲海·김정규金正奎·김하정金夏鼎·최원택崔元澤 등이 대구 출신이었다.[24] 그들은 '① 우리는 단결의 힘으로써 노동계급의 해방을 기함, ② 우리는 완전무결한 사회의 실현을 기하는 동시에 각각의 복리 증진과 생활 향상을 도모함, ③ 노동운동의 전력을 집중하기 위하여 전국적 총단결의 촉성을 기함' 등의 강령 아래 각 지방 소작 상황 조사, 각지 소작단체 내용 조사, 소작단체의 조직, 이류異類 소작단체, 소작조건, 소작인 교양, 농업 개량, 부업 장려, 농촌 고용, 청년단체 조직, 여성 교양 및 여성 단체 조직 등에 관한 사항들을 결의하였다.[25]

한편 서울청년회계에서도 노농운동의 주도권을 장악하고자 조선노농대회를 준비하였다. 1923년 9월 16일, 장일환張日煥·최창익崔昌益·강택진姜宅鎭·이시완李時琓 등은 화요회·북성회계의 조선노농총동맹준비회를 "계급 단결을 방해한다"고 성토하고, "오직 계급적 대동단결과 훈련만이 우리 무산계급의 이상과 목적을 실현시키는 최선의 방책"이라고 선언하면서 조선노농대회준비회를 조직하였다. 이 가운데 강택진姜宅鎭은 영주 풍기 출신이었다. 그해 10월에는 준비대회에 등록된 42개 단체를 동원하여 '조선노농대회 주체단체총회'를 열고자 하였다. 풍기소작조합, 감포노동공제회, 안계노동대동회(의성) 등이 이 노선에 참여하였다.[26]

---

24) 《東亞》 1924년 3월 12일 〈남선노맹 제이일〉. 대구 상미회는 노농단체가 아니라고 하여 자진 퇴장하였다. 상무집행위원은 한규석韓圭錫·조동혁趙東爀·정운해鄭雲海·김정규金正奎·김하정金夏鼎·김경성金庚成·정인영鄭仁瑛·박태홍朴台弘·권태용權泰容·최원택崔元澤·김명규金明奎·박병두朴炳斗·박종실朴琮實·고태호高台浩였고, 집행위원장은 서정희徐廷禧가 선출되었다.

25) 《東亞》 1924년 3월 14일 〈남선노맹 결의안〉.

26) 金俊燁·金昌順, 《韓國共産主義運動史(2)》, 청계연구소 신판, 1972, 79~81쪽 ; 86~88쪽.

화요회계와 서울청년회계의 대립은 '조선노농총동맹'의 결성(1924)으로 일단 해소되었다. 노농총동맹의 강령은 아래와 같았다.

① 오인吾人은 노농계급을 해방하여 완전한 신사회의 실현을 목적한다.
② 오인은 단결의 위력으로서 최후의 승리를 얻는 데까지 철저히 자본가계급과 투쟁한다.
③ 오인은 노농계급의 현 생활에 비추어 복리증진 및 경제적 향상을 도모한다.

이는 노농운동의 이념을 명확하게 제시한 것이었다. 노농운동을 위한 전국적 단일조직이 결성된 것은 노농운동에서 획기적인 사건이었다. 경북 출신으로는 정운해, 마명馬鳴, 최원택(대구), 권오설權五卨(안동), 유용목兪龍穆(고령), 강택진(풍기) 등이 중앙위원이나 집행위원으로 참여하였다.[27]

하지만 조선노농총동맹 결성 뒤에도 서울청년회와 화요회, 두 계파의 투쟁은 끝나지 않았다. 대체로 노농총동맹은 화요회계가, 청년총동맹은 서울청년회가 주도하면서 대립이 계속되었다. 경북에서도 1925년 전반기까지 두 계파의 대립이 나타났다. 화요회계의 대구청년회는 1925년 2월 20일 안동에서 경북지방 청년대회를 개최하였고,[28] 그 이전인 18일에는 경북노농운동자간친회를 열었다.[29] 그러자 서울청년회

27) 金俊燁·金昌順, 위의 책 (2), 90~96쪽.
28) 《東亞》 1925년 2월 17일 〈경북 청년대회〉 ; 2월 18일 〈대구청년회 발기〉. 본래는 2월 25일 대구에서 열기로 했다가 변경했다. 경북청년대회 발기회의 발기단체는 안동청년회, 풍산신흥청년동맹. 예천신흥청년회, 상주새모임, 길동청년회, 화룡청년회, 대구아구동맹, 예안청년회, 대구청년회, 일직청년회, 대구여자청년회, 포항청년회, 경주청년회 등이었다(《東亞》 1925년 2월 24일 〈경북청년대회발기회〉).
29) 대구노동공제회, 정오회正午會(안동), 안동풍산소작인회(안동), 화성회(안동),

계에서도 조선청년총동맹을 동원하여 2월 22일 상주에서 경북사회운동자간친회를 열고 '운동을 통일한다'는 목적으로 경북사회운동자동맹을 조직하기로 하였으며,[30] 곧이어 24일 경북청년대회 발기회를 개최하였다.[31] 서울청년회가 주도하던 조선청년총동맹은 대구청년회를 제명하였다. 총동맹의 지시를 이유 없이 위반하였다는 이유였다.[32] 1925년 3월 서울청년회계의 적박단赤雹團, 철성단鐵城團과 북풍회계의 용진단勇進團 사이에 폭력 대립이 일어나기도 하였다.[33]

내부의 대립에도 불구하고 1920년대 전반기에는 조선노농총동맹이 결성되면서 이전 단계 농민운동의 한계점을 어느 정도 극복할 수 있었다. 각 농촌에서 소작인조합을 비롯한 농민 단체 조직을 지원·지도하였고, 농민 단체는 농민의 계급적 각성을 높이기 위한 교양·선전 사업을 실행하며, 농민운동을 전개하였다.

그러나 당시의 농민운동에는 운동의 수준에 따른 일정한 한계가 있

용진단勇進團(대구)의 5개 단체가 준비회를 개최하였고, 안동풍산소작인회, 화성회, 대구노동공제회 등이 발기단체였다(《東亞》 1925년 2월 4일). 간친회에서는 서울의 화요회가 주최하는 전조선민중운동자대회도 지지하면서, 한편으로 상주에서 개최되는 서울청년회계의 경북사회운동자단친회에도 참여할 것도 결의하였다(《東亞》 1925년 2월 23일 〈안동에서 개최된 경북노농운동자 회합〉).

30) 《朝鮮日報》(이하 《朝鮮》) 1925년 2월 24일 〈상주에서 열린 간친회〉 ; 2월 25일 〈경북동맹 조직〉. 이 회의에서는 안동의 경북청년대회발기회를 주도한 대구청년회의 신철수에 대한 규탄 발언이 있어 분란이 일어났고, 화요회계의 10여 개 단체(안동화성회, 안동청년회, 안동와룡청년회, 예안청년회, 풍산소작회, 풍산신흥청년회, 대구청년회, 대구용진단, 대구아구동맹大邱我求同盟, 예천신흥청년회, 예천오오회醴泉五五會)가 회의장을 퇴장하였다(《東亞》 1925년 2월 24일 〈경북청년대회 발기회〉). 이 회의에서는 화요회 주최의 전조선민중운동자대회를 반대하였다.

31) 《東亞》 1925년 3월 1일 〈경북지방 청년대회 또 발기, 지난 23일 상주〉. 참가단체는 풍기청년회, 금릉청년회, 용명청년회, 용궁청년회, 왜관청년회, 옥산청년회, 상주청년회, 영일청년회, 개령청년회, 군위청년회, 청도청년회, 함창청년회, 서주청년회, 대구제4청년회 등이었다.

32) 《東亞》 1925년 3월 4일 〈청총위원 간담회〉.

33) 金俊燁·金昌順, 앞의 책(2), 54쪽.

었다. 무엇보다도 그들은 아직 토지 혁명에 대한 명확한 해결방안을 제시하지 못하였다. 농업·농민문제를 단순한 경제적인 관계에서 접근하여 이를 민족적이고 정치사회적인 과제로 인식하고 운동을 전화시키지 못했던 것이다. 주로 농민의 생활을 직접적으로 위협하는 소작관계 문제들, 곧 소작료 인하, 지세의 지주 부담, 소작권 이동 반대, 마름의 중간 수탈 반대 등 경제적인 관계 속에서 일어난 소작쟁의가 주류를 이루었다. 토지 혁명에 대한 철저하지 않은 인식, 그리고 농민운동과 노동운동의 차별성을 인식하지 못한 결과였다. 대구노동공제회 제5회 정기총회(1924년 1월)에서 남선노농동맹에 대한 정운해의 설명에서도 드러난다.[34)]

> 조선의 소작운동은 운동이라는 것보다는 지주의 무리無理를 좀 덜 당하자는 것이다. 일본 사이타마현埼玉縣 같은 데는 소작료를 6분分(10두에 6승)밖에 안 준다고 한다. 그 이유라고 들으면 과거 기천년 동안 지주에게 소작인이 많은 빼앗김이 있었는 고로 자금自今으로는 영영 안주어도 좋으나 지세납입에 다소 보용補用하라는 의미로 6분을 준다는 것이라는데, 조선에서 그렇게는 못할지언

34) 이런 인식은 정운해鄭雲海가 초안을 설명한 조선노농총동맹 창립대회 당시에도 소작문제를 '소작인 단체는 각 지방에 면을 본위로 하여 군에 연합회를 두고 각 지방 소작인 상황을 조사하며, 소작운동의 본지와 배치되는 이류異流 소작단체에 대하여는 그것을 파괴하고, 소작인 교양은 노동자 교양과 대동소이하다'고 하였고, 소작조건에 대하여는 '소작료는 소출의 3할 이내로 할 일, 지세와 공과금은 지주가 부담할 일, 소작료 운반은 1리 이내만 소작인이 할 일' 등으로 결의한 점에서도 드러난다(《東亞》 1924년 4월 22일, 〈노농임시대회〉). 그 직전에 열린 서울청년회계의 42개 조선노농대회주체단체 총회의 결의도 이와 크게 다르지 않았다. '각지 소작운동 상황 조사보고, 소작운동 근본방침, 소작단체 조직, 소작운동 당면의 제문제(소작권, 소작료와 소작 조건), 농민 교화, 농업노동자, 농촌 부업 및 농사 개량, 군농회郡農會' 등에 관한 문제들이 토의되었다(《東亞》 1924년, 2월 4일 〈노농회 소집방법과 그 회에서 토의할 문제〉). 《東亞》 1924년 1월 18일 〈노농대회의 주최단체 총회를 삼십일에 운이동에서 열고 대회 소집 방법을 결정 예정〉에 42개 단체가 적시되어 있다.

정 지주가 무리하게 뺏는 것을 상술한 바와 같이 덜 빼앗기겠다는 것이 현금 조선소작인의 최급무이다.[35]

안동에서 열린 화요회계의 경북노농운동자간친회에서 결의한 것도 이를 크게 벗어나지 못하였다. 노농총동맹 집행위원 권오설權五卨이 이 문제에 대해 제안을 하였는데, ① 소작단체를 가급적 면단위로 조직할 것, ② 소작료는 지주의 부당요구에 대하여 절대 불응할 것, ③ 소작권은 영구히 보장할 것, ④ 지세 및 공과금 횡징은 이를 불응할 것, ⑤ 농민교양을 위한 강습회와 강연을 개최할 것, ⑥ 소작쟁의가 발생할 때 적극적으로 응원할 것, ⑦ 지주에게 경고문을 발송할 것, ⑧ 후원기관을 설치할 것, ⑨ 동척회사를 철폐할 것 등이었다.[36] 지주와 소작인 사이의 문제였지, 토지 소유권과 관련된 사항을 아직 천명하지 못했던 것이다.

이와 같이 농민운동은 주로 소작농을 중심으로 소작 조건 개선을 당면 과제로 내걸었다. 소작농들이 일제와 지주들에게 지세, 소작료 등에서 매우 가혹한 착취와 수탈을 당하고 있었던 사정에서 볼 때 자연스러운 것이었지만, 또한 이는 당시 농민운동을 지도하던 사회운동가들의 수준을 반영하는 것이었다.[37] 그들은 소작농을 농업노동자로

35) 《東亞》 1924년 1월 30일 〈노동공제 총회〉.

36) 《東亞》 1925년 2월 23일 〈경북노농운동자회합〉. 여기에 견주어 서울청년회계의 경북사회운동자간친회(상주)에서는 노농운동의 일반론을 결의하였다. 경북지역의 구체적인 농민운동이 화요회계를 중심으로 이루어지고 있었던 사정으로 그러하였던 것 같다(《朝鮮》 1925년 2월 26일 〈상주간친회 결의〉). ① 경북노농운동의 일반상황을 조사할 것, ② 노농조합을 조직하며 그의 향상 발전을 노력할 것, ③ 노농조합은 가급적 직업의 원칙에 기하여 민주주의적 중앙집권제로 조직할 것, ④ 각소단체의 노자쟁의는 반드시 중앙기관의 지휘 아래에서 행하여 자력을 스스로 약화시키는 폐해가 없도록 할 것, ⑤ 위사회주의자僞社會主義者 및 보수분자保守分子의 지휘 아래에 있는 노농조합은 적극적으로 개혁하여 그들을 무산계급의 사명에 교도할 것 등을 결의하였다.

37) 김명구, 〈1920년대 전반기 사회운동이념에 있어서의 농민운동론〉, 《한국근대

보면서, 도시에서 노동자들이 노동조합에 참가하는 것과 같이 소작농들도 소작조합에 포함시켜야 한다고 하였다.

당시 조선에는 큰 공장이 없기 때문에 임금노동자가 소수였고, 그 반면에 많은 수의 소작농민을 농업노동자로 판단하였다.38) 따라서 "소작운동은 노동 문제가 농업계로 이입한 노동운동이며, 소작운동의 원인·의의·목적 등은 노동운동의 그것과 전혀 동일한 것"이라고 하였던 것이다.39) 또 소작인은 노동을 팔아 임금을 받는 임금노동자와 다르다고 보면서도 소작인은 노동자와 마찬가지로 피착취계급이라는 동일성에서 "무산계급인 동시에 노동계급이란 점은 공업노동자나 소작인이나 할 것 없이 동일하니, 공장노동자나 자본가에게 노동을 팔아 그것으로 생활하는 것과 같이 소작인 역시 간접이라 할 수 있으나, 사실상 지주에게 노동을 팔아 그것으로 생활하는 것이나 …… 자본가가 임금노동자의 노동을 약탈하는 것과 소작료란 명의 아래 지주가 소작인의 노동을 약탈하는 것과는 일반인 것"이라고 하였던 것이다.40) 아직은 민족적·정치적 문제를 농업문제와 결합시키지 못했던 것이다.

2) 소작운동의 전개

1920년대 전반기 경북지역의 농민운동은 다른 지역의 농민운동과 마찬가지로 농민운동론의 인식 수준에 따라 주로 소작조합 결성과 소작쟁의를 중심으로 제기되었다. 소작료 문제를 내세운 농민 단체는 1920년 10월 청도군에서 처음 만들어졌으나, 이념을 명확하게 제기한

농촌사회와 농민운동》, 열음사, 1988, 312~313쪽.

38) 申伯雨, 앞의 글, 1920.

39) 俞鎭熙, 〈小作運動과 그 內容檢窺〉, 《東亞》 1921년 3월 21일.

40) 卞熙鎔, 〈農業勞動運動의 國際化(三)〉, 《東亞》 1921년 12월 23일.

것은 대구노동공제회에서 농민부를 설치하고 달성군 농민대회를 개최한 때가 처음이었다.[41]

경북 지역의 소작운동은 〈표 6〉에서 보듯이, 농민운동이 선진적으로 전개된 경남이나 전남보다 활발한 편은 아니었으나, 발생한 건수에 견주어 참가 인원은 상대적으로 많았다.[42] 소작운동의 원인은 지세 및 공과금의 지주 부담, 소작률 감하 등이었고, 점차 소작권 박탈 문제가 중요한 현안으로 떠올랐다. 경북지역 소작쟁의는 주로 낙동강변의 수전농업 지대를 중심으로 일어났으며, 풍기를 제외하면 대체로 대구·달성·안동 등을 중심으로 결집된 화요회계 인물들이 주도하였다.

〈표 6〉 소작쟁의 건수, 참가 인원(전국, 경북) 및 원인, 결과(경북)

		1920	1921	1922	1923	1924	1925	1926	1927	1928	1929	1930
건수	경무국 조사	15	27	24	176	164	11	17	22	20	39	9
	식산국 조사	--	--	24	176	164	204	198	275	1,590	423	72
인원	경무국 조사	4,140	2,967	2,539	9,060	6,929	2,646	2,118	3,285	3,576	2,620	10,03
	식산국 조사	--	--	2,539	9,060	6,929	4,002	2,745	3,973	4,863	5,319	13,01
경북	쟁의건수	4	7	3	5	21	14	6	2	--	--	
	참가인원	1,353	1,641	134	71	511	--	244	833	--	--	
원인	소작권 이동					5	7	2	1			
	소작료 감액	1	4	2	2	2	2					
	지세공과금	2	2									

41) 慶尙北道警察局, 《高等警察要史》, 1934, 61쪽.
42) 李如星·金世鎔, 《數字朝鮮硏究》 3, 世光社, 1932, 91~92쪽.

	기타	1	1	1	3	14	7	2	1			
결과	거절	3	2	1		3	5					
	관철	1	2	2	2		8	4				
	타협		1			3		1	1			
	기타		2		3	10	6	1	1			

° 출전 : 쟁의 건수 및 참가 인원은 《數字朝鮮硏究》 3, 86~92쪽. 경북지역의 원인 및 결과는 《高等警察要史》, 325쪽.
° 비고 : ① 1925년부터 경무국 조사는 비교적 큰 쟁의만, 식산국 조사는 작은 쟁의까지 포함하여 서로 차이가 남.
② 경북지역의 쟁의 건수, 참가 인원은 경무국 조사와 《高等警察要史》를 비교하여 수정.

(1) 달성군

달성의 소작쟁의는 1922년 가창면에서 먼저 일어났다.[43] 가창면은 산으로 둘러싸여 있어 경지가 넓지 못한데도 소작농이 많았다. 토지 1할 정도를 지주가 스스로 경작하고, 그 밖에는 전부 소작농이 경작하였다. 따라서 지주와 소작인 사이에 불평등이 많았다.

1921년 10월, 서대수徐大洙, 지이달池二達 두 사람이 발기하여 농업협동회를 조직하였다. 농업협동회는 ① 곡종의 선발과 곡물을 정제, ② 황무지 개간과 조림의 장려, ③ 소작지 평균, ④ 독농가의 시상, ⑤ 소작료 반분 및 소작료 운반 등을 다루는 단체였다.[44] 농업협동회는 1922년에 들어 지주들에게 소작 조건을 들어 항의하였다. 이에 지주 측에서는 소작농민의 소작권을 박탈하고, 지주에게 순종적인 농민에게 이를 이작移作시켜 버렸다. 대구경찰서에서도 지주 편에서 "농업

43) 달성군의 농민운동에 대해서는 김일수, 〈1920년대 경북 달성군 농민운동〉, 《선주논총》 17, 금오공과대학교 선주문화연구소, 2014, 172~179쪽 참조.
44) 《東亞》 1922년 3월 1일 〈가창농업협동회〉.

협동회가 지주에게 무리하게 요구하는 것"이라 하여, 농업협동회를 불온단체로 규정하고 해산을 명하였다.[45]

이후 달성의 농민운동은 대구노동공제회의 지원 아래 전개되었다. 1923년 3월, 대구노동공제회에서는 정운해, 김하정金夏鼎 등이 주도하여 농민대회를 열고 다음과 같이 7개 항을 결의하였다.[46]

① 지세 및 일체 공과금은 지난날에 어떻게 했는지를 떠나 소작인이 이를 부담하지 않을 것
② 소작료는 그 토지의 소출에만 한하며, 반분半分 이상을 요구하는 것에는 절대로 응하지 말 것
③ 소작료 두량斗量 방법은 도량형법에 따를 것
④ 소작료 운반은 왕복 30리 이내에만 한하여 소작인이 부담함
⑤ 두세斗稅 및 기타 무상 노역의 요구에는 절대로 응하지 말 것
⑥ 마름에 대한 무상 노역, 증물贈物 등 잡폐는 일체 폐지할 것
⑦ 소작인은 토지에 해당되는 농작물을 개량하여 수확 증가를 힘써 도모할 것

지세 불납, 소작료 인하, 무상 부역 거부 등이 역시 핵심적인 문제였다. 그런 뒤에 달성군의 11면에 각각 소작조합의 결성을 추진하였다.[47]

가창면에서는 수탈을 자행하던 대지주 서우순徐佑淳(대구, 천여 두락 소유)을 상대로 지세, 소작료, 무상 부역 등의 문제를 제기하였다. 곧 소작인 70여 명은 서씨의 수탈이 너무 가혹하여 소작 생활이 곤란

45) 《東亞》 1922년 7월 6일 〈소작인 간의 대격투〉; 7월 8일 〈소작인과 소작지〉.
46) 《東亞》 1923년 3월 13일 〈대구에 농민대회〉.
47) 《東亞》 1923년 5월 5일 〈11면에 소작조합〉. 각 면 단위에 조합을 결성하여 군연합으로 한다는 것은 조선노농총동맹의 운동원칙이었다. 이곳의 농민운동에 관여하였던 정운해가 주도하여 소작조합의 규약 및 주의, 실행 등을 결의하였다.

하다고 하면서, ① 소작료는 반만 부담하기로 할 것, ② 지세는 지주가 부담하도록 할 것, ③ 소작료를 오승五升으로 바치지 말고 대관두로 납입할 것, ④ 지주에 대한 부역은 할 수 없다는 것 등의 4개 사항을 제기하고, 이를 먼저 군청에 청원하며, 군청에서 제재하지 않으면 경찰서와 도지사에게도 청원하기로 하였다.[48]

그해(1923) 10월, 대구노동공제회에서는 소작대회와 농민부위원회를 열고, "소작인은 일치단결하여 정의로써 대항하자"고 결의하려고 했다. 그러자 경찰이 이를 금지하였다. 노동공제회에서는 이미 결의했던 7개 항을 다시 요구하면서, 달성군 각 농민부 위원 앞으로 다음의 선전문을 인쇄하여 발송하였다.

> 소작인아! 저 들에 가득하게 성숙한 오곡은 낫낫[粒粒]이 모다 우리 노력과 혈한血汗의 산물이다. 염염焰焰한 적일赤日 하에 전묘田畝 간間에서 신고辛苦하든 우리는 이제 지주의 탐욕이 자행될 집수기執穗期를 당하야 또한 억울한 가삼을 잡고 태식원탄太息怨歎치 아니할 수 없다. 이때를 당하야 우리는 더욱더욱 결속하야써 그들의 무리한 탐욕을 제지하고 과도한 요구를 배척하야 금춘 농민대회에서 결의한 좌기 조항을 철저히 실행하자. 만일 우매한 생각으로 지주의게 아함阿陷하야 각각 사리私利를 도圖코저 하면 필경 자멸自滅뿐이니라.[49]

곧 지주의 수탈에 대해 소작농민의 결속을 강조하면서 사적인 이익 때문에 지주에게 아부해서는 안 된다고 강조하였다.

48) 《東亞》 1923년 5월 7일 〈소작인 칠십 여 명이〉.
49) 《東亞》 1923년 10월 11일 〈대구노공 선전〉. 3월의 결의 사항(주 46) 7항 가운데 제2항의 소작료 징수에서 주된 "일모작 작물로 한정"하였고, 제5항은 "소작료의 불납 또는 토지 황폐 등 太過失이 無할 때는 소작을 난동치 아니하기로 지주 소작인 간에 계약을 성하기를 요함"으로 바뀌었다.

이어서 대구노동공제회의 농민부 지방위원회(달성군내)를 개최하고 소작인의 지세불납과 단결에 대해 결의하였다. 곧 ① 지세는 물론 소작인이 불납하고 이에 대한 소작인의 결속을 견고히 할 것, ② 농민부 중앙위원회에서는 소작인의 지세불납에 대하여 지주들에게 이해시키도록 노력할 것, ③ 소작조합이 없는 면에는 빨리 조직하고 소작대회를 개최하며, 중앙위원회의 위원이 현장으로 가서 소작인의 자각과 단결에 대해 선전할 것 등이었다.[50] 또한 가창면의 경험에서 지주에게 아부하여 운동을 방해하는 소작인에게는 "수화水火 부통不通할 것", 또한 소작운동으로 소작권을 빼앗긴 소작인들에게는 소작지를 많이 가진 소작인들이 분작分作할 것 등이 거론되었다.[51]

1924년 말에 이르러 달성군 대부분의 면에 각각 소작조합이 결성되고, 소작운동도 달성군 전역으로 확산되었다. 가장 핵심 사안은 지세불납 문제였다.[52] 대구노동공제회에서는 월배면과 논공면에도 소작조합을 결성하고, 옥포면의 규약도 개정하였다. 농민부 대회에서 다시 ① 지주 대리인이 거두어 먹은 말세[斗稅] 정조正租를 도로 받아서 각 소작인에게 반환할 것, ② 마름의 우롱에 견디지 못해 바친 지세를 조사하여 지주에게 반환하도록 청할 것, ③ 아직 바치지 않은 납세고지서를 거두어 일일이 지주에게 돌려보낼 것 등을 결의하였다.[53] 그

50) 《東亞》 1923년 12월 7일 〈노동공제 지세 불납〉.

51) 《東亞》 1924년 1월 30일 〈노동공제 총회〉. 대구노동공제회 제5회 정기총회(1월 27일)에서 공제회의 위원이 된 가창면의 지이달池二達의 경험담.

52) 화원에서는 대구 거주의 지주 김병제金秉濟의 무리한 소작료 요구에 40여 명의 소작인이 추수를 하지 않고 항의하였다(《東亞》 1924년 11월 5일 〈소작료 불납동맹〉).

53) 《東亞》 1924년 12월 21일 〈대구노동공제회〉. 그런데 논공면의 경우는 지주 간담회 결의 사항에 따라 면장 이영환李暎煥이 그 필요성을 강조하고, 나재연羅在淵, 김용욱金容旭 등으로 1924년 10월(음)에 창립하였다는 기사도 있다(《東亞》 1925년 3월 12일 〈도청 공문이 원인〉).

리고 1925년 1월에는 해안면의 동촌시장에서 면소작조합 창립총회를 개최하고, ① 이미 납부한 지세를 조사하여 반환 청구할 것, ② 작년도 제2기 지세납부 고지서를 지주에게 환송할 것, ③ 마름이 횡징橫徵한 두세조斗貰租를 지주에게 반환 청구할 것 등을 결의하였다.[54] 그리고 지세불납 요구가 이루어져 지세 일부를 환불받게 된다면 그 일부는 조합에 저축하고, 일부는 농사개량을 위한 농구·비료 구입, 농민운동자를 위한 노동야학을 설치하라고 권장하였다.[55]

지세 불납 운동은 달성군 전역으로 확산되었다. 성서면에서는 지주의 앞잡이가 되어 작인에게서 직접 지세를 징수하던 면장을 규탄하는 대회를 열어 면장을 불신임하였고,[56] 또 논공면에서도 지주가 소작조합의 간부와 소작 농민들을 위협하고 소작지를 빼앗아 지세를 잘 내는 사람에게 주어 버린 사건도 일어났다. 조합 결성에 적극적으로 협조하였던 면장 이영환은 이 기회를 이용하여 조합장(나재연羅在淵)이 부치던 논 7두락을 빼앗고, 부하인 면서기의 소작지 2두락도 빼앗았다.[57]

해안면 소작조합도 지세불납운동을 치열하게 전개하였다. 1925년 1월에 임시총회를 열고 지세를 거둔 지주에게 "지세를 반환하라"는 경고문을 발송하기로 하면서, 지주들이 지세불납운동을 일으킨 소작농민의 소작권을 박탈한다면 대항 운동을 펼치기로 결의하였다.[58] 또한 위원들 가운데 지주나 반동자 무리들과 결탁하여 조합정신에 배치되는 일을 행하면 그 죄상을 공표하여 적극적으로 박멸하기로 하였다. 지난해 이미 납부한 지세와 두세조斗貰租를 반환치 않는 지주에 대해

54) 《東亞》 1925년 1월 8일 〈지세 불납〉.
55) 《東亞》 1925년 4월 13일 〈소작운동을 촉진〉.
56) 《東亞》 1925년 1월 25일 〈악지주의 주구〉.
57) 《東亞》 1925년 3월 12일 〈도청 공문이 원인〉.
58) 《東亞》 1925년 1월 25일 〈지세 반환〉.

서는 3월 1일부터 청구 소송을 제기할 것도 정하였다.[59]

소작인들의 지세불납운동에 대해 지주들은 경북지방 지주간담회를 열고 이에 대처하였다. 곧 지세를 납부하지 않는 소작농민의 소작권을 박탈하여 버렸다. 그러자 대구노동공제회는 이미 납부한 지세는 지주로부터 퇴환退還할 것을 요청하고, 지주측의 강압적 폐단에 대해서도 따르지 않을 것을 결의하였으며, 계속 소작쟁의를 후원하고 소작권을 빼앗긴 사람들을 모아 낙작인회落作人會를 개최하였다.[60] 낙작인 50여 명은 노동공제회의 주관으로 가창면의 지이달池二達을 중심으로 낙작인회를 열고, 소작권 보호와 납부한 지세의 반환 문제를 도청과 군청에 교섭하였다.[61]

달성군 농민의 지세불납운동은 1925년 4월에 이르러 농민층의 승리로 끝났다. 지주측과 대구노동공제회, 소작조합 대표가 군수의 중재 아래 "징수한 두세조는 속히 환부하고, 또 지세불납으로 말미암아 발생한 소작권의 이작移作은 원 소작인에게 돌려줄 것" 등을 합의하였다.[62]

(2) 안동군

안동은 1910년 강점 전, 의병항쟁과 계몽운동이 활발했던 곳으로,

59) 《東亞》 1925년 3월 4일 〈적극적으로 박멸〉.

60) 《東亞》 1925년 3월 18일 〈노동공제 총회〉.

61) 위원은 성서소작조합장 김용영金容瀛, 논공조합장 나재연羅在淵, 가창 지이달池二達, 노동공제회위원 신재모申宰模·한규석韓圭錫·김하정金夏鼎 등이었고, 결말을 지어주지 않는다면 두세斗貰건은 법률에 소를 제기하여 반환을 청구하기로 하였다(《東亞》 1925년 3월 25일 〈소작권 반환 운동〉; 4월 4일 〈달성 낙작 대표〉).

62) 《東亞》 1926년 4월 10일 〈달성 낙작 사건 원만 해결〉. 이때 지주측에서는 모두 소작인조합을 감정적으로 비난하였고, 특히 일본인 지주는 "조선에는 아직 정도 문제로 보아 소작조합이 불필요하다"고 하였으며, 다른 한인 지주도 "소위 자본주의 도덕론을 전제로 소작조합이 적화赤化하여 간다"고 거론하기도 하였다. 농민측에는 신재모申宰模, 한규석韓圭錫 두 사람이 설명하였다.

3·1운동을 거치면서 경북 북부지역 민족운동의 중심지가 되었다. 1920년에 안동청년회, 예안청년회, 일직면금주회一直面禁酒會가 조직되었고, 이어서 노동공제회 지회, 물산장려회 등을 통해 진보적 청년 활동과 더불어 부르주아 계열의 활동도 활발하였다. 1923~24년 즈음에 이르러서는 혁신 단체들을 중심으로 한 청년운동, 농민운동이 한층 더 활발해졌다.

안동의 농민운동은 1923년 11월에 만들어진 풍산소작인회를 중심으로 전개되었다.[63] 풍산소작인회의 결성에는 이준태李準泰·권오설權五卨·김남수金南洙 등이 중요한 역할을 담당하였다. 이준태는 1922년 서울에서 만들어진 무산자동지회, 신사상연구회, 화요회 등에 참여하였고, 권오설은 풍산학술강습회 교사, 안동청년회, 금주회를 거쳐 조선노농총동맹을 주도하였다. 김남수도 청년운동 단체의 핵심 인물이었다. 풍산소작인회는 명칭이 소작인조합이었으나, 그 회칙에 명시되었던 것처럼[64] 회원에는 소작농은 물론 준소작인에 해당되는 자작농, 중소지주

63) 안동 농민운동에 대해서는 안정숙, 앞의 글, 1988 참조.

64) 그 회칙은 다음과 같다(《東亞》 1923년 11월 18일 〈소작인회 창립, 안동군 풍산에서〉).

제1조 본회는 풍산소작인회라 칭하고 사무소를 풍산시장에 둠.

제2조 본회는 소작인 및 준소작인으로써 조직함.

제3조 본회는 소작인 준소작인의 호상부조와 생활향상을 목적함.

제4조 본회는 총회를 최고기관으로 하되 정기총회는 매년 3월 1일, 8월 1일 2회로 정하고 임시총회는 긴급한 시時에 개開함.

제5조 총회는 출석인 5인 이상으로써 이를 개開함.

제6조 본회는 집행위원 25인을 두되 이를 총회에서 선정함. 단, 긴급을 요할 시는 집행위원회에서 책임을 띠고 집행위원의 증가 혹은 보결을 행하여 차회 총회의 승인을 요함이 무방하나, 승인을 득치 못한 경우에는 장래를 향하야 그 효력이 무無함.

제7조 집행위원은 집행위원회를 조직하고 총회 개회시로부터 본회를 대표하여 일체 사무를 처리 집행함.

제8조 집행위원회는 출석인 반수 이상으로 이를 개함.

제9조 집행위원회는 상무위원 9인을 호상 선정하여 위원회의 폐회시부터 집행위원회를 대표하여 상무常務를 담당케 함.

및 진보적인 청년지식인까지 포함되었다.[65]

풍산소작인회는 창립총회에서 소작문제와 관련하여 지세의 지주 부담, 소작료 인하(5할), 소작권의 5년 이상 보장, 부역과 마름의 중간수탈 반대, 운반료는 2리[20리] 이내는 소작인이, 그 이상은 지주가 부담할 것 등을 결의하였다.[66] 이러한 소작인회의 기본입장은 그 이후 활동의 지침이 되었다.

풍산소작인회는 풍산면뿐 아니라 안동 와룡면과 풍서면에 지부(출장소)를 설치하여[67] 안동 지역의 농민운동을 지도하였으며, 멀리 예천군 하리면에도 은풍출장소를 설치하였다.[68] 이로써 대규모의 선전작업, 교양 사업을 행하고, 무산자의 의식과 상호 유대를 강화하였으며,[69] 조합 회원끼리의 부조와 단결을 기하기 위한 품팔이와 품앗이를 시행하였다. 소작인회 회원은 회원을 상대로만 품앗이나 품팔이를 하고, 여유가 있을 때만 비회원에게 이를 행할 수 있도록 하여, 회원

제10조 본회는 사무를 분장키 위하여 좌의 각부를 치置함. 서무부, 재무부, 조사부
재11조 본회의 경비는 입회금, 월연금 및 의연금으로써 이를 보충하되 입회금은 10전, 월연금 삼전, 의연금 수의隨意케 함.
제12조 본회에 가입하고자 하는 자에 대하여는 회원 1인의 보증을 요함.
제13조 본회 임원의 임기는 만 1개년으로 정하되 만기재선도 무방함.
제14조 본회는 회칙을 복종치 아니하며 혹은 회체를 오손汚損케 하는 회원에게 대하여 출회黜會 또는 정권停權의 처분을 행함.
제15조 전조의 처분을 행할 시는 상무위원의 보고로써 집행위원회에 경유하여 총회에서 필히 이를 행함.
제16조 회칙 변경할 시時는 필히 총회에서 이를 행함.

65) 안정숙, 앞의 글, 1988, 365쪽.
66) 《東亞》 1923년 11월 18일 〈소작인회 창립, 안동군 풍산에서〉.
67) 《東亞》 1924년 5월 30일 〈풍산소작인회 와용출장 설치〉 ; 1925년 12월 5일 〈풍서농민회 발회식 금지, 안동 경찰에서〉.
68) 《朝鮮》 1925년 12월 8일 〈풍산소작인회 출장소 창립〉.
69) 《東亞》 1924년 3월 2일 〈풍산의 소작회 盛況〉 ; 4월 14일 〈악지주에 대책 결의〉. 이때 〈빈민貧民의 고苦〉라는 소인극素人劇 공연, 선전문 배포 등을 행하였는데, 이런 선전활동의 결과 소작회원은 물론, 부인, 머슴, 노동자 등으로 부터 많은 의연금이 답지하였다(《東亞》 1924년 5월 30일 〈머슴과 부인이 소작회에 의연〉).

끼리의 부조와 결속을 먼저 실시하였다. 나아가 "본 회원의 소작권을 함부로 이동하여 그 소작권을 인수한 자에게 품팔이나 품앗이를 하지 말며, 농기구도 대여치 말 것"이라고 하여, 비회원을 고립시키는 방향으로 활동하였다.[70]

소작인회의 대규모 운동은 1924년 봄에 춘수작물春收作物 소작료 감하 운동으로 일어났다. 관습상 춘기 농작물의 소작료가 5할이던 것을 소작인회에서는 2할 이내로 하자고 결정하였다. 이 문제를 둘러싸고 안동 곳곳에서 분쟁이 일어났다. 소작인들은 보리를 두레(공동 노동)로 베고, 공동으로 타조장을 만들어 부근에 있는 회원의 보리를 모조리 한곳에 모아 놓고 저항하였다.[71] 농민들은 답畓의 주요 작물에 한하여 4할, 전田은 추수작물은 3할 5분 이내, 춘수작물은 당분간 지주에게 2할로 하기로 하였고, 또한 지세는 지주가 부담해야 한다고 결의하며 이를 요구하였다.[72]

소작 농민들의 요구가 집단적인 쟁의로 발전하자 지주 측에서도 강력하게 대응하였다. 일본인 지주 고바야시小林兵二郎를 중심으로 한인 지주들도 합세하여 풍서농무회豊西農務會를 조직하였다. 자본금 1만 원을 모아 소작쟁의에 대항하는 활동에 쓰며, 만일 소작인 측이 지주회의 요구를 따르지 않으면 최후 수단으로 소작권을 박탈하고 다른 곳에서 소작인을 불러 그 땅을 경작시키기로 하였다. 그리고 지세는 지주가 부담하겠지만, 소작료는 논의 경우에는 5할, 이모작 경우에는 부작물副作物을 4할, 밭에는 추수 작물에 5할, 춘수春收 작물은 4할로 할 것을 고집하였다.[73] 이런 문제가 원만하게 해결되지 않자 농무회 지

70) 《東亞》 1923년 12월 5일 〈풍산소작인회, 소작권에 대한 결의〉.
71) 《東亞》 1924년 7월 4일 〈안동군에 소작쟁의〉.
72) 《東亞》 1924년 8월 17일 〈안동군의 소작쟁의〉.
73) 《東亞》 1924년 8월 17일 〈안동군의 소작쟁의〉. 풍서농민회는 풍남면豊南面 하

주들은 소작인회 간부 이용만李用萬 외 11명을 업무방해죄로 경찰에 고발하고, 소작인의 소작권을 박탈하였으며, 농무회에 가입한 농민에게만 소작권을 주었다.[74] 이에 조금성趙錦聲, 이용만李用萬, 이회식李會植, 황극련黃克鍊, 이회원李會源, 유쾌준劉快俊 등이 구속되었다. 하지만 소작인들은 "동지冬至 이전과 춘분 이후에는 지주가 소작권을 빼앗지 못하는 것이 관례인데, 6월 그믐, 7월 초순의 모내기할 때에 갑자기 소작권을 빼앗고 논을 갈아 엎어버리는 지주야말로 소작인에 대한 업무방해"라고 주장하였다.[75]

소작인회에서는 구속된 사람은 물론이거니와 소작권을 박탈당한 소작농민들도 도와주었다. 회원들은 검사국에 구금된 사람을 위하여 공동으로 품을 팔아 번 돈으로 도와주기도 하였고,[76] 소작권을 박탈당한 소작인에게 벼를 거두어 주기도 하였다.[77] 소작쟁의에 참여하여 부득이 경작하지 못한 사람의 토지에 대해서도 일정량을 부조하였다.[78] 또한 소작쟁의를 빌미로 빼앗겼던 소작권을 새로 얻어 농사 짓게 된 소작인들을 직접 응징하였다.[79]

풍산소작인회는 그해 10월 14일 총회에서 소작료는 "추기秋期 작물은 전田 4할 이내, 답畓 4할 5푼 이내, 춘기 작물은 전 3할 이내, 답 3할 이내로 할 것"을 결의하고, 소작권의 환수 활동을 집행위원회에 위임하였다. 이 결의는 처음 주장했던 것에 견주어 그 강도가 후퇴된

동동河同洞에 설치되었고, 풍산면 안교동安郊洞에 지소까지 두었다. 그리고 소작쟁의에 대해 도청에서는 지세의 지주부담, 소작료는 답에 각 반(주요작물에만 한하여), 밭에 정도定賭의 입장으로 처리하기를 희망하였다.

74) 《東亞》 1925년 3월 6일 〈내용증명 천여매! 소작을 일제 剝奪〉.
75) 《東亞》 1924년 10월 9일 〈안동 소작쟁의 공판〉.
76) 《東亞》 1924년 7월 28일 〈풍산소작회원 상호 부조의 집성〉.
77) 《東亞》 1924년 1월 6일 〈소작농민 美擧〉.
78) 《東亞》 1924년 4월 14일 〈악지주에 대책 결의〉.
79) 《東亞》 1924년 4월 24일 〈간소작인 응징〉.

것이었지만, 같은 날 "조선노농총동맹에 가맹할 것"을 결의하고 있었던 점에서 조선노농총동맹에서 제시한 소작율과 보조를 맞춘 것이라고 보인다.[80] 안동 농민운동도 조선노농총동맹을 통해 전국적인 농민운동과 연계되었다.

(3) 영주군

1923년 3월에 풍기, 봉현, 안정 3면의 소작인 수천인이 회합하여 강응진姜膺鎭을 집행위원장으로 한 풍기소작조합이 조직되었다. 이 소작조합은 "자본주의의 발호를 따라 노예시奴隸視, 기계화機械化된 소작인들은 유일한 자위책이 오직 단결에 재在하다 함을 자각"한 결과였다.[81] 하지만 창립 직후 메이데이를 기념하는 김동필金東弼의 "노동자와 소작인의 억울한 과거와 현재"라는 강연과 "만국노동자 만세" 삼창에서 보이듯이, 아직은 농민운동과 노동운동이 같은 수준에서 인식되었다.[82]

풍기소작조합의 지도자는 강택진姜澤鎭이었다. 지주였던 그는 자신의 토지를 모두 소작인에게 나누어 주어 화제가 되었던 사람으로,[83] 서울청년회의 중심적인 인물이었다. 그는 조선노농대회준비회, 조선노농대회주최단체총회 등에서 활동하였고, 조선노농총동맹에도 관여하였다. 하지만 창립할 때의 풍기소작조합은 화요회계열에 가까웠다. 1923년 4월에는 화요회계에서 주도한 조선노농연맹회에 가입하였고, 9월에는 조선노농총동맹준비회 발기 단체로도 참여하였다.[84] 그러다가 10

80) 《東亞》 1924년 10월 21일 〈풍산소작 결의, 삼천 여 명의 총회에서〉.
81) 《東亞》 1923년 3월 16일 〈풍기소작조합〉.
82) 《東亞》 1923년 5월 13일 〈풍기소작 메이데이〉.
83) 《東亞》 1923년 4월 26일 〈토지를 포기하야〉 ; 4월 27일 〈강택진씨의 토지 포기에 대하야 지주의 자각을 촉함〉.

월에는 조선노농연맹회에서 탈퇴하고, 1924년 1월에는 서울청년회계에서 발의한 조선노농대회주체단체 총회의 참가단체가 되었다.[85]

당시 소작운동의 일반적인 추세 속에서 풍기소작조합도 소작료 문제를 가장 중요하게 다루었다. 곧 ① 소작료는 반분할로 할 것, ② 지세 및 공과금은 지주가 부담할 것, ③ 무상노동 폐지, ④ 소작권은 소작인 과실이 없는 때는 지주가 변경치 못할 것, ⑤ 제방의 토목 석재 기타 제반 비용의 지주 부담 등을 결의하였다. 특히 다른 지방과는 달리 "이모작二毛作(맥麥)과 볏짚[藁草]은 소작인이 수득收得할 것"도 결의하였다.[86] 앞의 안동에서 보리 수확기에 소작율 문제만을 요구했던 것에 견주면 훨씬 강한 요구였다.

1923년 말에 그들은 지세의 지주 부담을 관철하기 위한 지세불납동맹을 만들었다. 10월 13일의 총회에서도 ① 지세는 지주가 부담할 것, ② 소작료는 5할 이하로 할 것, 그리고 ③ 지주가 만일 소작권을 이동할 때는 일반소작인은 결속하여 소작권 옹호를 주장하고 어떠한 소작인이든지 경작치 말 것 등을 다짐하였다.[87] 이듬해 1924년 말에도 "포악 무덕한 악지주의 손에 걸려 신고辛苦하는 작인들을 구제"하기로 하고, 각 동에 총대 2인 이상을 뽑아 소작쟁의로 말미암아 곤란을 당하는 조합원을 도와주고, 악덕 지주와 마름의 죄악 사실을 전국에 선전·성토하였으며, 또한 간악한 소작인과는 교제를 끊고 소작인

84) 金俊燁·金昌順, 앞의 책 (2), 74~79쪽 ; 《東亞》 1923년 4월 17일 〈연맹회에 가맹〉 ; 4월 29일 〈노동연맹총회〉. 이때의 대표는 김동필金東弼이었다.
85) 《東亞》 1924년 1월 18일 〈노농대회의 주최단체 총회를〉.
86) 《東亞》 1923년 3월 16일 〈풍기소작조합〉. 당시 볏짚은 농가 부업으로 성행했던 가마니의 원료였으므로, 이를 누가 가질 것이라는 문제가 일어났다. 김도형, 〈일제의 농업수탈과 가마니〉, 《가마니로 본 일제강점기 농민수탈사》, 인병선 · 김도형 엮음, 창비, 2016.
87) 《東亞》 1923년 10월 21일 〈풍기소작 총회, 소작권옹호절규〉.

사이의 단결을 강조하였다.[88]

소작인회의 강한 요구에 밀려 부득이 일반 지주들도 이를 수용하였다. 이미 1923년에도 지주들 가운데 4~5인이 소작인들의 결의에 찬동하여 지세를 지주들이 납부하기로 하였으며,[89] 1924년의 지세 불납 요구도 지주가 들어 주었다. 하지만 일부 지주는 여전히 종전과 같은 방법으로 대응하여 소작인의 소작권을 박탈하였다. 이 문제로 신구新舊 작인 사이의 대립이 치열하게 일어났다. 이 다툼에는 어린이와 부인들까지 동원되었다. 1925년 4월 말에서 5월 초에 걸쳐 마름 5~6인이 인솔한 신작인新作人 약 60여 명과 구작인舊作人 1백여 명이 남쪽들에서 대치하고, 조합원들의 응원 부대까지 가세하여 마치 '전장戰場'의 모습이 되기도 하였다.[90] 소작조합 측에서는 소작지의 공동 경작으로 이에 대항하였는데, 지주측에서는 소작조합위원장 강응진 외 20여 명의 간부들을 고소하였다.[91]

(4) 예천군

예천에서는 본격적인 농민운동이 일어나기 전에 지주층의 개량적인 대응 활동이 힘을 발휘하고 있었다.[92] 지주들은 농회農會를 중심으로 결속하면서 친일단체 조선소작인상조회를 이용하였다. 소작인상조회의 예천지회는 1922년 7월에 설치되었는데, "농민 상조에 관한 사업을 시행하여 농업 발달에 자資할 방법을 강구"한다는 미명 아래, ① 소작제

88) 《東亞》 1924년 12월 1일 〈악지주 성토 결의〉.
89) 《東亞》 1923년 12월 23일 〈광의농민 총회〉.
90) 《東亞》 1925년 5월 22일 〈전쟁화한 소작쟁의〉.
91) 《時代日報》(이하 《時代》) 1925년 11월 3일 〈불납동맹 사건 제1회 공판, 래 5일 대구에서〉.
92) 예천의 민족운동에 대해서는 金日洙, 〈1920~30年代 慶北醴泉地域의 民族運動〉, 계명대학교 사학과 석사학위논문, 1992.

도 및 관습의 조사 연구, ② 지주소작인 사이의 분쟁 중재, ③ 소작권의 보장, 소작료 분배의 공평 및 경작지 분배의 균등, ④ 소작인 마름 사이 폐해의 교정, ⑤ 공동 구입 및 공동 판매의 알선, ⑥ 저리 자금 융통의 알선, ⑦ 강습회 및 강연회 개최, ⑧ 근검저축 및 각종 부업의 장려, ⑨ 농업 발달에 필요한 기관 설립의 알선, ⑩ 지주 또는 소작인 표창 등을 실시하고자 하였다. 소작인상조회에는 지주에 저항하던 소작인도 70여 명이나 참가할 정도였다.[93]

지주들은 소작율을 그대로 둔 채, 농민들의 불만이었던 조세 문제, 소작 기간 등을 보장해 주면서 농민운동을 미리 방지하고자 하였다. 1923년 9월에 예천·용문·하리·상리·보문·감천·호명 등 7면의 지주 1백여 명이 모여서 간담회를 열고 지주가 실행할 일과 소작농이 실행해야 할 일을 결정하였다. 지주들은 조세의 지주 부담, 소작료는 6할 이내, 소작 기간은 5년, 소작인의 생활 향상 등 13개 항을 실행하고, 소작인들은 지력地力 증진 강구, 농사개량 증진, 부업, 소작료의 성실한 납부, 지주에 대한 도의 중시, 소작인 심득사항心得事項 이행 등 7개항을 지켜야 한다고 하였다.[94]

이런 현상은 예천에서 전개되던 다른 사회운동, 특히 청년운동에서도 그대로 보였다. 1920년에 혁신되었다고 하는 예천청년회조차도 일본인 예천경찰서장, 예천군수 등을 고문으로 삼았다.[95] 사회주의 입장의 김상기金相起 같은 사람들도 예천청년회에서 활동하였으며, 전반적으로는 예천농민상조회와 비슷한 개량적인 분위기였다.[96] 농민상조회

93) 《東亞》 1923년 9월 21일 〈농민상조회 예천에 조직〉.
94) 《東亞》 1923년 9월 6일 〈예천 지주회〉.
95) 《東亞》 1920년 8월 22일 〈예천청년회 혁신〉 ; 1921년 9월 19일 〈예천청년회 기념식〉 ; 1922년 2월 25일 〈예천 대창학원 개학〉 ; 3월 8일 〈예천 청년 향학열〉.
96) 《東亞》 1924년 1월 12일 〈예천 청년 열성〉. 청년회의 활동은 다음의 권고문에

회장이었던 실업가(포목상) 김석희金碩熙가 회장이었고, 농민상조회의 간부 강재희姜載熙, 권기하權奇夏 등이 예천청년회의 고문, 평의원 등이었다.

사정이 이리하여 예천의 소작인 농민운동은 다른 지역보다 늦게 나타났다. 처음에는 노동관련 단체가 두 곳 만들어졌다. "예천군이 농업 중심지여서 다수의 노동자가 있으나 무산자를 위한 기관이 없다"는 판단에서 청년회 지도부 등의 유지층인 장후영張厚永·장동호張東護·김상기 등이 "노동의 지식을 보급시키며 노동의 사업을 조장케 할 목적"으로 예천노동회를 만들었고,97) 황영주黃永珠를 회장으로 하는 노동공조회勞動共助會도 만들어졌다. 이 두 단체는 서로 반목하여 각자의 사업이 잘 진행되지 못하자 "동일한 취지와 동일한 목적"을 가졌다고 인정하고 1924년 9월에 합병하기로 하였다. 노동 문제뿐 아니라 활동 범위를 확충하여 농업 문제까지 포괄하는 예천노농회醴泉勞農會로 개편되었다.98) 농민운동은 예천노농회 안의 소작부를 통하여 "지주들의 횡포한 행동에 대하여 결사적으로 싸움을 하여 볼 작정"이었다.99) 이를 주도하였던 장동호는 "현금의 유산 대 무산 사이의 문제가 심한 가운데 우선 무산계급의 압축壓縮을 구하고, 유산계급에 대항"할 것을

집약적으로 표현되었다. ① 존심양성存心養性하여 인격을 중히 하고, ② 피간지담被肝遲膽하여 단결을 도圖합시다. ③ 지방의 발전은 오인吾人의 책임이오, ④ 사회의 개선은 오인의 목표로다. ⑤ 폐풍弊風과 누속陋俗은 속히 타파할지며, ⑥ 미풍과 양속은 극히 실행합시다. ⑦ 물산을 장려하여 자작자급自作自給하고, ⑧ 교육을 진흥하여 유지유식有智有識하세. ⑨ 언론에 눌訥하고 행동에 민敏할지며, ⑩ 권리를 후後하고 의무를 선先합시다.

97) 《朝鮮》 1924년 5월 28일 〈예천노동회 창립, 경북 예천군〉. 그런데 그해 8월의 정기회의에서 다시 김석희, 강재희 등 농민상조회의 간부들이 회장과 부회장이 되었다(《朝鮮》 1924년 8월 19일 〈예천노동 정기회〉). 여전히 개량적인 세력이 주도하였다.

98) 《東亞》 1924년 9월 29일 〈예천노농 창립〉.

99) 《朝鮮》 1924년 11월 27일 〈예천노동 근황. 소작부를 설치하고 다수의 횡포를 대항〉.

언급하였다.[100)]

(5) 기타

의성군 안평면에는 1924년 말에 안평농민조합이 만들어졌다. 이곳 천오백여 호는 대부분이 소작농이었는데, 1924년 한재로 흉년이 들자, 천이백여 호가 안평농민조합을 조직하였다. 조합에서는 안평면의 3명의 대지주(의성 김규수, 군위 추병화, 안동 류시일)와 50여 명의 소지주를 상대로 지세와 소작료 문제를 제기하였다. 곧 금년 지세는 지주가 부담하고 소작료는 5할 이내로 하되, 대지주에게는 소작료를 가져가지 말고 달라고 요구하였다. 이 교섭에 대해 소지주는 대부분 승인하였으나 대지주는 끝까지 반대하였다. 지주들로부터 소작료를 달라는 통지와 지세를 달라는 고지서가 오자 농민들은 고지서를 돌려보내고 항쟁하였다. 그들은 "결사적으로 전선에 나서기"로 하고, 천오백여 호가 모두 한 덩어리가 되어 지주에게 반항하였다. 또한 지주가 최후 수단으로 토지를 이작할 것에 대비하여, 안평면 전체가 "면민 가운데 누구든지 이작 토지를 경작하면 전소작인의 장래 생활비를 부담하고, 조합의 규칙을 범하면 본면 내에서 떠나겠다"는 서약서까지 작성하였다.[101)]

청도군 풍각면에서는 농사개량조합을 중심으로 지주 장길상張吉相의 토지를 경작하지 않겠다는 '불경동맹운동'을 전개하였다. 조합원들이 서로 그 토지를 경작하지 않는다는 계약서를 작성하여 각각 한 벌씩

---

100) 《東亞》 1925년 3월 23일 〈동아일보 기자 지방 순회 - '정면 측면으로 觀한 예천의 표리'〉.

101) 《東亞》 1924년 12월 1일 〈일천 오백 호의 농민 결사 반항 결의〉; 12월 2일 〈사선에 나선 안평농민〉.

가졌으며, 만약 조합원 가운데 그 논을 부치는 사람이 있으면 벌금 이백 원을 징수하고 풍각면 밖으로 축출한다는 것이었다. 이 운동 때 남선노농동맹의 정운해 등이 연설회를 이끌기도 하였다.[102]

경주군 안강에서는 수리조합 반대운동이 대규모로 일어났다.[103] 일제는 1920년대에 들어 일본 본국의 쌀 수요를 해결하기 위해 산미증식계획을 실시하였고, 이를 위해 전국적으로 수리조합을 만들었다. 수리조합의 건설로 빈농은 물론 소농, 중농까지 광범하게 몰락하였고, 이들의 항쟁 또한 계속되었다.[104] 안강에서는 1924년 9월에 수리조합 건설을 결정하자 곧 반대운동이 일어났다. 대개 중농, 소농 등의 땅주인들은 수원지로 말미암아 농민들의 집과 땅 20만여 평이 수몰될 것이고, 또 이 물을 사용하는 강동·강서면에서는 많은 수세를 물게 될 것이라는 점을 지적하였다. 천여 명의 농민들은 13명의 대표를 뽑아 서울에 파견하는 등의 적극적인 항쟁을 전개하여 결국 1925년 12월에 가서 사업을 연기시키는 데 성공하였다.[105]

---

102) 《東亞》 1923년 3월 18일 〈작인의 불경동맹〉.

103) 경주에는 일찍 노동공제회 대구지회의 분회가 설치되었으며, 이웃의 감포에도 노동공제회가 설치되었다. 경주의 노동공제회 분회가 대구의 영향에서 설립된 점이나, 감포노동공제회가 조선노동연맹회에 가맹하였고 조선노동총동맹 준비회의 발기단체였던 점, 안강청년회가 조선민중운동자대회를 지지하였던 점, 경주청년회가 안동에서 개최된 대구청년회 발의의 경북청년대회 발기단체였던 점 등으로 보아 화요회계의 영향이 강하였다.

104) 西條晃, 〈1920년대 한국에서의 수리조합 반대운동〉, 《항일농민운동연구》, 동녘, 1984.

105) 《東亞》 1924년 9월 18일 〈실현되는 안강 수리조합〉 ; 10월 4일 〈안강 수리조합〉 ; 10월 6일 〈수백동민 시위운동〉 ; 1925년 1월 7일 〈안강 수리 공사〉 ; 4월 10일 〈안강 수리 반대 이백여 명이 모혀 토의〉 ; 4월 23일 〈찬성? 반대?〉 ; 4월 24일 〈안강 수리 반대 면민이 진정〉 ; 4월 28일 〈십삼명 상경진정〉 ; 5월 17일 〈안강 수리조합 폐지 운동〉 ; 5월 22일 〈안강 수리 반대, 일인 전체 진정〉 ; 6월 22일 〈안강 수리는 무기로 연기〉. 이 사업은 1930년에 가서 다시 거론되었는데, 이때에도 지주들은 '수리조합을 만드는 것은 금융단과 일본인 농장주만 위하는 것'이라고 하면서 적극적으로 반대하였다[《中外日報》(이하 《中外》) 1930년 2월 19일 〈수리조합 창설에 5백여 지주가 반대 표명,

2. 1920년대 후반기(1925~28) 경북의 농민운동

1) 조선공산당의 농민운동론과 경북지역

(1) 조선공산당 창립과 노농운동의 분리

1925년 4월, 조선공산당의 창립은 일제 강점기 민족해방운동의 발전 과정에서 매우 획기적인 일이었다. 조공은 민족해방운동을 계급 차원에서 명확하게 체계화하여 이를 민족해방, 민족혁명이라는 정치 과제로 결합시켰다. 이에 농민운동을 농업혁명, 토지혁명으로 확대 발전시켰다.

1926년 〈조선공산당 선언〉에서는 당시 민족운동을 '부르주아 민주주의 혁명' 단계로 규정하고, 이에 따라 농업문제에 대한 기본 강령을 제시하였다.[106] 곧 "일본제국주의 압박에서 조선을 절대로 해방한다"는 당면의 근본 과업 아래 농업 문제에 대해서는 "농민들을 지주와 대토지 소유자의 압박에서 해방한다"는 목표를 정하였다. 그리하여 기본적으로는 ① 대토지 소유자, 회사 및 은행이 점유한 토지를 몰수하여 국가의 토지와 함께 농민에게 교부할 것, ② 소작료를 폐지할 것, ③ 수리기관을 지방의 소유로 하고 농민이 무료로 사용할 것 등을 천명하

수리조합은 금융벌과 일 농장주만을 위함이라고, 안강수조 창설 반대 분규〉]. 이러한 수리조합반대운동은 산미증식사업이 본격화하고 수리조합이 많이 만들어지던 1920년대 후반기에 들어서 활발하였다. 경북지역에서도 칠곡 약목, 경주 서면 · 보문, 경산, 자인, 달성 해안 등지에서 일어났다.

106) 〈조선공산당선언〉, 《불꽃》 7, 1926(편집부, 〈자료발굴 《조선공산당선언》〉, 《역사비평》 21, 1992).

여, 지주소작제를 폐지하고 토지혁명을 주장하였다. 그리고 이에 의거하여 우선적으로 시행해야 할 당면과제를 다음과 같이 제시하였다.

① 조선 농민을 토지에서 구축驅逐하는 일본 이민을 폐지할 일.
② 동양척식주식회사, 불이흥업회사 및 기타 토지 매수를 폐지 할 일.
③ 농민의 소작료와 기타 체금滯金을 이유로 한 동산 혹은 부동산의 압수를 폐지 할 일.
④ 농민에 대한 국가 및 지방의 세금을 최저율로 할 일.
⑤ 연초, 인삼 등의 전매 및 면綿, 견繭 등의 강제 공동 판매를 폐지할 일.
⑥ 소작료를 3할 이내로 할 일.
⑦ 소작료를 수확 판매 후의 성적에 의하여 교부할 일.
⑧ 소작인은 토지 소유자에 대하여 소작료 이외에는 아무 것(무료 노동, 세선歲膳, 마름비용〔舍音料〕 및 기타 각종 뇌물)도 제공하지 않을 일.
⑨ 지세, 종자, 비료, 관개 등 일체의 비용을 토지 소유자가 부담할 일.
⑩ 소작권을 서면 계약으로 확정할 것이며 농민조합에서 차차此에 간여干與할 일.
⑪ 지주와 대토지 소유자에 대한 농민의 투쟁을 자유로 할 일.
⑫ 농민조합을 법률로 승인할 일.
⑬ 수리비를 최저율로 감하減下할 일

요컨대 조공은 3할의 소작율, 지세의 지주 부담, 부역 노동 거부, 소작권 보장 등 1920년대 전반기부터 농민들의 소작쟁의에서 거론되던 문제들을 지적하면서, 이런 운동을 이끌 조직으로 농민조합의 조직과 그 합법화, 그리고 농민조합의 소작 관계 교섭 인정 등을 거론하였다. 식민지 지주제를 비판하고 농업 혁명을 주장하고 있음은 물론 식민지 농업 정책에 대한 비판을 담고 있었던 것이다. 그리고 농민운동이 소작농, 빈농만의 문제를 해결하려는 것이 아니고, 사회주의를 지향하는 첫 단계의 운동이며, 또 일본의 농업 침탈이 자행되고 있었던 점에서, 조공이 제기한 농민운동은 빈농을 중심으로 중농·부농 등 자작농도 포괄하였다.

이런 목표를 달성하고자 이 시기의 농민운동에서는 농민들의 독자적, 전국적 지도기관이 요구되었다. 조선노농총동맹은 전국노농단체들의 지도기관으로서 역할을 수행하려고 노력하였지만, 일제의 집회 금지로 본격적인 활동을 전개하지 못했고, 그 활동도 주로 강연, 강좌 등의 의식 교육, 교양 사업이었다. 또한 내부에서 주도권 싸움이 계속되었기 때문에,[107] 이를 극복한 새로운 조직이 요구되었다. 조선노농총동맹에서는 노농운동의 확대와 사회주의 운동론의 심화과정에서 노동운동과 농민운동의 공통점과 차이점을 명확히 인식하였다. 그전까지 노동자와 소작농민이 똑같은 무산자라고 보았고 노동운동과 농민운동이 동일하다고 이해했던 막연하고 미숙한 견해에서 점차 벗어나게 되었던 것이다. 그리고 농민운동을 지도하는 기구로 종래의 '소작조합'이 아니라 '농민조합'을 조직하고자 하였다.

사실 조선노농총동맹 설립 초기부터 노농운동의 분리가 개진되었다. 설립 이듬해 노농총동맹 집행위원장이었던 권오설은 1925년도 운동의 방향을 "노동조합과 농민조합을 많이 만들어야 하겠다"고 천명하였다.[108] 그 뒤 1925년 11월 19일, 6회 중앙집행위원 간담회에서 정식으로 이 문제가 거론되었다. 곧 ① 조선노농총동맹의 가맹단체 가운데 농민단체는 따로 조선농민총동맹을 조직하고 노동단체는 조선노동총

107) 金俊燁·金昌順, 앞의 책(3), 103쪽.
108) 《朝鮮》 1925년 1월 1일 〈경성 안에 있는 열두 곳 큰 단체의 금년에 하라는 일, 하고자 하는 일〉.

동맹을 조직하며, ② 농민·노동 양 총동맹이 완성된 때에는 조선노농총동맹을 해체하고 농민·노동의 양 총동맹연합위원회를 조직한다는 것이었다.[109] 이 논의에 따라 1926년 2월에 분리 원칙이 결정되었고, 1927년 9월에 정식으로 분리되었다. 분리된 이후 만들어진 조선농민총동맹에는 풍산소작인조합의 안상길安相吉이 중앙집행위원, 유용목兪龍穆(고령)이 중앙검사위원으로 선임되었다. 조선노동총동맹에도 홍보용洪甫容(김천)과 조병렬趙炳烈(대구)이 중앙집행위원으로 참여하였다.

노농운동의 분리 방향에 따라 1925년 연말부터 각 지역에서 분리를 실행하여 1926년 상반기까지 거의 완료하였다. 가령 대구의 노동공제회에서도 1925년 12월 12일, 조선노농총동맹이 제기한 '노농별립연맹'에 대해 토의하고 분립에 찬성하기로 결의하였으며, 간선위원으로 농민연맹에 정운해·김하정·최세기崔世基, 노동연맹에 한규식韓圭植·이상훈李相薰·김민동金旻東·김영우金永祐 등을 선출하였다.[110]

조선공산당의 결성 이후 농민운동과 노동운동의 차별성이 명백하게 인식되면서 노농운동을 둘러싼 민족운동 노선도 변하였다. 운동은 사상 단체의 통일, 대중조직과 일상투쟁의 강화, 대중적 정치투쟁으로의 전환·강화, 민족주의 세력과의 협동 등과 같은 민족협동전선운동의 연관 아래 전개되었던 것이다. 그리하여 농민운동도 신간회 활동과 결합하면서 전개되었다.

그리하여 노농운동에서는 현실적 당면 이익 쟁취와 더불어 대중적 정치운동이 강조되었다. 조선노농총동맹 제8회 중앙집행위원회(1926.11.18.)에서는 "금후의 운동방침은 과거의 관념적 운동 형태로부터 노·농민의 실제생활에 치중하여 현실적 이익을 전취할 것을 당면의 목표"로

109) 《東亞》 1925년 11월 22일 〈노동 농민으로 노총분립〉.
110) 《東亞》 1925년 12월 16일 〈영남 지방〉.

한다고 하였다.[111] 이어 12월의 〈신정책〉 성명에서도 현실적인 대중운동의 전개, 노동·농민총동맹으로 분맹과 노농협의기관의 설치, 노농대중의 정치의식 환기 등이 표방되었다.[112] 이렇게 하여 만들어진 조선농민총동맹은 설립 목표를 "농민들은 단결하여 단체의 위력으로서 자본 계급과 싸워 농민 계급을 해방하고 완전한 신사회의 실현을 기함"으로 천명하였다. 곧 1920년대 후반기의 농민운동은 이때까지의 관념적 운동을 극복하고, 현실 속에서 구체성을 띠면서 정치운동, 혁명운동으로 전개될 수 있었던 것이다. 계급운동, 정치운동의 강화는 필연적으로 농민조합, 노동조합의 결성을 통해 대중운동을 강화하는 것은 말할 것도 없이, 계급적 운동을 지향하는 청년단체, 사상단체, 그리고 민족협동전선운동과 더욱 긴밀한 결합이 요구되었다.

(2) 경북의 사상운동 동향과 농민운동

1927년 신간회가 결성되고 민족협동전선이 강화되면서 경북 지역의 사회운동도 신간회 활동과 연계되었다. 이런 경향을 주도한 것은 청년운동이었으며, 청년운동과의 직간접적인 연관 아래 제3·4차 조선공산당의 지방 조직도 만들어졌다. 협동전선의 강화 속에서 1920년대 전반기에 보이던 계파별 쟁투와 대립 현상은 거의 소멸되었다. 각 지역의 신간회는 해당 지역의 청년운동, 농민운동을 이끌던 사람들이 조직하였다. 신간회의 각 지회는 농민·노동자에 대한 교양 사업, 생활·생존권 수호 사업 등을 전개하였다. 특히 후자의 경우에는 소비조합 활동, 소작료와 소작권 문제에 대한 개입, 동척 이민 반대, 토지개량조합의

111) 《東亞》 1926년 11월 20일 〈실제 생활에 치중〉.
112) 金俊燁·金昌順, 앞의 책 (3), 107~108쪽.

철폐, 수리조합 설치 반대, 군농회 반대 등을 제기하였다. 그리고 농민총동맹과 노동총동맹을 지지하는 결의도 나타나고 있었다.[113]

조선공산당이 창립된 직후, 화요회계와 서울청년회계는 서로 청년운동의 주도권을 확보하기 위하여 1925년 9~10월에 군연맹, 도연맹을 경쟁적으로 조직하였다. 대구청년동맹 발의의 경북청년연맹과 안동청년연맹 발의의 경북청년연맹이 각각 시도되었다.[114] 화요회 계열이 제1·2차 조선공산당을 주도했던 바와 같이, 경북 지역에서도 화요회계가 청년운동을 주도하였다. 코르뷰로 경북 책임자였던 최원택을 비롯하여 정운해·신철수(대구), 권오설·안상훈·이준태·안상길·김남수(안동) 등이 중심인물이었다. 그런데 ML계 및 서울청년회계가 제3·4차 조선공산당을 주도하자 경북도기관도 거의 서울청년회계열이 차지하였다. 1927년 8월에 조공의 경북도 기관은 책임비서 안상길(안동), 위원 홍보용(김천), 김리용(대구), 청년회 책임비서 홍보용, 위원 김석천(영천) 등이었으며, 포항에서는 정학선·이재우·이상갑·김화섭·하병조 등이 야체이카를 조직했다.

제4차 조선공산당의 경북 조직은 책임비서 장적우, 공산청년회는 이목이 선임되었다. 포항·상주·문경·영천·대구·김천·안동 등지에 야체이카가 건설되었다. 4차 조공의 중심인물은 포항·경주·영천 중심의 경동慶東기자동맹, 김천의 기자단을 조직하였고, 이를 바탕으로 김천청년동맹회관에서 1928년 1월 6일 경북기자대회를 개최하였다.[115] 1월

113) 이균영, 《신간회 연구》, 역사비평사, 1993, 제4장 참조.

114) 《朝鮮》 1925년 9월 4일 〈경북 청년연맹 안동청년연맹에서 준비. 제1회 임시대회석에서 만장일치로 가결하였다〉; 《東亞》 10월 22일 〈조직적 신전기를 작한 경북청년운동〉; 《朝鮮》 10월 23일 〈경북청년연맹 발기회는 금천에 참가 자격은 군연맹군 뿐〉; 《東亞》 11월 5일 〈양처의 경북청련 경찰이 발기회 금지〉.

115) 《朝鮮》 1928년 1월 9일 〈일반에 기대되는 경북기자대회, 6日 김천청년동맹회관에서 상설기관 기자동맹 조직〉; 《中外》 1928년 1월 9일 〈갈망 중이던 경북

7일에는 경북기자동맹대회를 마치면서 곧바로 경북청년운동자간친회를 개최하여 홍보용을 집행위원장으로 하는 경북청년연맹을 조직하였다.[116] 이 조직은 홍보용·황태성·김석천·박창호·권원하·추성해·김상기 등이 주도하였고, 이들이 각 지역의 청년회, 신간회, 농민조합의 주도 인물이었던 것이다(별첨 〈표 9〉 참조).

그들은 신간회, 조선공산당의 운동론을 둘러싸고 제기된 첨예한 논쟁에 대해서도 명확한 입장을 밝혔다. 전체적으로는 신간회를 지지하고, 이를 부정하는 '반동 세력'을 반대하였다. 이는 안광천安光泉을 중심으로 한 일월회一月會의 논리를 반대한 이른바 '청산론淸算論'적인 입장이었다.[117] 곧 그들은 부르주아 세력, 친일 세력이 만든 호남동우회湖南同友會, 오성구락부五星俱樂部, 상우회尙友會, 영남친목회嶺南親睦會 등이 신간회를 약화시키고 지방열을 고취하기 위한 단체로 규정하고 이를 박멸하자고 하였다. 또한 후쿠모토주의福本主義를 '좌경소아병적, 속학적俗學的 번역주의飜譯主義 이론'이라고 규정하고, '민족단일협동전선을 착란시키는 신중간파新中間派'라고 배척하였다. 또한 이런 주장을 선전하는 《대중신문大衆新聞》을[118] 배격하였다. 이는 1927년 12월, 홍보용 등의 김천청년동맹에서 제일 먼저 제기되었다. 곧 ① 파벌 청산

기자대회 거 6일로써 개막〉; 1월 12일 〈경북기자대회 성황으로 폐막〉: 1월 13일 〈중요사항 23조 결의, 경북기자대회에서〉. 경북기자대회에서는 공정한 언론을 위한 대중적 입장을 천명한 결의가 있었다. 경북기자대회에 대해서는 김일수, 〈1920년대 대구·경북지역 조선인 기자단체의 활동과 성격〉, 《史林》 44, 수선사학회, 2013, 72~82쪽 참조.

116) 《朝鮮》 1928년 1월 12일 〈경북 청년운동자 간담회, 경북도연맹 조직 결의〉; 1월 15일 〈경북청년연맹 조직, 청년운동자 간담회 석상에서〉; 《東亞》 1928년 1월 16일 〈경북청련 새로이 조직〉.

117) 李均永, 〈新幹會의 結成에 따르는 兩黨論과 淸算論 檢討〉, 《韓國學論集》 7, 한양대학교 한국학연구소, 1985.

118) 《대중신문》은 도쿄東京의 동성사同聲社에서 발행된 일월회의 신문으로, 1928년 2월 제3차대회에서 조선공산당과 공청의 공동기관지로 승인하였다〔金俊燁·金昌順, 앞의 책(3), 295쪽〕.

이라는 미명으로 착잡錯雜한 추상이론을 유일한 무기로 삼아 신파벌을 구성하려는 신중간파의 정체를 폭로하고, ② 조선의 특수성을 정확하게 파악하고 현실을 냉정하게 분석, 비판하여 모든 불평 요소를 총집중하여 민족유일전선을 결성해야 하며, ③ 이러한 역사적 사명을 수행하기 위하여 그 과도과정으로서 조선 민중의 이익을 대표할 민족유일당의 매개형태로 출현한 신간회를 적극적으로 지지하는 동시에 각층의 불평요소의 투쟁역량을 총집중시켜야 한다는 것이었다.[119] 이후 각 지역에서 이 문제를 연쇄적으로 토의·결의하였다.[120]

---

119) 《中外》 1927년 12월 13일 〈김천청년동맹 5대 사항 결의 대중대책은 경찰이 금지〉. 이때 결의된 표어는 다음과 같다. ① 조선현실에 부적한 번역적 조선자본주의를 배격하자. ② 신파벌을 지으려는 신중간파를 배격하자. ③ 신파벌을 타파하자. ④ 조선의 특수성을 정확하게 비판 파악하자. ⑤ 조선유일전선을 파괴하려는 반동사상을 배격하자.

120) 날짜순으로 정리하면 다음과 같다. ① 1927년 12월 18일 칠곡청년동맹(《朝鮮》 1928년 1월 23일 〈漆谷청년동맹. 1월 18일 倭館에서 창립〉), ② 1928년 1월 5일 대구청년동맹(《朝鮮》 1928년 1월 9일 〈대구청년동맹, 1월 5일 집행위원회를 개최〉), ③ 1928년 1월 6일 경북기자대회(《中外》 1928년 1월 12일 〈경북 기자대회 성황으로 폐막〉 ; 1월 13일 〈중요사항 23조 결의, 경북기자대회에서〉), ④ 1928년 1월 7일 영주청년동맹 3회 집행위원회(《朝鮮》 1928년 1월 15일 〈榮州청년동맹. 지난 1월 7일 제3회 집행위원회를 개최〉), ⑤ 1월 8일 경북청년연맹 창립총회(《朝鮮》 1928년 1월 15일 〈경북청년연맹 조직. 청년운동자 간담회 석상에서〉. 이 의안은 김천청년연맹에서 제출), ⑥ 1월 13일 포항청년위원회(《東亞》 1928년 1월 17일 〈영남 지방〉), ⑦ 1월 14일 김천청년동맹(《中外》 1928년 1월 17일 〈당 분열을 조장하는 대중신문을 배격, 김천청년동맹 결의〉. 특히 대중신문 배격에 관한 건 ; 동경에서 발행하는 《대중신문》은 조선 무산계급운동자의 유일한 정치신문이라 자칭하나, 실상에 있어서는 조선 현실에 부적한 공식적 추상이론으로서 결성과정에 있는 민중유일전선당을 분열·파괴하려는 신중간파의 기관지인 정체가 폭로되고 말았다. 《대중신문》은 조선 무산계급운동 과거 비판에서나 또 현 계단에 처한 무산계급운동의 모든 전술에서 신중간파의 해석주의적 이론을 변호, 옹호, 주장할 뿐이요, 진정한 조선운동의 정치신문의 가진 바 임무를 감행하지 못하였다. 그뿐 아니라 신중간파를 조장하여 조선 무산계급운동 발전을 지연케 하며 혼란케 할 뿐이다. 우리는 이상의 이유로써 《대중신문》은 적극적으로 배격함). 그런데 화요회 계열이었던 대구와 안동에서는 위와 같은 직접적인 논의는 없고 대체로 신간회 지지, 민족유일전선 파괴이론 구축 등의 수준으로 결의되었다(《朝鮮》 1928년 2월 13일 〈대구부내 민중운동자 간친회 개최〉 ; 3월 6일 〈安靑 예안지부 2회 정기대회〉). 그리고 상주에서는 이 문제를 두고 청년운동단체가 둘로 나누어졌다. 즉 김억주, 박순 등의 청년

그리하여 각 사회운동에서는 신간회를 지지하고, 신간회는 여타 사회운동의 중심적인 역할을 수행하였다. 1928년 2월, 봉화청년동맹 춘양지부에서 ① 우리는 우리 자신이 반드시 신간회 회원이 될 것, ② 우리는 모든 기회를 이용하여 신간회를 선전할 것, ③ 신간회(를 반대하는) 반동단체를 적극적으로 박멸할 것 등을 결의하면서, "전민족적 단일전선을 파괴하려는 반동적 파벌주의자를 적극적으로 제거할 것"을 주장하였다.[121] 신간회에서도 개량주의 친일 단체들이 지방열을 조장하여 분열을 가져온다고 비판, 반대하였다. 특히 서울의 영남친목회는 영남지방 출신 지주들이 중심이 되어 결성된 것으로, 신간회는 이 친목회를 "봉건적 구세력을 조장하고 민중을 속여 전 민족운동의 단일화에 장애가 된다"는 반동단체로 규정하고 이를 근본적으로 제거하자고 하였다.[122]

그리하여 농민운동은 정치운동, 민족운동의 일환으로 명확하게 자리 잡았고, 다른 부문의 운동과도 유기적으로 결합하여 전개되었다. 1920년대 후반기에 이르러 농민운동이 부르주아 혁명운동에서의 농업문제, 농민운동으로 규정되었으며, 대중운동에서의 중추적 위상이 명확하게 되었다. 예천농민조합에서는 용문지부의 건의에 따라 "복본福本 번역주의파 이론 배격에 관한 건", "《대중신문》 이론투쟁에 관한 건" 등을 논의하였다.[123] 청년운동, 신간회운동에서 농민, 농업문제를

동맹 상주군위원회(청산주의 비판, 노농청년의 계급적 훈련 강조, 프롤레타리아의 헤게모니 강조)와 상주청년동맹 현존파(군위원회 조직은 현 조선운동의 특수성을 망각한 운동)였다(《東亞》 1928년 3월 30일 〈상주청맹해체 위원회조직〉 ; 4월 9일 〈청년운동의 재조직을 촉하자〉 ; 8월 20일 〈영남지방 - 상주청년위원회〉 ; 《中外》 1928년 8월 23일 〈상주청년동맹 회체 변경〉).

121) 《東亞》 1928년 3월 4일 〈춘양지부 대회〉.

122) 《朝鮮》 1927년 9월 24일(안동) 〈신간회 기사 一束 - 안동지회 총간사회〉 ; 10월 19일(선산) 〈新幹會기사 1束 - 善山지회 간사회〉 등.

123) 《東亞》 1928년 2월 2일 〈대회가 발회식, 예천농민조합〉.

토의하고 이를 지원하는 형태도 많았다. 특히 서울청년회계의 지도 단체였던 경북건설자동맹이 1926년 1월 발회식을 가지면서 농민운동과 관련하여 "농촌에는 농민조합을 조직하여 무산계급의 당면이익과 최후의 승리를 도圖케 할 것"이라는 결의를 행하였는데, 이는 이후 청년운동과 농민운동의 향방을 보여주는 대표적인 경우였다.[124)]

농민운동과 사회운동의 연관은 농민운동이 활발하게 전개된 지역은 물론이거니와, 운동이 활발하지 않았던 지역에서도 마찬가지였다. 대체적으로 신간회, 청년운동에서는 농민조합 결성 지원, 소작권 확립, 농민의 계급적 교양 사업 등을 행하였다. 특히 신간회 영덕지회에서는 노동자 농민 본위의 금융기관 설치, 최저임금제, 8시간 노동제 확립, 소작권 확립, 사유재산 철거, 최고 소작료 5할제, 동척 및 유사 회사의 철폐와 이민 반대 등을 결의하였고,[125)] 영덕청년연맹은 농촌상황 및 기아 조사(한 면에 한 사람씩 9명으로 구성), 농촌 본위의 잡지 출간 등을 결의하였다.[126)] 또한 고령의 신간지회에서는 군에 토지를 소유한 지주들에게 ① 지세의 지주 부담, ② 소작료는 5할 이내, ③ 소작기한 연장 및 기한 안에 임의로 개작 금지, ④ 악행 마름 규탄, ⑤ 소작료 운반거리 제한, ⑥ 천재지변 때 토지복구공사와 토지개량에서의 지주 부담 증가 등의 경고문을 발송하였으며,[127)] 고령청년회에서도 지주와 마름에게 경고문을 보내기도 하였다.[128)]

---

124) 《時代》 1926년 1월 18일 〈경북건설자동맹 운동선 정리, 각 방면으로 新진용을 벌여〉.
125) 《朝鮮》 1928년 2월 1일 〈신간회 각지 소식 - 영덕지회 정기대회〉.
126) 《時代》 1926년 1월 3일 〈영덕청년연맹 창립 기념〉; 4월 27일 〈영덕청년연맹 농촌 조사 착수, 실행위원 9명〉.
127) 《朝鮮》 1927년 3월 26일 〈高靈靑聯 정기대회 16조항 결의〉; 10월 10일 〈新幹會 記事一束 - 高靈支會에서 一般地主에게 警告文을 配付〉.
128) 《朝鮮》 1927년 10월 19일 〈고령청년회 집행위원회〉.

2) 농민조합의 결성과 농민운동의 전개

1920년대 후반, 경제투쟁에서 정치투쟁으로 전환되고, 대중운동이 강화되면서 노농운동단체의 분립으로 전국조직으로 농민총동맹이 결성되었으며, 각 지역에서는 소작조합이 농민조합으로 변화, 발전하였다. 이때 식민 당국을 비롯한 지주층들이 농회나 지주회로써 적극적으

〈표 7〉 경북지역의 농민단체(인원수), 1929년 6월 현재

대구	옥포면소작조합(163), 해안면소작조합(707)
영천	영천소작조합(38)
경주	양동농우회(165), 대전농우회(42)
영양	佳川農務會(29)
안동	풍산소작인회(4,200), 同 臥龍出張所(835), 豊西農民會(207), 豊西農友會(262), 吉安우리農林會(76)
김천	개령농우회(50), 농남농민조합(28), 금릉농우동맹(100), 풍계농회(43)
상주	대평농민회(92)
예천	예천농민조합(1,768), 동 지보지부(500), 동 용문지부(537), 동 은풍지부(550), 동 개포지부(170)
영주	농양노농회(112), 영주농민조합(2,352), 동 금계지부(225), 동 이산지부(385), 들게회(96), 용암농우회(30)
봉화	酉谷農友會(38), 梧麓農友會(73), 九川農友會(57)
문경	문경농민조합(16)
성주	성주농우회(6), 초전면 고산동농우회(15)
선산	長川農業組合(42)

° 출전 : 《高等警察要史》, 62~63쪽.

° 비고 : 풍서농민회는 예천으로 되어있으나 안동으로, 개포 지부는 봉화로 되어 있으나 예천으로 바로잡음.

로 소작 문제에 대응하고 있었으므로,[129] 이런 개량화를 극복하기 위해서도 새로운 차원의 농민운동이 필요하였다. 경북지역에서 조직된 농민운동단체는 앞의 〈표 7〉과 같다.

(1) 안동군

안동에서는 군 단위의 농민조합이 결성되지 않았다. 하지만 1920년대 초반부터 활동하던 풍산소작인회를 중심으로 풍서농민회가 조직되어 농민운동을 지도하였다. 선진적인 청년운동, 사상운동, 신간회 운동 등과 연대하여 활동하였다.[130]

---

129) 가령 상주에서도 군 주최로 지주간담회를 개최하고, '최근의 지주 소작인 사이의 분규 원인은 소작인의 군색한 생계상 안정을 구하고자 함이 많으니, 동정할 만한 점이 있으나 또 일면은 소작인이 무지 몰각하여 궁박 생활을 자초한 것이 없지 않으니 차의 대책으로 양방의 자각 촉진을 강고한다'고 하면서, 지주가 반드시 할 일 2가지, 소작인이 해야 할 7개항을 결의하였다. 또한 '① 토지에 대한 조세 공과는 모두 지주가 차를 부담함, ② 소작료는 반으로 할 것, ③ 재해가 적은 비교적 안전한 토지는 점차 정조定租로 할 것, ④ 소작기간은 5년 이상으로 할 것'이라 하였다(《時代》 1924년 8월 25일). 또한 김천의 일본인 지주도 ① 종전 소작인이 부담하던 지세, 공과금 전부를 농장에서 부담하고 마름, 농감 등을 전폐하여 소작인의 불평을 솔선 방지하며, ② 소작인 구제 창고를 설치하여 소작료의 일할을 분적分積하였다가 소작인의 임시 재난과 관혼상제 비용이 결핍한 자에게 무리無利로 대부貸付하고, ③ 소작인의 농구 배급, 자제 학비 보조, 의료 기관 설비, 주택 무료 대여, 작인 무상 사역 전폐 등을 행하였고, 이에 소작인이 매우 감사해 한다고 하였다(《東亞》 1924년 3월 24일 〈日農場의 作人 保護〉).

130) 1927년 현재 안동지역의 대표적인 사회단체는 다음과 같았다(《東亞》 1927년 3월 15~16일 〈순회탐방(257) - 인걸이 허다/문화의 연원(4)〉 ; 〈순회탐방(258) - 인걸이 허다/문화의 연원(5)〉). ① 안동청년동맹 : 1925년 김남수·유연건·박영수·김명섭이 발기한 안동청년회(1920년 창립, 김경한金慶漢·박영수朴永壽 등이 주도), 예안청년회(1919년, 이운호李雲鎬·이준문李準文), 도산구락부(1922년, 이지호·이규호), 신흥청년회(1924년 개명, 전 풍산청년회, 이상봉李相鳳·이유태李唯泰), 일직청년회(1923년, 남장南璋·남동환南東煥·장사봉張師鳳), 길안청년회(1923년, 유연건·옥문환玉文煥·정원모鄭元模), 와룡청년회(1925년, 안상훈安相勳·김여원金如源), 임하청년회(1925년, 김정식金廷植·김호병金琥秉), 남후南後청년회(1925년, 황하중黃河中·김계한金桂漢) 등의 9개 단체를 통일하여 창립. 창립 이후 금일까지 집회 금지. ② 풍산소작인회 : 1923년 창립. 날로 조직화

풍산소작인회는 '소작인회'라는 이름을 계속 사용하였다. 하지만 당시 운동 노선의 방향 전환 속에서 "현실적 이익을 당면의 목적으로 삼을 것"을 결의하였는데,[131] 특히 정우회 선언과 노농총동맹에서 제기한 "실제 생활에 치중한 현실적 이익의 전취"라는 점을 분명히 하였다. 이때 노동운동 쪽에서도 "노동계급의 의식적 단결, 노동 해방과 당면의 이익 도모, 호상 부조와 생활 향상의 기도" 등을 목표로 안동노우회가 만들어졌다.[132] 이런 추이는 이듬해 1926년 12월의 정기 총회에서도 그대로 결의되었다. 3천여 명의 소작인이 풍산시장에 모여서 안상길安相吉의 사회로 총회를 열고, "우리는 현실적 이익을 당면의 목적으로 한다"는 원칙을 결의함에 따라 소작대장의 작성, 농사 개량과 부업 장려 기관의 설치, 농촌부인 및 농민 노동자의 교양 교육 등을 결의하였다. 물론 가장 큰 현실적인 문제였던 소작료와 지세 문제에 대해서도 결의하였다. 소작료의 감봉과 지세를 강제 징수하는 지주에게는 우선 호의적으로 권유하여 보고, 이에 불응하면 적극적으로 항의하는 동시에 성토, 경고하자고 하였다.[133] 군내의 와룡출장소에서도 이런 내용을 그대로 결의하였다.[134]

풍서면에는 1925년 11월, 면내 소산동에서 조직된 풍서농민회가 있었다. 김지한金智漢·김기진金基鎭 등이 주도하였다. 농민회는 "호상 부조와 생활 개량을 목적"으로 하고, "무산 계급의 해방 운동을 기하며

하여 현재 6천 명 회원. ③ 풍서농민회 : 1925년 창립, 노농운동을 착실 진행 중인데 간부 김지한·김기진 외 여러 명. ④풍서농우회 : 1925년 풍서농민회의 분호分戶로 되었다가 1926년 농우회라 개명하여 독립으로 사업을 진행, 간부 김영린金永麟씨 외. ⑤노우회 : 1925년, 노농운동에 전력, 간부 김남수·오성무. ⑥화성회 : 1925년 권오설·권태석·김남수 등이 창립.

131) 《東亞》 1926년 12월 25일 〈풍산소작인회 정기대회, 11항을 결의〉.
132) 《東亞》 1925년 10월 18일 〈안동노우 창립회, 거 십삼일 성대히 거행〉.
133) 《朝鮮》 1926년 12월 9일 〈만세 삼창으로 기념식 종료〉.
134) 《東亞》 1927년 2월 22일 〈영남 지방 - 풍산소작회 출장소 定總〉.

당면의 이익을 위하여 투쟁"한다는 강령을 내세웠다. 당면 과제는 역시 여전히 소작료 문제, 지세 문제였고,135) 또한 악독한 지주에게 대항하고 간악한 소작인을 처치하여 농민의 실생활을 보장하자는 것이었다.136) 김기진 등은 지주에 붙어서 소작권을 빼앗은 '간奸소작인'을 응징하다가 '업무방해 협박죄'로 구속되기도 하였다.137)

이 두 농민운동 단체는 각 면, 부락에 운동을 위한 세포단을 만들어갔고, 각각 소속된 출장소들을 정비하거나 독립시켰다. 1926년 12월, 풍산소작인회 5회 정기총회에서는 "각 부락에 세포단을 조직할 것"을 결의하였으며,138) 괴정槐亭·수동水洞·수곡壽谷의 출장소는 사무처리의 편의상 취소하고, 예천에 설치하였던 은풍출장소는 독립시키기로 하였다.139) 그리고 풍서면 악곡동에 거주하는 회원은 풍서농민회에 속하게 하고,140) 와룡출장소를 지부로 변경하였다.141) 풍서농민회 산하에 있던 2개 조직도 이때 독립시켰다. 1926년 10월에 농민회의 구담동 출장소는 사무 처리의 편리를 위해 풍서농민친목회로 독립시켰고,142) 풍서농우회도 독립시켰다.143)

135) 《東亞》 1925년 11월 17일 〈풍산농민회 거 십이일 창립〉. 그러나 발회식은 금지되었다(《東亞》 1925년 12월 5일 〈풍서농민회 발회식금지〉).
136) 《朝鮮》 1926년 5월 3일 〈악지주와 走狗란 무엇인가? … 풍서소작쟁의 공판의 문답〉.
137) 《東亞》 1926년 5월 4일 〈안동군풍서 농민회원 공판〉.
138) 《東亞》 1926년 12월 25일 〈풍산소작인회 정기대회 십일 항을 결의〉.
139) 《東亞》 1926년 9월 11일 〈영남지방 – 풍산소작회 위원회〉. 독립은 1927년 5월에 정식 결의(《東亞》 1927년 5월 10일 〈영남지방 – 은풍소작위원회〉).
140) 《東亞》 1926년 12월 25일 〈풍산소작인회 정기대회 십일항을 결의〉.
141) 《東亞》 1927년 2월 22일 〈영남지방 – 풍산소작회 출장소 정총〉.
142) 《東亞》 1926년 10월 13일 〈영남지방 – 풍서농민회 위원회〉.
143) 《東亞》 1927년 3월 15일 〈순회탐방(257) – 인걸이 허다/문화의 연원(4)〉. 그리고 성격은 알 수 없지만 길안면吉安面의 지례동知禮洞에서도 김성환金聖煥·김필환金弼煥 등이 우리농림회農林會를 조직하였다. 특이한 점은 유무산간의 일치단결로 작농제도에 일치행동을 철저히 실행, 강령은 농업의 장려를 전력함, 농우의 호상친목을 도모함 등이었다(《東亞》 1927년 4월 28일 〈우리농림회 창립〉).

조직의 확산 이후, 1927년 4월에는 구담동에서 소작 회원과 비소작 회원 사이의 대립이 일어났다. 이 사건으로 풍서농우회의 집행위원 9명과 회원 11명이 검거되었다.[144] 12월에는 농우회의 간부 김원학金元鶴 등 5명이 반동적인 행동을 하는 회원을 경고하였다가 안동경찰서에 구속되었다.[145] 그리고 풍서농민회의 간부 김지한 등은 그곳에서 진행되고 있던 도로 공사에서 임금 지불이 공평하지 못하고 노동자에 대한 태도가 야비하다는 이유로 노동자들의 파업을 선동하였고, 이 사건으로 간부 및 회원 30여 명이 검거되었다.[146]

그리고 안동에서는 사안에 따라서 각 사회단체가 연합하여 활동하기도 하였다. 1925년 11월에 전개된 도산서원陶山書院 철폐운동이 그러하였다. 도산서원 토지를 소작하던 농민이 구타당하는 사건이 발생하자 안동의 사회운동 단체들이 모두 연합하였다. 먼저 화성회에서 이를 문제 삼자[147] 풍산소작인회를 비롯한 화성회, 정광단, 노오회, 안동여성회, 안동청년연맹 등이 이에 가세하였다. "죄악의 소굴인 도산서원은 일반민중의 방해물이므로 이면에 잠재한 죄악을 일일이 조사·적발하여 사회에 공개하는 동시에 희생적 정신으로 철폐"해야 한다고 주장하였다.[148] 이 사건에 대해서는 대구청년회에서도 "도산서원 태형사건은 인권을 유린하고 생활을 위협한 것이며, 봉건제도의 악습인 사태형私笞刑을 감행하는 도산서원을 무산대중의 원부怨府로 인정하는 동시에 그 폐지를 요구"하였다.[149] 도산서원 철폐운동은 단순한 철폐

144) 《東亞》 1927년 4월 6일 〈동민 20명 검거… 안동풍서농우회 사건〉.
145) 《東亞》 1927년 12월 2일 〈풍우농우회 간부를 검거〉.
146) 《東亞》 1927년 12월 30일 〈풍서농민회 간부를 총검거〉; 1928년 1월 2일 〈풍서농민회원 20여 명 우복 검속… 안동에도 검거 선풍〉.
147) 《東亞》 1925년 11월 4일 〈도산서원 성토와 도초쟁의에 격문〉.
148) 《東亞》 1925년 11월 27일 〈도산원 철폐운동〉.
149) 《東亞》 1925년 11월 26일 〈도산서원 문제도 대구청년회서〉.

만을 목적으로 한 것이 아니었고, 도산서원으로 대표되는 봉건적 지배 질서에 대한 항쟁이었다.

이와 같이 안동의 농민운동은 안동지역의 사회운동과의 연관 속에서 초창기부터 매우 활발하였지만, 안동 전역을 관장하던 군 단위의 농민조합으로 결성되지는 못했다. 이 결실은 1930년대에 가서 혁명적 농민조합(안동콤그룹) 결성으로 나타나게 되었다.[150]

(2) 영주군

영주 풍기는 1920년대 전반기 풍기소작조합을 중심으로 소작쟁의가 치열하게 일어났던 곳이었다. 풍기소작조합 이후에는 두 개의 농민조직이 있었던 것으로 보인다. 하나는 풍기소작조합이 개편된 풍기농우동맹이었고, 또 다른 하나는 풍기면 금계동金鷄洞의 일군회(일꾼회)였다. 일군회의 특징은 회원이 소유한 농토는 '공동 경작'한다는 것이었고,[151] 계급적 의식을 촉진하고자 매주 월요일마다 강화회講話會를 개최하며, 의무를 실행하지 않은 회원에는 발언권과 피선거권을 주지 않았고, 농촌문화를 보급시키고자 회원에게 독서를 장려하여 농민들의 계급의식을 고양시켰다.[152]

1929년 3월에 들어 김동필, 이의백 등의 풍기농우동맹 지도자들이 군내 단일 조직으로 영주농민조합을 결성하였다.[153] 이산伊山면에 지부를 설치하고[154] 그 전에 있던 신암新岩농민회를 해체하여 이산지부

150) 《思想月報》 3-6, 1933 ; 강정숙, 앞의 글, 1988 참조.
151) 《朝鮮》 1926년 3월 17일 〈회원 농토는 공동 경작, 풍기일꾼회 定總의 결의〉 ; 《東亞》 1927년 2월 24일 〈일군會 定期會〉.
152) 《東亞》 1926년 12월 20일 〈영남지방 - 일군회 월례회〉.
153) 《朝鮮》 1929년 3월 15일 〈풍기농우동맹 조직체 변경, 정기대회에서〉. 위원장은 김동필이었다.
154) 《中外》 1929년 3월 31일 〈영주농민조합 이산지부 설치〉.

에 들어가게 하였으며,155) 곧이어 금계金鷄지부, 영주지부도 조직하였다.156) 농민조합은 신간회 영주지회와 연결되면서 조직이 확산되고 운동이 강화되었다. 신간지회에서는 군내 농민단체, 노동단체의 조직을 촉구하였고, 군내 청년운동을 격려하기 위한 방안을 토의하였으며, 군내 소작료 조사, 군내 농업 노동자 조사와 보호, 군내 농민 야학 조사와 장려 등을 결의하고 지원하였다.157)

(3) 예천군

1920년대 전반기 예천에서는 지주층이 중심이 된 농민상조회 활동이 활발하였고, 이에 견주어 농민층의 운동이 미약하였다. 그러다가 1925년 12월에 이웃 안동 풍산소작회의 은풍출장소가 하리면에 만들어졌다. 풍산소작인회 은풍출장소로 할 것인지, 아니면 독립단체로 은풍소작인회로 할 것인지를 두고 양론이 있었으나, 출장소로 결정되었다. 총회에서 지세의 지주 부담, 지주의 부역에 불복, 비료 값 반분, 무리한 소작 계약 파기, 회원의 소작권 보호, 그리고 농사 개량 및 농구 개량 장려, 농민의 상식 향상 등을 결의하였다.158) 이런 움직임에 대응하여 서울청년회계 청년 세력이 개포면과 용문면에 청년·농민운동 단체를 결성하고, 이를 바탕으로 군단위 농민조합인 예천노농회를 조직하였다.

1925년에 들어 무산청년단체가 먼저 만들어졌다. 이는 화요회 계열인 안동 지역 청년운동과 연결되었다. 1925년 2월에 사상단체였던 신

155) 《朝鮮》 1929년 4월 17일 〈신암농민회 해체, 농민조합지부에 입회〉.
156) 《中外》 1929년 3월 21일 〈영주농민조합 이산지부 설치〉 ; 《朝鮮》 1929년 4월 17일 〈영주농민조합 영주지부 설치, 대회 돌연 금지〉.
157) 《朝鮮》 1929년 1월 20일 〈신간 영주지회, 3회정기대회〉.
158) 《朝鮮》 1925년 12월 8일 〈풍산소작인회 출장소 창립〉.

흥회가 "내부의 충실을 도圖하고 밖으로 입장을 뚜렷하게 보여주기 위하여" 예천오오회로 개명하였고,159) 예천청년회를 무산청년 조직인 신흥청년회를 만들었다.160) 이런 가운데 신흥청년회원 다수가 예천의 형평사에 가입하였다. "현대 조선사회에 천차만별의 계급적 의식을 근본적으로 타파하고 대동단결을 목표로 하여 제반 전선에 동일한 보조로 맹진한다"는 것이었다.161)

무산 청년운동이 활발해지자 경찰당국과 부르주아계열의 예천청년회는 이 운동을 적극적으로 억압·방해하였다. 먼저 경찰당국에서는 예천노농회, 예천오오회, 신흥청년회, 소년회 등의 4개 단체는 "선언, 강령, 사업이 치안유지법에 저촉되고, 내부에 과격사상을 가진 사람들이 있으며, 또한 한 군에 여러 청년회가 있으면 지방 발전을 저해한다"는 이유를 들어 예천청년회에 모두 가입하라고 명령하였다. 그러자 이들 단체에서는 "각 단체의 목적과 사업이 서로 다르고, 예천청년회는 청년회가 아니라 장년회이며, 피아彼我의 의사가 다르다"는 이유로 이를 거부하였다.162)

이 와중에 1925년 8월, 이른바 '예천 사건'이 일어났다.163) 예천청년회장 김석희金碩熙는 형평사 분사 창립 제2주년 기념식에서 "백정을 압박하는 것은 하등의 죄악이 될 것 없다", "형평운동이 일어나기 전

159) 《東亞》 1925년 2월 15일 〈예천오오회〉.

160) 《東亞》 1925년 2월 17일 〈신흥청년회 창립〉. 예천청년회가 흠치교를 도와주었던 점, 25~6세 또는 45세 장노년의 회원으로 조직된 혼합체여서 새로운 청년들과는 서로 의지가 합치하지 못한 점 등이었다. 1925년 당시 예천청년회의 중심인물이었던 김석희金碩熙는 45세였다.

161) 《東亞》 1925년 7월 10일 〈각 방면의 결의 - 형평분사임원회〉.

162) 《朝鮮》 1925년 7월 9일 〈예천 4단체에 해산명령, 예천청년회에 입회하라는 이유로〉; 《東亞》 1925년 7월 10일 〈경찰이 연합권고, 각 대표 반대 표명〉.

163) 高淑和, 〈'醴泉事件'을 통해본 日帝下의 衡平運動〉, 《朴永錫華甲紀念 韓民族獨立運動史論叢》, 탐구당, 1992.

부터 칙령으로 차별을 철폐하였으므로 형평사는 조직할 필요가 없다" 등과 같은 '봉건적인' 발언을 하였다.164) 이 발언은 아직 수준이 낮은 농민 계급의식을 자극하였다. 그 배후에는 경찰당국의 불분명한 태도(혹은 반동분자의 사주)도 있었다. 이에 예천노농회원을 비롯한 농민 수천 명이 "백정 놈 죽이라"고 외치면서 형평분사와 신흥청년회관을 습격하였다. 형평사의 장지필張志弼·이소이李笑而, 조선일보 안동지국 기자 김남수金南洙 등이 구타당하는 사태가 일어나게 되었다.165)

이 사건은 전국적인 반향을 불러일으켰다. 조선청년총동맹, 조선노농총동맹, 경성청년연합회, 안동 지역 운동 단체, 그리고 군산·강경·홍원·마산 등지에서 적극적으로 조사를 행하였다. 이들은 공통적으로 농민층의 '낮은 계급의식'을 지적하였다. 특히 청년총동맹에서는 '조선 계급 해방운동사상의 불상사'라고 규정하고, "원래 순박한 농민이 이러한 불상사를 일으킴은 그 이면에 특수 계급의 불량배가 선동한 사실이 분명하므로, 이번 사건을 단순히 농민 대 형평사원의 충돌로 간과할 바가 아니라, 특히 신중한 태도를 취하여 일반 군중에게 형평운동과 대중해방운동이 불가분적 관계가 있는 것을 이해케 하며, 계급의식을 더욱 충실히 하여 대중해방운동상 공동 전선을 일층 공고케 하도록 노력하라"는 취지의 공문을 각 단체에 발송하였다.166) 또 이 사건의 책임이 예천청년회에 있다고 규정하고, 현 간부를 예천청년회로

164) 《朝鮮》 1925년 8월 14일 〈천여 군중이 형평분사를 대거 습격〉.
165) 《朝鮮》 1925년 8월 14일 〈천여 군중이 형평분사를 대거 습격〉; 8월 16일, 〈살기 충일한 예천 형평분사 습격사건 후보, 전에 못 보든 농민군의 소동, 수일을 계속하야 쉬지 않아〉; 《東亞》 8월 19일 〈일반 사회의 분기〉. 아마도 예천사건의 영향 아래에서 이런 사건이 왜관(《東亞》 8월 18일 〈왜관에서도 형평운동 억압〉), 달성군 현풍(《東亞》 9월 4일 〈농민, 형평사 폭행〉; 9월 5일 〈사원 출동 계획〉), 고령(《朝鮮》 1925년 9월 5일 〈예천 사건으로 고령 형평 분기〉) 등지에서 계속 일어났다.
166) 《東亞》 1925년 8월 20일 〈예천 사건의 여파〉.

부터 축출하는 동시에 청년회를 근본적으로 개혁하여 종래의 이류異類 단체의 행동으로부터 벗어나 무산운동無産運動으로 그 목적을 변경하라고 경고하였다. 청년총동맹은 반동운동에 협조했다는 이유로 예천노농회에 현 간부를 사임하도록 하는 동시에 형평사에 사과하라고 하였다. 그리고 예천지역에 있는 청총 가맹단체로 하여금 무산운동단체와 협력하여, 일반 농민 및 시민에게 형평운동에 대한 각성을 촉구하는 운동을 적극적으로 시행할 것을 결의하였다. 이런 어려운 과정을 거쳐 비로소 신흥청년회 주도로 군내 청년운동 단체를 통일한 예천청년연맹을 조직할 수 있었다.[167)]

화요회계는 그 뒤에도 예천지역의 여러 운동에 깊이 관여하였다. 1926년 1월 풍산소작인회 은풍출장소는 소작 항쟁을 주도하였다. 지주들이 소작료를 태만하게 납부했다는 이유로 소작인회원의 소작지를 박탈하여 비회원에게 주어버렸고, 이를 반대하는 회원 30여 명은 공동으로 빼앗긴 소작지에다 보리를 파종하며 항의하였다. 그러자 경찰은 이들을 업무 방해 및 소요죄로 검거하였다.[168)] 이 사건으로 소작회의 이용만李用萬·남병태·김영희 등 간부와 오오회원 황병운黃炳雲, 신흥청년회원 장병억張秉億·황병정黃秉禎 등이 구속되었다.[169)] 경찰은 은풍출장소의 1926년 1월 임시총회도 안동의 본회 및 화성회火星會와 연관되었다는 이유로 금지시켰다.[170)]

한편 서울청년회계에서도 농민 및 청년운동 단체를 만들었다. 먼저

167) 《東亞》 1925년 9월 14일 〈예천청년연맹 거 칠일에 창립총회〉.

168) 강정숙, 앞의 글, 1988, 376~77쪽.

169) 《朝鮮》 1926년 3월 24일 〈소작회 간부를 돌연 구금, 예천경찰서에서〉; 4월 8일 〈예천쟁의사건 점차 확대〉; 4월 23일 〈예천쟁의사건 7명은 예심에, 오씨는 무사방면 되얏다〉.

170) 《朝鮮》 1926년 1월 21일 〈금지에 철저한 예천 경찰의 고압, 소작회 출장소 총회로부터 위원회까지 절대로 금지해, 이유는 화성회와 연락있는 것〉.

1925년 8월에 용문면 하금곡동에서 강필한康弼漢, 권창영權昌榮 등은 류전柳田노동친목회(혹은 하금곡下金谷노동친목회)를 만들어 노동야학 후원, 독서회 조직 등을 실행하였다.[171] 1926년 4월에 들어 친목회라는 이름을 하금곡농민회로 바꾸었다.[172] 개포면에서도 1923년부터 계동학원啓東學院을 운영하던 박창호朴昌鎬[173]·박정상朴定祥·박운상朴雲祥 등이 1926년 2월 개포노동친목회와 개포푸로청년동맹을 만들었는데,[174] 곧 개포노동친목회는 개포농민회로 개편하였다.[175]

이후 예천에서는 화요회계와 서울청년회계를 망라한 통일조직들을 추진하였다. 김상기 등이 주동이 되어 예천기자단을 창립하고,[176] 김상기, 장동호 등의 오오회五五會는 "지방운동의 순화純化를 기하기 위하여" 예천지방 민중운동자 간친회를 소집하기로 하였다.[177] 이때 하리면 은풍출장소의 간부들이 소작 사건 문제로 상해, 업무방해죄로 구속되자 이에 대한 공동대응도 모색하였다.[178]

사회운동단체들이 군 단위 조직으로 일원화되면서 농민운동단체도 통합을 추진하였다. 먼저 1926년 8월, 용문면 하금곡 농민회에서 제2회 정기총회를 열고 조선민흥회에 관한 문제를 토의하면서 '군농민연맹 발기'를 결의하였고,[179] 1927년에 들어 각 면의 농민운동이 활발해지면서 결실을 이루었다. 2월에 개포농민회 집행위원회는 노농총동맹

171) 《東亞》 1925년 9월 1일 〈유전노친 창립〉.
172) 《朝鮮》 1926년 4월 8일 〈농민회로 개칭, 하금노동친목총회에서〉.
173) 《東亞》 1925년 3월 23일 〈동아일보 기자 지방순회, 정면 측면으로 관한 예천의 표리〉.
174) 《東亞》 1926년 2월 27일 〈예천개포에 푸로청년동맹〉.
175) 《時代》 1926년 5월 20일 〈지방 각지 집회, 開浦勞親 임총〉.
176) 《朝鮮》 1926년 3월 19일 〈예천 기자단, 거15일 발기〉 ; 3월 24일, 〈예천 기자단 창립, 경북기자대회도 발기〉.
177) 《朝鮮》 1926년 3월 22일 〈郡內 민중운동자. 간친회 소집, 예천 오오회 주최로〉.
178) 《朝鮮》 1926년 3월 24일 〈소작회간부를 돌연구금, 예천경찰서에서〉.
179) 《東亞》 1926년 9월 8일 〈영남지방 - 하금곡농민회 정총〉.

의 신정책(노농 기구의 분리)에 근거를 두어 오랜 기간 토의하면서, 농민들의 교양을 위한 야학 개최와 농민 강좌 등을 논의하였다.[180] 또한 하리면의 풍산소작인회 은풍출장소에서도 1927년 5월에 풍산소작인회로부터 분리·독립하고,[181] 그 총회에서 "지금의 방향 전환기에 소작인회보다 더욱 대중적인 농민회로 하자"고 결의하여, 은풍농민회로 개편하였다.[182] 6월에는 지보면에 지보농민회가 만들어졌다. 처음에 지역 농민들은 인접한 안동군 풍서면 구담동의 풍서농민회에 가입하였다가, 1927년 6월에 윤성오尹性五, 윤우식尹雨植 등의 노력으로 지보농민회가 만들어졌던 것이다.[183]

이와 같이 4곳에서 농민회가 조직된 뒤, 하금곡농민회에서 제기했던 농민연맹이 결성되었다. 권원하·박창호·김영희·김상기·남병태 등은 먼저 '청년운동 방향전환기'를 토의하고 청년연맹을 해체하고 예천청년동맹을 결성하였다.[184] 그런 뒤 7월 17일, 권창영(하금곡), 김영희(은풍), 박정상朴定祥(개포) 등이 "농민단체의 연결과 통일을 도모"하고자 예천농민연맹발기회를 발기하였고, 8월 5일에 은풍, 용문, 개포, 지보 등 4개 농민회가 참여하는 예천농민연맹을 결성하였다. 창립 대회에서 소작권 확립, 소작료문제, 농민연맹의 조직·교육·재정, 그리고 마름 강대

180) 《東亞》 1927년 2월 11일 〈창립기념 준비 개포농민회서〉.

181) 《東亞》 1927년 5월 10일 〈영남지방 - 은풍소작위원회〉.

182) 《東亞》 1927년 6월 8일 〈은풍소작위원회 농민회로 변경〉. 이미 그 전 1926년 1월에 하리면 농민운동의 주도자였던 김영희, 이용만 등은 김상진, 진응경 등과 하리면 송월동에 송월동노동회를 조직하였다(《時代》 1926년 1월 11일 〈송월동 노동회, 지난 이일에 창립〉).

183) 《東亞》 1927년 6월 20일 〈지보농민회 원만히 창립〉. 그리고 그 총회에서 '지세 및 공과금 일체는 소작인이 부담치 아니할 것, 소작권은 자금自今 3개년 이내에 이동치 못하게 할 것, 소작료는 답 4할5분 이내 전 4할 이내로 결정할 것' 등 9개 조항을 결의하였다.

184) 《東亞》 1927년 6월 21일 〈청년운동 방향 문제로 예천청년대회〉; 6월 27일 〈예천청년동맹창립〉 ; 7월 13일 〈각지회 정리〉 ; 8월 1일 〈예청동맹지회, 또 3개소 설립〉. 각 면에는 지부를 설치하였다.

윤姜大潤에 대한 문제 등을 토의·결의하였다.[185] 이 결의는 농민층의 강력한 지지를 받았다. 농민연맹 결성 직후에 열린 개포농민회 제4회 정기총회에서 군연맹위원 권창영이 연맹결의안을 보고하자 모든 회원들이 박수로 호응하였다.[186]

그 뒤 예천농민연맹은 곧 예천농민조합으로 개편되었다. 1927년 11월 16일, 농민연맹은 예천 청년동맹사무소에서 임시대회를 열고 농민총동맹의 기본정책에 따라 군단위 농민조합을 조직하자는 문제를 토의하고, 즉시 연맹을 농민조합으로 변경하였으며 종래 소속 세포단체는 조합의 각 지부로 변경하기로 결의하였다. 곧 예천농민연맹을 예천농민조합으로 변경하고, 이를 예천 읍내에 두고 은풍殷豊, 용문龍門, 개포開浦, 지보知保의 4개 농민회는 모두 농민조합의 각 지부로 개편하였다.[187]

예천농민조합은 1928년 1월 말에 제1회 정기대회를 개최하였다. "전 예천농민들은 예천농민조합으로"라는 슬로건 아래 개최된 대회에서는 농민문제와 관련된 여러 문제들을 결의하였다. 소작농에 대해서는 소작권 문제, 소작료 문제(답1등 4할5분 이내, 전1등 3할 이내, 답2등 4할 이내, 전2등 2할7분 이내, 답3등 3할5분 이내, 전3등 2할5분 이내), 소작료 운반 문제, 비료 및 기타 문제, 지세 및 공과금 문제, 마름 문제 등을 결의하였다. 그리고 고용농雇傭農에 대해서는 우대 문제, 임금 문제를, 자작농에 대해서도 농민층의 교양, 농민조합의 조직, 농민총동맹 가맹수속 개정에 관한 건, 농총 분규 등을 토의하였다.[188]

185) 《東亞》 1927년 8월 13일 〈醴泉農聯〉. 중앙집행위원장 김영희, 집행위원장 박정상, 권창영, 이중기 외 7인.
186) 《朝鮮》 1927년 8월 22일, 〈開浦 농민 제4회 정총〉.
187) 《東亞》 1927년 11월 21일. 중앙위원장 박창호朴昌鎬, 위원 김영희金永熙 외 15인, 검사위원 황창섭黃昌燮 외 2인.
188) 《朝鮮》 1928년 2월 4일 〈예천농민조합 임시 대회, 중요 의안 의결〉.

전국 조직으로서의 농민총동맹 문제로부터 현실적으로 가장 중요한 문제였던 소작농과 관련된 소작료, 소작료 운반은 말할 것도 없이, 광범하게 존재하고 있던 농촌 고용노동자, 그리고 자작농에 관련된 모든 농업문제를 거론하였다.[189]

1929월 8월에 권원하가 예천농민조합의 중앙위원장이 되었다.[190] 얼마 지나지 않아 위원장 권원하를 비롯한 농민조합의 윤성오尹性五, 남병태南炳台, 박창호 등과 청년동맹 김응도金應道 등은 '상주공산당 사건'에 연루되었다.[191]

(4) 기타

상주에서는 강훈 등 청년회 주역들이 1926년 10월에 농민조합 창립을 준비하였으나,[192] 성사시키지 못했다. 그 뒤 각 면단위 농민조직으로, 상주청년동맹 외서지부 중심으로 대평大平농민조합,[193] 함창의 삼익三益농민조합[194] 등이 조직되었다. 그리하여 1928년 7월에는 박순·이민한·차종섭·김억주 등이 군단위 조합의 발기회를 개최하였다. 그러나 경찰은 "농민이 아닌 자로 농민조합을 조직함은 부당하다"는 이유를 들어 이를 금지시켰다.[195]

189) 은풍지부에서는 이 총회가 열리기 전 자체적인 총회에서 소작료는 답 4할 5분 이내, 전 4할 이내, 전간작田間作 2할 이내, 제반 공과금의 지주 부담, 지주의 부역에 불응하고 제방공사 및 기타 개량공사비는 소작인이 부담치 아니할 것, 마름의 폐지, 농민 교양, 농사 개량, 부업 장려 문제 등을 논의하였다. 소작률의 경우에는 약간의 차이가 있었다(《東亞》 1927년 12월 28일 〈대회와 발회식, 예천농조지부〉).

190) 《東亞》 1929년 8월 26일 〈예천농조 임총〉.

191) 《朝鮮》 1930년 6월 6일 〈상주공산당사건 권씨 석방, 백 여일 만에〉.

192) 《東亞》 1926년 10월 16일 〈상주농조창립준비, 개회 벽두에 퇴장 명령〉.

193) 조합장 채춘식蔡春植. 서무, 재무, 조사연구, 조직선전, 교양, 구호부 등의 부서가 있었다. 《朝鮮》 1928년 4월 26일 〈상주군 大坪 農組 창립대회〉.

194) 《東亞》 1927년 11월 18일 〈삼익농민 창립〉. 조합장 김현달金顯達.

김천의 금릉면에서는 지금까지 군내에 농민단체가 없다는 점을 유감으로 여기며 청년 임경조林京祚·백철수白澈洙·조관제趙寬濟 등이 1927년 4월 14일에 금릉농우동맹金陵農友同盟을 창립하였다. 금릉청년회의 강갑수姜甲壽·김수길金壽吉·김영백金榮白·백기만白基萬·홍보용 등이 지원하였다.[196] 김천청맹위원장 강갑수姜甲壽 등이 창립한 농남農南농민조합도 있었다.[197] 그러나 군단위 농민조합은 결성되지 못했다. 오히려 김천신간지회에서는 조선농민총동맹 지지, 농민조합 조직 촉진, 농민 본위 금융기관 설치, 소작권 확립, 마름 및 농감제 철폐, 지세 지주 부담 실시, 농촌교육기관 설치, 소작쟁의 자유권 확립, 군농회 반

195) 《東亞》 1928년 7월 21일 〈농민조합 금지, 상주경찰이〉. 청년운동을 이끌어가던 핵심적인 활동가들이 어느 지역보다도 적극적으로 농민조합을 결성하려고 했던 것은, 그들이 당시 신간회를 둘러싼 민족단일전선운동론의 해석에서 다른 지역과는 달리 청산주의를 비판하고, 노농청년의 계급적 훈련과 프롤레타리아의 헤게모니를 강조하였던 점과 통하는 것이었다. 박순·김억주·정의섭 등은 이미 1928년 3월에 이런 입장에서 청총상주군위원회를 조직했다. 그들은 당시 청년운동에서 제기되던 청산주의를 '전선 확대와 대중 획득을 구실로 민족적 단일이라는 용어를 오석誤釋하고 이것을 각 부문운동까지 적용하려는 초계급적 철학'이라고 규정하고, '청총이 지시한 현재의 지역적 단일 동맹식은 청년운동의 본질을 망각하며, 각양 각이한 강령과 규칙을 가진 잡종 청년단체의 자유등록소'로 만들어버려, 결국 부르주아 민주주의에 영합되도록 했다는 것이었다. 따라서 그들은 청산주의적, 변절자적 주장을 배격하고 '어느 때 어떠한 경우에서든지 본진이오 본무가 되어야 할 계급적 의식, 조직, 운동을 훼살시킨 단일청년동맹식을 단연 해체하는 동시, 노농청년의 계급적 강령과 및 푸로민주주의적 중앙집권제의 원칙상에 따른 전국적 재조직 운동을 일으키자'고 하면서 지방적으로 단일동맹체인 상주청년동맹을 해체하고 청총상주군위원회 조직하였던 것이다. 이로써 '노농청년군의 계급적 훈련과 교양'을 도모하고, 당면이익을 위한 일상투쟁에는 적극적으로 참가하며, 또한 민족적 단일전선 편성은 지지하되 이것을 빙자하여 운동의 계급적 자립성과 모든 운동에서 푸로레타리아트의 헤게모니를 부인하는 경향과 용인 없이 배전排戰하자고 하였던 것이다(《東亞》 1928년 3월 30일 〈상주청맹 해체, 위원회 조직〉 ; 4월 9일 〈청년운동의 재조직을 촉하자〉).

196) 《東亞》 1927년 4월 11일 〈농우동맹 발기, 김천 금릉면에서〉 ; 4월 20일 〈금릉농우동맹〉.

197) 지수걸, 《일제하 농민조합운동연구-1930년대 혁명적 농민조합운동》, 역사비평사, 1993, 444쪽.

대 등 당시 농민운동의 핵심 문제들을 모두 제기하였다.[198]

경주군 양동에서는 양동농우회가 조직되었다. 청년운동과 신간회에서 활동하던 이중근李重根(《中外日報》 경주기자)이 관여하였다. 이중근은 1928년 1월, 양동의 이석장李錫張의 집에서 이빈구李彬久·이석기李錫麒에게 사유재산 제도를 부인하고, 현 사회제도는 모순이 많으므로 신사회를 건설해야 한다고 선동하였으며, 그해 8월 이빈구로부터 양동농우회 창립총회에 초청되어 농민 백 수십 명에게 "농민단결을 위해 농우회의 조직이 필요하고, 식민 당국이 현 사회제도의 불합리 및 결함 등 추악한 제도를 호도하려고 군농회 및 산업조합 등을 설치하고 있다"고 하면서, 자본주의 사회는 장시간 노동으로 자본주만 이득을 보므로 사회주의 사회를 실현해야 한다고 강연하였다. 그리고 "자본주의 사회를 파괴하기 위해서는 노동 운동, 농촌에서는 소작쟁의 농민운동을 일으켜, 공산주의 사회 실현의 전제로 사회주의를 실현해야 한다"고 선동하였다.[199]

문경군에는 노동자나 소작 농민의 단체가 하나도 없다가, 1926년에 들어 윤청길·이현구·양원경 외 4, 5인이 인권 옹호와 당면한 경제생활 향상을 위해 문경노동조합을 만들었다. 이 노동조합은 ① 호상부조의 법칙에 따른 신사회 건설에 역군이 됨을 자임함, ② 아등我等은 조선 농촌의 이중 착취인 사실의 근절과 계급적 평등을 기期함, ③ 우리들은 처지와 환경이 동일한 계급적 대동단결로서 우리들 무산계급의

198) 《東亞》 1928년 2월 2일 〈김천지회 대회〉.
199) 〈소화 5년(1930) 예제5호 예심종결결정〉, 소화 5년 6월 24일 ; 〈소화 5년 형공刑公 제1323호〉, 소화 5년 7월 18일 대구지방법원형사부 ; 〈소화 5년 형공刑控 제579호〉, 소화 5년 9월 25일 대구복심법원大邱覆審法院 형사부. 징역 1년 6월 확정. 이 사건과 더불어 오은발吳殷發, 이빈구李彬久, 이석현李錫玄, 이석진李錫振, 이석응李錫應, 이해성李海星 등의 독서회 사건도 있었다(〈소화 5년 예제 5호 예심종결결정〉, 소화 5년 6월 24일).

당면의 경제적 최대 이익을 위하여 투쟁함 등의 강령을 내세우고, 이에 따라 농민문제에 대해서는 ① 소작권 이동 및 임금 노동자 문제에 관한 건, ② 농촌 개량 문제에 관한 건, ③ 소작인의 생활 및 노동자의 생활과 농촌 산업 조사에 관한 건, 그리고 ④ 노총勞總 및 중앙협의회 가맹 등을 결의하였다.[200] 그러다가 그 뒤 1928년 6월에 가서 문경농민조합이 만들어졌는데, 구체적인 활동은 알 수 없다.[201]

영천군에서는 동양척식주식회사의 소작료가 인상되자 동척 문제 및 가혹한 지주의 부정한 소작료 징수에 대책을 강구하고자 소작조합을 결성하였다.[202] 영천 하양의 청년회, 노동회 등이 합동으로 소작문제를 논의하고 조합 결성을 지원하였다. 소작조합은 ① 두세 부정 징수에 관한 건, ② 소작료 징수 때 도량기 부정 사용에 관한 건, ③ 동척·흥업회사 소작료 부정 징수의 건, ④ 지주가 지세에 대한 무리 행동에 관한 건 등에 관해 결의하였다.[203] 김석천金錫天·백기호白基浩 등이 중심이 되어 청년운동, 신간회 운동을 활발하게 했던 점이 소작조합의 활동도 가능하게 하였을 것이다.[204]

3) 1930년대 혁명적 농민조합운동으로 전환

1920년대 말 세계적으로 몰아친 경제공황은 일본의 식민정책에도

200) 《東亞》 1926년 9월 3일, 〈문경에 노조 창립〉. 노동 및 중앙협의회에 가맹에 관한 건이 있는 것으로 보아 서울청년회계인 것으로 보인다.

201) 《中外》 1928년 6월 27일, 〈문경농민조, 창립대회성황〉.

202) 《東亞》 1926년 11월 26일, 〈소작조합 창립, 거 18일 영천서〉.

203) 《中外》 1927년 11월 24일 〈하양 靑, 勞 양회위원 懇親會〉.

204) 그리고 이때 연초를 경작하는 농민들이 대구연초전매지국 일본인 직원의 가혹한 연초밀경자 가택수색, 폭언 등을 문제로 농민 4, 5백 명이 전매국 직원과 순사부장을 잡아놓고 그 불법을 항의하기도 하였다(《東亞》 1927년 10월 20일, 〈경북 영천군 농민대 시위〉).

영향을 끼쳤다. 일본은 대미 수출품이었던 생사生絲 시장이 붕괴되면서 물가 상승과 공황으로 빠져들어 갔으며, 일제는 군국주의를 강화하고, 대륙침략을 자행하여 이를 타개하고자 하였다. 또 일제는 농민 항쟁으로 식민체제의 위기를 겪으면서 체제 유지를 위해 농촌진흥운동, 자작농 창정계획 등을 실시하였으며, 동시에 식민지 파쇼 통치를 강화하여 민족운동을 탄압하였다.205)

대공황과 일제 식민정책의 변화 속에서 사회주의 운동, 노농운동의 노선도 전환하였다. 자본주의 모순이 심화되었다는 판단에서 노동자, 농민들의 '폭동'이 가능하다고 판단하였다. 이에 1928년 코민테른 집행위원회 정치서기국의 〈조선공산당 재조직에 관한 결정서〉(〈12월테제〉)와 1930년 프로핀테른 제5차 대회에서 채택한 〈조선의 혁명적 노동조합운동의 임무에 관한 결의〉(〈9월테제〉)가 제시되었다. 민족단일전선운동이었던 신간회를 해소하면서, 합법적인 노농운동을 비합법적인 노선으로 바꾸어 노농 대중을 기반으로 혁명적(적색) 노농운동으로 전환하였으며, 그 운동의 과정에서 자연스럽게 조선공산당을 재건하는 운동이 추진되었다. 이에 전국적으로 혁명적 농민조합운동이 만들어졌다.206)

경북의 혁명적 농민조합은 당재건운동과 연관되어 1931년, 1932년 사이에 일제히 조직되었다. 경주, 김천, 봉화, 안동, 영덕, 영주, 영양, 예천, 의성, 칠곡(왜관) 등지에서 만들어졌다. 1920년대 농민운동이 활발했던 경북 북부지역이 중심이었고, 함경도에서 동해안을 따라 이어진 울진(당시는 강원도) 지역에도 조직되었다. 일제가 적발한 경우는

205) 《朝鮮》 1933년 12월 2일 〈조선내 농민조합〉. 조선의 농민조합은 일제의 엄중한 감시, 간섭으로 1932년 1,415개였다가 1년 만에 1,100개로, 관련 인원도 13만 명에서 11만 명으로 감소하였다.

206) 지수걸, 앞의 책, 역사비평사, 1993, 참조.

모두 14차례로, 검사국에 송치된 사람은 584명이었다.[207] 이를 사건별로 정리하면 아래의 〈표 8〉과 같다. 이 가운데 대표적인 몇 곳의 적색농민조합운동을 들어본다.

① 봉화·영주 : 1931년, 봉화의 황유경黃潤慶(《중앙일보》 기자)과 영주의 김동필金東弼(본명 김봉호) 등이 영주 지역을 중심으로 공산당협의회를 만들어 적색직업조합과 적색농민조합을 조직하고자 하였다. 김동필은 1920년대 농민운동의 중심지였던 풍기 금계 출신이었다. 산하의 청년부(공산청년)에 반제동맹을 조직하였으며, 《뉴스》를 발행·윤독하면서 의식을 고취하였다. 두 사건이 합하여져 재판을 받았고, 12명이 재판에 회부되어 김동필 4년, 황윤경 3년 등을 선고받았다. 재판 과정에서 방대한 자료를 등사할 비용도 없던 차에 대구의 변호사 한영욱韓永煜이 자진하여 이들을 도왔다.[208]

② 의성·안계 : 의성 적색스포츠사건(독서회 사건) 조사 때 드러난 조직으로, 공산대학 출신인 오기수吳麒洙와 박명출朴明茁이 지도자였다. 박명출은 대구청년동맹, 신간회 대구 지부 간부 출신이었다. 1930년 가을부터 박근주朴根疇와 함께 안계, 단북 등지의 농민 3백명을 동원하여, 표면적으로는 문자(한글) 보급, 농민계農民稧 등을 내세우며 6개의 비밀결사를 조직하여 농민운동을 전개하였다. 안계의 흥업계를 장악하려다가 일제가 이를 탄압하자 여섯 곳의 농민조합원을 동원하여 '농민조합 만세'라고 쓴 깃발 4-50개 만들어 안계,

207) 지수걸, 위의 책, 157~169쪽, 176~177쪽.

208) 《東亞》 1932년 9월 20일 〈奉化、榮州秘社事件 明日 全部 送局〉; 《東亞》 1933년 5월 18일 〈慶北赤農事件 不日間 開廷〉; 《東亞》 1933년 12월 13일 〈奉化、榮州 兩事件 昨日、一回 公判〉; 《朝鮮》 1933년 12월 20일 〈봉화 영주 공당사건 피고에 최고 4년형 구형〉.

의성 사이를 왕복하며 시위하였다. 이들은 토지를 획득하고자 방화放火와 같은 '테러' 방법을 사용하려고 했다. 일제도 만약 일찍 발각하지 못했다면 이 사건이 함남의 농조사건에 버금가는 것으로 확장되었을 것이며, 또 농민의 훈련과 조직은 안동콤 사건에 못지않은 내용을 가졌다고 언급하였다. 박명출이 징역 3년을 받았고, 그 밖에 박근주·이원영李元榮·임원동林應洞·금영석琴永錫·박인준朴寅駿 등이 재판에 회부되었다.[209]

③ 경주 : 당시 사회주의 운동이 일어나지 않았던 경주에서 적농이 발각되자 신문에서는 "적색운동의 처녀지處女地"라고 평하였다. 경주 적농의 중심 인물은 이칠성李七星이었다. 그는 1931년 보성고보 재학 때 사회주의 사상을 공부하던 이습회而習會라는 단체가 관여한 동맹휴교 사건으로 퇴학되었다. 경주에 돌아와서는 1934년부터 《조선일보》 경주지국장으로 활동하였다. 이칠성은 이치용李致瑢(李時雨, 신간회 대구지회, 《조선중앙일보》 경주지국 기자), 손동창孫東昌(농업, 개간사업), 손봉호孫鳳鎬(면서기), 최수봉崔秀峯(영일노동조합 서기), 김효출金孝出(재봉업, 경주청년동맹, 신간회 경주지회), 김영만金永萬(요정 서기), 손망익孫望翼(농업), 최명표崔明杓(무직) 등과 독서회를 조직하여 사회주의 사상을 학습·보급하였다. 소작농민과 무산청소년을 모아 야학회를 조직하여 표면적으로는 문맹 퇴치를 위해 한글 보급 운동을 하면서, 다른 한편으로는 사회주의 계급의식을 고취하고 적색농민조합을 조직하고자 노력하였다. 특히 농민들에게 피폐한 소작조건의 불합리성, 소작농민의 궁핍한 상황 등을 들어

209) 《東亞》 1933년 11월 29일 〈30餘名을 取調 中에 又復 新事實이綻露〉; 《朝鮮》 1933년 12월 20일 〈적색농조 조직코 放火로 지주를 牽制〉; 《東亞》 1936년 7월 29일 〈安溪赤農事件 朴明茁出獄〉.

계급의식을 심어 주었으며, 일제 병합 이후의 농업 침탈과 이민, 조선 농민의 만주 이산 등을 들어 일제의 지배와 자본주의 체제를 비판하였다. 이칠성은 활동 범위를 더욱 넓혀 감포, 포항, 울산 등지에서도 사람을 규합하여 일천회一泉會, 협동회協同會 등을 조직하여 대중 선동기관으로 활용하였다. 또 경주 천북면川北面에 야학을 설치하고 농민의 의식 교육을 행하면서 농민조합을 조직하기 위한 적농조 준비위원회를 조직하였으며, 사방砂防공사 인부를 모아 동맹파업을 선동하기도 하였다. 또 각 지방의 세포단체를 통제할 최고기관으로 적색구원회赤色救援會라는 것을 조직하고 경남·북 각지에 지구위원회地區委員會 및 지구세포회의地區細胞會議를 두어 지하 활동을 행하였다.210)

④ 울진 : 1920년대까지 강원도 동해안 지역은 농업환경상 농민운동이 활발하지 않았다. 그러나 전국적으로 사회주의 계열의 청년·지식인의 활동이 활발해지면서 강원도 동부 지역에도 1930년대에 농민운동이 나타났다. 적농운동이 가장 활발했던 함경도 지역과 연계되면서 삼척, 울진에도 사회주의 운동과 농민운동이 일어나게 되었다.211) 울진에서는 전위조직으로서 당재건운동이 먼저 추진되고, 이

210) 《思想彙報》 10, 〈赤色農民組合等 組織事件〉, 1937 ; 《東亞》 1935년 12월 30일 〈赤色運動의 〃處女地〃 慶州 中心의 秘社 豫終〉 ; 《東亞》 1936년 5월 6일 〈"慶州赤農" 事件 最高 四年 求刑〉 ; 《東亞》 1936년 5월 13일 〈慶北 赤農事件 最高 三年을 言渡, 今日、大邱地方法院에서〉. 그 직후 경주농조 사건과 관련되어 감포에서 김비만을 중심으로 한 비밀결사를 조직하여 농민들의 의식 교육을 행하였다고 적발되었는데 신문에서는 이를 "경주의 적농사건과 同根異枝"라고 하였다(《東亞》 1935년 6월 13일 〈慶北 甘浦에 左翼秘社 關係者 十餘名 檢擧〉).

211) 《東亞》 1934년 11월 13일 〈蔚珍、三陟赤農 事件 等 百餘 青年을 檢擧, 交通鑛業의 發展에 따라 江原道 左傾思想 激化〉. 당시 강원도는 '사상 사건의 무풍지대'라고 여겨졌는데, 철도와 도로 교통이 발달하여 인적 교류가 늘어나면서 함경남도, 만주 등지의 좌익 운동과 연결되었다고 파악되었고, "거의 함남 일대와 같이 사상적으로 중요성을 갖게 되었다"고 지목되었다.

어 적색농민조합이 조직되었다.[212]

먼저, 1931년 7월에 울진공작당蔚珍工作黨이 조직되었다. 이우정, 윤두현, 주맹석, 남일성, 주진황, 전영경, 주병순 등은 대부분 울진의 청년운동, 신간회 운동에 참여한 인물이었다. 이우정은 신간회 울진지회에 가입하여 정치문화부 총무간사로 활동하였으며, 울진청년동맹에도 참여하여 집행위원장, 그리고 강원도청년동맹 조사연구부장으로 활동하였다. 그들은 합법 운동의 한계와 비밀결사운동의 필요성에 대하여 인식을 같이하면서 "사유재산제도를 부정하고 공산주의 사회 건설을 촉진시킨다"는 강령 아래 야학으로 주민 속에 침투하였다.[213]

그 뒤 강원도 동해안 지역의 운동을 울진 중심으로 추진하고자 울진공작당을 극동공산주의자동맹으로 전환시켰다(1931. 10). 이 동맹은 조선공산당을 재건하려는 지역 조직이었다. 그러나 결성 5개월 만에 내부의 노선 문제로 해체되었다. 동맹이 해체된 뒤, 윤두현·남일성·주맹석 등은 이리농림학교 사회과학연구회 사건으로 퇴학당한 뒤 귀향해 있던 진기열陳基烈과 접촉하면서 조직 재건을 도모하였고, 만주 및 일본에서 독립운동에 투신했다가 귀향한 최양술崔陽述과도 접촉하여 사회과학연구회를 결성하였다. 최양술은 대구노동자협의회 사건의 중심인물로 봉화에 거주하고 있던 유차을柳且乙과도 교류하였다.

1933년 3월 29일, 최양술 등은 사회과학연구회를 해체하고 적색

212) 이덕열, 〈1930년대 울진지역의 사회운동 – 울진공작당·적농의 활동을 중심으로〉, 영남대 대학원 국사학과 석사학위논문, 1992, 참조.

213) 이하의 구체적인 사실은 朝鮮總督府 警務局 警務課, 《思想犯罪綴》, 1935에 수록된 울진경찰서의 重要犯罪報告(江保司 제393호, 소화 10년 2월 18일) ; 《思想彙報》 4, 〈蔚珍工作黨, 蔚珍赤色農民組合, 咸興同志會組織 事件〉, 1935에 의함.

농민조합을 결성하였다. 창립총회에서는 발기문과 강령, 슬로건을 채택하였다. 〈발기문〉에서는 일제의 무자비한 탄압에 저항하기 위해서는 조직적이고 구체적인 폭동으로 '제국주의 아성'을 총공격하자고 하였으며, 〈강령〉에서는 "농민의 경제적 정치적 의식을 촉진하고 봉건적 착취제도를 부인"하며, "전조선의 농민과 연대하여 본 강령에 따라 투쟁"하자고 하였다. 이를 위해 "정치적 압박기관 및 경제적 착취기관 박멸", "봉건주의 타파", "미신 타파", "일본제국주의 반대" 등의 슬로건도 정하였다. 앞서 본 울진공작당의 전위당 건설 방침과는 달리 혁명적 대중운동을 지향하였던 것이다.

적농의 임원으로는, 의장 남일성, 중앙사무국 진기열(편집부·재정부 겸임), 조직선전부 남일성, 고용인부 윤두현, 청년부 주맹석, 부인부 최재소, 소년부 최학소 등이 있었는데, 그 가운데 최학소와 최재소는 조선공산당('통일 조선공산당')의 핵심 이론가였던 최익한의 아들이었다. 최학소는 진기열과 함께 농민조합의 이론과 조직에 관한 문건을 작성하였으며, 〈발아기에 있어 울진프롤레타리아운동과 우리들의 임무〉라는 문건으로 울진군의 사회운동 방향을 제시하였다.[214]

울진농민조합은 각 동리에 독서회, 야학 등을 실시하여 농민층의 계급적 각성을 촉구하고 청소년의 의식 교양 및 인력 양성에 주력하였다. 일제의 농촌진흥운동을 이용하여 표면적으로 농촌진흥야학회를 개설하고 이면적으로 울진농민조합의 방침을 의식화시켰다. 특히 청

214) 최학소, 〈발아기에 있어 울진프롤레타리아트운동과 우리들의 임무〉, 《사상범죄철》, 729~730쪽. 그는 "울진사회운동의 현재는 전에 비해서 자연생장성적으로 과거보다 발전되었지만, 지도자가 없기 때문에 운동의 발전이 늦고 지금은 훌륭한 지도자를 만들어내지 않으면 안 된다고 생각한다…… 우리들을 지도하는 지도자가 없기 때문에 우리들이 무산자 소년을 교양하는 데는 서로 비판을 필요로 하며 그러한 비판의 결과에서 그 중심을 취해 지도하지 않으면 안 된다."라고 하여, 청소년 교육으로 운동 담당자를 양성시켜야 한다고 주장하였다.

년부는 독서회를 조직하여 청소년의 의식 교육을 행하였다. 《노동독본》, 《사회주의 대의》 등의 좌익 서적을 읽고, 사회운동을 펼쳐 나갈 인재를 양성하였다. 야학으로도 농민대중의 의식을 계몽하고, 일제에 직접 저항할 수 있는 세력을 양성해 나가고자 하였다. 학생 가운데는 1940년 초 울진지역의 비밀결사체였던 창유계暢幽契에 참가하기도 하였다.[215)]

울진농민조합은 1934년 2월, 일제에 발각되었다. 100여 명이 검거되었고, 그 가운데 50여 명이 송치되었으며, 최종적으로 14명이 유죄 판결을 받았다.[216)]

〈표 8〉 1930년대 경북지역 적농관련 사건

	사건명	시기	활동 요지	대표인물	비고
1	안동콤그룹 사건	1931.1	조선독립과 공산주의 실현을 목적으로 〈안동콤그룹〉, 〈예안노농행동대〉, 영주 평은의 〈적농재건투쟁위원회〉, 봉화 내성의 〈적농재건준비위원회〉 등 비밀결사를 조직	안상윤	《思想月報》 3-6, 1933.9
2	김천적색청년동맹 조직 사건	1931.2	청년, 노동자, 농민의 적화를 목적으로 적색청년동맹, 적색노동조합, 적색농민조합을 조직[217)]	林鐘業	《思想月報》 2-6, 1932.9

215) 창유계에 대해서는 김도형, 〈일제 강점기 울진의 민족운동〉, 《蔚珍郡誌(상)》, 울진군, 2001, 450~453쪽. 당시 독서회, 야학 등 청년 대상의 의식 교육의 효과에 대해서는 뒤에 崔學韶, 〈農民組合組織論〉, 1946(《韓國現代史資料叢書》 15, 돌베개)에 정리되어 있다.

216) 《思想彙報》 4, 1935, 10~11쪽 ; 《朝鮮》 1934년 12월 7일 〈被檢者 백여명이든 蔚珍赤色農組事件, 檢事가 出張하야 취조마치고 15명만 今明間 送局〉 ; 《朝鮮》 1935년 7월 9일 〈蔚珍農組事件 求刑한대로 判決〉. 윤두현 징역 6년, 진기열 징역 5년, 이우정·주맹석·남일성 징역 4년, 전영경·최학소 징역 3년, 주진황·최재소 징역 2년 6개월, 황택룡·남석순·전봉인 징역 2년, 남일기·주유만 징역 1년 6개월 등이었다.

3	의성농민조합 사건	1931.2	공산사회 실현을 목적. 의성적색독서회 사건과 연관	朴明茁	《思想月報》3-10, 1934.1
4	영덕적색농민조합 사건	1931.2	영덕면, 남정면 중심	劉熊慶 南基錫	《東亞》1932.11.23
5	조선공산주의자협의회 사건	1931.7	대구를 중심으로, 조선공산당의 재건을 기도하고 노동자, 농민의 적색조합을 위한 비밀결사 조직. 고경흠 등의 조선공산당 재건설동맹의 후신.[218]	權大衡	《思想月報》3-1, 1933.4
6	봉화·영주 적색농민조합 사건	1931.9	농민적화를 목적으로 적색농민조합을 조직 농조의 청년부에 반제동맹, 공산당협의회 대구변호사 韓永煜 자진 변호.	黃潤慶(봉화) 金東弼(영주)	《思想月報》2-11, 1933.2
7	적색농민조합 마르크스주의 강좌회, 공산주의자 그룹 조직 사건	1932.2	칠곡에서 조선의 독립 및 공산화를 목적으로 단체 조직	李李錫, 都炳喆	《思想彙報》22, 1940.3
8	예천적색농민조합, 예천적색결사조직 사건	1932.6	조선독립, 공산사회 실현을 족적으로 비밀결사로 적색농조 및 無名의 비밀결사 조직	韓一淸	《思想月報》4-5, 1934.8
9	대구노동자협의회 사건	1932.9	노동자의 적화를 목적으로 비밀결사로 조직. 기관지 〈大協〉이라는 비밀출판물 발간	柳且乙	《思想月報》3-2, 1933.5
10	의성적색독서회 사건	1932.10	조선독립,공산사회 실현을 목적으로 조직된 비밀결사.	吳麒洙	《思想月報》3-10, 1934.1
11	경주적색농민조합 사건	1932.11	서울에서 활동하다 농촌으로 돌아와 독서회, 야학 등을 조직하고 농조 조직.	李七星	《思想彙報》10, 1937.3
12	울진적색농민조합 사건	1933.3	울진공작당,극동공산주의자동맹을 바탕으로 조직. 강원도 최초의 적색농조.	이우정 윤두현 진기열	《思想彙報》4, 1935. 9
13	영양적색	1932.?	영양 석보 농조지도자 李太乙	李太乙	《朝鮮》

	농민조합 사건		(일명 李命浩) 출소 기사		1934.10.18
14	조선공산당 재건, 全朝鮮赤勞組건설, 김천지방 재건협의 사건	1935.1	경성, 김천 등지에서 조선독립, 공산화를 목적으로 비밀결사 조직	丁吉成	《思想彙報》 6, 1936.3

* * *

1920년대 경북지역 농민운동은 전국적으로 제기된 소작쟁의 농민운동과 그 맥을 같이 하며 치열하게 전개되었다. 농민운동의 전개에 중요한 역할을 했던 1925년 조선공산당의 설립을 계기로 농민운동의 성격도 전후기로 바뀌어 갔다.

1920년대 사회주의계열의 사상운동은 서울청년회계와 북성회·화요회계가 대립하는 가운데 농민운동에서는 대체로 후자가 중심적 역할을 담당하였다. 그러나 아직 노농운동론의 미숙한 발전 단계에 따라 노동운동과 농민운동이 구분·분리되지 않았다. 농민운동과 노동운동의 차별성과 동질성을 파악하지 못하고, 빈농층을 농업노동자로 파악하여 농민운동과 노동운동을 동일하게 보았던 것이다. 따라서 노농운동을 지도하던 기관도 초기에는 계급적 성격이 불분명한 노동공제회를 통하든지, 아니면 각 지역에서 분산적인 형태로 전개되던 청년운동 등과 연계되어 있었다. 1924년 결성된 조선노농총동맹은 농민운동의 전국적 지도조직이었던 점에서 매우 획기적이었다. 운동의 계급적 측면과 무

217) 《東亞》 1932년 8월 25일, 〈金泉秘社事件 思想檢事出張〉. 김천청년동맹원 林鍾業 외 3명이 비밀결사, 반제동맹 지부, 적색농민조합, 적색노동조합 등을 조직하려 하였다.

218) 金俊燁·金昌順, 《韓國共産主義運動史》 5, 청계연구소, 1986, 328~332쪽.

산운동의 성격을 분명하게 제기하였던 것이다. 그러나 그 조직력이 각 지역의 농민운동까지 관철되었는지는 명확하지 않았다.

1920년대 전반기의 농민운동은 주로 소작 관계를 중심으로 한 소작 쟁의로 전개되었다. 고율의 소작률 반대, 지세의 지주 부담, 소작권 박탈에 대한 항의, 마름의 중간 수탈 반대, 지주와 마름에 대한 무상 부역 반대, 소작료 징수 방법의 개선 등이 제기되었다. 구체적인 요구 사항들은 지역에 따라 약간의 차이가 있었지만, 소작농민을 중심으로 일부에서 중·소농이 참여하여 전개되었다. 이 시기 가장 활발한 활동을 했던 곳은 화요회계의 중심지였던 대구 일원과 안동이었다. 대구는 정운해, 최원택, 김하정 등을 중심으로 한 대구노동공제회가 농민운동을 지도하였고, 안동에서는 권오설, 안상길, 김남수 등 청년운동가들이 풍산소작인회를 중심으로 운동을 전개하였다.

1925년 조선공산당의 창립 이후 농민운동은 새로운 발전기에 들어가게 되었다. 물론 이런 변화가 즉각적으로 나타난 것은 아니었지만, 대체로 1925년 말에 이르면서 노농총동맹의 분리 움직임, 농민조합의 결성, 단일전선 운동의 적극적 지지, 대중 운동의 강화 등을 거치면서 더욱 발전하였다. 더욱이 이 시기에는 조선공산당의 운동노선과 농업문제 강령에서 제기된 바와 같이, 민족해방운동의 단계를 부르주아 민주주의혁명으로 설정하고, 이에 의거하여 농업 혁명에 대한 명확한 노선을 제시하였다. 곧 농업 문제가 소작 문제와 같은 단순한 경제상의 문제가 아니고, 토지 문제를 바탕으로 해결해야 한다는 것이었다. 농민운동이 민족해방운동에서 가지는 위치가 명확해졌고, 따라서 농민운동과 노동운동의 공통성과 차별성이 인식되었다.

이런 측면에서 특히 이 시기에는 농민운동 조직을 소작조합에서 농민조합으로 개편하고, 소작농뿐 아니라 식민지지주제와 농정책을 모순으로 여기고 있던 중농, 소농까지 포함하는 운동 조직이 만들어졌다. 이 조직은 조선공산당 운동과 떨어져서는 불가능하였고, 또한 이와 직·간접으로 연결된 청년운동, 신간회운동, 노동운동 등과도 결합되었다. 청년운동의 핵심 인물이 농민조합을 결성하고 농민운동을 지도하였다.

1920년대 후반기에는 전반기 농민운동의 중심지였던 안동에서도 활발하였지만, 서울청년회계열이 다수 참여하고 있었던 점에서 서울청년회계의 청년운동이 활발하였던 경북 북부지역(예천, 상주, 영주, 김천, 문경 등)에서 농민운동이 활발하였다. 예천, 영주, 문경 등지에서는 군단위 농민조합이 결성되는 단계에까지 이르렀다.

군단위 농민조합의 결성운동은 1920년 말에서 30년대 초에 걸치면서 새로운 전기를 맞게 되었다. 이른바 〈12월테제〉와 〈9월테제〉 이후였다. 대중운동을 더욱 강화하고, 이에 기초한 민족해방운동이 강조되었던 것이다. 이 이후 농민운동은 밑으로부터, 그리고 비합법적으로 '혁명적[혹은 적색] 농민조합'으로 추진되었다. 봉화, 영주, 의성, 경주, 울진 등지에서 일어났고, 이 운동은 바로 공산당재건운동과 연계되어 있었다.

〈표 9〉 1920년대 경북지역 노농운동 중심인물

이름	노농운동단체	청년운동, 신간회 등
姜甲秀	농남농민조합	청년연맹, 김천청년동맹 남지회
姜宅鎭	노농총동맹 중앙위원	경북사회운동자동맹
康弼漢	柳田勞動親睦會·하금농민회 집행위원장	정진회, 예천청년동맹
姜 壎	농민조합결성추진	경북사회운동자동맹, 신간회상주지회,

		경북기자대회, 동아일보상주지국장, 상주야체이카
權寧喆	영주농민조합 조직부	신간회영주지회
權新周	柳田勞動親睦會·하금농민회 집행위원	예천眞個노동야학, 정진회
權五卨	풍산소작인회 노농총동맹 집행위원장	화성회, 2차조공
權元河	예천농민조합 임시의장·상무서기	경북건설자동맹, 예천청년동맹, 신간회예천지회, 경북기자대회. 예천공산당 사건
權昌榮	柳田勞動親睦會.하금곡농민회·예천농민연맹 집행위원	예천청년동맹
金基穆	상주노동조합발기	신간회상주지회
金基鎭	풍서농민회 집행위원	신흥청년회, 4차조공 야체이카 공청
金吉相	영주농민조합 조사부	영주청년동맹풍기지부
金洛榮	영주농민조합이산지부 상무	영주청년동맹伊山지부
金南洙	안동노우회	화성회, 안동기자단 창립, 안동청년회, 안동청년연맹, 동아일보지국장, 4차 야체이카, 공청
金東弼	영주농민조합 위원장, 적색농조	경북사회운동자동맹, 신간회영주지회
金福潤	김천노우회 집행위원	김천 청년연맹
金相起	예천노동회 총무 예천노농회 부회장	예천청년회, 예천청년연맹, 예천신흥청년회, 예천기자단, 오오회, 예천청년동맹, 신간회예천지회, 경북청년연맹, 동아일보예천지국장
金億周	상주농민조합발기	상주청년회, 상주청년연맹, 상주新友會, 상주청년동맹, 청총상주군위원회, 경북청년연맹, 신간회상주지회, 동아일보상주지국장
金如源	풍산소작회 와룡출장소	화성회, 와룡청년회
金永熙	송월동노동회.풍산소작회은	청년연맹, 신간회예천지회

	풍출장소 집행위원, 예천농련 집행위원장, 예천농민조합 중앙위원	
金益榮	영주농민조합 집행위원	영주청년동맹 伊山지부, 신간회영주지회
金仁洙	김천노우회	경북청년연맹, 김천청년연맹, 청년동맹, 물산장려지회, 경북사회운동자동맹, 경북기자대회
金 鐘	청도소작조합 집행위원	청도청년회, 義友團
金智漢	풍서농민회 집행위원	신흥청년위원회
金晋植	영주농민조합 교육출판부장	신간회영주지회
金晋潤	안동노우회	신간회안동지회
金昌琬	청도소작조합 집행위원	청도청년회
金夏鼎	남선노농동맹 중앙상집위원	대구노동공제회, 신간회대구지회준비위원
金華鎭	영주농민조합 검사위원	신간회영주지회
南炳寅	은풍소작인회 집행위원	청년연맹, 예천청년회
南炳台	은풍소작인회 집행위원	동아일보지국장, 예천기자단, 예천신흥청년회, 예천청년동맹, 신간회예천지회
南璋	풍산소작인회 위원	일직청년회, 안동청년연맹, 신간회안동지회 ,4차 야체이카 공청
都炳喆		칠곡공산주의자 그룹
都是春	청도소작조합	청도청년동맹창립준비위원, 義友團
李會源	풍산소작인회 집행위원	신간회안동지회
林景祚	금릉농우연맹 집행위원	김천청년동맹 금릉지회
馬 鳴	노농총동맹중앙위원	용진단, 진우연맹
朴老憲	개포노동친목회 검사위원	예천청년동맹

朴明茁	의성안계적색농조	신간회 대구지회, 대구청년동맹
朴炳喆	신문배달조합 조합장	소년동맹 조사연구부장
朴 淳	상주농민조합발기	상주청년회, 상주청년연맹, 상주新友會, 상주기자동맹, 청총상주군위원회, 경북청년연맹, 신간회상주지회
朴雲祥	예천농민조합 위원	개포푸로청년동맹
朴定祥	예천농민연맹 집행위원장	개포푸로청년동맹, 정진회, 예천청년동맹
朴中植	개포노동친목회 집행위원, 예천농민조합 위원	신간회예천지회
朴昌鎬	개포노동친목회 검사위원, 예천농민조합 중앙집행위원장	개포푸로청년동맹, 정진회, 예천청년동맹, 경북청년연맹, 신간회예천지회
申容均	노친회 교양부	청총상주군위원회, 상주청년회
申宰模	달성소작쟁의 교섭대표	노동공제회 상무위원, 眞友聯盟
申昌均	영주농민조합 임시집행부	영주청년동맹
安相吉	풍산소작인회 집행위원	화성회, 신간회안동지회, 4차 야체이카
안상윤		안동콤그룹
安相勳	풍산소작회 와룡출장소	와룡청년회, 안동청년동맹, 조공관련
呂 雲	영주농민조합 정치부장	영주청년동맹풍기지부, 신간회영주지회
吳麒洙	의성안계적색농조	의성 독서회
吳成武	안동노우회	정광단, 안동기자단, 신간회안동, 경북청년연맹, 4차 야체이카 공청
吳鉉八	영양노동조합 평의원	영양 청년연맹, 신간회영양지회, 안동기자단(동아일보 영양지국)
禹珍八	영주농민조합 서기	영주청년동맹풍기지부
兪龍穆	노농총동맹 중앙위원, 농민총동맹 중앙검사위원	고령청년위원회, 고령청년연맹, 신간회고령지회,동아일보고령지국장
劉熊慶	영덕적농	

劉準	풍산소작회	풍산신흥청년, 기자, 신흥청년위원회
尹雨植	지보농민회 집행위원	예천청년동맹
李相鳳	풍산소작회	안동청년연맹, 신흥청년회, 신간회안동대표
李相薰	노농분립간선위원(노동)	대구노동공제회, 경북청년연맹, 정오회, 달성군청년연맹집행위원
李容均	영주농민조합 재정부장	영주청년동맹, 신간회영주지회
李用萬	풍산소작회·예천송월동노동회·풍산소작회은풍출장소 집행위원	풍산신흥청년, 정광단
李愚貞	울진적농	신간회 지회, 울진공작당
李雲鎬	풍산소작회 집행위원	도산구락구, 경북청년연맹, 예안청년회, 신간회 안동지회, 4차 야체이카 공청
李李錫	칠곡적농	칠곡공산주의자 그룹
李準文	풍산소작인회 집행위원	安東青年聯盟, 예안청년회, 신간회안동지회
李準泰	풍산소작인회 집행위원	조공
李重根	양동농우회 사건	경주청맹경주지부, 신간회경주지회, 중외일보 경주기자
李昌植	풍산소작인회 집행위원	신간회 안동지회
李七星	경주적색농조	조선일보 경주지국
李太乙(命浩)	영양적농	
李泰鎭	청도소작조합	義友團
李見求	노동조합 창립준비	문경 청년동맹, 경북청년도연맹, 4차야체이카
李會昇	풍산소작인회 집행위원	신간회안동지회, 조공 안동야체이카
林鐘業		김천적색청년동맹
張東護	예천노동회 부회장, 예천노농회 부회장	예천 오오회, 예천청년회

全景錫	영주농민조합 검사위원	영주청년동맹, 신간회영주지회
丁奎燦	영주농민조합 검사위원	영주청년동맹, 경북청년연맹위원회, 신간회영주지회
鄭雲海	남선노농동맹 중앙상집위원, 노농총동맹 중앙위원	대구노동공제회, 조선공산당(2차)
趙寬濟	금릉농우연맹 집행위원	김천청년회, 김천청년동맹 금릉지회, 김천소비조합
趙炳烈	노동총동맹 중앙집행위원	경북건설자동맹위원, 공청, 야체이카(조청룡)
趙薰錫	영양노동조합 이사	안동기자단(동아일보 영양지국)
池二達	가창농업협동회, 낙작인회장	대구노동공제회위원
車宗燮	상주농민조합 발기	상주사회단체 연합간친회 준비위원
崔世基	노공노농분립간선위원(농민)	아구동맹, 경북청년연맹, 달성군청년연맹
崔元澤	남선노농동맹 중앙집행위원 노농총동맹 중앙위원	대구노동공제회, 대구청년회, 동아일보 지국장, 코르뷰로 경북대표
崔學韶	울진적농	최익한의 아들
韓圭錫	남선노농동맹 중앙상집위원	노동공제회, 대구청년회
韓圭植	남선노농동맹 중앙상집위원 노공분립간선위원(노동)	대구노동공제회
韓一淸	예천적색농조	
洪甫容(洪甫乭)	노동총동맹 중앙집행위원, 금릉농우동맹 설립지원	경북건설자동맹, 금릉청년회, 김천청년연맹, 경북기자대회, 경북청년연맹, 신간회김천지회, 4차조공 야체이카, 공청
黃克鍊	풍산소작인회	풍산신흥청년
黃潤慶	봉화적농	
黃貞欽	영주농민조합 조사부장	신간회영주지회
黃昌燮	예천농민조합 검사위원	예천청년회, 예천신흥청년회, 예천오오회
黃泰成(黃大用)	김천노우회 총회의장	금릉청년회, 김천청년동맹, 경북청년연맹, 신간회김천지회, 4차조공 야체이카, 공청

결어

(1) 1876년 문호개방으로 한국사회는 역사상 경험하지 못했던 대변동을 겪었다. 제국주의 세력이 침투하고, 유교 사회를 위협하는 새로운 서양 문명의 우월성이 '힘'으로 증명되면서 문명관이 변화되어 새로운 근대서양문명으로 일대 전환이 전개되었다. 그런 과정에서 종래의 봉건적 생산관계도 점차 세계자본주의 체제 속에 종속되면서 새로운 사회경제 구조로 바뀌어갔다. 급기야 일제 강점으로 식민지적, 봉건적 속성이 내포된 자본주의 구조로 왜곡되었다. 이는 제국주의 식민 체제로의 포섭이었고, 한국의 근대사회는 민족과 계급 문제를 해결하고 근대민족국가를 건설하는 과정으로 전개되어 갔다.

식민지 아래 자본주의 체제로의 이행은 새로운 사회 계급의 형성, 분화를 수반하였다. 식민지 경제체제와의 산업적 연관 아래, 토지와 미곡의 상품화 속에서 봉건적 지주제가 온존, 확대되었고, 이로 말미암아 농민층의 몰락은 가속화되었다. 급기야 전 농민의 반이 넘는 소작농민이 형성되었다. 한편으로는 상품화폐경제의 발전과 산업화의 진전 속에서 이를 주도하던 새로운 자산가, 부르주아층이 형성되었다. 상인층은 축적된 자본을 바탕으로 유통·금융 등의 분야에서 활동하였으며, 때로는 지주가 되어 봉건적 지주제에 기생하기도 하였다. 지주 가운데는 그 자본을 근대 산업자본으로 전환하기도 하였다. 따라서 이들은 조선에 침투해온 일본 자본과는 경쟁하기도 하였고, 때로는 협조적인 형태로 '합작'하기도 하였다. 그리하여 이들 계급 사이에는 경제적, 정치적 지향을 둘러싸고 치열한 대립이 전개되었다. 식민권력을 정점으로 하여, 그 아래 일본인 지주와 자본가, 조선인 지주와 자본가, 몰락해 가는 조선 농민층 사이에 중층적 관계가 확립되고 더불어 정치적 속성도 맞물려 있었다.

한편 개항 이후 자본주의체제, 상품화폐경제는 전국으로 확산되었다. 서울과 개항장에서 내륙의 도시와 농촌까지 제국주의의 정치경제적인 힘에 따라 강제적으로 편성되었다. 상품화폐경제가 지방으로 확산하는 과정에는 각 지역별 사회경제구조에 따라 차이가 있었다. 특히 철도와 도로의 부설로 말미암은 상품 유통로의 변화, 그리고 수전과 한전이라는 농업 경영지대에 따라서 많은 차이가 있었다. 그리하여 식민 모국과 식민지 조선, 서울과 도시, 도시와 농촌이라는 매우 중층적인 형태로 '식민' 구조가 형성되었다.

사회경제 구조의 전환 속에서 필연적으로 체제가 지닌 모순이 제기되었다. 그리고 이 모순은 대부분 각 지방의 변화 과정으로 터져 나왔다. 전근대 체제에서도 그러하였지만, 개항 이후 식민체제 아래에서 구축된 상품화폐경제나 지주 경영의 모순도 그러하였다. 자본주의 체제로의 형성은 서울과 도시를 중심으로 이루어졌지만, 그 모순은 지방 단위에서 표출되었던 것이다. 지역 단위의 '지방사' 연구, 특히 이 시기의 민족문제를 둘러싼 개혁운동, 사회운동이 가지는 의미인 것이다.

이 책에서는 상업도시로 부각된 대구와 그 주변의 농촌인 경북 지역에서 일어난 여러 계층·집단, 곧 보수적 유생층, 신지식층과 부르주아층, 그리고 농민층이 각각 당시의 사회 변화 속에서 갖게 된 민족문제 인식과 개혁 운동을 검토하였다. 이들 계층이 행한 각각의 대응은 전국적으로 거의 동일하기는 하였지만, 대구·경북 지역이 유교적 기반이 강했고, 또 경부선이 통과하면서 내륙 도시 가운데서는 일찍 상품화폐경제가 발전하였으며, 따라서 일본 상인의 침투도 거세었다는 점이 중요한 배경과 계기가 되었다.

(2) 개항 전후, 대내외적 체제 위기 속에서 가장 먼저 대응책을 강

구한 세력은 기존의 지배집단이었다. 그러나 지배계층 안의 당색黨色과 학문적 연원, 재조在朝와 재야在野 등에 따라 당시의 사회 변화를 인식하는 태도와 현실 타개책도 매우 달랐다.

노론 집권세력은 서울 지식인 사이에서 성행했던 북학론北學論의 전통 위에 서 있었다. 그들은 점차 중국 중심의 동아시아 국제 질서를 벗어나 만국공법에 따른 새로운 '근대 질서'를 지향하였고, 서양 문명을 가장 높은 단계의 '문명'으로 인정하였다. 처음에는 서양의 기술문명만을 받아들여 이를 달성하고자 하였으나, 점차 서양의 정치, 법률, 나아가서는 서양의 종교까지 인정하는 문명개화론도 대두되었다. 1880년대 정부의 양무개혁 사업에서 갑오개혁, 그리고 대한제국의 광무개혁으로 이어졌다.

이에 견주어 재야 유생층은 정통 주자학과 유교사회를 유지하고자 하였다. 재야 유생층이 당시의 사회 변화 속에서 가졌던 이념이 척사위정론斥邪衛正論이었다. 본래 유교는 이단異端을 배격하고 정학正學을 숭배[벽이숭정闢異崇正]하고, 또 중화를 존중하고 이적을 배척[존화양이尊華攘夷]하는 원리를 기본으로 하였다. 당시 유림 세력은 당색과 학파의 연원에 따라 성리철학론에서 정치 운영과 현실대응론에 이르기까지 차이가 많았으나, 척사론적인 인식은 거의 동일하였다. 특히 유생층은 서양세력의 침략과 천주교의 보급, '서양화'한 일본의 침투, 그리고 이를 수용한 정부의 개혁사업 등 이 모두를 유교사회를 근본적으로 위협하는 것으로 인식하였다. 그들은 병인양요와 개항을 반대하는 상소운동, 《조선책략》을 반대하는 만인소 운동, 갑오개혁 반대와 의병항쟁 등을 전개하였다.

경북 지역 유생층이 체제 위기 앞에서 제기한 대응은 기본적으로 다른 지역의 재야 유생층과 다르지 않았다. 하지만 경북의 유생들은 퇴계의 학맥을 이은 남인들이었기에 집권 노론과는 그 출발이 달랐다. 영남 남인은 항상 집권 노론으로부터 정치적 견제를 받아 왔다. 병인양요, 조일수호조규 체결 당시에 영남 남인들도 척사론을 천명하고 의병까지 일으킬 생각을 하였지만, 노론 계통의 재야 세력은 여전히 남인이 서양과 통할 수 있는 위험성을 경계하였다. 그러다가 1881년 《조선책략》을 반대하는 영남만인소가 전국으로 확산되면서 재야 노론의 의구심도 조금 줄어들었으며, 오히려 재야 노론인 자신들의 이기론, 성리철학이 성주의 유자들과 상통한다고 보았다.

또한 경북 지방의 유림은 서울지역의 남인 '경남京南'(혹은 근기남인近畿南人)과 지속적으로 관계를 유지하였다. 남인들은 숙종 때 갑술환국甲戌換局 이후 중앙 정계에서 배척되었지만, 정조의 탕평정치, 고종 초기 대원군의 남인 등용 등으로 중앙 정계에서 명맥을 이어가고 있었다. 또 한편으로는 경기 지역에 유지되고 있던 반계磻溪, 성호星湖 이후의 '실학實學'과도 그 맥이 닿고 있었다.

경북지역에는 퇴계 학맥 속에서 몇 군데에 대표적인 유림 세력이 존재하였다. 안동 일원에는 김성일金誠一의 학문을 이은 유치명柳致明, 김도화金道和 등의 학봉鶴峯계와, 류성룡柳成龍의 학문을 가학 수준에서 이은 류후조柳厚祚, 류주목柳疇睦 등의 서애西厓계가 크게 양분하여 자리 잡고 있었다. 성주와 그 인근에서는 이진상李震相의 한주寒洲계가 학문적으로 번성하였다. 그 밖에 칠곡 지역에는 장현광張顯光의 후예인 장석봉張錫鳳·장석룡張錫龍 형제, 그리고 구미에는 허전許傳을 거쳐 경기 지역의 실학과 연결된 허훈許薰·허위許蔿 형제도 있었다. 이들은 영남 남인의 학통에 있으면서 집권세력과 서양에 대한 인식이나 그 대응책 등에서 차이를 보였다.

안동의 학봉과 서애는 퇴계의 직접 제자였지만, 그 후예들은 조선

후기 이래 향촌 지배, 중앙정계와의 관계 등으로 끊임없이 경쟁하였다. 병산서원과 호계서원의 대립, 곧 병호시비가 일어나게 되었고, 경북 북부지역의 유림계도 이에 따라 양분되었다. 이 대립은 대원군이 서애 후손 류후조를 우의정으로 등용하면서 그 극에 달하였다. 마침 대원군이 실시한 서원 철폐 문제와 맞물려, 훼철을 당한 호계서원 유생들[虎儒]은 이를 적극적으로 반대하였으나, 훼철을 면한 병산서원 측 유생들[屛儒]은 서원 철폐에 대해서 원칙적으로 반대하면서도 집단적인 행동에는 보조를 같이 하지 않았다. 그 뒤 대원군이 실각하자 병유는 대원군 봉환 상소 운동을 적극적으로 벌였으나, 호유는 이에 소극적이었다. 중앙 정계와의 관련 속에서 《조선책략》을 반대하는 만인소 운동은 호유들이 주도하였으며, 일본의 침략에 저항한 의병항쟁이나 자정 등의 척사운동도 호유들이 주도하였다. 반면 병유들은 항상 "세신世臣의 후손"이라는 점을 들어 '자중自重'하였다.

성주의 한주학파는 경상우도慶尙右道라는 지역적 특징이 있었다. 성주는 퇴계의 학문이 번성하면서도 부분적으로는 남명 조식曺植의 영향도 있었다. 19세기 후반에는 안동의 학봉계에 맥이 닿은 이원조李源祚와 그의 조카 이진상李震相이 학문을 이끌었다. 그들은 19세기 중엽 농민항쟁을 해결하고자 삼정三政 제도의 개혁과 더불어 지주제의 폐단을 완화하여 소농경영을 지향하는 감조법減租法을 주장하였다. 또한 심성 문제에서는 '리理'를 중시하여, "마음이 곧 리"라는 '심즉리心卽理'를 주장하였다. 이진상의 학문은 인근의 칠곡·고령·거창 등지로 파급되었다. 이진상이 주자와 퇴계의 학문을 본 받는다['조운헌도祖雲憲陶']라고 천명하였지만, 그의 사후 편찬된 《한주문집》이 안동권에서 배척당하였고, 상주에서는 그 문집이 불태워지기도 하였다. 물론 이런 갈등은 '오해'에서 비롯되었다고 하여 해결되기는 하였으나, 이진상의 성리철학은 안동권과도 다른 독특한 면이 있었던 것이다.

구미 임은에 세거하던 허씨가의 학문은 영남의 유학과 더불어 근기지역의 실학도 접하고 있었다. 허씨가는 근기지역 남인의 주류 세력이었던 허목·채제공 등과 교류하였으며, 이 시기에는 김해부사로 부임한 허전許傳을 통하여 이익·안정복의 실학과도 연결되었다. 그러면서도 동시에 허훈은 서애학맥의 류주목에게도 배웠다. 허훈은 실학의 핵심인 토지개혁론을 제시하지는 않았지만, 이를 주장한 허전의 방안을 칭송하였다.

이들 유생들은 성리철학이나 내정 개혁방안에 대해 약간의 차이에도 불구하고 서양과 일본의 침략에 대해서는 철저하게 부정적이었다. 적극성의 차이는 있었지만 1880년대 초반의 〈만인소萬人疏〉에는 영남 전역의 유생들이 동참하였다. 그리고 갑오개혁, 단발령을 계기로 의병을 일으켜 활동하기도 하였다.

그러나 청일전쟁, 갑오개혁 이후 국제 정세가 변하고, 서양문명 수용론이 확산되면서 변화의 파장은 보수적인 영남 유림들에게 미치게 되었다. 서울에서 시작된 '계몽' 활동이 지방의 도시를 거쳐 주변의 농촌 지역으로 퍼졌고, 또한 정부가 주도하는 개혁사업도 지방관을 통하여 지방 유생들에게도 파급되었다. 문명개화를 주장하던 신지식층, 또는 변법론을 주장하던 개신유학자들이 지방의 유림, 특히 가장 보수적이라는 영남의 유생들을 향하여 '변화'를 촉구하였다. 경북지역 일부의 유생들은 '개혁'의 필요성에 공감하고 서양에 대한 인식도 조금씩 변하기 시작하였다.

시대의 변화에 따라 제기된 유림의 대응도 다양하였다. 국권, 민족, 문명 등의 난제에 대한 인식의 차이였다. 가장 극적인 변화를 보인 곳은 안동의 일부 호유虎儒들이었다. 이들 호유는 초창기 척사 의병을 주도하였지만, 차츰 이들의 일부는 계몽운동 노선으로 전환하게 되었다. 서울에서 신채호를 만나 사상적 변화를 일으킨 유인식柳寅植을 중심으로, 이상룡李相龍, 김동삼金東三 등은 근대교육을 행하는 학교를 세우고, 계몽운동 단체 대한협회 지회를 운영하였다. 결국 이들은 계몽운동의 독립군 기지건설의 일환으로 만주로 건너가 독립전쟁에 적극적으로 참여하였다.

성주의 한주학파 후학들의 변화도 특이하였다. 다른 보수적 재야 유생에 견주어 서양에 대해서 매우 개방적이었던 그들은 서양의 부강이 정치제도와 기술문명에서 가능하였다고 보고, 유교의 근본을 유지하면서 유교사회를 보완하는 차원에서 서양의 정치론까지 수용하자고 하였다. 그들은 당시 세계 질서를 만국공법에 따라 파악하고, 이를 전국戰國 시대와 같은 것으로 생각하였다. 그들은 계몽운동의 지회(성주·고령)도 조직하여 계몽운동과 교육운동을 전개하였다. 고령의 이인재는 서양의 고대 철학까지 연구하였다. 3.1운동 민족대표에 유림계가 빠졌다고 반성하면서 독립을 청원하는 〈파리장서〉를 추도한 것도 이들이었다(1926). 일제 지배 아래에서 유교를 보존하고, 이를 종교화하는 방향으로 추진된 공자교운동孔子敎運動도 모두 한주학파의 후예들이 제기하였다.

구미 지역 유생 허훈의 동생 허위는 을미사변, 단발령이 일어나자 의병에 참여하였다. 곧 대한제국의 관료가 되면서 그는 대한제국의 개혁사업, 국제사회에서의 자주권 유지, 일본침략의 본질 등을 명확히 인식하게 되었다. 그는 보수적 유생의 입장을 탈피하고, 대한제국의 국권회복을 추구하는 운동에 참여하였다. 인근 오태 장씨가의 후손들도 역시 대한제국의 관료 출신이었지만, 자신들의 사회경제적 기반, 곧 지주 경영을 바탕으로 자산가 대열에 참여하면서 예속 자본가로 성장하였다.

(3) 개항 뒤 서양 문명의 수용과 이를 통해 근대개혁을 추진한 것은 조선 정부와 집권 세력이었다. 물론 그 내부에는 서양 문명에 대한 인식 차이와 수용의 향방에 따라 다양한 견해들이 제기되었고, 노선을 둘러싸고 물리적인 힘에 의한 대립도 일어났다. 청일전쟁 뒤, 서양 문명을 선호하는 여론이 확산되고 개혁운동이 추진되면서 이런 움직임은 점차 지방으로도 확산되었다. 자연스럽게 지방의 유생층, 자산가(상인, 지주층)를 계몽대상으로 삼아 동맹 세력으로 포섭하였고, 이로써 일반 민중에 대한 계몽으로 나아갔다. 대구, 경북지역에는 이른 시기부터 사회경제적으로 자산가층이 형성되면서 이 운동이 확산되는 데 주도적 역할을 담당하였다.

대구는 역사적으로 영남 정치의 중심지였다. 조선 후기 이래 낙동강을 끼고 상품화폐경제가 발전하면서 경북 내륙 상권의 중심지가 되면서 전형적인 '봉건 도시'로 성장하였다. 대구의 정치경제적인 핵심세력은 개항 이후 몇 차례의 계기에 따라 자산가층으로 성장하였다. 이들은 개항 뒤 상품 유통이나 정부의 조세 수취 등과 연결된 상인층이었으며, 축적된 부를 토지에 집적하여 지주층이 되었다. 또한 학문적으로는 영남 지역 유학을 그 바탕으로 하였으나, 사회 변화에 따라 서양 문명을 절충적으로 수용하면서 대구, 경북 지역의 계몽운동, 교육운동 그리고 국채보상운동을 주도하였다.

대구지역 부르주아 세력의 형성에는 다양한 계기들이 있었다. 그 출발은 조선후기 이래의 상업 활동이었다. 이들은 대구를 중심으로 발달했던 전국적인 장시, 곧 1년에 2월(약령시), 10월 두 차례 열린 영시令市와, 한 달에 12번 열리는 서시西市와 동시東市 등의 정기 시장으로 영남 내륙의 상권을 장악하고 부를 축적하였다. 대구 상인층의 자본 축적은 개항 뒤에 더욱더 확대되었다. 경북지역의 대규모 상품 유통은 낙동강을 끼고 이루어졌는데, 그전부터 내륙에 농산물과 부산지역의 소금, 건어물 등을 유통시키면서 낙동강 연변의 수전농업지대의 쌀을 모아 개항장 부산으로 출하하고, 반대로 부산으로 들어오는 면직물을 경북 내륙으로 유통시켰다.

이런 유통 장악을 기반으로 그들은 정부의 조세 수취에 편승하여 거상으로 성장하였다. 서상돈徐相燉은 외획外劃으로 경남북의 '시찰視察'(봉세시찰관捧稅視察官, 곧 검세관檢稅官), 경상남도 독쇄관督刷官 등으로 활약하면서 큰 부자가 되었다. 지방관이 되어 공전무곡公錢貿穀으로 부를 축적하기도 하였다. 이렇게 부를 축적한 상인층은 지주가 되거나 또는 근대적인 자본가로 전신하였다.

개항으로 말미암은 통상무역은 상인들이 부를 축적할 수 있는 계기가 되었지만, 또 다른 한편으로는 이로써 침투해온 일본 상인 자본과 토착상인의 경쟁 관계도 형성시켰다. 경부선이 대구를 지나면서 일본인 노동자들의 이주가 증가하고 일본 군대와 경찰도 주둔하였으며, 일본인 거류민단과 일본인상업회의소도 만들어졌다. 일본 자본의 경제 침탈은 상업 부문뿐 아니라 낙동강변의 토지에도 자행되었다. 경부선 완공으로 낙동강을 낀 상품 유통로가 변경되면서 일본 상인들이 유통권을 장악하기 시작하였고, 화폐정리사업의 실시와 대구이사청의 설치 이후에는 일본 상인의 침투가 물밀듯이 늘어났다. 이에 토착 조선 상인들의 상권은 점차 축소되어 갔다.

일본 상권의 침투에 대한 조선 상인의 대응은 매우 상반된 두 측면으로 나타났다. 일본 상인과 적극적으로 대립하기도 하였지만, 때로는 일본 상권 속에서 예속, 안주하기도 하였던 것이다. 대구 상인들은

1906년에 일본인들이 거류민단과 일본인상업회의소를 만들자 이에 대항하여 민회 조직을 만들고 대구상무소大丘商務所를 조직하였다. 그러나 점차 일본 상권으로 대세가 기울면서 일본상인이나 일제의 권력과 연결되어 일제의 경제침탈을 부를 축적할 수 있는 기회로 이용하였다. 일본상인의 자금전대資金前貸에 의해 미곡무역을 대행하던 예속 상인층이 되었으며, 또는 일본인과의 합작으로 회사를 세웠다. 일제의 농촌금융 침탈 과정에서 만들어진 농공은행에도 대거 참여하였다. 이런 과정 속에서 토착 상인들도 점차 근대자본가로 성장하여 갔다.

대구·경북지역의 계몽운동과 국채보상운동은 이들 상인층, 지주층 등의 계급적 이해관계 속에서 택한 방안이었다. 이들이 학교 설립을 통한 교육운동에 동참하게 된 것은 정부 정책의 영향이었다. 특히 갑오개혁 시기에 시작된 공교육은 대한제국기에 들어서면서 전국적으로 확산되었는데, 지방에서는 관찰사를 중심으로 학교 설립을 권장하였다. 이때 각 지역의 지주, 상인, 유생층이 동원되었다. 대구에서는 1906년 1월, 대구광문사大邱廣文社를 조직하고, 동서양의 서적을 골라 번역하여 교과서로 발매하며, 잡지와 신문을 발간하고자 하였다. 그리고는 교육과 학문을 진흥하고 학교를 설립하기 위해 각 지역 인사 5~6백 명으로 대구광문사에 문회文會를 만들었다가 이를 다시 별도의 대동광문회로 개편하였다. 이들은 대구에 몇몇 학교를 세우고, 다시 관찰사의 교육 진흥 속에서 경북 일원으로 이 운동을 확산하여 한 개 군에 한 학교 이상을 설립하고자 노력하였다.

한편 경북지역에도 서울에서 추진되던 계몽운동의 지회들이 만들어졌다. 종래 서울의 지배층 안에서 이루어지던 부르주아 운동이 지방으로 확산되었는데, 이들의 '계몽' 활동 가운데 중요한 부분이 지방의 유생층, 자산가층을 그 운동으로 끌어들이는 일이었다. 경북지방이 완고한 보수 유림의 소굴처럼 지목되고 있었으므로, 이들에게 더 열심히 계몽 활동을 행하였다. 지방을 순회하면서 지회 설립을 촉구하였고, 이에 따라 지방의 유력자들이 지회를 조직하게 하였다. 대구를 비롯하여 경북지역에는 13개 군에 대한자강회, 대한협회, 교남교육회의 지회가 조직되었다. 이런 과정에서 지방 유생층의 사상적 전환이 일어났다. 위에서 언급한 안동과 성주·고령 등지였다. 이들 지회의 계몽운동과 교육운동이 활발하게 일어났던 것이다.

이렇게 세워진 각지의 사립학교는 물론 근대적인 학교였다. 종래의 유교 경전만을 가르치던 향교, 서원, 서당과는 달랐다. 학교가 서원이나 서당을 근간으로 세워진 경우에도 세계 정세의 변동과 국권 유지, 그리고 서양의 정치론이나 민권까지 가르쳤다. 하지만 대부분의 지방 학교는 유교를 유지하면서 서양의 근대 학문을 절충적으로 결합하여 교육하였다.

한편 대구에서 조직적으로 일어난 국채보상운동도 국권과 문명화를 지향하던 계몽운동의 일환이었다. 자산가층의 경제적 이해관계 위에서 전개한 계몽운동이었던 것이다. 몇 자료에 따르면 국채보상운동은 동래의 상무회商務會에서 발의한 단연동맹斷烟同盟에서 비롯되었고, 대구 광문사가 나서면서 조직적으로, 그리고 전국적으로 확산되었다. 대구 광문사와 대동광문회의 인사 13명이 발기하여 '금연상채'를 추진할 민의소民議所를 조직하여 체계적으로 운동을 추진하였다. 이 운동은 유생층, 자산가 등이 주도하고 부녀자, 하층민 등 일반민들이 동참하면서 더욱 확산되었다. 서상돈 등의 상인층이 일본의 침탈에 저항한 것은 이들과의 경제적 대립 과정에서 자연스러운 일이었다.

일제 강점 뒤, 대구지역의 부르주아 세력은 격심한 분화 과정을 겪었다. 계몽운동의 한계점을 인식하고 무력항쟁의 흐름에 따라 의병계열과 결합하는 경향이 나타났다. 이들은 군자금 모집을 목적으로 국권회복단을 만들고, 이를 바탕으로 국내외 의병계열과 합하여 대한광복회에 참여하였다. 그러나 대지주, 대상인은 일제에 점차 예속되면서 그들의 경제적 지위를 유지하였으므로, 이들은 독립운동 계열의 공격대상이 되었다.

1920년대 들어서면서 이들의 분화는 좀 더 명확해졌다. 예속적 부르주아지는 일제의 권력기구에 직간접으로 참여하면서 사실상 친일화하였다. 민족적 입장의 부르주아층은 1920년대 초반 부르주아 문화운동과 사회주의 운동 계열로 분화되었다. 1924년 전후 전국적으로 자치운동이 제기되면서 부르주아 세력도 또 다시 분화하였다. 민족주의 좌파와 사회주의 세력 사이에는 연합전선으로서 신간회 지회를 만들었다. 이런 분화와 변화는 대구지역에서만 일어나는 것은 아니었고, 전국적인 현상이었지만, 대구는 어느 지역보다도 부르주아 세력이 강하게 형성되어 있었고, 이들이 신간회 지회를 주도하였다.

(4) 19세기는 흔히 '민란의 시대'라고 할 만큼 농민항쟁이 치열하게 일어났다. 경북지방은 1862년 농민항쟁의 중심지였으며, 개항 뒤에는 성주·함창·예천의 항쟁을 거쳐 1894년 농민전쟁의 기간에도 봉화·안동·용궁·함창·상주·선산·개령·금산·성주 등지에서 항쟁이 계속되었다. 이 지역은 대체로 미곡이나 면화농업으로 상업적 농업이나 유통경제가 발달되어 농민층 분화의 진전도 빨랐으며, 삼정문란도 심각한 양상을 띤 곳이었다. 농민층은 그들을 몰락시킨 모든 세력, 즉 지주와 봉건지배층, 개항 뒤의 제국주의세력, 그리고 이에 기생한 매판세력에 대해 항쟁하였다.

몰락 농민층의 항쟁이 민란으로 터지면서 각종 변란變亂도 일어났다. 변란의 주도 세력은 새로운 사회로의 꿈을 제시하면서 현실에 불만을 품은 소농민, 소상인과 같은 민중층을 끌어 모았다. 민중층 사이에는《정감록》, 미륵신앙, 그리고 동학이 급속하게 확산되었으며, 변란 세력은 이러한 참언讖言, 예언豫言을 이용하였다. 특히 경북지역은 동학의 발상지로 초창기 중심적인 포교지였고, 또 소백산 아래의 북부지역은《정감록》에서 지목한 길지吉地였다. 영해 지역과 문경에서 일어난 이필제의 난은《정감록》과 동학 사상을 동시에 동원하여 몰락 농민, 민중층의 바램을 수렴하면서 '새로운 세상'으로 '개벽開闢'을 꾀하였다.

1894년 농민전쟁 이후의 민중운동은 의병항쟁으로 수렴되었다. 의병은 1895년 단발령, 1905년 을사늑약, 1907년 군대해산을 계기로 각각 확대·발전되었고, 초창기에는 보수 유생층의 창도로 시작되었지만, 후기에 갈수록 평민의병장이 출현하면서 민중층이 이를 주도하였다.

의병항쟁이 제일 먼저 일어난 곳은 안동이었다. 일본군의 경복궁 침범(1894)을 반대한 서상철의 의병이 그것이다. 의병이 전국적으로 일어나게 된 때는 을미사변과 단발령(1895) 이후였다. 경북지방의 의병은 다른 곳과 마찬가지로 보수적 재야 유생층에 의해 시작되었다. 안동에서는 안동창의대장 권세연權世淵을 중심으로 김도현金道鉉·유시연柳時淵·허훈許薰 등이 거의하여 안동·봉화·영양·진보·의성·영천 등지에서 활동하였으며, 문경지역에서는 이강년李康年·김상태金相台 등이 제천의 유인석柳麟錫 호좌의병진湖左義兵陣과 연합하여 활약하였다. 그밖에 금산·성주 지역에서는 이기찬李起燦·허위許蔿 의병부대가 지례·개령 등지를 중심으로 활동하였다.

잠시 소강상태를 이루던 의병 항쟁은 1904년 러일전쟁과 1905년의 을사늑약을 계기로 재기하였다. 안동에서는 김도현이 다시 일어났으며, 영천·경주에서 일어난 정용기鄭鏞基의 산남창의진山南倡義陳이 가장 활발하였다. 이때 영해·영덕·영양·울진 지역을 중심으로 평민의병장 신돌석申乭石 부대가 나타났다. 초기 의병 이후의 공백은 소규모 의병부대와 화적·활빈당이 메우고 있었으며, 점차 화적들의 의병전쟁 참여가 늘어났다. 특히 경북에서 활동하던 활빈당은 의병으로 전신한 대표적인 경우였다.

일제에 의해 해산된 대한제국 군인들의 의병 참여는 의병전쟁의 전투력과 규모를 증폭시켰다. 의병항쟁은 경북지방 전역의 산간 지역으로 퍼졌다. 대체로 소부대의 게릴라 활동을 전개하였고, 일본 군대가 직접 주둔하고 있는 평야지대나 경부선 연변은 제외되었다.

경북의 의병은 다른 지역에 견주어 보수 유생층의 활동이 지속되었다. 이들의 활동은 군대해산 이후에는 상대적으로 약화되었지만 여전히 주류적 입장에 있었으므로, 의병항쟁이 진행되면서 점차 의병부대 내부나 의병부대 사이의 계급적 모순이 나타나게 되었다. 영양의 김도현은 동학군을 토벌하려고 군대를 조직하고 성을 쌓았다가 이를 의병항쟁에 이용하였으며, 1차 의병의 해산 뒤에는 화적 토벌군을 조직하여 관찰사로부터 영양·영덕·영해·진보·청송 등의 5읍 도집강都執綱으로 위촉되기도 하였다. 평민의병장의 출현은 바로 이런 의병 내부의 모순을 극복하는 과정이기도 하였다. 전국적으로 "동비東匪 여당"이 의병이 되었다고 파악되었다. 몇 곳의 의병장은 농민전쟁에도 참여했던 경험이 있었다.

농민층의 몰락은 일제 식민 지배 아래에서도 지속되었다. 특히 토지조사사업은 흔히 농민층 분화의 기점으로 지적될 정도였다. 이에 대한 반기는 3.1운동으로 터져 나왔다. 이 운동을 처음 계획하고 주도한 사람들은 부르주아층, 학생층 등이었으나, 전국으로 만세 시위가 확산되면서 농민층이 주도하여 이끌었고, 운동도 점차 폭력적인 형태를 띠게 되었다. 경북의 3.1운동은 여타 다른 지역보다도 광범하게 일어났다. 토지조사사업 기간 때 농민층 몰락이 급속하게 일어난 한전농업지대가 많았기 때문이었다. 지역에 따라서는 의병 항쟁의 경험이 3.1운동으로도 이어졌다.

3.1운동을 거친 뒤 농민항쟁은 1920년대 들어서면서 소작쟁의 형태로 제기되었다. 일제의 농정책, 곧 산미증식계획 등으로 말미암아 경북지역의 농민 몰락이 다른 지역에 견주어 격심하였던 점도 있었다. 소작농민층의 소작권, 지세 문제로 촉발된 소작쟁의는 점차 소빈농층의 토지 소유권 요구로 옮겨갔다. 또한 이를 지도하는 새로운 이념과 많은 농민단체들이 출현하였다. 이런 점에서 1920년대 이후의 농민운동은 곧 민족운동의 일환이었다. 경북지역의 농민운동 또한 전국적인 변화 추세 속에서 발전하였다. 곧 농민운동을 조직적으로 지도하던 전국 단위의 농민운동단체의 출현(조선노농총동맹, 조선공산당) 속에서 1920년대 전반기에서 후반기로 가면서 농민운동의 성격도 바뀌어갔다.

1920년대 전반기에는 주로 소작 관계를 중심으로 한 소작운동으로 전개되었다. 고율의 소작 반대, 지세의 지주 부담, 소작권 박탈에 대한 항의, 마름의 중간 수탈 반대, 지주와 마름에 대한 무상 부역 반대, 소작료 징수 방법의 개선 등을 제기하였다. 이 시기 가장 활발한 활동을 했던 곳은 화요회계의 중심지였던 대구 일원과 안동이었다. 대구, 달성에서는 노동공제회가 농민운동을 지도하였고, 안동에서는 권오설·안상길·김남수 등 청년운동가들이 풍산소작인회를 지도하였다.

1925년 조선공산당의 창립 이후 농민운동은 농업 혁명을 통한 민족해방운동으로 발전하였다. 곧 농업 문제가 소작 문제와 같은 경제상의 문제가 아니고 토지 문제를 바탕으로 해결해야 한다는 것으로, 소작운동에서 농민운동으로 발전하였다. 소작농뿐 아니라 중농, 소농까지 포함하는 농민조합이 만들어졌다. 지역 단위에서는 대체로 청년운동, 신간회운동, 노동운동 등과 결합되었다. 3차, 4차 조선공산당에 서울청년회계열이 다수 참여하고 있었던 점에서 그 계열의 청년운동이 활발했던 경북 북부지역(예천, 상주, 영주, 김천, 문경 등)에서 농민운동이 활발하였다. 농민운동은 1920년대 말에 나온 〈12월 테제〉 이후 새로운 방향을 모색하였다. 이후 농민운동은 밑으로부터, 그리고 비합법적으로 '혁명적 농민조합'으로 추진되었다. 그리고 이 운동은 바로 공산당재건운동의 일환이었다. 1920년 후반 농민운동이 치열했던 곳이 그 중심지였다.

(5) 역사 속에서 '지방'은 언제나 중앙(서울)에 대해 정치경제적으로 종속된 위치였다. 이런 관계는 근현대시기에 들어서 더 심화되었다. 봉건체제 해체기의 농업 문제와 농민몰락, 그리고 개항 뒤의 지주경영 강화와 제국주의의 침탈 속에서 지방은 언제나 체제의 모순이 터져 나오는 통로였다. 그러나 민족 문제와 계급 문제를 해결하기 위한 근대개혁운동에서도, 또 일제하 민족해방운동에서도 언제나 지방에서 일어난 사회운동이 한국 전체의 변혁을 주도하였다. 지역 단위의 민족운동이 한국 사회의 변혁을 선도하고 있었던 것이다.

각 지역 단위에서 일어난 개혁운동, 해방운동이 반드시 동일하지는 않았다. 각 지역 단위의 계급적 편제와 이에 따른 모순 구조에 차이가 있었기 때문이었다. 물론 1920년대 이후에는 전국 단위의 사회운동 세력과 운동 조직이 지역 단위의 운동을 지도하면서 그 특성이 조금씩 줄어가기는 하였지만, 지역의 민족운동이 가지는 의미가 있었다. 해방 뒤 한국 사회의 변혁과 지역운동도 또한 그러할 것이다.

참고문헌

1. 자료

《承政院日記》, 《高宗實錄》, 《日省錄》, 《官報》, 《大韓帝國官員履歷書》, 《左捕廳謄錄》, 《右捕廳謄錄》, 《捕盜廳謄錄》, 《司法稟報》, 《推案及鞫案》, 《各司謄錄》, 《慶尙監營啓錄》, 《慶尙南北道來去案》, 《舊韓國外交文書(日案)》, 《指令及報告》(탁지부)
《駐韓日本公使館記錄》, 《朝鮮總督府統計年報》

《共濟》, 《嶠南教育會雜誌》, 《畿湖興學會月報》, 《大韓每日申報》, 《大韓民報》, 《大韓自强會月報》, 《大韓協會會報》, 《독립신문》, 《東亞日報》, 《每日申報》, 《時代日報》, 《제국신문》, 《朝鮮農民》, 《朝鮮日報》, 《中外日報》, 《天道教會月報》, 《漢城週報》, 《皇城新聞》

郭鍾錫, 《俛宇集》
金道和, 《拓菴別集》, 《拓菴續集》
金昌淑, 《心山遺稿》
金平默, 《重菴集》
柳道發, 《晦隱遺稿》
柳道洙, 《閩山別集》, 《閩山集》
柳時滐 編, 《愚川四百年》, 豊山柳氏 愚川門中
柳麟錫, 《毅菴集》
柳膺睦, 《鶴山文集》
柳寅植, 《東山文稿》
柳疇睦, 《溪堂集》

柳重敎, 《省齋集》
李康年, 《雲崗先生倡義日錄》
李晩燾, 《響山集》
李相龍, 《石洲遺稿》
李承熙, 《大溪先生文集》; 《韓溪遺稿》, 국사편찬위원회, 1976~1981.
李寅梓, 《省窩集》
李震相, 《寒洲全書》, 《寒洲集》
朴尙範, 《稼隱先生文集》
朴周大, 《羅巖隨錄》, 국사편찬위원회, 1980.
宋相燾, 《騎驢隨筆》, 국사편찬위원회, 1955.
申錫祜, 《可軒文集》
柳厚祚, 《洛坡先生文集》
李源祚, 《凝窩全集》
張錫龍, 《遊軒集》
張承遠, 《雲庭集》
張志淵, 《韋庵文稿》, 국사편찬위원회, 1956.
河謙鎭, 《東儒學案》, 一鵬精舍, 1970.
許元栻, 《三元堂集》
許蔿, 《國譯許蔿全集》
許薰, 《國譯舫山全集》
黃玹, 《梅泉野錄》, 국사편찬위원회, 1955.

경상북도, 《慶北鄕校誌》, 嶺南大學校 民族文化硏究所, 1991.
《開城高氏鹿門宗宅文書》, 《高靈郡自治民議所程式》, 《商業會議所》, 《星山誌》, 《金海許氏派譜》, 《仁同張氏世譜》
《道源記書》, 《東經大全》, 《용담유사》, 《天道敎會史草稿》, 《天道敎書》(朴寅浩, 天道敎中央總部, 1921)

學部, 《韓國敎育》(《植民地朝鮮敎育政策史料集成》 63), 1909.

學部,《韓國敎育ノ既往及現在》(《植民地朝鮮敎育政策史料集成》 63), 1909.
學部,《韓國敎育ノ現狀》(《植民地朝鮮敎育政策史料集成》 63), 1910.
慶尙北道警察部,《暴徒史編輯資料》, 慶尙北道警察部, 1920.
慶尙北道警察部,《高等警察要史》, 慶尙北道警察部, 1934.
國史編纂委員會 編,《한국독립운동사자료》 의병편, 국사편찬위원회, 1978.
獨立運動史編纂委員會 編,《獨立運動史資料集 (3) : 義兵抗爭史資料集》, 1971.
獨立運動史編纂委員會 編,《獨立運動史資料集 별집 1》 의병항쟁 재판기록, 1974.
《暴徒に關する編册》

大邱府 編,《大邱民團史》, 大邱府, 1915.
大邱府 編,《大邱府史》, 大邱府, 1943.
三輪如鐵,《大邱一斑》, 玉村書店, 1912.
幣原坦,〈韓國敎育改良案〉, 1905.
河井朝公,《大邱物語》, 朝鮮民報社, 1931.

2. 저서

姜東鎭,《日帝의 韓國侵略政策史》, 한길사, 1980.
강만길 외,《80년대 사회운동 논쟁》(月刊『사회와 사상』 창간 1주년 기념 전권 특별 기획), 한길사, 1989.
高承濟,《韓國金融史硏究》, 一潮閣, 1970.
권오영,《조선 후기 유림의 사상과 활동》, 돌베개, 2003.
琴章泰·高光植,《儒學近百年》, 박영사, 1984.
_____,《續 儒學近百年》, 여강출판사, 1989.
金度亨,《大韓帝國期의 政治思想硏究》, 지식산업사, 1994.
_____ 외,《근대 대구·경북 49인: 그들에게 민족은 무엇인가》, 혜안, 1999.

______, 《근대 한국의 문명전환과 개혁론》, 지식산업사, 2014.
김병우, 《대원군의 통치정책》, 혜안, 2006.
金祥起, 《韓末義兵研究》, 일조각, 1997.
金泳謨, 《朝鮮支配層研究》, 일조각, 1977.
金容燮, 《韓國近現代農業史研究》 증보판, 지식산업사, 2000.
______, 《韓國近代農業史研究〔Ⅰ〕》 新訂增補版, 지식산업사, 2004.
金俊燁·金昌順, 《韓國共産主義運動史》, 청계연구소, 1986.
김준형 외, 《지역사 연구의 이론과 실제》, 국사편찬위원회, 2001.
김희곤, 《안동 사람들의 항일투쟁》, 지식산업사, 2007.
______, 《울진의 독립운동사》, 울진문화원, 2011.
朴敏泳, 《大韓帝國期 義兵研究》, 한울아카데미, 1998.
朴成壽, 《獨立運動史研究》, 창작과비평사, 1980.
朴永錫, 《韓民族 獨立運動史研究》, 일조각, 1982.
박종근, 《청일전쟁과 조선》, 박영재 역, 일조각, 1989.
박찬승, 《한국근대정치사상사연구》, 역사비평사, 1992.
박현채·조희연 편, 《한국사회구성체논쟁(Ⅰ·Ⅱ)》, 죽산, 1989.
裵宗鎬, 《韓國儒學史》, 연세대학교 출판부, 1974.
백낙준, 《한국개신교사》, 연세대학교 출판부, 1973.
孫仁銖, 《韓國開化教育研究》, 일지사, 1980.
愼鏞廈, 《獨立協會研究》, 일조각, 1976.
신용하 외, 《日帝經濟侵略과 國債報償運動》, 아세아문화사, 1994.
愼鏞廈·趙恒來 외, 《日本經濟侵略과 國債報償運動》, 아세아문화사, 1993.
오미일, 《한국근대자본가연구》, 한울, 2002.
吳知泳, 《東學史》, 永昌書館, 1940.
劉明鍾, 《朝鮮後期 性理學》, 以文出版社, 1985.
유준기, 《한국근대유교개혁운동사》(증보판), 아세아문화사, 1999.
尹健次, 《한국근대교육의 사상과 운동》, 심성보 역, 청사, 1987.
윤병석, 《이상설전》, 일조각, 1984.

이균영, 《신간회연구》, 역사비평사, 1993.
李萬珪, 《朝鮮教育史(下)》, 乙酉文化社, 1949.
李丙燾, 《韓國儒學史》, 亞細亞文化社, 1987.
李如星·金世鎔, 《數字朝鮮研究(3)》. 世光社, 1932.
이윤갑, 《한국 근대 상업적 농업의 발달과 농업변동》, 지식산업사, 2011.
鄭英熹, 《개화기 종교계의 교육운동 연구》, 혜안, 1998.
鄭在哲, 《日帝의 對韓國 植民地教育 政策史》, 일지사, 1985.
趙璣濬, 《韓國資本主義成立史論》, 大旺社, 1977.
趙東杰, 《日帝下 韓國農民運動史》, 한길사, 1979.
______, 《韓國民族主義의 成立과 獨立運動史研究》, 지식산업사, 1989.
______, 《한말 의병전쟁》, 독립기념관 한국독립운동사연구소, 1989.
池教憲 외, 《韓國思想家의 새로운 發見(3) – 郭鍾錫 研究》, 한국정신문화연구원, 1995.
지수걸, 《일제하 농민조합운동연구 – 1930년대 혁명적 농민조합운동》, 역사비평사, 1993.
韓㳓劤, 《韓國開港期의 商業研究》, 일조각, 1970.
______, 《東學亂 起因에 관한 연구》, 서울대 한국문화연구소, 1971.
허장만, 《1920년대 농민운동의 발전》, 조선로동당출판사, 1964.
洪性讚, 《韓國近代農村社會의 變動과 地主層》, 지식산업사, 1992.
洪淳權, 《韓末 湖南地域 義兵運動史 研究》, 서울대 출판부, 1994.
홍재휴, 《北行歌 研究》, 효성여대출판부, 1991.

3. 기관 편찬 저서

강원도 항일독립운동편찬위원회, 《江原道 抗日獨立運動史》, 광복회강원도지부, 1991.

慶尙北道史編纂委員會, 《慶尙北道史》, 1983.
啓聖五十年史編纂委員會, 《啓聖五十年史》, 啓聖學院, 1956.
광복회대구경북연합지부, 《대구·경북 항일독립운동사》, 1991.
金烏工科大學 善州文化研究所, 《旺山 許蔿의 思想과 救國義兵抗爭》, 1995.
大邱商工會議所, 《國債報償運動史》, 大邱商工會議所, 1997.
______, 《大邱商議八十年史》, 大邱商工會議所, 1986.
大邱藥令市史編纂委員會 編, 《大邱藥令市》, 藥令市復活推進委員會, 1984.
망원한국사연구실, 《1862년 농민항쟁》, 동녘, 1988.
반민족문제연구소 편, 《친일파 99인 ②》, 돌베개, 1993.
釜山商工會議所, 《釜山商議史》, 1982.
釜山直轄市史編纂委員會, 《釜山市史(1)》, 1989.
사회과학원 력사연구소, 《조선전사(14)》, 과학백과사전종합출판사, 1980.
信明五十年史編纂委員會, 《信明五十年史》, 信明中高等學校, 1957.
안동대학교 안동문화연구소 엮음, 《경북독립운동사》 1~7, 경상북도, 2012~2014.
역사문제연구소 민족해방운동사연구반, 《쟁점과 과제-민족해방운동사》, 역사비평사, 1990.
嶺南大學校 民族文化研究所 編, 《韓末 嶺南儒學界의 動向》, 영남대학교 출판부, 1998.
蔚珍郡誌編纂委員會, 《蔚珍郡誌》, 울진군, 1984.
______, 《蔚珍郡誌(상)》, 울진군, 2001.
仁村紀念會, 《仁村 金性洙傳》, 1976.
중앙일보사, 《80년대 韓國사회 大논쟁집》(월간중앙 1990년 신년호 별책부록), 1990.
한국민족운동사연구회 편, 《의병전쟁연구(상)》, 지식산업사, 1990.
______, 《日帝經濟侵略과 國債報償運動》, 이문기업, 1993.
한국사연구회 편, 《한국지방사 연구의 현황과 과제》, 경인문화사, 2000.
한국역사연구회 편, 《1894년 농민전쟁연구(1~5)》, 역사비평사, 1991~1997.

4. 연구 논문

강만길, 〈신채호의 영웅·국민·민중주의〉, 단재신채호기념사업회 편, 《신채호의 사상과 민족독립운동》, 형설출판사, 1986.

姜文植, 〈溪堂 柳疇睦의 교육활동〉, 《退溪學과 儒敎文化》 50. 경북대학교 퇴계연구소, 2012.

강영심, 〈朝鮮國權恢復團의 結成과 活動〉, 《한국독립운동사연구》 4, 1990.

姜在彦, 〈反日義兵運動의 역사적 전개〉, 《韓國近代史研究》, 한울, 1982.

_____, 〈한국독립운동의 根據地 문제〉, 《근대한국사상사연구》, 한울, 1983.

_____, 〈活貧黨鬪爭과 그 思想〉, 《근대한국사상사연구》, 한울, 1983.

강정숙, 〈일제하 안동지방 농민운동에 관한 연구〉, 장시원 외, 《한국 근대농촌사회와 농민운동》, 열음사, 1988.

高淑和, 〈'醴泉事件'을 통해본 日帝下의 衡平運動〉, 《朴永錫華甲紀念 韓民族獨立運動史論叢》, 탐구당, 1992.

權大雄, 〈朝鮮國權恢復團研究〉, 《民族文化論叢》 9, 영남대학교 출판부, 1988.

_____, 〈金山義陣考〉, 《尹炳奭敎授 華甲紀念 韓國近代史論叢》, 知識産業社, 1990.

_____, 〈韓末 慶北地方의 私立學校와 그 性格〉, 《國史館論叢》 58, 국사편찬위원회, 1994.

權寧培, 〈'遺文'을 通해 본 許蔿의 救國論과 義兵抗爭〉, 《旺山許蔿의 思想과 救國義兵抗爭》, 金烏工科大學 善州文化研究所, 1995.

_____, 〈檄文類를 통해 본 舊韓末 義兵抗爭의 性格〉, 경북대학교 박사학위논문, 1995.

_____, 〈성주지역의 3·1운동과 파리장서운동〉, 《계명사학》 23. 계명대학교 출판부, 2012.

權五榮, 〈金平默의 斥邪論과 聯名上疏〉, 《韓國學報》 55. 일지사, 1989.

琴章泰, 〈韓溪 李承熙의 生涯와 思想(I)〉, 《大東文化研究》 19. 성균관대학교 대동문화연구원, 1985.

_____, 〈한말·일제하 한국성리학파의 사상계보와 문헌에 관한 연구〉, 韓國精

神文化研究院, 《철학사상의 제문제(Ⅲ)》, 韓國精神文化研究院, 1985.

金基承, 〈韓末 儒敎知識人의 思想轉換과 그 論理〉, 《民族文化》 4, 한성대학교 출판부, 1989.

金度亨, 〈大韓帝國의 改革事業과 農民層動向〉, 《韓國史研究》 41, 한국사연구회, 1983.

———, 〈한말의병전쟁의 민중적 성격〉, 朴玄埰·鄭昌烈. 外, 《韓國民族主義論(III)》, 창작과비평사, 1985.

———, 〈韓末 啓蒙運動의 政治論研究〉, 《韓國史研究》 54, 한국사연구회, 1986.

———, 〈韓末 啓蒙運動의 地方支會〉, 《孫寶基停年紀念韓國史學論叢》, 지식산업사, 1988.

———, 〈한국 근대 재야지배세력의 민족문제 인식과 대응〉, 《역사와 현실》 1, 한국역사연구회, 1989.

———, 〈日帝侵略初期(1905~1919) 親日勢力의 政治論 研究〉, 《啓明史學》 3. 계명사학회, 1992.

———, 〈개항 이후 보수유림의 정치·사상적 동향〉, 한국역사연구회 편, 《1894년 농민전쟁연구 (3)》, 역사비평사, 1993.

———, 〈농민항쟁과 의병전쟁〉, 《한국사》 12, 한길사, 1994.

———, 〈張志淵의 變法論과 그 변화〉, 《韓國史研究》 109. 한국사연구회, 2000.

김명구, 〈1920년대 전반기 사회운동이념에 있어서의 농민운동론〉, 장시원 외, 《한국 근대 농촌사회와 농민운동》, 열음사, 1988.

金命子, 〈조선후기 安東 河回의 豊山柳氏 門中 연구〉, 경북대학교 사학과 박사학위논문, 2009.

———, 〈순조 재위기(1800~1834) 河回 豊山柳氏의 현실 대응과 관계망의 변화〉, 연세대 서애학술연구단 편, 《서애 학맥의 역사와 공간》, 선인, 2017.

金祥起, 〈韓末私立學校의 敎育理念과 新敎育救國運動〉, 《淸溪史學》 1, 청계사학회, 1984.

———, 〈조선말 갑오의병전쟁의 전개와 성격〉, 《한국민족운동사연구》 3, 한국민족운동사연구회, 1989.

———, 〈1895~1896년 安東義兵의 思想的 淵源과 抗日鬪爭〉, 《史學志》 31. 檀國

史學會, 1998.

金成潤, 〈안동 남인의 정치적 일상과 지역정치의 동향 - 철종대 金洙根서원 건립과 고종대 屛虎保合을 중심으로〉, 《영남학》 15. 경북대학교 영남문화연구원, 2009.

金世圭, 〈韓末 慶北地方의 義兵抗爭〉, 《慶州史學》 4, 경주사학회, 1985.

金容燮, 〈哲宗 壬戌抗爭에서의 應旨三政疏와 그 農業論〉, 《韓國史研究》 10. 한국사연구회, 1974.

_____, 〈近代化過程에서의 農業改革의 두 方向〉, 《韓國資本主義性格論爭 : 移山趙璣濬博士古稀紀念論文集》, 大旺社, 1988.

_____, 〈日帝强占期의 農業問題와 그 打開方案〉, 《東方學志》 73, 연세대학교 국학연구원, 1991.

金日洙, 〈1920~30年代 慶北醴泉地域의 民族運動〉, 계명대학교 사학과 석사학위논문, 1992.

_____, 〈서상돈〉, 김도형 외 지음, 《근대 대구·경북 49인》, 혜안, 1999.

_____, 〈日帝下 大邱地域 資本家層의 存在形態에 관한 研究〉, 《國史館論叢》 94, 국사편찬위원회, 2000.

_____, 〈徐相日의 政治·經濟 理念과 活動〉, 성균관대학교 박사논문, 2001,

_____, 〈대한제국 말기 대구지역 계몽운동과 대한협회 대구지회〉, 《民族文化論叢》 25, 영남대학교 민족문화연구소, 2002.

_____, 〈일제강점기 대구노동공제회의 활동과 성격〉, 《大丘史學》 70, 대구사학회, 2003.

_____, 〈1910년대 달성친목회의 민족운동〉, 《한국학논집》 45, 계명대학교 한국학연구원, 2011.

_____, 〈1920년대 대구·경북지역 조선인 기자단체의 활동과 성격〉, 《史林》 44, 수선사학회, 2013.

_____, 〈1920년대 경북 달성군 농민운동〉, 《선주논총》 17, 금오공과대학교 선주문화연구소, 2014.

_____, 〈'한일병합' 이전 대구의 일본인거류민단과 식민도시화〉, 《한국학논

집》 59, 계명대학교 한국학연구원, 2015.
金義煥, 〈大邱 三·一運動의 考察〉, 《大邱史學》 7·8, 대구사학회, 1974.
______, 〈辛未年(1871) 李弼濟亂〉, 풀빛 편집부 編, 《傳統時代의 民衆運動》 下, 풀빛, 1982.
金才淳, 〈露日戰爭 직후 일제의 화폐금융정책과 조선상인층의 대응〉, 《韓國史研究》 69, 한국사연구회, 1990.
金貞美, 〈한말 경상도 영해지방의 의병전쟁〉, 《대구사학》 42, 대구사학회, 1991.
______, 〈東山 柳寅植의 國權回復과 民族敎育運動〉, 《大丘史學》 50, 대구사학회, 1995.
______, 〈石洲 李相龍의 獨立運動과 思想〉, 경북대 대학원 박사학위논문, 2001.
김종석, 〈성와 이인재의 서구수용론과 新學에의 관심〉, 《韓國學論集》 26, 계명대학교 한국학연구원, 1999.
김준형, 〈《衛正斥邪疏草》 해제〉, 《慶尙史學》 10, 경상사학회, 1994.
김형수, 〈17세기 초 안동지역 사회의 재편과 서애학단의 활동〉, 연세대 서애학술연구단 편, 《서애 학맥의 역사와 공간》, 선인, 2017.
金惠貞, 〈舊韓末 日帝의 葉錢整理와 韓國民의 均稅運動〉, 《東亞硏究》 17, 서강대학교 동아연구소, 1989.
金喜坤, 〈東山 柳寅植의 생애와 독립운동〉, 《한국근현대사연구》 7, 한국근현대사연구회, 1997.
______, 〈安東 協東學校의 독립운동〉, 《于松 趙東杰先生 停年紀念論叢(Ⅱ) : 韓國民族運動史研究》, 나남출판, 1997.
______, 〈韓末 嶺南儒學界의 啓蒙運動〉, 嶺南大學校 民族文化研究所 編, 《韓末 嶺南儒學界의 動向》, 영남대학교 출판부, 1998.
______, 〈안동의병장 拓菴 金道和(1825~1912)의 항일투쟁〉, 《歷史教育論集》 23·24, 慶北大學校 師範大學 歷史科, 1999.
柳承烈, 〈韓末·日帝初期 商業變動과 客主〉, 서울대학교 국사학과 박사학위논문, 1996.
柳初夏, 〈郭鍾錫의 사상〉, 尹絲淳, 高翊晋 編, 《한국의 사상》, 열음사, 1984.
柳漢喆, 〈韓末 私立學校令 以後 日帝의 私學彈壓과 그 特徵〉, 《한국독립운동사연구》 2, 독립기념관 한국독립운동사연구소, 1988.

______, 〈1906년 光武皇帝의 私學設立 詔勅과 文明學校 設立 事例〉, 《于松 趙東杰先生 停年紀念論叢(Ⅱ): 韓國民族運動史研究》, 나남출판, 1997.

리진호, 〈私立興化學校와 量地敎育〉, 《鄕土서울》 55, 서울특별시사편찬위원회, 1995.

朴萬奎, 〈韓末 日帝의 鐵道敷設 支配와 韓國人 動向〉, 《韓國史論》 8, 국사편찬위원회, 1982.

朴孟洙, 〈海月 崔時亨의 初期行跡과 思想〉, 《淸溪史學》 3, 청계사학회, 1986.

______, 〈嶠南公蹟 解題〉, 《韓國史學》 10, 韓國精神文化研究院, 1989.

______, 〈동학의 교단조직과 지도체제의 변천〉, 한국역사연구회 편, 《1894년 농민전쟁연구 (3)》, 역사비평사, 1993.

박성진, 〈許蔿의 現實認識과 國權恢復運動〉, 《淸溪史學》 9. 청계사학회, 1992.

朴愛琳, 〈朝鮮勞動共濟會의 活動과 理念〉 연세대학교 석사학위논문, 1992.

朴英奎, 〈大邱財界先覺者들 - 鄭在學 편〉, 《大邱商議뉴스》 1981년 1~10월호. 대구상공회의소, 1981.

朴永錫, 〈日帝下 在滿韓國流移民 新村落形成 - 蔚珍 慶州李氏 一家의 移住事例〉, 《韓民族獨立運動史研究》, 一潮閣, 1982.

朴容玉, 〈國債報償運動에의 女性參與〉, 《史叢》 12·13, 高麗大學校 史學會, 1968.

______, 〈國債報償運動의 發端背景과 女性參與〉, 愼鏞廈·趙恒來 외, 《日本經濟侵略과 國債報償運動》, 아세아문화사, 1993.

朴贊勝, 〈活貧黨의 활동과 그 성격〉, 《韓國學報》 35. 일지사, 1984.

______, 〈韓末 自强運動論의 각 계열과 그 성격〉, 《韓國史研究》 68, 한국사연구회, 1990.

박홍식, 〈심산 김창숙의 유교정신과 구국운동〉, 《韓國學論集》 26. 계명대학교 한국학연구원, 1999.

배항섭, 〈19세기 후반 '변란'의 추이와 성격〉, 한국역사연구회 편, 《1894년 농민전쟁 연구 (2)》, 역사비평사, 1992.

白道根, 〈擬上六條疏를 통해 본 溪堂 柳疇睦 선생의 사상〉, 《尙州文化研究》 5. 尙州産業大學校 尙州文化研究所, 1995.

설석규, 〈조선시대 嶺南儒生의 公論形成과 柳道洙의 萬人疏〉, 《退溪學과 韓國文

化》 44. 경북대학교 퇴계연구소, 2009.

孫京姬, 〈한말 일본의 농업이민정책과 민족운동 - 경북지방을 중심으로〉, 《啓明史學》 7, 계명사학회, 1996.

_____, 〈1920년대 경북지역 동양척식주식회사 및 일본인 농장경영〉, 《계명사학》 13. 계명사학회, 2002.

_____, 〈일제 강점기 포항의 일본인 이주와 상품유통〉 《계명사학》 19. 계명사학회, 2008.

宋炳基, 〈辛巳斥邪運動 硏究〉, 《史學硏究》 37. 韓國史學會, 1983.

申榮祐, 〈1894年 嶺南 醴泉의 農民軍과 保守執綱所〉, 《東方學志》 44, 연세대학교 국학연구원, 1984.

_____, 〈1894年 嶺南 尙州의 農民軍과 召募營〉 上·下, 《東方學志》 51, 52, 연세대학교 국학연구원, 1986.

_____, 〈甲午農民戰爭과 嶺南 保守勢力의 對應〉, 연세대학교 사학과 박사학위 논문, 1991.

愼鏞廈, 〈新民會의 獨立軍基地 創建運動〉, 《韓國文化》 4. 서울대학교 출판부, 1983.

_____, 〈신채호의 민족독립운동론의 특징〉, 《신채호의 사상과 민족독립운동》, 형설출판사, 1986.

_____, 〈홍범도 의병부대의 항일무장투쟁〉, 《한국민족운동사연구》 1, 한국독립운동사연구회, 1986.

_____, 〈朝鮮勞動共濟會의 창립과 勞動運動〉, 《韓國近代社會史硏究》, 일지사, 1987.

_____, 〈全國 '十三道倡義大陣所'의 聯合義兵運動〉, 《한국독립운동사연구》 1. 독립기념관 한국독립운동사연구소, 1987.

_____, 〈許蔿義兵部隊의 抗日武裝鬪爭〉, 《水村 朴永錫敎授 華甲紀念 韓民族獨立運動史論叢》, 探求堂, 1992.

_____, 〈旺山 許蔿의 第2次 義兵活動〉, 《旺山許蔿의 思想과 救國義兵抗爭》, 金烏工科大學 善州文化硏究所, 1995.

안병욱, 〈19세기 민중의식의 성장〉, 한국역사연구회 편, 《1894년 농민전쟁 연구 (3)》, 역사비평사, 1993.

역사문제연구소 민중생활사 연구모임, 〈평민의병장 신돌석의 전적지를 찾아서〉, 《역사비평》 2, 역사문제연구소, 1988.

吳世昌, 〈活貧黨考〉, 《史學硏究》 21, 韓國史學會, 1969.

_____, 〈碧濤 梁濟安의 抗日救國運動〉, 《尹炳奭敎授 華甲紀念 韓國近代史論叢》, 知識産業社, 1969.

우윤, 〈19세기 민중운동과 민중사상〉, 《역사비평》 2, 역사문제연구소, 1988.

우인수, 〈溪堂 柳疇睦과 閩山 柳道洙의 학통과 그 역사적 위상〉, 《退溪學과 韓國文化》 44. 경북대학교 퇴계연구소, 2009.

劉準基, 〈韓溪 李承熙의 政治思想〉, 《總神大論文集》 3, 총신대학교 출판부, 1983.

_____, 〈眞菴 李炳憲의 儒敎改革論〉, 《韓國史硏究》 47. 한국사연구회, 1984.

尹大遠, 〈李弼濟亂의 硏究〉, 《韓國史論》 16, 서울대 국사학과, 1987.

윤병석, 〈1910년대 국외에서의 한국독립운동〉, 《한민족독립운동사 3 － 3·1운동》, 국사편찬위원회, 1988.

李求鎔, 〈江原道地方의 義兵抗爭〉, 《江原義兵運動史》, 江原大出版部, 1987.

李均永, 〈新幹會의 結成에 따르는 兩黨論과 淸算論 檢討〉, 《韓國學論集》 7, 한양대학교 한국학연구소, 1985.

李炳天, 〈開港期 外國商人의 侵入과 韓國商人의 對應〉, 서울대학교 경제학과 박사학위논문, 1985.

李松姬, 〈韓末 國債報償運動에 關한 一硏究〉, 《梨大史苑》 15, 梨大史學會, 1978.

李尙根, 〈國債報償運動에 關한 硏究〉, 《國史館論叢》 18, 국사편찬위원회, 1990.

李相燦, 〈1906~1910년 地方行政制度 변화와 地方自治論議〉, 《韓國學報》 42, 일지사, 1986.

_____, 〈1896년 義兵運動의 政治的 性格〉, 서울대학교 국사학과 박사학위논문, 1996.

이상호, 〈정재학파 성리학의 지역적 전개양상과 사상적 특성〉, 《국학연구》 15. 한국국학진흥원, 2009.

李樹健, 〈17, 18世紀 安東地方 儒林의 政治社會的 動向〉, 《大丘史學》 30, 대구사학회, 1986.

이수환, 〈대원군의 서원훼철 반대와 영남 유소〉, 《嶠南史學》 6, 영남대학교 국사학회, 1994.

이영호, 〈갑오농민전쟁 이후 동학농민의 동향과 민족운동〉, 《역사와 현실》 3, 한국역사연구회, 1990.

_____, 〈1894-1910년 地稅制度 연구〉, 서울대학교 대학원 박사학위논문, 1992.

_____, 〈대한제국시기 내장원의 외획 운영과 상업 활동〉, 《역사와 현실》 15. 한국역사연구회, 1995.

이용기, 〈6월항쟁 시기 NL-CA 논쟁〉, 『역사비평』 편집위원회 엮음, 《논쟁으로 본 한국사회 100년》, 역사비평사, 2000.

李潤甲, 〈18·19세기 경북지방의 농업변동〉, 《韓國史研究》 53. 한국사연구회, 1986.

_____, 〈19세기 후반 慶尙道 星州地方의 농민운동〉, 《孫寶基博士 停年紀念 韓國史學論叢》, 知識産業社, 1988.

_____, 〈<邑誌雜記>(19세기 후반)의 사회경제론 연구〉, 《대구사학》 36. 대구사학회, 1989.

_____, 〈1894~1910년의 상업적 농업의 변동과 지주제 - 경북지역의 농업변동 사례연구〉, 《韓國史論》 25, 서울대학교 국사학과, 1991.

_____, 〈조선후기의 사회변동과 지배층의 동향〉, 《韓國學論集》 18, 계명대학교 한국학연구원, 1991.

_____, 〈韓國近代의 商業的 農業 研究 - 慶尙北道地域의 農業變動을 중심으로〉, 연세대학교 사학과 박사학위논문, 1993.

_____, 〈1920년대 경북지역 농촌사회의 변동과 농민운동〉, 《韓國史研究》 113. 한국사연구회, 2001.

_____, 〈일제하 경상북도 지역의 신간회 지회운동〉, 《東方學志》 123, 연세대학교 국학연구원, 2004.

_____, 〈한말 일제초기 이승희의 민족운동〉, 《인문학연구》 47, 계명대 인문과학연구소, 2013.

_____, 〈경상도 성주의 1862년 농민항쟁과 사회변동〉, 《大丘史學》 115. 대구사학회, 2014.

李鍾洙, 〈1910~1920年代 韓人 孔教運動 研究〉, 연세대학교 사학과 박사학위논

문, 2010.
이형성, 〈江皐 柳尋春의 生涯와 思想〉, 《退溪學과 儒教文化》 50. 경북대학교 퇴계연구소, 2012.
양정필, 〈근현대 지역사연구의 현황과 전망〉, 《역사문제연구》 17, 역사문제연구소, 2007.
張矢遠, 〈日帝下 大地主의 存在形態에 관한 硏究〉, 서울대학교 경제학과 박사학위논문, 1989.
張泳敏, 〈1871年 寧海 東學亂〉, 《韓國學報》 47, 일지사, 1987.
_____, 〈1840年 寧海 鄕戰과 그 背景에 관한 小考〉, 《忠南史學》 2, 충남사학회, 1987.
鄭萬祚, 〈英祖 14년의 安東 金尙憲書院 建立 是非〉, 《韓國學硏究》 1, 동덕여자대학 한국학연구소, 1982.
鄭柄國, 〈此山 柳寅睦의 北行歌 硏究〉, 한국교원대학교 국어교육전공 석사학위논문, 1999.
鄭崇教, 〈대한제국기 지방학교의 설립주체와 재정〉, 《韓國文化》 22, 서울대학교 규장각 한국학연구원, 1998.
정재걸, 〈개화기 공립소학교 연구〉, 《대구교육대학논문집》 30, 대구교육대학출판부, 1995.
鄭在貞, 〈韓末 京釜·京義鐵道 敷地의 收用과 沿線住民의 抵抗運動〉, 《李元淳教授華甲紀念史學論叢》, 교학사, 1986.
鄭晋錫, 〈國債報償運動과 言論의 역할〉, 愼鏞廈·趙恒來 외, 《日本經濟侵略과 國債報償運動》, 아세아문화사, 1993.
정진영, 〈1894년 농민전쟁기 향촌지배층의 동향〉, 한국역사연구회 편, 《1894년 농민전쟁 연구 (5)》, 역사비평사, 1997.
_____, 〈19세기 후반 영남유림의 정치적 동향 : 만인소를 중심으로〉, 영남대학교 민족문화연구소 편, 《한말 영남 유학계의 동향》, 영남대학교 출판부, 1998.
鄭昌烈, 〈韓末變革運動의 政治·經濟的 性格〉, 宋建鎬·姜萬吉 共編, 《韓國民族主義論 (I)》, 創作과批評社, 1982.

趙東杰, 〈安東 儒林의 渡滿 經緯와 獨立運動史上의 위치〉, 《大丘史學》 15·16, 대구사학회, 1978.

——, 〈大韓光復會의 結成과 그 先行組織〉, 《韓國學論叢》 5. 국민대학교 출판부, 1982.

——, 〈大韓光復會硏究〉, 《韓國史硏究》 42. 한국사연구회, 1983.

——, 〈義兵運動의 韓國民族主義上의 位置(上)〉, 《한국민족운동사연구》 1, 한국민족운동사연구회, 1986.

——, 〈1910년대 독립운동의 변천과 특성〉, 《한민족독립운동사 – 3·1운동》, 국사편찬위원회, 1988.

——, 〈의병운동의 한국민족주의상의 위치(상.하)〉, 《한국민족주의 성립과 독립운동사연구》, 지식산업사, 1989.

조성윤, 〈개항 직후 대원군파의 쿠데타 시도〉, 양상현 편, 《한국근대정치사연구》, 사계절, 1985.

趙恒來, 〈國債報償運動의 發端과 展開過程〉, 愼鏞廈·趙恒來 외, 1993, 《日本經濟侵略과 國債報償運動》, 아세아문화사, 1993.

주진오, 〈독립협회의 경제체제 개혁구상과 그 성격〉, 朴玄埰 · 鄭昌烈. 外, 《韓國民族主義論 (III)》, 창작과비평사, 1985.

——, 〈한국 근대 부르조아지의 형성과정과 위로부터 개혁의 역사적 성격〉, 《東村朱宗桓博士華甲紀念論文集》, 한울, 1989.

지수걸, 〈식민지시대 農民運動硏究의 현황과 과제〉, 《한국근대농촌사회와 농민운동》, 열음사, 1988.

崔埈, 〈國債報償運動과 프레스 캠페인〉, 《백산학보》 3, 백산학회, 1967.

崔承熙, 〈書院(儒林)勢力의 東學 排斥運動 小考〉, 《韓沽劤博士 停年紀念史學論叢》, 知識産業社, 1981.

河元鎬, 〈開港後 防穀令 實施의 原因에 관한 硏究(上)〉, 《韓國史硏究》 49, 1985.

——, 〈開港後 防穀令 實施의 原因에 관한 硏究(下)〉, 《韓國史硏究》 50·51, 1985.

許善道, 〈三一運動과 儒教界〉, 《三一運動50周年紀念論集》, 동아일보사, 1969.

허진, 〈왕산 허위의 동양평화사상〉, 《水村 朴永錫敎授 華甲紀念 韓國史學論叢 下》, 探求堂, 1992.

洪元植, 〈이진상의 철학사상과 그의 후예들〉, 《東洋學》, 29. 단국대학교 동양학연구소, 1999.

_____, 〈한주학파의 공자교운동〉, 《韓國學論集》 26, 계명대학교 한국학연구원, 1999.

_____, 〈서애학파와 계당 柳疇睦의 성리설〉, 《退溪學과 韓國文化》 44. 경북대학교 퇴계학연구소, 2009.

權寧旭, 〈大邱地方における經濟的動向〉, 《朝鮮學報》 43, 朝鮮學會, 1967.

宮嶋博史, 〈朝鮮 甲午改革 이후의 商業的 農業〉, 梶村秀樹 外著, 《韓國近代經濟史研究》, 사계절, 1983.

吉野誠, 〈李朝末期における米穀輸出の展開と防穀令〉, 《朝鮮史研究會論文集》 15, 朝鮮史研究會, 1978.

大和和明, 〈1920年代前半期の朝鮮農民運動－全南順天郡の事例を中心に〉, 《歷史學研究》 502, 歷史學研究會, 1982.

山内弘一, 〈李震相의 心卽理說과 嶺南學派〉, 《民族史의 展開와 그 文化(上) : 碧史李佑成敎授 停年退職紀念論叢》, 창작과비평사, 1990.

西條晃, 〈1920년대 한국에서의 수리조합 반대운동〉, 淺田喬二 外, 《항일농민운동연구》, 동녘, 1984.

村上勝彦, 〈植民地〉, 大石嘉一郎 編, 《日本産業革命の研究(下)》, 東京大學出版會, 1975.

5. 이 책과 관련된 필자의 논문

김도형, 〈한말 일제초기 경북지방의 민족운동〉, 《지역사회와 민족운동》 1, 지방사회연구회, 1987.

_____, 〈한말 일제초기의 변혁운동과 성주지방 지배층의 동향〉, 《韓國學論集》 18, 계명대학교 한국학연구원, 1991.

_____, 〈1920년대 경북지방의 농민운동〉, 역사문제연구소, 《한국근현대지역운동사(1) – 영남편》, 여강, 1993

_____, 〈박중양〉, 《친일파 99인①》, 돌베개, 1993.

_____, 〈한말 대구경북지역의 계몽운동〉, 《지역동향》 7월호, 대구사회연구소, 1995.

_____, 〈한말 대구지역 상인층의 동향과 국채보상운동〉, 《啓明史學》 8, 계명사학회, 1997.

_____, 〈한말 일제시기 구미지역 유생층의 동향〉, 《韓國學論集》 24, 계명대학교 한국학연구원, 1997.

_____ 외, 《근대 대구·경북 49인—그들에게 민족은 무엇인가》(공저), 혜안. 1999.

_____, 〈한말 경북지역의 근대교육과 유교〉, 《啓明史學》 10, 1999.

_____, 〈이필제의 난과 울진지역〉, 〈한말 울진의 의병항쟁〉, 〈일제 강점기 울진의 민족운동〉, 《蔚珍郡誌(上)》, 울진군, 2001.

_____, 〈한주학파의 형성과 현실인식〉, 《대동문화연구》 38, 2001.

_____, 〈한말 일제하 대구지역 부르주아 민족운동〉, 《대구 근대의 도시발달 과정과 민족운동의 전개》, 계명대학교 개교 50주년 준비위원회, 계명사학회, 계명대사학과, 2004.

_____, 〈19세기 후반 하회 '병유'의 가학과 척사 활동〉, 《퇴계학과 유교문화》 55, 경북대 퇴계학연구소, 2014(《서애 류성룡의 학문과 계승》, 혜안, 2015).

찾아보기

(ㄱ)

(ㅅ)